长江产经智库中国经济发展系列著作

建设现代化经济体系研究

Research on Building a Modernized Economic System

刘志彪　陈东　等著

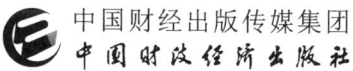

图书在版编目（CIP）数据

建设现代化经济体系研究／刘志彪等著．—北京：中国财政经济出版社，2018.11

（长江产经智库中国经济发展系列著作）

ISBN 978-7-5095-8595-5

Ⅰ.①建… Ⅱ.①刘… Ⅲ.①中国经济-经济发展-研究 Ⅳ.①F124

中国版本图书馆 CIP 数据核字（2018）第 247894 号

责任编辑：吕小军　　　　责任印制：党　辉
封面设计：思梵星尚　　　　责任校对：张　凡

中国财政经济出版社 出版

URL：http://www.cfeph.cn
E-mail：cfeph@cfeph.cn
（版权所有　翻印必究）
社址：北京市海淀区阜成路甲 28 号　邮政编码：100142
营销中心电话：010-88191537　北京财经书店电话：64033436　84041336
固安华明印业有限公司印装　各地新华书店经销
710×1000 毫米　16 开　28.75 印张　394 000 字
2018 年 11 月第 1 版　2018 年 11 月河北第 1 次印刷
定价：86.00 元
ISBN 978-7-5095-8595-5
（图书出现印装问题，本社负责调换）
本社质量投诉电话：010-88190744
打击盗版举报热线：010-88191661、QQ：2242791300

长江产经智库中国经济发展系列著作

参与本书写作的作者（按文章排列顺序）

刘志彪（南京大学长江产业经济研究院）

凌永辉（南京大学经济学院）

龙小宁（厦门大学经济学院）

叶　蓁（中国人民银行）

赵曙明（南京大学商学院）

伏玉林（华东理工大学商学院）

于明超（南京师范大学商学院）

王修志（广西师范大学经济管理学院）

高传胜（南京大学政府管理学院）

颜银根（南京审计大学政治与经济研究院）

沈晓杰（新华日报社）

杨平宇（温州商学院）

张小兰（西南民族大学经济学院）

林学军（暨南大学国际商学院）

陈　东（安徽工业大学商学院、安徽创新驱动发展研究院）

董也琳（中共南京市委党校）

何　雨（江苏省社会科学院）

包　卿（江阴市发展和改革委员会、江南大学金融研究所）

谭蓉娟（广东工业大学经济与贸易学院）

霍伟东（北京吉利学院、西南财经大学）、陈若愚（安徽财经大学）、贺静姝（成都市人民政府）

目　录

绪论　现代化经济体系建设论纲 ………………………………………… 1

第一篇　从高速发展到高质量发展

理解高质量发展：基本特征、支撑要素与当前重点问题 …………… 19
建设全球价值链上的制造强国 ………………………………………… 34
加速结构转换推进高质量发展 ………………………………………… 55

第二篇　建设创新引领、协同发展的产业体系

科技创新与实体经济发展 ……………………………………………… 85
现代金融与实体经济发展 ……………………………………………… 104
优化人力资源开发与管理　支撑实体经济发展 ……………………… 120

第三篇　建设统一开放、竞争有序的市场体系

统一市场体系建设与竞争政策 ………………………………………… 133
要素市场深化与经济结构均衡化 ……………………………………… 152

第四篇　建设体现效率、促进公平的收入分配体系

收入分配机制与中国经济转型 ………………………………………… 173
保障底线公平的基本公共服务均等化 ………………………………… 200

第五篇　建设彰显优势、协调联动的城乡区域发展体系

区域比较优势视角下的生产力布局优化 …………………………… 223

突破传统治理范式，推进高质有效的乡村振兴 ……………………… 239

第六篇　建设资源节约、环境友好的绿色发展体系

现代化经济体系中的绿色循环低碳发展 ……………………………… 265

绿色产业政策：设计与执行 …………………………………………… 280

第七篇　多元平衡、安全高效的全面开放体系

积极实施基于内需的经济全球化战略 ………………………………… 297

以高水平开放推动现代经济体系建设 ………………………………… 326

第八篇　支撑现代化经济体系的体制基础

以完善产权制度为重点推进体制机制改革 …………………………… 343

为高质量发展而竞争：新时代地方政府制度建设 …………………… 365

新时代中国特色的社会主义宏观调控 ………………………………… 383

第九篇　现代化经济体系建设的案例研究

区域高质量发展的典型：昆山市 ……………………………………… 403

珠江三角洲地区建设现代经济体系的案例研究 ……………………… 418

高质量发展的成都样本：特色内涵、开局态势与发展路径 ………… 440

绪论　现代化经济体系建设论纲*

进入新时代后我国经济建设的一个总纲领，就是要从速度经济追求转向高质量经济发展阶段，加快建设现代化经济体系。这是跨越转变发展方式、优化经济结构、转换增长动力攻关期这一关口的迫切要求，也是我国发展的战略目标。习近平同志指出，建设现代化经济体系是一篇大文章，既是一个重大理论命题，更是一个重大实践课题，需要从理论和实践的结合上进行深入探讨。深入探讨如何写这篇大文章，无论是对于科学把握建设现代化经济体系的目标、内涵和重点，寻求扎实管用的政策举措和行动，还是在这个过程中总结经验教训并进行可能的理论创新，丰富有中国特色社会主义经济理论的宝库，无疑都具有非常重要的价值和作用。

一、发展中大国建设现代化经济体系的战略意义

现代化经济体系是中国共产党第十九次代表大会总报告基于"国家强，经济体系必须强"的理念，集全党全国人民的智慧，创新性地提出来的一个具有高度建设性的重要经济范畴。现代化经济体系是现代化强

---

* 本文作者刘志彪，南京大学长江产业经济研究院。

国的经济基础，建设现代化经济体系是缓解新时代社会主要矛盾的唯一途径，因此无论如何强调它的作用和地位都不为过。

进入新时代以后，随着我国生产力的迅猛发展，我国社会主要矛盾发生了深刻的变化。这种变化有两个方面：一是人民群众对物质文化生活的需要，变成了对美好生活的需要，除了对物质的需求，还有对更好的教育、更稳定的工作、更满意的收入、更可靠的社会保障、更高水平的医疗卫生服务、更舒适的居住条件、更优美的环境、更丰富的精神文化生活等需要；二是落后的生产力变成了发展的不平衡不充分，供给的总量问题转化为结构问题。

但进入新时代后，社会主要矛盾也有不变的两个方面的特性。第一个不变的特性，是我国仍处于并将长期处于社会主义初级阶段的基本国情，我国仍是世界最大发展中国家。因此，牢牢立足社会主义初级阶段这个最大实际，以经济建设为中心，坚定不移把发展作为中国共产党执政兴国的第一要务，是实现两个一百年宏伟目标的战略方针。第二个不变的特性，与社会主要矛盾的经济属性有关。过去，中国经济社会发展要克服短缺经济，如今中国生产力虽然得到了迅速发展，但发展的质量与发达国家相比，仍然有较大的差距，体现在供给端就是结构的不平衡不充分，体现在需求端就是需求结构的升级。

可见，进入新时代社会的主要矛盾，本质上仍然是生产力发展水平与人民群众要求不相适应的矛盾。现在我们继续坚持发展为第一要务、以经济建设为中心，不是为了解决有无的问题，而是要解决好坏的问题，解决结构的不均衡问题，解决质量的高低问题。如果说高速增长阶段解决的就是有无这样一个一维问题，那么转向高质量发展阶段，就要面对解决复杂的多维问题。这样，以经济建设为中心的内涵就发生了深刻的变化，速度经济体系就要转化为质量经济体系。

可能有人认为，在经济全球化条件下，我们只要有效地融入国际产业分工，按照比较利益建设分工秩序进行生产就可以了，没有必要强调建设自己独有的现代经济体系。这种认识是浅显的，既不符合当今世界变化的趋势，也不符合我国的国情。如果说小国经济可以通过嵌入全球经济实现专业化分工和合作，从而建立起依赖外部关系的开放型现代化经济体系的话，那么对于中国这样一个大国经济来说，参与国际分工合作固然也是建设现代化强国的必然选择之一，但是却必须清醒地认识到，随着全面小康战略目标的实现，中国进入以基本现代化为目标的新一轮追赶战略阶段，世界上不可能有谁会自动给你让出支撑现代化增长的市场容量的。只有主要依据于不断增长的、规模巨大的内需优势，去建设独立自主的、开放的现代化经济体系，才是我国未来发展战略目标的最重要选择。小国经济因国内需求规模的限制，不可能、也没有必要建设很多门类齐全的具有规模经济特性要求的现代化产业，必须放弃许多产业领域，同时也需要较大规模地利用外部市场，与全球经济尤其是大国强国之间建立起依赖型关系，否则就很难生存。像中国这样的大国经济，人口规模、成本节约、经济安全等要求，当然也需要通过开放获取和利用全球的资源、技术和知识，但是由于全球经济竞争的排他性，我国产业发展所需要的核心的、关键的技术和知识，是市场换不来的，也是金钱买不到的，必须独立自主研发，否则就不可能形成基础厚实的制造业和强大的军事工业。国家的长治久安要求中国人的饭碗，必须端在中国人的手中，中国的重要的、关键的产业技术，必须掌握在中国人手中。

二、现代化经济体系建设的主要内容

习近平同志强调，现代化经济体系是由社会经济活动各个环节、各个层面、各个领域的相互关系和内在联系构成的一个有机整体。也就是说，它是由工农商学兵、东西南北中、上下左中右、价财金物流等各个方面，以及由生产、流通、分配、消费、投资等再生产各环节关联衔接起来的有机的经济系统。对这个体系不能做孤立的、片面的理解，必须紧密结合国民经济的方方面面做系统化分析。

过去40年中，我们在转轨经济的总趋势下，坚持社会主义市场经济体制的建设。这一改革和建设任务取得了世界瞩目的奇迹。现在看来，中国要在未来20年左右的时间内跻身于世界中等发达国家序列，体制机制的改革虽然是基本的保障，但是根本上还是要通过创新引领，加速发展生产力。这就需要一个更大的宏伟设想和纲领来统领。借鉴世界上发达国家的发展经验和一些有益的做法，根据中国国情，这个更大的宏伟设想和纲领就是要建设现代化经济体系。按照习近平同志的经济思想，现代化经济体系应该主要包括以下几个子体系和主要的建设内容：

一是产业体系。这是现代化经济体系的基础和核心。从现代经济增长理论看，就是要建立以实体经济发展为目标，以科技创新、现代金融、人力资源等为投入要素的协同发展的产业体系。现代化的产业体系要求这四个要素之间相互协同，而不是去孤军奋战，总的目标是实体经济不断壮大，要使科技创新在实体经济发展中的贡献份额不断提高，金融服务实体经济的能力不断增强，人力资源支撑实体经济发展的作用不断优化。

二是市场体系。这是现代化经济体系配置资源的决定性机制。只有建立和完善准入畅通、开放有序、竞争充分、秩序规范的市场体系，才能够给企业提供自主经营、公平竞争优良的环境，才能给消费者创造自由选择、自主消费的空间，才能实现商品和要素自由流动和平等交换，才能为高质量经济发展奠定微观基础。

三是分配体系。这是现代化经济体系的激励机制。在追求效率的基础上，用分配和再分配工具实现社会成员之间的收入分配合理，逐步缩小收入和财富分配的差距，推进共同富裕、基本公共服务均等化，是经济体系现代化的基本要求也是根本性标志。

四是区域发展体系。这是现代化经济体系的空间布局结构。总的要求是要兼顾效率与公平的要求，实现国土资源利用效率较高、要素密集程度较大、生态容量适度、城市群落连绵、区域发展差距较小的生产力布局目标。

五是绿色发展体系。这是现代化经济体系的生态环境基础，也是国民财富的重要组成部分。总的要求是要资源节约、环境友好，实现绿色循环低碳发展、人与自然和谐共生。

六是开放体系。这是国家经济系统与外部世界的联系机制。高水平的开放型经济体系是深度加入全球分工体系、与世界经济之间有着良性循环关系的经济，不仅可以输出商品和要素，而且也可以吸收商品和要素；不仅可以引进来，而且可以"走出去"；不仅可以对东开放，而且可以沿"一带一路"向西向南开放。

七是经济体制。这是现代化经济体系的制度基础。并不是西方当代的市场经济体制，才是现代市场经济。新时代中国特色社会主义市场经济，其主要特征是充分发挥市场的决定性作用同时更好地发挥政府作用，实现市场机制有效率、微观主体有活力、宏观调控有尺度。

中国目前不仅是全球规模第二大的经济体，也是转型发展中的大国。一是我们仍处于向社会主义市场经济体制全面转轨的过程中，支撑现代化经济体系的经济体制，尤其是市场体系并不完善和健全；二是我们是发展中国家，不仅生产力不够发达，而且内在的结构上也存在着高度的不均衡问题，从较为原始状态的农业和手工业，到世界领先的航天航空产业技术，我国的产业技术体系呈典型的梯度分布。因此建设现代化经济体系需要面对基本国情，转变许多过去行之有效的基础战略。战略决定体制机制，体制机制决定行为和绩效。其中，最重要的是要把过去长期实施的非均衡战略转向均衡战略。要从片面追求经济速度，转向更多地保护生态环境、攻克关键技术、增加基本公共服务和基础设施、发展要素市场等等。只有如此，才能牵动体制机制的改革，才能缓解新时期的社会主要矛盾。

三、我国建设现代化经济体系的总框架

建设现代化经济体系，是中央对我国经济发展框架的顶层设计。按

照党的十九大报告的精神,现代化经济体系的总体框架,就是要坚持一个方针,坚持一条主线,建设创新引领、四位协同的产业体系和"三有"的经济体制。

坚持一个方针,就是质量第一、效率优先。这个方针反映了党的十九大对过去发展模式的深刻反思。我国过去的赶超战略取得了世界瞩目的经济奇迹,但同时由于非均衡发展模式的倾斜作用,也留下了一些困扰未来高质量发展的"重大结构性失衡"问题,人民日益增长的美好生活需要和不平衡不充分发展,已经上升为社会的主要矛盾。为此必须首先在战略上进行纠偏,从追求高增长速度转为追求建设高质量经济体系,实现发展速度与民生福利的双重追赶。这一战略转变趋势叠加上我国人口提前老龄化的环境,意味着发展条件发生了巨大的变革,其中一个最重要的现象,就是会出现以要素价格不断上扬为基本特征的经济趋势。原因很简单,速度有所降低了,但是人民福利要求提高了,环保要求高了,劳动者负担系数提高了,总之,发展的社会成本提高了。如果这种成本上升的趋势不能为技术创新、科技进步和生产率上升等高质量发展力量所消化,不能从过去的低成本优势转向高附加价值的竞争优势,我国未来发展的内在动力将有所衰减,增长速度的降低加上成本推动型通胀的压力,将有可能使我国的经济运行出现滞涨格局,并陷入中等收入的发展陷阱。因此,推动质量、效率、动力三大变革,成为坚持质量第一、效率优先这个方针的必然选择。

坚持一条主线,就是深化供给侧结构性改革。推动质量、效率、动力三大变革,其政策着力点在现阶段存在"重大结构性失衡"的前提下,就是要努力向结构调整要速度、向结构变化要质量、向结构变化要效益,这是解决新时代社会主要矛盾的不二法门。当前经济运行中的主要问题,是供给的结构、质量体系与不断升级的社会需求结构之间,存在着这种"重大的结构失衡",从而导致产能过剩、资源配置扭曲、效率低下和运转不灵。以供给侧结构性改革为主线促进现代化经济体系建设，重点要加快发展先进制造业、战略性新型产业、高技术产业，推动互联网、大数据、人工智能同实体经济深度融合。工作抓手一是要给实体经济企业减税减费，降低负担；二是要放松对实体经济企业的行政管制和微观控制，放开捆绑的手脚，让其轻松上阵参与全球新一轮竞争，让市场机制充分发挥自我调节和自我修复的功能。总之，需要各级政府努力推动要素向实体经济集聚，制度创新向实体经济对接，经济政策向实体经济倾斜，工作力量向实体经济加强，营造脚踏实地、勤劳创业、实业致富的发展环境和社会氛围。

建设创新引领、四位协同的产业体系，就是要建设实体经济、科技创新、现代金融、人力资源协调发展的产业体系。实体经济发展是纲和目标，任何脱离发展实体经济轨道，使虚拟经济自我服务、自我循环、自我强化的不良倾向，都会伤害国民经济的基础，都需要大力纠偏；科技创新是实体经济发展的第一驱动力；现代金融则是保持其健康运行的血液系统；人力资源是建设现代化经济体系第一生产力。

建设"三有"的经济体制，就是市场机制要有效率、微观主体要有活力、宏观调控要有度。我国现代化经济体系建设的每一次重大进步，都是来自对不适应生产力发展的体制和机制的大胆改革和创新。中国经济奇迹是市场取向改革的重大胜利。未来不断地调整和改革政府与市场关系，是建设现代化经济体系的主要路径。基本原则是：一是要更好而不是更多地发挥政府作用，要通过负面清单、责任清单等管理，适当地减少干预；"更好"的标准是不缺位、不越位、不错位。二是要把"放手"当作最大的"抓手"，政府对权力清单外的事务要多做"减法"。三是要"放手"不是"甩手"，要为市场活动制定规范，进行监督和仲裁，纠正市场失败，在非营利性领域发挥主体作用，为市场发展提供充足的外部经济性。

四、创新引领、协同发展的产业体系是现代化经济体系的基础

实体经济、科技创新、现代金融、人力资源协同发展的产业体系（以下简称"创新引领、协同发展的产业体系"），是我们党创造性地从要素投入角度明确的产业体系建设新目标，是扎根我国发展实践、尊重经济发展规律的重大理论创新。它强调增长要更多发挥高级生产要素的协同作用，更多依靠提高全要素生产率；强调国民经济中投入的生产要素最终必须要落实在实体经济上，鼓励金融服务实体经济，而且要用现代金融机制支撑科技创新和经济增长。

在实践中，要建设创新引领、协同发展的产业体系，重点需要关注三对关系。

（一）实体经济与科技创新的关系

总的原则要使科技创新在实体经济发展中的贡献份额不断提高。目前我国科技研究水平与世界的差距，要小于我们的实体产业水平与世界的差距。产生这个矛盾的主要原因，可能是我们的科研指向与实体经济脱节，也可能是我们鼓励科学家把科研成果转化的制度还不够完善，如对知识产权保护不力、对科学家从事科研成果的产业化缺少支持等。科技成果进不到实体经济是一个老问题。解决这个问题的一个办法就是让科研活动产业化，按照市场的规律来服务实体经济。但是科研活动不是所有的环节都能产业化的，它分为两个阶段：第一个阶段是把钱变成知识，这是科学家的事情；第二个阶段是把知识变成钱，这是企业家的事情。这两者不能混淆。在第一个阶段，我们应该强调的是科研的原创性和独特性；但在第二个阶段，如果科研活动不能围绕产业化进行，那么经济的自我循环过程就阻塞了，就会出现实体经济与科技创新之间的严重的不均衡。

（二）实体经济与现代金融的关系

总的原则要使现代金融服务实体经济的能力不断增强。当前实践中存在的主要问题是制造业"空洞化"，即金融发展过度而影响制造业健康发展。表现为实体经济不实，虚拟经济太虚，资金在金融体系内部运转，进不到实体经济，同时实体经济本身产能过剩、杠杆太高、生产率低，不能创造出投资者满意的回报率，因而吸收不到足够的发展资源。2017年中央坚决地去产能、去杠杆，使很多企业甩掉了沉重的债务包袱，经济正恢复生机和活力。"脱实向虚"的现象，与我国经济运行中的"资产荒"问题有直接的联系。"资产荒"表现为居民巨大的理财需求对应着有限的资产供应，由此不断拉高资产价格，使发展环境不利于实体经济。人民群众追求美好生活的需求，既包括物质文化的方面，也包括理财需求，追求财富的增值是生活水平提高后的基本需求。不能满足居民不断增长的理财需求，是我国房地产领域货币流入过多、泡沫积累的重要原因之一。因此均衡实体经济与现代金融的关系，一个重要的选择是要积极发展现代金融，使其可以为社会提供更多可供理财的优质资产。

（三）实体经济与人力资源的关系

总的原则是要使人力资源支撑实体经济发展的作用不断优化。现在我们要振兴壮大实体经济，但优秀人才又不愿意去实体经济领域就业。人才愿意去哪些部门就业，虽然完全是个人选择，但是如果从国家战略层面上看，一个年轻人不爱去就业的行业，是不会有光明的前途的。人力资源与实体经济之间的错配，是我国振兴壮大实体经济遇到的最大难题之一。解决这个问题，要从根本上提高实体经济的盈利能力，为吸引年轻人就业创造好的物质条件。技术工人是中国制造业的顶梁柱，是中国制造的未来，必须大幅度提高制造业中技术工人的待遇，实施首席技工制度，并鼓励他们持有企业的股份，跟企业共命运、同成长。要提高职业技术教育的社会地位和经济地位，让工匠过上有社会尊严的、体面的生活，年轻人就会自然爱当工匠，国家实体经济就一定会振兴。

五、建设现代化经济体系要有扎实管用的措施

新时代现代化经济体系构建的顶层设计和基本方略，需要与基层创新联动起来，需要我们的具体行动，需要有扎实管用的政策举措，为此要突出抓好以下几方面工作：

（一）以科研产业化和市场化为核心的创新驱动发展政策

习近平总书记指出，要"塑造更多靠创新驱动、更多发挥先发优势的引领性发展"。从后发优势转向先发优势，要求我们掌握更多的新技术的源头。这必须经历时间更长、花费更多、风险更大、更艰苦的基础研究和产业化过程。为此，我们要瞄准世界科技前沿，强化基础教育和基础研究，实现前瞻性、引领性原创成果的重大突破。

（二）以城市群落为核心拉动"三农"现代化的振兴乡村经济政策

"三农"问题解决不好，地动山摇。乡村振兴不是回归传统"三农"格局，而是"三农"现代化，即农民减少、农民变富；农业比较收益率上升，达到社会平均水平及以上；农村在工业化主导下开始享受城市化的生活方式。城市化生活方式，不是指把农村变成城市，而是生活方式跟城里人一样，如发达的基础设施、教育、医疗、社交、文化等等，农村与城市一样。振兴乡村当然要从产业、人才、文化、生态、组织等方面入手，但是依托发展连绵的城市群落来振兴乡村，是中国未来"三农"发展的最重要的思路。如果说长三角地区、珠三角地区是中国乡村振兴最成功的经验和典型的话，那么它们也是未来中国"三农"发展的唯一可以选择的发展模式。离开城市化，离开了城市群的发展，孤零零地去振兴乡村，根本行不通走不远的。其中，放开对农民的各种

不合理的限制，鼓励人口自由流动，政府完善社会保障体系，才是最要紧的事情。

（三）以时空压缩、增加密度和减少分割为核心的区域协调发展政策

应该根据各地实际情况，分门别类制定差别化的经济政策。如东北等老工业基地的振兴，需要通过深化改革重塑激励机制和发展动力，使其焕发青春活力；对东部发达地区，则应要求其率先实现地区优化发展，率先启动进入基本现代化的第二步战略。未来应根据"时空压缩、增加密度、减少分割"的经济地理重组原则，鼓励以城市群落为主体，构建大中小城市和小城镇协调发展的城镇格局，加快市民化进程。

（四）以构建命运共同体为核心的立体全方位开放政策

当前新一轮基于内需的全球化浪潮正在兴起，中国要利用自己的内需优势，吸收全球先进的高级生产要素，为我国发展创新经济服务。主要是：(1) 以"一带一路"建设为重点，建立和完善以我为主的全球价值链，促进国际产能合作，形成面向全球的贸易、投融资、生产、服务网络，培育国际经济合作和竞争新优势。(2) 实行高水平的贸易和投资自由化便利化政策，全面实行准入前国民待遇加负面清单管理制度。(3) 赋予自由贸易试验区更大改革自主权，探索建设自由贸易港。

（五）以减轻企业负担、放松经济管制为核心的供给侧结构性改革政策

在保持宏观经济环境较为稳定的前提下，扭转中国经济运行的"重大结构性失衡"，必须通过改革找到解决问题的源头、路径和动力。这个源头、路径和动力，就在于通过供给侧结构性改革，真正地推动政府改革。供给侧结构性改革必然要更多地发挥市场对资源配置的决定性作用，由此而进行的政府改革，将产生放松管制和减轻企业负担的双重效应。这是由政府改革降低政府规模、减少政府不要的职能和事务、减少

政府支出的内容决定的，也是供给侧结构性改革中的两个关键问题。由此必然会刺激内需扩大，增强企业的投资能力与民众的消费能力。这对消化产能过剩、稳定投资预期、增加民众获得感、减少资本外流等将产生决定性的作用，同时也有利于我国把基于出口导向的全球化经济发展模式，转化为基于内需的全球化经济发展模式，进而推动我国进入自主创新的经济循环，产生巨大的发展新动能。

六、现代化经济体系建设中蕴含的理论创新

党的十九大报告关于建设现代化经济体系的顶层设计和重大部署，不仅提出了诸多需要实践、实干的重大任务，而且在经济理论上蕴含着重大的创新，丰富了中国特色社会主义经济理论的宝库。

如果说党的十九大报告对新时代社会主要矛盾的表述，是属于认知范畴的重大判断和理论创新成果，是对社会主义政治经济学发展的巨大贡献的话，那么试图为解决这个主要矛盾而提出的经济建设的总纲领，即建设现代化经济体系，就属于行动范畴的重大决策和理论创新成果，是对中国特色社会主义的应用经济理论发展的巨大贡献。现代化经济体系范畴所蕴含的智慧光芒，对中国特色社会主义的应用经济理论的发展和进步的巨大贡献，主要表现在以下几方面：

（一）对发展经济学理论的贡献和创新

过去我国的发展理论主要针对的是在落后的生产力和短缺经济的条件下，研究如何提高储蓄率和投资率，从而加快经济增长的问题；建设现代经济体系则是在资本和商品"双过剩"的条件下，针对新时代社会主要矛盾的变化，研究如何建设高质量经济等问题。问题的导向不再是短缺而是过剩，不再是数量而是质量，不再是有无而是好坏，重点要解决经济运行中的重大结构失衡问题，如实体经济内部的失衡、实体经济与金融的失衡、实体经济与房地产的失衡问题等等。过剩经济条件下

矫正结构失衡所运用到的政策工具和手段,也与短缺经济条件下的经济发展完全不同:前者主要是运用促进经济快速增长、提高储蓄率和投资率等方法,而后者则需要从两个方面着手:一是要提升实体经济技术水平和生产率,以追求高质量为导向进行结构调整;二是要鼓励在虚拟经济领域进行金融创新,为社会日益增长的理财需求提供更多的优质金融资产,以缓解"资产荒",平抑资产泡沫,均衡它与实体经济之间的均衡关系。对发展政策来说,这些都是新问题;对发展理论来说,这些都需要进行新的总结和提炼。

(二) 对产业经济学理论的贡献和创新

过去我们把建设现代化产业体系定义为要全面地构建比较稳固的现代农业基础,比较发达的制造业尤其是高等级的装备制造业,以及门类齐全、迅速发展的现代服务业。这种建设产业体系的目标,分割而不是融合了产业部门之间的联系,缺乏部门间的资源流动、等量资本获取等量收益的均衡协调发展的现代市场经济意识,很容易在原有的二元经济结构下再形成产业之间的新结构撕裂。作为现代化经济体系的物质基础,党的十九大报告提出建设四位协同的产业体系,创造性地从要素投入角度而不是部门分割的角度,明确了未来产业体系建设的新目标,以及各要素之间的协同发展的总要求,是扎根我国发展实践、尊重市场经济运行和发展规律、对现代产业发展理论的重大创新。

(三) 对现代经济增长理论的贡献和创新

现代经济增长理论虽然一直强调人力资本、知识资本和技术资本在增长中的决定作用,但是较少地研究如何更多地发挥高级生产要素(科技创新、现代金融、人力资源等)的协同作用问题,更少强调国民经济中投入要素如何服务于实体经济的问题。这是西方国家实践中经常出现产业"空洞化"和泡沫经济的重要的理论原因。中国的经济现代化进程,必须高度重视西方国家发展的这一经验教训。习近平总书记在阐述现代化经济体系的内涵和建设措施时，就多次要求要把大力发展实体经济，作为筑牢现代化经济体系的坚实基础。他指出，实体经济是一国经济的立身之本，是财富创造的根本源泉，是国家强盛的重要支柱。要深化供给侧结构性改革，加快发展先进制造业，推动互联网、大数据、人工智能同实体经济深度融合，推动资源要素向实体经济集聚、政策措施向实体经济倾斜、工作力量向实体经济加强，营造脚踏实地、勤劳创业、实业致富的发展环境和社会氛围。这是在现代经济增长的轨道中，防止出现"脱实向虚"等不良倾向重要的理论保障。

（四）对西方经济实践的重新思考与创新

在建设现代化经济体系的过程中，中国的实践可能会对过去一些来源于西方经济实践的理论命题进行重新思考，并在此基础上创新，从而提出与中国国情紧密联系的新问题、新经验、新规律和新结论。例如，有中国特色的社会主义共享型分配理论，是对资本主导的分配理论的重大创新；在市场起决定性作用的基础上，更好地发挥政府作用的社会主义市场经济体制理论，是对"神话"市场作用的西方市场经济理论的重大创新；以绿水青山、金山银山为特征和指向的生态经济理论，是对工业化、现代化理论的重大创新；以攀升全球价值链和构建世界级先进制造业集群来均衡区域关系的空间经济理论，以及以"一带一路"倡议、构建全球命运共同体为内容的开放性经济发展理论，是对以发展中国家为研究对象的国际经济学理论的重大创新，等等。

参考文献

[1] 刘志彪："建设现代化经济体系：新时代经济建设的总纲领"，《山东大学学报》2018年第1期。

[2] 宁吉喆："深入学习贯彻党的十九大精神，加快推进现代化经济体系建设"，《宏观经济管理》2017年第12期。

[3] 杨伟民："推动经济高质量发展须过三道关口"，中国经济时报－中国经

济新闻网，http://www.cet.com.cn/ycpd/sdyd/1992237.shtml。

［4］刘伟："以供给侧结构性改革为主线建设现代化经济体系"，《人民日报》2018年1月26日。

［5］刘志彪："夯实高质量发展的产业体系基础"，《人民日报》2018年3月20日。

［6］刘志彪："深化经济改革的一个逻辑框架：以政府改革推进供给侧结构性改革"，《探索与争鸣》2017年第6期。

［7］刘志彪："把握现代化经济体系的内涵和重点"，《人民日报》2018年6月25日。

第一篇

从高速发展到高质量发展

理解高质量发展：基本特征、支撑要素与当前重点问题*

从理论上对高质量发展阶段的一些基础问题进行分析，无论是对于推动经济全面转型升级、跨越中等收入陷阱等经济工作和经济政策的实践，还是对发展和完善中国特色的社会主义政治经济学理论，都具有十分重要的战略意义和价值。

本文将用系统分析的观点，对高质量发展的内在基本特征、实现高质量发展的前提和基础条件，以及现实中亟须解决的重点和难点问题进行理论分析。

一、高质量发展：基本特征描述

高质量发展的内在基本特征，是与高速度发展的基本特征比较得出来的。这两个发展阶段的差异很多，我们挑一些主要的方面论述如下：

（一）评价标准：单维与多维

速度发展的评价标准很简单，就是单维的评价，数量有无、多少，

---

* 本文作者刘志彪，南京大学长江产业经济研究院。

是评价的主要标准。但是对高质量发展来说，评价标准就是多维的，标准中加上了许多主观的因素，因此就显得非常复杂。质量好坏，可以从多元化的视角去分析。如对美好生活的评价，从物质满足程度去评估是最基本的，可能还需要从收入、教育、工作、社保、医疗卫生服务、居住条件、生态环境等等方面去综合地评价。由此决定了"为高质量发展而竞争"，在机制设计上要比"为 GDP 增长而竞争"复杂和困难得多。过去对高速度发展，只需要从一些总量增长的指标去评估就可以了，如 GDP、财政收入、利用外资等增长情况。但是对高质量发展，就要从新发展理念的角度去综合评价，一般认为它是创新成为第一动力、协调成为内生特点、绿色成为普遍形态、开放成为必由之路、共享成为根本目的的发展。需要强调的是，经济学对数量的评价，已经开发出非常好的工具，如在约束条件下求财富、GDP、国民收入等静态或动态的最大化，都易如反掌。但是对质量的多维评价，经济学现在还没有开发出好的工具。由于质量具有多维性和主观性，如何把无数的个人偏好加总为社会偏好，就是一个很大的难题。这提示我们，由于评价的困难性，诸如要建设为高质量而竞争的经济体制等努力，需要与过去不同的方法。

（二）历史背景：短缺与过剩

在高速度发展阶段，我们处于人均几百美元的贫困发展阶段，物质的高度短缺加上东西方两大阵营对抗的"冷战"背景，因而赶超战略自然而然地成了国家经济战略的主要选择。这时，好坏不是主要矛盾，有无、多少才是问题的核心。在资源短缺的条件下，有什么办法可以快速地增加生产能力、提供更多的产出，就是最优的办法，就会成为政策追求的目标。如会运用一切手段（如命令、户籍、计划价格等等）把资源集中到某些最紧迫需要发展的部门。进入高质量发展阶段，人民收入水平和生活有了大幅度的提升，过剩经济成为常态。虽然全球经济政治时有摩擦，但是和平与发展是主流趋势，经济全球化趋势势不可当。这时，从需求结构的变化看，人民群众对物质文化生活的需要变成了对美好生活的需要，需求层次迅速上升，除了对物质的需要体现为更好而不是更多外，对服务的需求上升的速度更快。因为根据恩格尔定律，这时收入增长导致需求层次的提升，将从偏重于生理性需求的物质消费结构，转向享受和发展型的非物质为主的消费结构，由此带来国民经济结构的重大转型，如第三产业比重的迅猛上升，知识、技术、人力资本型产业逐步替代资本和劳动密集型产业等等。从供给侧的变化看，落后的社会生产变成了发展的不平衡不充分，供给的总量问题转化为供给的结构问题，宏观经济管理不再是为了解决有无的问题，而是要解决好坏的问题，解决满意不满意的问题，解决结构的不均衡问题，解决质量的高低问题。

（三）实现手段：计划和市场

在高速度发展阶段，生产力的低水平和消费的低层次，决定了经济活动的内容和标的均质性和单一性，企业产出间的差异度。市场范围、市场门类和经济规模都比较小，相对来说，决策者掌握这些信息容易，成本较低，这时计划手段是效率较高的方式。因此在高速度发展阶段，政府作用的范围和领域可以比较大，政府替代民众选择、实现集中的非均衡发展是完全有可能的。进入高质量发展阶段，收入水平和生活水平的提高，一方面美好生活需要对应着的市场和非市场的范围和规模都在扩大；另一方面需求结构也呈现为多样性、多元化、差异性和多变性。这时无论是企业还是政府，获取信息的成本都很高。对于政府来说，集中获取信息和处理信息的成本更高。虽然，这时由于互联网、大数据、人工智能等一系列信息技术的发展，信息集中收集和处理的效率大大提升，但是由于信息内含的是人的行为，具有复杂的利益关系和复杂多变性，由政府集中实施计划经济来规划各经济主体的个体活动，也是绝对不可行的。实施信息分散收集和处理，让市场主体自己决策、责任自负的内生调节方式，仍将是最优的资源配置方式。但是，也应该看到，迅速增长的非市场调节领域的扩大，会使经济生活中出现更多的市场失败现象，这就要求政府必须转移作用领域和改变基本职能，从干预市场主体决策和干预市场活动，转向进入非市场领域发挥基本的调节作用，为市场活动提供更多的外部经济性。

转向高质量发展阶段，面对解决复杂的多维问题，这样以经济建设为中心的内涵就发生了深刻的变化，建设现代化经济体系被认为是转向高质量发展阶段国家经济建设的总纲领，是一切经济工作的总任务、主要特征和目标。

二、高质量发展：系统分析视角下的支撑要素

从上述分析可知，高质量发展是国民经济系统从量到质的本质性演变，是由系统中的许多因素共同作用、综合推动的发展结果。因此，我们必须通过强化该系统中具有相互关系和内在联系的各个环节、各个层面、各个领域的交互作用，推进这个有机整体的升级和跃进。关键问题是，我们要通过全面深化改革，通过顶层设计、上下结合，形成支撑高质量发展的一些基础要素。

支撑要素一：非均衡战略逐步转向均衡战略

实施非均衡发展战略的特征，是通过把有限的资源倾斜用于重点战略部门的发展，试图用产业关联效应拉动其他部门发展。这虽然可以人为地快速推动重点部门的扩张，但是长期实施的消极后果是：一是国民经济各部门、各地区容易出现"重大结构失衡"，如未列入战略和重点部门的产业和地区，会出现长期的发展"瓶颈"现象，而各地政府都支持重点发展的部门，会成为产能过剩的部门；二是过度强化了政府和产业政策的作用，抑制了市场发挥作用的空间。非均衡战略逐步转向均衡战略，是实现高质量发展的重要的宏观经济基础条件。因为，正如2016年中央经济工作会议所说，我国经济运行面临的突出矛盾和问题，根源是重大结构性失衡，导致经济循环不畅，必须从供给侧、结构性改革上想办法，努力实现供求关系新的动态均衡。重大结构性失衡其实主

要来源于长期实施的追求速度的非均衡战略。转向均衡发展战略意味着我们必须扬弃过去用行政手段集中配置资源的方式，转而通过利用市场机制决定资源的配置。这里"均衡"的意义在于：市场主体在利益驱动下，按照供求信号进行竞争性资源配置，就能使各产业部门获取大致平均的利润率。而偏离这一平均利润率的任何信号，都意味着产业供求结构的失衡，都会造成资源的再配置即结构纠偏。显然这就是社会福利损失最小的高质量发展。当今，我国经济发展的非均衡状态更多表现为生态环境、关键技术、基本公共服务、基础设施、要素市场发育等领域短板或"瓶颈"。这与这些领域市场容易发生失败有关，也与政府过去把资源过于集中在经济市场领域、忽视对市场失败现象进行大力度纠偏有关。因为，未来实施均衡发展战略，要更好地发挥政府的作用，尤其是在非市场调节的上述领域要加大政府的投入力度。

支撑要素二：片面工业化转向四化协同发展

重点建设创新引领、四位协同的现代产业体系。为加速推进工业化发展，过去我们实施了农村与城市隔离、农业剩余支持工业化的种种措施。副作用是除了加剧了二元经济结构下农业、农村的衰退外，广大农民和城市中低阶层的低收入和低需求，难以消化制造业的巨大产能，结果便发生了严重的过剩产能，或者只能通过廉价出口甚至补贴出口去消化，很难有高效率、高质量的经济增长。从党的十八大提出要推动"四化协同发展"开始，即推动新型工业化、信息化、城镇化、农业现代化同步发展，我国的发展战略开始突破工业片面发展的格局，如为了消除城镇化进程落后于工业化的痼疾，开始了以城镇化拉动工业化；用信息网络技术改造传统工业，增强工业的智能化水平等等。党的十九大进一步提出，要建设实体经济、科技创新、现代金融、人力资源协同发展的产业体系。过去说，要全面构建现代农业基础、发达的制造业以及门类齐全的现代服务业，这其实是分割而不是融合了产业部门之间的联系，缺乏等量资本在部门间获取等量收益的均衡协调发展理念，很容易在原有的二元经济结构下，片面突出发展某个产业部门，形成产业间的结构撕裂。建设四位协同的产业体系，从要素投入角度而不是部门分割的角度，明确了未来创新引领、产业协同发展的总要求。在市场经济条件下，产业结构的失衡，会以短缺或者过剩表现出的价格上升或者下降来指示要素流动，因此就比较容易实现产业间和产业内的均衡发展。

支撑要素三：要素市场化配置成为进一步市场取向改革的重点

经过 40 年改革开放，我国已经实现了高度的商品市场化配置，价格成为调节商品配置的主要机制，但是我国经济转轨的重任并没有彻底完成，主要体现在要素市场化配置这个更为艰巨的任务并没有真正完成。在要素市场配置中，发展得比较彻底和充分的主要是货币市场、技术、信息等市场，而资本市场和劳动力市场的功能还不够完善。这样结构调整便会遇到一些困难。如劳动力市场的刚性，会使国有企业在产能过剩时成为"僵尸"企业。资本市场中的收购兼并功能不充分，产业结构和产业组织的调整就会比较困难。结构调整的困难是高质量发展的天敌，会造成资源的低效率利用。在供给侧结构性改革中，调整产业结构是化解产能过剩、消灭"僵尸"企业的主要途径，是纠正资源在产业内配置失误、提高供给质量和效率的主要措施，即通过产业内企业间关系的重组以及资源在企业内的重组，使资源在产业内由低效率企业向高效率企业加速移动和有效配置，从而提高供给结构、需求结构的水平和能力。清除"僵尸"企业，化解产能过剩，需要尽量避免直接破产，避免运用激进的手段制造人为的社会冲突。为此要素市场化配置要利用资本市场的内在功能，通过两类机制来实现：一是主动性调整机制，即通过鼓励企业间的收购兼并，消灭低效率、产能过剩的企业；二是被动性调整机制，即由市场倒逼、企业为主体，放任市场机制自动和自我调节，让产能过剩企业自生自灭，由此实现市场自动出清。

支撑要素四：在讲究效率的基础上的实现共享性分配

在高速度发展阶段，初次分配讲效率优先，再分配适度考虑公平，这无疑有助于实现速度赶超战略。但是这一分配原则长期实施，必然会导致整个社会收入分配和财富拥有结构的严重失衡，从而引起比较严重的社会矛盾。据统计，1979年我国城乡家庭人均收入基尼系数只有0.16，1988年是0.382，1997年是0.458。到了21世纪，这个数值一般认为在0.5—0.6，贫富差距非常大了。这种格局对刺激消费和扩大内需极其不利，变相地刺激了单一的出口导向型经济。这种状态不改变，很容易陷入中等收入陷阱。因此支撑进入高质量发展阶段的一个重要的基础性改革，就是要进行分配机制的调整。初次分配也要讲公平，至少有两个问题值得注意：一是财富在国内居民与外国投资者之间的分配。GDP中外资拿得多，自然本国居民就会拿得少。依靠吸收外资来发展经济的地方，普遍都存在这一分配失衡的问题。二是财富在资本所有者与打工者之间的比例。创业的人多，居民富裕程度就高，如在收入和财富拥有上，浙江省与江苏省的差距就在此。再分配性更要讲公平。如财富在居民、企业和政府三者之间的分配。政府和企业从财富总盘子中拿多了，居民就不可能很富裕。如江苏省过去一直上交国家财政比较多，藏富于民不足，这是江苏省聚焦富民战略的软肋。假如实体经济盈利能力弱，虚拟经济就会过火，善于和敢于利用金融杠杆、敢于炒作资产的地方，往往要比单纯做制造业的地方富裕。这造成财富生产与财富分配之间不成比例。最后应该指出的是，无论分配和再分配怎么进行调节，一个正常的社会都需要鼓励生产性努力，这就是要大力发展实体经济，提高GDP中的含金量。

支撑要素五：找到产业政策优先还是地区政策优先的平衡点

产业政策的基本基准是生产率上升原则和需求的收入弹性原则，那些生产率上升速度高、需求收入弹性大的产业，首先会作为主导产业得到发展。因此，产业政策优先意味着资源配置主要取决于效率导向。这在空间上会产生歧视效应。那些区位条件较差、运输成本相对较高的地区，就不容易被纳入产业政策的发展眼界中。长期实施这一政策虽然有助于加快发展，但是会累积起越来越严重的区域发展非均衡问题，从而导致极大的社会甚至政治压力。地区政策优先的主要基准是地区间发展的公平主义取向，一些发展条件较差的边远地区、资源地区、革命老区、少数民族地区在实施这一优先原则时将得到优先发展。显然，从经济效率的角度看，地区优先的政策取向是损害静态效率的，但是在动态、全局意义上并不一定。高质量发展是一种综合多元的评价标准，因此对应它的最适当的状态是找到产业政策优先与地区政策优先的平衡点。主要的平衡措施有：一是主要以发展城市群落的政策来促进乡村振兴。城镇化水平高的地区，尤其是城市群落发育比较成熟的区域，如长江三角洲、珠江三角洲地区，其乡村现代化步伐也快，地区间均衡发展程度也高。二是可以通过建设世界级先进制造业集群的办法来均衡区域和产业的关系。世界级先进制造业集群是按照经济区域来自发布局的。它的一个直接效应是可以模糊行政区的界线，拉动产业集群内所涉及的若干行政区的共同协调成长。三是有意识地加速区域经济发展一体化。各行政区拆除行政壁垒，制定统一协调的竞争规则，相互之间竞相开放，这种一体化机制将产生从极化到收敛的"非均衡—均衡"发展效应。

支撑要素六：把生态环境内化为经济发展的财富

过去绿色化是成本，代表的是贫困和未开发，现在要把其内化为收益、福利和财富。高速度发展阶段把对环境的整治和保护支出作为成本因素考虑，千方百计地节省环保投入以便可以把稀缺资源用于增长。高质量增长阶段把环境当成发展追求的目标，是社会财富的重要组成部分，因此环保支出是实现财富增长的手段。在绿色国内生产总值（GDP）的核算上，就要从国民生产总值转向国民生态产值，即把环境的损害作为国民财富的减少对待，把对环境的投资和支出当成国民财富的一个组成部分。除此之外，在地区之间要建立生态环境的补偿机制，可探索实施两类交易制度：第一是建立和健全以单位 GDP 能耗为基础的节能交易制度。在这样一种比如以省一级为节能的交易平台上，单位 GDP 能耗低于全省平均水平的地区，可以卖出相应的节能量；而单位 GDP 能耗高于全省平均水平的地区，则必须买进相应的额度。显然，实行这一交易制度有利于促进各地区能耗量的持续下降。第二是建立和健全某流域以水环境质量为基础的生态环境补偿机制。具体是对水质达到一类水标准的地区，达到程度越高、比例越高则奖励越多，而对三类尤其是四类水质比例高的地区，实施惩罚性倒扣。这种制度安排尤其适用于具有上下游关系的区域生态补偿关系。建设美丽中国需要这种把环境保护的倒逼压力，转化为经济转型升级的动力制度，必须把目前限于工作层面的倒逼机制，提升到政策层面，并在此基础上进一步上升到法律法规层面。

支撑要素七：建设基于内需的高水平的开放型经济

过去开放经济道路走的是出口导向的全球化。这个战略的基点，在于利用的是别国的市场，而不是我们自己的市场。1992年之后，尤其是2001年加入世界贸易组织（WTO）以来，中国国际贸易额呈现爆炸式增长。2008年之后，世界金融危机显示了这种性质的"全球化红利"已经基本结束，中国需要与世界进行再平衡。这个再平衡就是要在扩大内需条件下，及时主动地启动"基于内需的全球化经济"战略。这是中国为适应全球经济形势和竞争格局的变化而做出的主动的战略调整，也是中国给自己、给世界主动创造的一种战略机遇，是中国全面提升开放型经济发展水平的最重要含义和最主要内容。"基于内需的全球化经济"并不是一个新现象。美国就是一个典型的基于内需的全球化经济体系，它的最终需求规模一直处于全球最大的地位，强势的国内市场需求加上其他非经济因素，塑造了长期的强势美元地位，诱使全球生产要素向美国流动，导致了全球其他奉行出口导向战略的国家对其进行大量的出口，使美国可以成为吸收全球高级要素力度最大的国家。因此基于内需的经济全球化，就是要在加入全球分工体系的基础上，强调利用全球的优质要素发展自己。中国尽早启动这一战略，也是为了满足人民日益增长的美好生活需要。以不断增大的内需来扩大进口，也能起到促进我国经常项目收支平衡的主要作用。习近平总书记在博鳌亚洲论坛上宣布，我国即将相当幅度地降低过去对某些产品的关税税率。如汽车进口关税可能要降低一半以上，同时降低部分其他产品进口关税，努力增加人民群众需求比较集中的特色优势产品进口。基于内需的经济全球化战略，期望能够用中国的内需吸收外部世界的先进生产要素，因此也希望发达国家对中国放松正常的高技术产品贸易的人为设限，放宽对华高技术产品出口的管制。

支撑要素八：高质量的制度供给能力

中国经济发展不缺钱、不缺市场，也不缺乏人才，缺的是好的制度供给。中国发展中存在的各种矛盾和问题，原因在于制度的失败或者失效。为此要求政府在推进高质量发展的过程中，要把主要精力放在为市场运行和社会发展设立、修改、创新、监督、执行制度规则上，以此推动经济进入转型升级新阶段。制定规则、创新规则、修正规则，监督和执行规则，就是改革，就是创新，就是升级。政府层面的这些制度供给行为，就是把新理念、新思想、新方法、新机构、新法规、新政策和新工作载体等，引入原有的制度体系、政策体系和工作体系，实现新的促进发展的动因组合。在高质量发展的背景下，政府层面的制度创新和制度供给，要重点解决发展中存在的结构性、体制性和素质性的矛盾和问题，主要包括以下几个方面：（1）硬化所有权的约束，即预算约束硬化。这是高质量发展的效率基础。（2）为高质量发展而竞争的地方政府机制。要求把为增长而竞争的旧式地方政府运作体制，通过输入新的高质量目标函数，改造为适应新时代、解决新的社会主要矛盾服务的新体制。（3）产业政策要让位于竞争政策。旧式的产业政策的实质是通过制造所有制歧视、产业歧视、内外经济主体歧视、地域歧视等，实现非均衡的快速增长。社会主义市场经济发展的深化，需要把它逐步过渡到公平竞争取向的竞争政策。（4）法治化的政府宏观调控体系。尤其值得一提的是，竞争政策为导向，还要求实施自由进出市场的反垄断政策，这对鼓励高质量发展起着至关重要的作用。例如，市场竞争中企业自由进入，是打破已有企业的市场垄断的最锐利武器，因而是提高资源配置效率的主要政策工具。加强对市场主体行为的监管，是规范市场运行的主要手段，也是保护各方利益主体正当利益和市场运行的基本要求。自由退出市场，是解决软预算约束、化解产能过剩、缓解过度竞争、消灭"僵尸"企业的最有力工具。公平竞争是保证顺利进入高质量发展阶段的微观机制。

三、高质量发展：当前的重点问题及其解决思路

从高速度发展全面进入高质量发展需要有一个较长的过渡期。这不仅是因为发展有惯性力量的作用，把高质量发展的目标函数嵌入决策者的决策理念和融入市场主体的行为追求中，需要很长的适应和调整时间，而且是因为当前的政策决策系统面临着一系列亟须处理和解决的重大问题。这些问题是过去的发展方式下累积下来的，是迈不过去的坎，拖延它们的解决只会导致出现更大的问题。

重点问题一：重大结构失衡之纠偏

当前中国经济运行中的失衡，主要有三类：一是房地产与实体经济之间的失衡。表现为资源进入房地产领域过多，不愿意进入实体经济领域。二是金融与实体经济之间的失衡。表现为资本不仅蜂拥而入金融领域，而且在金融体系内部自我循环、自我膨胀，为实体经济服务不到位。三是实体经济内部的失衡。表现为高技术、高质量的产品供给不足，而一般性的生产能力严重过剩。解决上述第一个问题的思路，是一方面要抑制以房地产炒作、金融体系自我循环为特征的虚拟经济的过度膨胀；另一方面也要想方设法地提升实体经济的盈利能力，增加其对资本投入的吸引力。其中，对前一个方面的问题，我们不是说要用简单的行政命令去限制虚拟经济活动，而是要反其道而行之，用增加优质资产供给的办法来抑制虚拟经济的泡沫化。从商品短缺走向资产短缺，是我们进入新时代的一个重要特征。如果不能提供大量的优质资产供民众和社会选择，资产短缺状态会进一步加剧，从而使资产价格不断上升，形成更加剧烈的结构失衡现象。如我们需要通过建设更多的城市群落的战略，平抑城市化中的住宅需求，从供给侧抑制房地产泡沫；我们应该通

过加快劣质企业退出市场的办法，让更多的战略性新兴产业企业进入资本市场，给投资者更大的选择；我们要发展更多的合格的机构投资者，提供更多的理财产品和工具，满足民众的理财需要。纠正实体经济内部结构的失衡，主要是要用竞争政策公平竞争环境，加速新动能企业的进入和竞争失败企业的退出，使资源能够按市场供求信号进行顺畅流动。

重点问题二：打胜三大攻坚战

面对经济体系的重大结构失衡，当务之急是要坚决打胜三大攻坚战：一是防止金融风险。高速度发展阶段地方政府较多地把国有企业作为投融资平台，发挥国有经济对稳增长的调节作用，因此必然导致其债务较多、杠杆率水平较高的问题。目前中国企业负债占 GDP 比率在 150%—160%，在全球主要大国中位居第一。其中，国有企业的负债占非金融企业总负债的 70% 作用。为了防止出现可能的、系统性的、重大的金融和风险，要以结构性去杠杆为基本思路，分部门、分债务类型提出不同要求，地方政府和企业特别是国有企业要尽快把杠杆降下来，努力实现宏观杠杆率稳定和逐步下降。其中，最重要的是必须坚决消灭"僵尸"企业。"僵尸"企业必将导致高杠杆，从而可能引发金融危机。现在很多的"僵尸"企业如果不能及时被处理掉，越积越多，那么一方面它们要继续消耗和占用国民经济中宝贵的信贷资源、物质资源和市场资源，继续加大信贷投放从而进一步提高实体经济杠杆率；另一方面，从动态看也会通过复杂的传导机制，进一步加大杠杆率水平：即"僵尸"企业增多→行业供求总量和结构关系进一步失衡→产品价格不断下跌→全行业企业业绩变得更差→无法弥补历史欠账（拖欠的工资、社保、应付账款、设备减值等），无法更新改造技术设备，无法归还银行欠账→企业负债率进一步上升→银行不良率进一步上升、政府财政收入降低、员工工资收入无法改善→金融风险概率上升。应该看到，供给侧结构性改革要去产能、去杠杆，一个主要的任务就是要去"僵尸"企业。这两年来，在煤炭、钢铁、水泥、煤电、炼铝、有色等"僵尸"型国企比较多的领域中，进行了力度空前的去产能的活动，取得了巨大的成就，突出表现是这些行业供求关系得到迅速改善，行业价格回暖，企业景气度提升。这是实现高质量发展必须跨越的重大关口。二是实施精准扶贫。精准扶贫是实现高质量发展的底线，也是为了兑现2020年全国进入全面小康社会的承诺。我们不能说一方面我国进入了高质量发展，另一方面又存在很多的绝对贫困人口。高质量发展的一个基本要求，是不能随意拔高或者降低贫困的标准。精准扶贫的形式有多种，如产业扶贫、异地搬迁扶贫、就业扶贫、教育扶贫和健康扶贫等。其中，产业扶贫是最重要的。三是生态环境污染的防治。生态环境也是我们进入全面小康社会的短板之一。重点是结构性政策要发力。（1）要调整产业结构，即减少过剩和落后产业，增加新的增长动能；（2）要调整能源结构，即减少煤炭消费，增加清洁能源使用；（3）要调整运输结构，即减少公路运输量，增加铁路运输量；（4）要调整农业投入结构，即减少化肥农药使用量，增加有机肥使用量。

重点问题三：供给侧结构性改革之破、立、降

面对经济体系的重大结构失衡，2017年中央经济工作会议的新思路已经很明显：要通过要素市场化配置改革这个龙头，重点在破、立、降三个方面下功夫，即建立在市场配置资源基础上的结构性政策要走到前台，更好地发挥政府的调节作用。所谓破，即要破除无效供给，把处置"僵尸"企业作为重要抓手，推动化解严重的过剩产能；所谓立，即要大力培育经济增长的新业态、新技术、新模式、新动能，发挥现代金融、科技创新、人力资源对实体经济振兴的作用，推动传统产业优化升级，推动形成世界级先进制造企业；所谓降，即要以提升实体经济企业竞争力为目标，降低企业的各种制度性交易成本，如减税降费，深化垄断部门如金融、电力、石油天然气、铁路等行业改革，降低融资、用能、物流成本。在实施破、立、降的行动中，要注意充分发挥要素市场化配置改革的龙头作用，具体来看主要有：

一是要对资本市场的融资功能与财富增值功能进行对称化改革。中国资本市场发展中的主要问题是重企业融资轻投资者财富增值功能，不仅难以使居民得到财产性收入，而且也反过来影响了企业的上市和融资。振兴中国股市，要把对投资者利益的保护放在第一位，以此启动资本市场的制度改革，如建立首次公开募股（IPO）与退市之间的挂钩制度，加大对侵犯投资者利益的上市公司的监管和惩罚力度，出台保护中小投资者条例等等。

二是房地产市场要弱化投资功能。坚持"房子是用来住的不是炒的"的原则，用政策手段突出其耐用消费品的功能，抑制其资产泡沫。随着资本市场的振兴，这样必然会促使一部分滞留在房地产市场的资金流入到股市，从而可以自动平稳地化解房地产泡沫的危险，实现房地产市场软着陆。同时也可以激活长期低迷的中国股市，使中国股市彻底地活跃起来，增加对新动能企业的技术创新的支持。

三是在资本市场活跃度上升的过程中，可以通过政策鼓励上市公司兼并收购，消灭"僵尸"企业、化解产能过剩和提高企业集中度，提高企业对价格的控制能力。这是供给侧结构性改革所要达到的目标。资本市场是进行产业结构和组织结构调整的最有效的工具，也是实施破和立行动的最灵敏的微观机制。有时，产业内或产业间复杂的结构重组，往往只需要一个大规模的增发、一个反向收购就能完成，因此它的作用要比行政命令的效率高得多，摩擦小得多。

四是金融市场支持技术创新和产业创新。战略性新兴产业、高新技术产业和先进制造业，它们在不同的发展演化阶段需要有不同的金融市场支持。在新技术应用的早期阶段，需要风险资本来扶持，不适合由商业银行的稳健货币资金投入。后者只适合成熟阶段的技术创新活动。金融部门通过对技术创新活动的资产证券化，可以让更多的科技型企业与资本市场一起成长，同时也能鼓励技术创新活动为社会提供更多的质量更高、收益更高的可投资资产。

五是打破要素市场的垄断，通过竞争降低企业要素成本。投入品要素市场存在各种垄断，是我国实体经济企业盈利能力弱的重要原因。以商业银行业为例。在我国3300余家A股上市公司中，大小银行虽然只有 25 家，占比不足 1%，但 2016 年这些银行的利润总额占全部 A 股上市公司利润总和的 30% 以上。这一现象除了说明我国融资结构的传统性外，更多地反映了商业银行业的垄断地位，以及银行利用自身的市场地位对实体经济日益严重的挤压。因此商业银行包括国有商业银行，不应该成为反垄断的法外之地，对它们的执法关系到了实体经济振兴，关系到了国家金融的长期稳定发展，关系到了国民经济整体的长期健康有序发展。只有抓住反垄断这个"牛鼻子"，才能把银行业的改革引向深入，才能使金融"回归本源，服从服务于经济社会发展"。

参考文献

［1］任保平："新时代高质量发展的政治经济学理论逻辑及其现实性"，《人文杂志》2018 年第 2 期。

［2］金碚："关于'高质量发展'的经济学研究"，《中国工业经济》2018 年第 4 期。

［3］任保平、李禹墨："新时代我国高质量发展评判体系的构建及其转型路径"，《陕西师范大学学报（哲学社会科学版）》2018 年第 3 期。

［4］李婷、李实："中国收入分配改革：难题、挑战与出路"，《经济社会体制比较》2013 年第 5 期。

［5］刘志彪："中国语境下如何推进供给侧结构性改革"，《探索与争鸣》2016 年第 6 期。

［6］张军扩："加快形成推动高质量发展的制度环境"，《中国发展观察》2018 年第 1 期。

［7］周跃辉："推动经济高质量发展与供给侧结构性改革"，《紫光阁》2018 年第 1 期。

建设全球价值链上的制造强国 *

"中国制造 2025"规划全面地描述和展望了中国建设制造强国的战略方针、主攻方向和建设路径。在新一轮经济全球化浪潮中，建设制造强国当然要在高水平的开放经济体系下进行。过去中国的制造业就是在嵌入全球价值链（Global Value Chains，GVC）形态的产品内分工体系下，利用低成本优势进行国际代工，使制造业的规模、体量得到了迅速增长。未来中国将起重要作用的新一轮经济全球化，必然带来全球先进的、高级的生产要素的转移和移动，从而会有效地提升中国技术创新的能力，驱动中国创新经济发展，提升中国制造的品质和水平。

过去的经济全球化，同时也出现了中国制造企业被 GVC 的"链主"俘获和锁定在低知识、低技能环节，只能获取低附加值的现象，甚至某些领域出现了比较严重的依赖经济迹象。高质量地建设现代化经济体系，要求我们在开放条件下进一步深入思考制造业转型升级的战略、主攻方向和根本路径。从中国制造业深度嵌入 GVC 分工这一事实出发，我们提出建设 GVC 上的制造强国的政策主张。这是对"中国制造 2025"规划提供了多视角的补充性认识和战略建议。

---

* 本文作者为刘志彪，南京大学长江产业经济研究院。

一、在 GVC 上培育具有"链主"地位的跨国公司

在 GVC 的治理结构中，具有主导性地位的"链主"是跨国公司。它们要么背靠巨大的国内市场需求，形成市场驱动型 GVC，以品牌、设计、市场、营销、网络等优势，向全球供应商发出巨额的采购订单；要么依靠国家整体科技创新能力、工业化水平和综合国力，形成生产者驱动的 GVC，制定和监督规则、标准的实施，并最终获取价值创造的绝大部分收益。

显然，建设 GVC 上的制造强国，首先要依据产业性质，构建或培育具有这种治理地位的跨国公司。如在资本技术密集型的生物医药、集成电路、飞机制造等产业，就适合于培育生产者驱动的 GVC 的"链主"。如果未来我国没有这一大批驰骋全球市场的有竞争优势的跨国公司，尤其是以产业和技术资本为基础的"链主"，何来中国制造在全球的强势地位？党的十八大报告和十九大报告，都指出了要"培育具有全球竞争力的世界一流企业"。这其实就是提出了在 GVC 上培育"链主"的战略要求。

根据 2017 年《财富》世界 500 强排行榜，进入世界 500 强的中国银行有 10 家。中国银行、中国农业银行、中国工商银行、中国建设银行四大银行居于全球银行前四名。2016 年中国这 10 家银行利润达到 1738 亿美元，占全部 109 家上榜企业利润总额的 55%。进入世界 500 强排行榜的美国银行共有 8 家，这 8 家银行的利润为 1025 亿美元，占全部 132 家上榜企业总利润的 16%[①]。银行利用自己的垄断地位获取高额利润，在这种情况下银行实际上挤压了实体经济的利润，从而影响了中国实体经济企业的营利能力，进而影响了中国实体经济企业的可持续发展。

---

① 据 https://baike.sogou.com/v166353302.htm?fromTitle 资料计算。

在中央大力振兴实体经济、持续扩大内需与调结构相结合的政策导向下，中国市场不仅正在给全球企业和人才提供巨大的发展机遇，而且中国企业也完全可以依托庞大的内需，建设市场驱动型 GVC，把全球供应商纳入自己主导的分工网络。主要对策建议是：

一是在消费终端推进以电子信息网络支持的零售企业的大型化，通过资产的兼并重组构建若干拥有一定市场势力、又相互竞争的大型商业巨头，这种商业巨头可以与制造业巨头之间产生市场势力的对冲效应。

二是要改革收入分配制度，以收入增长和公平分配支持内需规模的不断扩大和结构优化。当前制约内需扩大的主要因素是收入分配差距的加大。富人缺乏消费的动力，而边际消费倾向大的低收入群体又无力消费。这跟中国收入分配的基尼系数过大有直接的关系。

三是可以鼓励中国制造企业沿着"制造—零售"产业链进行前向的纵向一体化投资活动，或者鼓励制造企业收购兼并国外的品牌、网络、广告、营销系统。这些活动将产生价值链上的"链主"效应。

同时更重要的是，我们可以依据中国的内需去虹吸全球高级人才、技术和资本，开发具有自主知识产权和品牌的研发项目，发展创新经济，建设生产者驱动的 GVC。由于这类价值链的动力根源是产业资本，其核心能力主要体现在研发、生产能力上，所以像高通、ARM 等公司可以通过授权或者掌握芯片的核心技术，站在产业链的最高端成为"链主"。因此制造强国还是应该强在对核心技术的掌握上，通过拥有核心技术占据 GVC 上"链主"的治理地位。主要的对策性建议是：

一是把扩大内需、新一轮全球化、建设创新驱动国家等战略结合起来，共同服务于建设制造强国的目标。扩内需不是为了自力更生，更不是闭关锁国，而是为了更深层次的开放，为了给全球先进技术和人才提供市场机遇。在以扩内需为基点的新一轮开放战略下，通过开放的包容性生态社会环境的建设，千方百计推进全球优秀人才向中国移动和流动，是利用大国经济优势推进制造强国的首要政策目标。

二是鼓励中国企业从加入全球生产分工，转向加入全球创新网络，在全球创新分工中占据一席地位。嵌入生产分工虽然与嵌入创新分工有联系,前者往往是后者的必经阶段,但是后者的等级要大大高于前者。向这个地位升级的企业必须专注于知识的投入,必须对创新系统有边际贡献。嵌入全球创新网络,首要的事情是要讲规则,尊重和严厉保护知识产权。另外要充分发挥企业与大学、科研院所的互动作用。在全球创新网络中,大学是这种创新分工体系中的核心要素。如硅谷周边区域,就拥有斯坦福大学、加州大学伯克利分校、加州大学圣克鲁兹分校等近20家名牌大学。波士顿区域内,则分布着哈佛大学、麻省理工学院等世界一流大学,它们所提供的大量高素质人才,以及高水平的科技成果,是创新生态系统形成和发展的关键因素。

值得强调的是,在培育"链主"的战略实施过程中,我们始终可以把引进来和"走出去"结合起来,通过新的投资、逆向外包、收购兼并等市场经济手段,广泛吸纳全球知识、技术和人才为我所用,同时为世界其他国家的发展提供新的机会。

二、向上延伸产业链:培育 GVC 上的"隐形冠军"

这次中美贸易摩擦美方欲对中国高科技企业痛下狠手,其实打乱的是 GVC 的分工循环体系。事实说明,建设 GVC 上的制造强国,必须高度警惕那些拥有核心技术、关键部件和特殊材料的中间投入品供应商,在关键时刻对我国产业安全所发出可置信的威胁。具有这类性质和能力的供应商,一般我们也把它们称为"隐形冠军",指在某个细分市场绝对世界领先但却鲜为人知的企业。这些"隐形冠军"不直接与终端消费者发生联系,但却因掌握行业的关键知识和技能,享有其他企业无法替代的优势地位,因而往往是具体产业命运的真正控制者。

中国企业过去处在 GVC 上的加工装配等生产环节,是高技术产业的低端环节。目前处于这个价值链上游的"隐形冠军"全世界有 3000 多家,其中德国数量最多,拥有 1300 多家,而中国虽然是世界制造大国,全球第二大经济体,很多产业规模也做到世界前茅,但这些产业往往大而不强,高度缺乏像中国台湾地区的"台积电"那样的行业"隐形冠军"①,其核心技术、关键部件和材料大都垄断在国外"隐形冠军"企业手中。大到精密机床、半导体加工设备、飞机发动机,小到圆珠笔的笔头的球珠、高铁的螺丝钉、电子产业的芯片、微电子链接用的导电金球等,都是我们在产业链上的软肋和痛点。中国的主导性、战略性新兴产业不可能都通过依赖投资或收购兼并下游的加工厂和零售店达到,而是需要培育更多的"隐形冠军",才能突破发展的"瓶颈"迈向 GVC 的中高端。"隐形冠军"决定着中国迈向制造强国的关键点。

未来根据战略性和紧迫性,某些战略性新兴产业发展必须依靠国家的力量逐步向上延伸产业链,专注于链上的技术知识密集环节,把技术一层一层地往上做,做大做强后往上提升,掌握链的某一部分的不易被取代的重要价值环节。这些产业我们不一定非要做成"链主",也不太可能方方面面我们都是"链主"。总之,要争取把这些产业的核心技术、关键部件和特殊材料的发展主动权,牢牢地掌握在自己的手中,否则我国的制造强国战略就是建立在沙滩上的。正如习近平总书记最近多次强调的,核心技术是国之重器,是我们最大的命门,核心技术受制于人是我们最大的隐患,"就好比在别人的墙基上砌房子,再大再漂亮也可能经不起风雨,甚至会不堪一击"。

向上延伸产业链,培育 GVC 上的"隐形冠军",说明我们过去认可的某些经济理论已经过时,尤其是不能根据静态比较优势理论去继续实施所谓的扬长避短策略,放弃对 GVC 上游的某些高知识技术密集环节的追赶,而应该以动态竞争优势理论为指导,实施扬长补短策略,全力拓宽"瓶颈"部门。过去在静态比较优势理论指导下,我们长期定位于 GVC 上的低成本环节,专业化生产劳动密集型产品。其实,这种定

---

① 台积电目前的市值大概 2000 亿美元,而美国的高通和博通也只有 1000 亿美元市值的级别。可见专业代工的"隐形冠军"规模不一定小,其市场地位不一定低。

位一是随着我国发展水平的提升和要素成本的提高,将会不断地遇到其他要素更为低廉的后发国家的竞争,从而容易陷入产能过剩和过度竞争的格局;二是不具备讨价还价的能力,容易被具有非对称权力的"链主"长期锁定在产业链的低端,导致贫困化增长;三是容易在不安全和不稳定的GVC中,成为被上游企业讹诈的对象,从而影响国家产业安全。根据动态的竞争优势理论,对战略性"瓶颈"部门的拓宽,可以从幼稚产业开始。根据后起的德国、日本和韩国的经验,可以对幼稚产业设置阶段的成长保护期,以隔开外来竞争。在保护期内,除了可以补贴消费者、使用者,鼓励国内消费者优先购买外,还可以鼓励产业内的优势企业进行资产兼并迅速做大。

向上延伸产业链,培育GVC上的"隐形冠军",对于我国塑造现代化强国具有十分重要的战略意义。制造业是现代化强国的基础。如果说,小国经济可以通过嵌入全球经济实现专业化分工和合作,从而建立起依赖外部关系的开放型经济体系的话,那么对于中国这样一个大国经济来说,却必须清醒地认识到,主要依据于不断增长的、规模巨大的内需优势,去建设独立自主的、开放的工业经济体系,是我国发展战略目标的最重要选择。这个道理很简单。小国经济因国内需求规模的限制,不可能、也没有必要建设很多门类齐全的具有规模经济特性要求的现代工业,必须放弃许多产业领域,同时也需要较大规模地利用外部市场,否则就很难生存。像中国这样的大国经济,我国产业发展所需要的核心的、关键的技术和知识,是市场换不来的,也是金钱买不到的,必须独立自主研发,否则就不可能形成基础厚实的制造业和强大的军事工业。国家的长治久安要求中国人的饭碗,必须端在中国人的手中,中国的重要的、关键的产业技术,必须掌握在中国人手中。

当然,考虑到国际分工,即使是最强大的国家,既没有可能也没必要在诸如芯片、精密仪器、飞机发动机、传感器等等所有领域和环节都取得绝对优势和控制地位,中国目前欠缺的技术,也不可能都由国家出面来不惜代价地组织追赶。因此,一是实施扬长补短策略中,最需要的是集中力量补最短边的那些板，由此边际收益更高；二是更需要充分发挥民间、市场和中小企业的主体作用。

三、摆脱"被俘获"命运，坚持功能升级，重点发展制造型服务业

做 GVC 上的制造强国，久久见功的是日积月累的产业升级。但是考虑到我国企业嵌入的 GVC，在治理结构的性质上属于被俘获性，因此产业升级过程具有特殊性。这是我国在建设制造强国中必须面对的最大约束条件之一。

被俘获性的 GVC，指的是价值链上的交易者之间，虽然不存在纵向一体化的所有权关系，但是它却可以通过价值链中的治理机制，使广大的供应商被具有"链主"地位的跨国公司所控制。这种交易网络和治理方式，相对于能力分享型的 GVC，或基于市场公平交易的 GVC 来说，由于参与方之间高度缺乏平等对话的市场势力和技术的基础，因此在价值分配上，也不利于发展中国家。

但是嵌入被俘获性的 GVC，对发展中国来说，也会有受益的一方面。案例研究发现，中国代工企业嵌入被俘获的 GVC 后，在得到来自大买家巨额订单的同时，也会受到其具体的人员培训、技术服务和市场训练等。中国代工企业在价值链的低端经过快速的学习，其工艺升级和产品升级的周期不断缩短。大买家之所以肯帮助代工企业进行产品和工艺升级，主要原因是这种性质的升级，有利于品牌产品在最终市场上的销售，其利益与代工企业是一致的。目前这些中国代工企业早已走过进口零部件的装配生产的阶段，处于大规模的整机生产能力提升、甚至已经可以反向出口发达国家的阶段。下一步的产业升级，就是要瞄准功能升级的目标，逐步形成自己的研发设计能力乃至拥有自己的核心技术和自主品牌。

另一方面，目前中国大部分代工企业的能力仍然局限于生产功能的

投资与建设，以大规模、低成本、低价格取胜。代工企业的功能升级即向微笑曲线的两端升级过程，受到了资源能力的限制，以及价值链中买方市场势力的阻挠。这些掌控 GVC 两端的品牌、营销、研发、设计等生产性服务技能和知识的"链主"，因为担心来自中国企业的竞争和可能的替代，往往会用一切可信的手段压制中国企业的功能升级。采取的围追堵截手段很多，比如威胁取消订单、打价格战、以知识产权名义起诉等。

未来根据专业化分工原则，大部分企业做精致的、专业的代工厂家，把代工业务做大做强，也是不错的选择。但是鼓励一部分优秀的中国代工逐步实施功能升级，也是产业政策的必然趋势。只有在某些战略性产业方面建立起了自己的品牌和自主技术，才能实现制造强国的目标。因此鼓励企业立足于中国制造业的已有基础，加大知识技能投入，逐步发展"制造型服务业"，是当前条件下激励企业摆脱"被俘获"命运的最重要的有效措施。

中国企业在现阶段大规模转向服务业既不现实也不可行，毕竟全面走向金融科技为主的服务业，至少在相当长的时期内不符合中国建设制造强国的国情。比较合理的路径，是首先发展制造型服务业。在大数据、互联网、云计算、人工智能技术突飞猛进的当代，制造服务业就是要将信息网络化作为提供服务的平台和工具，把服务向产业链的前端和后端延伸、扩大服务范围、拓展服务群体，能快速获得客户的反馈，优化服务内容和持续改进服务质量。其中，工业互联网平台建设是制造业服务化大方向。

中国企业从纯粹的生产型制造，逐步向服务型制造发展，是加快制造业自主创新和结构调整的重要内容，也是制造强国 2025 战略中关于制造业智能化发展的主攻方向。中国实施这一具体的战略方向具有非常好的条件和基础。一方面。我国庞大的制造业规模和体量，将会对智能化发展产生巨大的市场需求，是支持智能化按市场规律正常快速发展的现实基础。另一方面，用智能化改造中国制造业，必将大大提高制造业企业的技术素质和产品质量，这也为制造强国奠定了坚实的技术基础。

四、以竞争政策重整价值链上的中低端供应商

在做 GVC 上的制造强国的问题上，还有一个调整和优化产业组织方面的问题，这是制造强国的市场结构基础。在这方面，要研究的问题很多，如大中小企业之间怎么协调配合？不同规模、不同所有制企业之间如何公平竞争的条件？如何破除政府的行政垄断，以及反对具有市场势力的企业行使垄断力量等？

这当中，有一个与本文主题直接相关的、当前亟须关注和解决的重要问题，就是如何以竞争政策重整价值链上的中低端供应商。目前我国有众多的处于价值链中低端的国际代工企业。需要坚决贯彻中央去产能方针政策的中低端供应商，主要是两类：一类是属于资源能源开采加工方面的，如煤炭、建材、铝业、电力、钢铁等，这些产业产出均质性强，投资规模大，受供求和价格影响大，具有周期性；另一类是那些进入"门槛"低，全球涌入的企业过多，市场低价竞争激烈，因而产能容易过剩的劳动密集型产业，如鞋帽服装、玩具、消费类电子、家具等等。

为了防止这两类产业残酷的价格竞争不断地驱使行业走向衰退，需要坚决地进行产能调整。但是调整过程的手段和工具的选择，应该具有不同的把握。对于上述第二类产业，市场机制是最佳的手段，但是也需要政府在税收信贷政策、劳动力转移和培训、资产调整等方面给予配合。而比较难以操作的是上述第一类产业。主要是这些产业进入后比较难以退出。原因是市场需求循环变动，产业未来前景不容易看透；同时资本规模大、转换成本高、沉淀成本大。更重要的是，这些产业往往也同时云集着大量的低技能型劳动者，他们退出产业寻找新工作的机会少、可能性低。对这些产业的调整，最佳手段是政府在做好劳动者社会保障和失业再培训再就业的前提下，通过提高环保、能耗、质量、标准、安全等各种准入"门槛"来完成淘汰目标。要尽量不利用行政的

强制手段和计划指令,防治"一刀切"损害产业中真正有效率的民营企业。加强规则完善法治,减少行政指令,实现良性产能治理。

五、战略互动:价值链攀升与培育世界级先进制造业集群的结合

在 GVC 上建设制造强国,也需要落实在具体的空间结构上。产业升级需要重整制造业的经济地理条件。这主要包括制造业发展的时间空间条件压缩、投资密度的增加、经济市场分割程度降低等三个方面。

大力发展高水平的制造业产业集群,是实现上述三个要求的关键措施。制造业集群所依赖的运输条件等基础设施建设,以及集群内部企业之间的天然的物理距离,都是压缩时间空间的具体形式,也是集群存在的基本理由;产业集群的投资密度,要大大高于原子式竞争时分散布局的企业投资密度,也是产业集群竞争力的基本来源;产业集群打破了行政区域的界线,按照经济功能布局,群内企业的相互学习和由此引出的知识溢出,是减少市场分割、增加经济一体化发展的内在力量。因此,优化产业的空间配置,大力发展制造业产业集群,是制造强国的重要途径。

党的十九大报告指出,促进我国产业迈向 GVC 中高端,培育若干世界级先进制造业集群。这其实就是已经考虑了要结合产业升级与集群升级实施互动战略。从学理上看,一方面,可以通过促进集群升级,有力地支撑产业攀升 GVC。产业集群的最重要特点之一,就是大量的相关产业的企业集中在特定的地域范围内。这些企业因处于同一产业,所以相互之间既有激烈的市场竞争,又会有多种形式的合作,如信息共享、股权合作、联合开发新产品、开拓新市场、建立新的供应链,等等。这种合作机制的根本特征是互动互助、集体行动。通过集体行动方式,中小企业获得知识和技能的溢出,如在培训、金融、技术开发、产品设计、市场营销、出口、分配等方面,可以弥补市场缺陷,克服其内

部规模经济的劣势,既可与外部强大的竞争对手相抗衡,又能对冲掉一些大买家压制下游供应商进行产业升级的市场势力。

另一方面,在 GVC 上的产业升级,尤其是选择不同形式和性质的 GVC 的行动,将促进产业集群向世界级水平的跃迁。首先,在 GVC 上的升级,尤其是实现功能升级,意味着集群在向知识技术密集方向和环节延伸,这种延伸通过群内的竞争和学习效应,技术和知识将得到不断溢出,最终推动整个集群的产出水平与世界标杆的缩小。其次,一个产业集群中的企业,所嵌入的 GVC 性质往往不同,[①] 由此决定在不同性质的 GVC 中,产业升级的具体路径和方式有很大的差异,培育世界级先进制造业集群的政策取向也不同。例如,嵌入能力分享型的 GVC 网络或公平市场交易型的 GVC,与加入被俘获型的 GVC 相比,后者需要政府为产业集群提供更多的外部资源和外部性,也需要集群中的领头企业发起更多的集体行动,才可能突破封锁艰难地驱动集群升级。最后,企业可以在不同的"链主"所控制的 GVC 中学习,并把所掌握的知识和技能,用于带动集群整体升级的活动。在实践中,一个产业集群中的企业,往往加入欧美日等不同国家跨国公司主导的 GVC。这些不同的"链主"因文化、管理等差异,对所嵌入的企业升级的态度和政策也有所不同。如长江三角洲地区有很多企业,它们既嵌入美国大买家主导的以"被俘获"为特征的 GVC,也加入欧洲大买家主导的松散型的 GVC,有的还同时自主地对南美洲和非洲出口独立品牌,它们在国内市场也有大量并不依赖中介代理的直接的销售业务。这样,在不同类型和性质的 GVC 中,集群中的企业可以发挥"杠杆能力"(leveraging competences),即把在某条 GVC 中学到的东西,运用到另外一条 GVC 的某种升级活动中,从而实现低成本的产业升级。

[①] 有的企业技术或市场能力较强,加入的可能是能力分享型的 GVC 网络;有的企业可能就是跨国企业通过 FDI 形成的子公司,属于纵向一体化型的 GVC;有的企业完全通过市场合约与大买家进行公平交易,属于市场交易型 GVC;在实践中,更多的中国企业加入的是被俘获型的 GVC。

加入 WTO 以来，我国企业嵌入 GVC 的方式发生了许多新的变化。突出的表现就是，伴随着各个地方所规划的高新区和产业园的日渐成熟，企业首先在园区内扎堆，形成各具特色的地方性产业集群，这些产业集群又以集合形式抱团嵌入 GVC。与早期单个企业嵌入 GVC 的形态相对应，竞争形态也由公司总部与制造业工厂之间单一的链式竞争，逐渐演变为集群内部企业与企业之间的原子式竞争、集群与集群平台之间的竞争、集群与非集群之间的混合竞争，以及本国集群与国外集群之间的全球竞争。产业集群之间竞争的结果，使得价值链获取业务的空间越来越大，内容越来越复杂，竞争程度越来越激烈和充分，竞争效率越来越高。中国商品过去在全球竞争中攻城略地、所向披靡，形成所谓"中国价格"的旋风，与这种产业集群的竞争形态和方式有着直接的、密切的关系。我国未来的产业政策，应该鼓励和支持这些产业集群成为 GVC 的"链主"。这样，这个集群内部就是一段世界的产业链，要让这一段产业链成为全球该产业链的核心，不仅在要素技术的创新能力上要过硬，更要在系统技术方面有足够的能力。在这里，系统技术是指在这一段产业链中，各个企业如何协调互相促进的技术，当然它包括集群内部的组织能力与战略协调能力。它们是制造强国战略中产业链攀升和培育若干世界级先进制造业集群的基本条件和现实基础。

六、"一带一路"倡议下全球价值链重构与中国制造业振兴

"一带一路"倡议对于启动我国新一轮的经济全球化战略具有决定性的意义，也有助于我国在扩大内需、调整结构中，重振制造业的国际竞争优势。"一带一路"倡议下的国际产能合作，可以在加快供给侧结构性改革的背景下，推动中国制造发展的优良环境和氛围的形成，从而抓住世界赋予中国的这一千载难逢的机会。

（一）向东开放：嵌入 GVC 带来增长机遇和挑战

20 世纪 70 年代以来，尤其是 2000 年加入 WTO 后，我国对外开放

的指向特征，主要是向东开放；发展的内外联动机制，则主要表现为企业主动嵌入由西方跨国公司主导的 GVC，接受其发出的制造订单进行国际代工。我们把这种原材料和市场两头在外的全球化发展现象，称之为嵌入 GVC 的出口导向发展模式。它有以下五个基本的内容：一是在收入较低、内需市场较小的初始条件下，直接把支撑国内增长和发展的动力，转向依靠西方发达国家的市场上；二是利用我国具有比较优势的生产要素，尤其是物廉价美的劳动要素，结合所引进的西方技术，进行初级产品的生产加工活动；三是通过营造优惠政策的"洼地"效应，形成局部优化的投资环境，建设各类经济开发区，广泛吸收外资，让外资企业从事加工贸易业务；四是在 GVC 的底部，从事加工、制造、生产、装配等相对较低的附加值业务；五是在经济政策取向上，运用各种激励措施推进出口导向的外向型经济战略，等等。

制造业的全球化发展，使中国作为主要的生产国取得了巨大的红利：一是为中国企业发展提供了利基丰厚的市场，为大量的过剩劳动力提供了比较利益显著的就业岗位；二是促进了国内市场的出清，由此吸收了我国丰富的、具有强大竞争力的过剩产能；三是中国企业在国际代工中，虽然处于 GVC 中的"被俘获"地位，但是却逐步实现了产品升级、工艺（流程）升级，甚至一定的功能升级；四是通过参与国际竞争，中国本地企业不仅学到了技术，也学到了管理技能和各种知识，逐步掌握了玩转世界市场和创建独立品牌的微观基础。

嵌入 GVC 的出口导向发展模式，在 GVC 的底部进行国际代工，也给中国企业带来了一些挑战。主要是：

第一，容易出现较大规模的产能过剩问题。进入壁垒低、替代者众多、竞争异常激烈，是处于"微笑曲线"底部位置的市场结构的基本特征。由此决定了在世界经济景气时期，蜂拥进入的劳动密集型产能，很容易在市场需求高峰退潮的时期形成过度竞争态势，加剧严重的经济萧条。

第二，容易陷入比较优势陷阱，忽视产业更新和技术升级。国际代工生产具有技术难度小、回报率相对较高、市场风险相对较低的特征。这会诱使企业放弃创建具有自主知识产权的品牌活动，从而放缓甚至放弃产业升级的艰苦努力。现在随着国内外要素成本不断上升，中国企业过去低价竞争的利器优势正不断地消失，逐步让位于其他发展中国家。而且，企业生产率的提升速度，也难以消化这种成本上升的压力，从而导致竞争力衰减。

第三，容易抑制自主创新的发展。在国际代工中，企业做的是发包方即西方跨国公司早已研发、设计好的外包订单，不仅中国企业无缘于这种产品的设计、研发活动，而且所收取的"合理"的加工费，以及所获得的"合理"的利润，会让中国企业产生"煮青蛙"的效应，逐步失去产业创新升级的欲望。另外，进入这种代工体系，也容易被跨国企业所"俘获"、锁定在价值链的低端，为技术创新升级设置人为的障碍。

第四，容易出现严重的收入分配失衡。一是处于 GVC 低端的中国企业，缺少与市场势力巨大的发包方进行讨价还价的必要资源，只能获取微薄的加工费；二是在资本密集产业中，如果所有者为外资，那么按照既定的分配规则，主要的利润将自动为发达国家所占据[①]；三是低端制造业的过度进入，会导致压价竞争，恶化劳动者的收入分配地位。

因此，中国过去攻城略地、无坚不摧的制造业附加值贸易活动，目前到了必须转换发展模式的关键阶段。

（二）沿"一带一路"倡议重塑全球价值链与振兴中国制造业

如果说，过去基于出口导向嵌入 GVC，是中国参与全球分工的第一轮经济全球化的话，那么重构基于内需的 GVC，就是中国参与第二轮经济全球化战略的主要含义。我们提出这个战略的主要目的，不是主张要回归封闭经济，不是说可以关起门来自力更生搞建设，或者搞什么

---

① 这能解释为什么吸收 FDI 多的地区，如苏州，其本地 GDP 中工资含量低的原因。

进口替代，而是要用开放、包容、协调的理念，扬弃过去单一的出口导向型经济，利用自己内需规模名列世界前茅的优良基础条件，承担起自己作为发展中大国经济相应的责任，以"一带一路"倡议实施为契机和基点，构建以我为主的包容性 GVC 治理体系，以此促进全球经济的结构均衡，促进中国经济内生化发展，并通过创新驱动战略的实施和发展，加快我国制造业转型升级，培育我国参与新一轮全球竞争的新的动态竞争优势。

建设制造强国需要一个很好的经济全球化的环境。不仅要从贸易方面着力，更要从生产和贸易一体化的角度上考虑环境和机制的优化。过去在 GVC 底部进行国际代工，使我们成为全球制造大国，现在要寻求建设制造强国的环境和机制，需要在全球制造业发展的治理上有所作为，需要建立以我为主的 GVC。

"一带一路"倡议是建设高水平开放型经济新体系中的一种全新的空间开放观，它是一种开放格局，而不是一个地理规划。与这种开放观有机配合的，是要有意识地去构建牢固的 GVC 连接，使不同国家之间、城市与城市之间形成相应的贸易和投资活动，这是全面呼应"一带一路"倡议的微观经济基础。否则，国家之间不可能形成各种有机的经济技术联系，也没有足够的经济利益纽带来维系互联互通的产业基础和文化。

跟过去全球化中向东开放的空间指向特征不同，在西向南开放的"一带一路"倡议下，构建以我为主的包容性的 GVC，在发展上具有下列五个明显的特点：

一是在"一带一路"倡议的实施中，我们要积极构建以我为主的 GVC，加快向"微笑曲线"两端攀升和升级，鼓励中国企业努力从事技术研发、产品设计、市场营销、网络品牌、物流金融等非实体性高端服务业活动。

二是在"一带一路"倡议的实施中，要通过对 GVC "链主"地位的掌控，以及在价值链中的微观治理机制，来向世界输出我国丰富的、具有竞争力的资本和产能。同时也要通过这个 GVC 大力引进世界的能源及资源。

三是在"一带一路"倡议的实施中，我们可以背靠国内巨大的内需市场，利用我国经济规模不断扩张的优势，形成制度化的"虹吸"全球高级、先进的生产要素平台，为产业迈向中高端服务。即一方面可以走出去收购和兼并优质资源和技术为国内市场竞争服务；另一方面可以通过建设世界级城市形成要素的虹吸功能，向世界各国引进我们急需的知识资本、技术资本和人力资本。

四是在"一带一路"倡议的实施中，我们可以用"逆向发包"原理和机制，在相关发包业务中，把一些先进国家的知识、技术和人才有目的地为我所用，让这些先进的生产要素跨越地理障碍，优先进入中国经济的运行轨道，并为中国发展创新驱动型经济服务。

五是在"一带一路"倡议的实施中，我们可以让中国企业在内需引导下，通过比较优势的选择，逐步把"汗水经济"转化为"智慧经济"，形成新的全球产业分工或产品内分工格局，使中国从 GVC 低端的成员，成为全球创新链中的一个有机组成部分。

因此，一条崭新的以我为主的 GVC，将成为中国高水平全方位开放的新空间、新纽带和新载体，是中国经济增长实现中高速、产业发展迈上中高端的基础。显然，沿"一带一路"倡议形成的基于内需的 GVC，也会极大地影响中国制造业的振兴和发展进程，它将将助推经济加速进入创新驱动发展新阶段，从而给中国制造按上"聪明的脑袋"和"起飞的翅膀"。

在这种新型的全球化战略中，制造业发展的宏观经济环境、发展机制和基本路径，跟过去在 GVC 底部进行国际代工的方式有本质的不同。其要点有：

一是要在技术进步、提高生产率的基础上，大力改革先行的收入分配体制，扩大内需。短缺经济时代主要是提高生产能力；现在是过剩经济时代，提升居民收入水平、消费水平和福利水平，实现消费的基本现代化,是用内需支持现代经济增长的最坚实的基础和条件。

二是要在不断壮大的、巨大的内需的基础上,大力推进资本市场中的兼并收购和资产重组活动,以此组建中国的巨型跨国企业,成为以我为主的 GVC 中的"链主"。对于一些具有国际市场知识以及资金优势的企业,可以鼓励它们到国际资本市场去并购外国企业,并把收购后的企业的人力和技术转向为国内市场开拓和竞争服务。

三是以"一带一路"倡议为依托,在国内重要的全球性城市建立总部基地,占据 GVC 的"链主"地位。同时,要在沿线主要城市建设 GVC 的节点关系,以此转移中国具有竞争力的丰富产能,把一些发展中国家纳入我们主导的价值链体系。

四是除了发展消费者驱动的 GVC 外,这要加入全球创新分工体系,即全球创新链,发展生产者驱动的 GVC。其中有两个关键的问题:一个是要实施最严厉的知识产权保护制度;一个是建立面向制造强国的职业教育体系。前者必然激励创新驱动,后者将重塑工匠精神,提供振兴制造业的高级技能人才。

(三) 振兴中国制造业的若干政策建议

推动产业迈向中高端水平,是党中央、国务院明确的未来经济社会发展的主要目标任务之一。当代中国,加快产业升级是避免陷入中等收入陷阱并大踏步地赶上西方发达国家的根本法宝。因为,只有不断地依靠技术进步和各类创新,不断地提升产业的生产率,才能克服要素成本不断上升的趋势,才能降低产业产出的单位成本,才能使产业具有国际竞争力,才能奠定现代化的物质基础。我们应该趁着"一带一路"倡议下 GVC 重构的趋势,通过加快国内供给侧结构性改革,尽快优化中国制造发展的环境和氛围,抓住世界赋予中国的这一千载难逢的机遇和机会。特提出以下具体的对策建议:

第一,在虚实的关系上,要坚决抑制虚拟经济利润率长期过高的不良趋势,让实体经济企业能够获取社会平均利润率,让创新企业获取超额利润。这是实体经济企业生存和发展的前提，更是走向创新驱动、转型升级的宏观经济环境和基础条件。为此，一是要加快民营企业对银行业的进入速度，打破现有银行的融资渠道垄断；二是适当增加一、二线大中城市的土地供应，加大这些城市对现有土地的开发强度，缓解房地产价格上涨趋势；三是在资本市场上把不良企业的退出，与新进入的首发企业挂钩，从而抑制资本市场泡沫。

第二，在供求的关系上，应主要利用竞争政策、环保政策而非行政手段去过剩产能，通过资本市场鼓励产业内的优势企业收购兼并，增加制造业企业集中度，增加其调控市场价格的能力。过去中国是资本短缺、商品短缺的"双短缺"经济，现在是资本过剩、商品过剩的"双过剩"经济。前一环境下，产业升级要用产业政策，以推进产能迅速增长；后一环境下，促进产业升级要用竞争政策。如要多用补贴用户和消费者的政策，少用或不用补贴生产者的政策；要保护竞争，但不保护竞争者；要在去产能中救劳动者，但是不救"僵尸"企业；等等。

第三，在内外的关系上，要构建有利于外资和民营企业投资发展的法治化市场营商环境，进行产业升级的长期预期管理。产业升级是长期的投资行为，需要稳定投资者的长期预期。为了增加外资、民资等实体经济企业的投资信心，必须坚决地遵守过去给予的优惠政策的承诺，甄别纠正一批侵害民营企业产权的错案冤案，保护和支持民营企业家的创业创新精神。

第四，在新旧的关系上，在加大对战略性新兴产业投资的同时，运用一切手段，鼓励传统产业中的企业在经济周期的底部阶段进行大规模的技术改造，如对购进国内外先进技术设备的企业，可以在一次性全额作为"进项"抵扣的基础上，按1—2倍的比例进一步给予优惠税收鼓励，以及实施技改全额贴息等等。

第五，在劳资的关系上，应该看到，技术工人是中国制造业的顶梁柱，是中国制造的未来，必须大幅度提高制造业中技术工人的待遇，实施首席技工制度，并鼓励他们持有企业的股份，跟企业共命运、同成长。要大张旗鼓地表彰中国制造业中为国争光的各类品牌企业、优秀企业家，对在国际竞争中胜出的企业设立"中国工匠"的表彰制度。要大幅度提高职业技术教育的社会地位和经济地位，把一些优秀的大学改造为职业技术大学，对它们实施类似"211"大学或者更加优惠的扶持政策，而不是让办学水平较低的"三本"院校转制为职业技术学院。

第六，在费税的关系上，当前为企业大幅度减税的空间并不存在，能够减的，主要是各种企业费用和制度性交易成本，如降低其融资成本、高额的社保负担、不必要的额外的各种收费支出负担，同时要坚决打破那些民营企业的进入壁垒。

第七，在宽严的关系上，应该看到，严厉的知识产权保护是进入创新驱动发展的充分必要条件。我国应尽快实施严厉的知识产权、专利保护法治，坚决打击各种名义的侵犯知识产权的行为，激励制造企业加大自主知识产权的投资，尽快形成核心竞争力。

七、结语

本文描述了在新一轮高水平的开放型经济体系的建设中，建设制造强国的战略方向、基本路径和基本政策。在GVC上建设制造强国而不是闭关锁国自力更生，是本文研究的基本出发点。本文分析得到的基本结论是：（1）中国企业完全可以依托庞大的内需，建设需求或技术驱动的GVC，把全球供应商纳入自己主导的分工网络中。（2）现阶段应该扬弃静态比较优势理论，以动态竞争优势理论为指导，加强对GVC上游的某些高知识技术密集环节的追赶，实施扬长补短策略，拓宽"瓶颈"部门。（3）为了挣脱在GVC上"被俘获"的命运，必须鼓励企业坚持不懈地进行功能升级，重点发展制造型服务业。（4）区分GVC上两类不同的供应商，主要运用竞争政策坚决去掉过剩严重的周期性产业的产能。（5）把价值链攀升与培育世界级先进制造业集群这两大任务结合起来，实施战略互动。

关于鼓励中国企业提升制造能力的途径和渠道，除了要继续向掌握核心技术的领头公司学习之外，我们提出至少还有：（1）积极并购 GVC 上的科技公司。（2）与 GVC 上的核心企业合作。比如华为要开发芯片，可让 IBM 帮助进行前端设计，让"台积电"代工。（3）采取逆向发包策略，通过 OFDI 形式利用外国的科研资源。如华为在十多个发达国家都建立了实验室。（4）在国内建设产学研合作体系。比如武汉、西安、南京等这样科研资源丰富的城市，华为、中兴等实力雄厚的企业，都可以采取国家、地方和企业共同合作投巨资的方式，建设面向战略性新兴产业的研发部门。（5）大量录用跨国企业在华的研发人员。（6）资助培养国内研发人员等等。

参考文献

［1］苏明、刘志彪："全球价值链视野下的中国产业发展——刘志彪教授访谈"，《南京社会科学》2014 年第 8 期。

［2］洪银兴："参与全球经济治理：攀升全球价值链中高端"，《南京大学学报（哲学·人文科学·社会科学）》2017 年第 4 期。

［3］许惠龙、康荣平："隐形冠军：全球最优秀的公司"，《管理世界》2003 年第 7 期。

［4］干春晖、余典范："中国构建动态比较优势的战略研究"，《学术月刊》2013 年第 4 期。

［5］罗斌、黄昭昭："全球价值链下的中国产业功能升级研究"，《经济社会体制比较》2010 年第 6 期。

［6］齐二石、石学刚、李晓梅："现代制造服务业研究综述"，《工业工程》2010 年第 5 期。

［7］刘志彪："经济国际化的模式与中国企业国际化的战略选择"，《经济理论与经济管理》2004 年第 8 期。

［8］黄永明、何伟、聂鸣："全球价值链视角下中国纺织服装企业的升级路径选择"，《中国工业经济》2006 年第 5 期。

［9］文嫒、曾刚："嵌入全球价值链的地方产业集群发展——地方建筑陶瓷产

业集群研究",《中国工业经济》2004 年第 6 期。

[10] 刘志彪:"中国贸易量增长与本土产业的升级——基于全球价值链的治理视角",《学术月刊》2007 年第 2 期。

[11] 刘志彪:"基于内需的经济全球化:中国分享第二波全球化红利的战略选择",《南京大学学报(哲学·人文科学·社会科学版)》2012 年第 2 期。

[12] 刘志彪:"战略理念与实现机制:中国的第二波经济全球化",《学术月刊》2013 年第 1 期。

[13] 刘志彪、吴福象:"贸易一体化与生产非一体化——基于经济全球化两个重要假说的实证研究",《中国社会科学》2006 年第 2 期。

[14] 张月友、刘丹鹭:"逆向外包:中国经济全球化的一种新战略",《中国工业经济》2013 年第 5 期。

[15] 刘志彪:"从全球价值链转向全球创新链:新常态下中国产业发展新动力",《学术月刊》2015 年第 2 期。

加速结构转换推进高质量发展*

一、问题提出与文献评论

由对高速增长转向对高质量发展的追求,已经成为新时代背景下中国经济发展的基本特征。实际上,经济增长的速度和质量之间存在一条典型的"U"形演化曲线(如图1所示)。在区域Ⅰ,经济高速增长但质量较低;在区域Ⅱ,经济增速有所下降,而且质量不高;在区域Ⅲ,经济增速出现转折并趋于稳定,而且增长也进入高质量阶段。根据罗斯托(2001)的经济增长阶段理论,由于来自供求两方面的种种因素的共同作用,减速是一个部门增长的正常路径,因而经济增长从区域Ⅰ进入区域Ⅱ是经济发展的必然结果。这也是中国经济近些年的发展实情。然而,经济增长从区域Ⅱ进入区域Ⅲ却并非必然发生,如果没有足够的内生动能,那么就很可能沿着图1中的虚线部分发生持续下行,最终陷入"中等收入陷阱"。因此,经济增长要实现从区域Ⅱ到区域Ⅲ的跨越,必须塑造足够强有力的经济动能作为支撑。

---

* 本文作者为凌永辉,南京大学商学院;刘志彪,南京大学长江产业经济研究院。

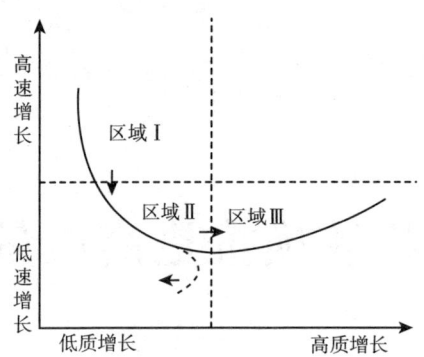

图 1　经济增长阶段的"U"形曲线

资料来源：作者绘制。

那么，这种经济动能从哪里来？按学理来讲，高质量发展阶段的实现手段和工具是不同于高速增长阶段的。这种差异主要体现在对政府手段和市场手段的取舍和偏重上面。一般而言，政府手段更容易利用"集中力量办大事"的制度优势，集中资源实现非均衡发展，通过在一些重大工程和项目上进行投资，拉动国民经济高速增长。但是，目前总量规模扩张的外衣下掩藏着结构性重大失衡，譬如供需结构失衡，特别是供给质量不高导致供给结构不能适应需求结构，进而导致需求受到压抑和外溢，此时如果仍然沿用过去那种以政府计划调节为主的手段来发展经济，不仅不利于高质量发展的实现，而且也会妨碍经济增速本身。事实上，由于高质量发展的评价维度不再是单一的"唯 GDP 论"，而是兼容并蓄地包含对经济的效率、结构、稳定性和持续性等角度的多维衡量（任保平、李禹墨，2018），因此，以市场内生调节为主的经济结构转换对于高质量发展而言至关重要[①]。

回顾近代以来的世界经济演化史，不难看到结构变化一直都是发展经济学和产业经济学的研究主题，如兴起于 20 世纪五六十年代的

[①] 经济结构有广义和狭义之分。广义上的经济结构包含了产业结构、技术结构、分配结构、消费结构等；狭义上的经济结构主要是指产业结构。本文研究的经济结构是指狭义上的产业结构。

结构主义非均衡发展理论（包括大推进理论、二元经济结构理论等）。在这些研究中，结构变化往往被认为是经济增长的一个重要的独立源泉（麦迪森，1997）。譬如，在工业化进程中，世界上大多数国家大致经历了以农业为主、以制造业为主、以商业和服务业为主的三种阶段，人均国民收入也依次增加。这就是所谓的"配第—克拉克定理"。结构变化之所以重要，是因为在现实经济当中，新古典主义的要素充分流动性、市场出清等均衡假设条件几乎不可能满足，面对充满不确定性和要素流动受限的市场，只有结构转换能够在非均衡的现实条件下发生，在要素市场上更是如此（钱纳里等，1995）。因此，当经济非均衡时，如果劳动、资本等生产要素从生产率较低的部门转移到生产率较高的部门，并且伴随着要素动态转移过程中的技术和组织创新的涌现，那么经济就能在更高水平的经济结构基础上实现高质量发展。

然而，目前学界存在一种担忧，认为经济结构转换将导致经济增速进一步下滑，步入"结构性减速"时期，特别是对于中国而言，"结构性减速"很可能发生在较低收入水平上，进而对未来一段时期内的国民福利提高和经济可持续增长带来巨大影响（袁富华，2012；韩永辉等，2016）。其实，过度悲观地担忧"结构性减速"是没有必要的，因为"结构性减速"论是一种短期视角，只关注了结构转换与经济增速的问题，没有对结构转换与全要素生产率的问题予以足够重视。实际上，高质量发展更加强调长期的、潜在的经济增长，其最重要的源泉恰恰来自全要素生产率的提升，此即斯密所强调的劳动分工的生产率增长效应。在研究经济增长与结构问题时，必须将全要素生产率纳入到分析框架中来。换言之，如果在经济结构剧烈转换的阶段，全要素生产率并未出现衰退，这就意味着经济增长或许并没有悲观主义者所预言的那么糟糕，因而在当前供给侧结构性改革的攻坚期，从加速结构转换中寻求高质量发展不失为最优的可行路径，这也正是本文研究的逻辑起点。

在对于经济增长与结构转换的研究中,两者在很大程度上是被当作不同领域而区别对待的。一方面,经济增长与"卡尔多事实"相关,分析经济增长率、资本回报率、资本产出比、要素收入份额在长期内不随时间变化的事实(Kaldor,1961)。新古典增长理论一直占据着经济增长研究的主流地位,认为经济增长理论主要关注的是经济稳态问题(Solow,1956;Romer,1986;Acemoglu,2008)。从某种程度上说,"卡尔多事实"本身就是对经济稳态的本质描绘(Solow,2005)。在经济增长的实证应用方面,基于增长核算的经济收敛问题广受关注。Baumol(1986)利用麦迪森提供的1870—1979年长期数据,考察了16个工业化市场国家的增长收敛过程,发现初始收入水平对产出增长的回归系数估计值显著地接近 -1,也就是说,增长率随着初始收入水平每增加1%而相应地下降1%,增长与初始值并不相关。然而,De Long(1988)很快指出了Baumol的研究中存在着样本选择偏误问题,因为通常只有工业化比较彻底的国家才有较为完整的长期数据序列,这就使得样本考察初期已经自动地将一些贫穷国家排除在外,如果对样本误差进行修正,就会发现经济增长的收敛性大约减少了50%。实际上,如果假定规模报酬不变的生产技术,那么在平衡增长路径上,所有国家的有效劳均资本都相同,此时便存在无条件收敛,也就是说,收入差异仅仅取决于各国与平衡增长路径的"距离";但如果各国的有效劳均资本有所不同,那么平衡增长路径的"距离"差异便会随着经济增长而逐渐消失,此时只有在控制收入的基本因素之后,才会存在条件收敛(Mankiw等,1992;Romer,2012)。总之,"卡尔多事实"更多的是对发达工业化国家发展经验的总结,强调的是在市场"无形之手"的作用下来获得均衡增长。

另一方面,结构转换则与"库兹涅茨事实"相关,分析资本、劳动等生产要素在农业、工业和服务业间的分配如何发生变化(Kuznets,1957)。Chenery(1960)进一步强调工业化进程内在地包括了经济结构变化,譬如制造部门相对重要性上升、制造部门内部产出构成的变化等，这对于优化资源配置的政策取向具有重要启示意义。此后，针对结构转换的动力机制，学界在供给层面和需求层面上出现了典型分野。在供给层面，Baumol（1967）首先基于行业生产技术异质性构建一个两部门模型，探讨了经济结构变迁的原因，认为如果要保持均衡增长，那么经济必然陷入停滞，此即著名的"成本病"悖论。Baumol 等（1985）将两部门模型扩展为三部门模型，进一步证明经济结构变迁中的成本病问题的存在性，而且可能比之前预估的还要严重。Acemoglu 和 Guerrieri（2008）将资本深化纳入部门间结构变化的解释机制当中，认为资本密集度相对较高的部门更容易通过资本深化来获得更大产出，而且即使放宽技术进步外生差异的假设，资本深化对部门产出结构的这种影响机制仍然存在。在需求层面，以消费结构变化中的恩格尔定律为基础，Echevarria（1997）使用动态一般均衡方法引入消费者的非位似偏好构造了一个三部门模型，证明了部门间产品的收入弹性差异是导致部门构成变化最重要原因。Laitner（2000）则将恩格尔定律与储蓄率联系起来，认为在外生技术进步的作用下，随着人均收入水平的上升，平均储蓄倾向也将相应上升，从而促进经济结构从农业为主的阶段转到工业为主的阶段。由此可见，"库兹涅茨事实"更多的是发展中国家在为了实现经济追赶的诉求下，强调如何通过结构调整来实现非均衡增长的经验概括。

近年来，一些学者开始尝试将平衡增长和结构转换纳入到统一的框架下进行研究。Kongsamut 等（2001）通过构建包含广义平衡增长（Generalized Balanced Growth）路径的模型，探讨了"卡尔多事实"和"库兹涅茨事实"融合统一的可能性，发现在这一路径上，不变的实际利率与时变的要素配置可以并存，因而其模型既包含平衡增长的关键特征，也与结构转换基本拟合。Foellmi 和 Zweimüller（2008）进一步证明，消费偏好和生产技术参数只有满足"刀刃条件"（Knife - edge Condition），经济才能达到广义平衡增长路径，而且如果在模型中引入新产品开发，可以发现制造业就业与经济发展水平之间存在非线性关系。李尚鳌和龚六堂（2012）将消费者偏好内生化，证明了内生偏好结构变化引起消费结构和生产结构变化，进而驱动经济结构变迁的逻辑链条，并结合广义平衡增长路径，刻画了整体经济的平衡增长性质。然而，上述文献对高质量发展问题的关注明显是缺乏的，这就意味着其研究的核心议题仍然囿于总量增长的单一维度之中，这种总量视角虽然有助于从整体上理解宏观经济运行的概况，但其粗放性、模糊性有时会造成对本质规律的认识偏差，不利于科学决策。加之中国经济当前正处在市场不完善以及企业缺乏利益约束和预算约束条件下的非均衡状态（厉以宁，2015），呈现出显著的非稳态增长特征（章上峰、许冰，2015），要实现从极度非均衡下的高速增长阶段转向适度均衡的高质量发展阶段，不能不重视结构转换因素的巨大作用。本文正是试图拓展上述思路，将经济增长、结构转换与高质量发展统一起来，分析其中的相互关系及其内在调和，以期更为深刻地揭示高质量发展中的可行路径问题。

本文研究的主要进展在于，以发展经济学和产业经济学的双重视角，将过去研究中被忽视的高质量发展问题纳入到经济增长与结构转换的经济学分析中来，结合当前出现重大结构性失衡的现实背景和为高质量发展而竞争的存量优化和增量创新逻辑，提出加速结构转换有利于进行结构纠偏和实现高质量发展的研究命题。在命题论证上，本文首次基于全球150个国家的经济增长数据，利用面板分位数回归模型实证研究了以结构转换促进高质量发展在经验统计上的可能性，同时将各国的数据样本分为不同收入组，以期更为细致地揭示出两者的内在关系，进而为政策决策提供科学有力的参考依据。

二、历史透视与研究假说

改革开放以来，中国经济的结构转换大致经历了两个阶段。第一阶段为适应性调整阶段，从1978年到2000年前后，总体的结构转换度处在较低水平①。这一阶段又可以进一步细分为两个时期：一是结构转换度的下降期，时间节点为1978—1991年；二是结构转换度的回升期，时间节点为1992—2000年。在前一时期，农业和轻工业发展较快，经济结构获得了一定的改善，但结构转换总体上仍然是偏慢的。其中，农业增加值占GDP的比重呈现小幅下降，由27.7%下降为24.0%；工业增加值的比重则由47.7%下降为41.5%，且在工业内部，轻重工业之比由0.78∶1升至0.96∶1；服务业的比重由24.6%快速上升至34.5%②。在后一时期，出口加工业开始兴盛起来，促进了结构转换度的回升。据统计，1992年至2000年，中国出口商品总额增长了1.93倍，其中工业制成品出口额增长2.29倍，初级产品出口额仅增长了0.49倍。在工业制成品中，轻纺产品、橡胶制品、矿冶产品及其制品和杂项制品又合占了最大份额。第二阶段为战略性调整阶段，从2001年起至今，总体的结构转换度处在较高水平。在党的十六大提出新型工业化道路的指导思想下，利用高新技术对传统产业的渗入、融合或改造有了长足进步，产业结构和资源配置的国际化程度显著提高（刘世锦，2005）。特别是2008年国际金融危机爆发以来，经济结构在整体上呈现出"服务化"特征。统计资料显示，2008年农业、工业和服务业增加值结构比例为10.6%、46.9%和42.8%，就业结构比例为39.6%、27.2%和33.2%；到2016年，增加值结构比例为8.6%、39.9%和51.6%，就业结构比例为27.7%、28.8%和43.5%，产业结构已经从过去的"二三一"结构完全转变到了"三二一"结构。

进一步把经济增长（包括速度和质量）纳入到上述结构转换的分析中来，将会发现一些很有意思的现象。一方面，从增长速度的维度进行考察。图2绘制了中国改革开放以来的经济增长率和结构转换度的变

---

① 为了尽可能地保留改革开放以来的完整时间序列样本，这里使用产值份额来计算结构转换度，当然，本文稳健性检验结果表明，使用产值份额抑或就业份额，均不影响总体结论。详见本文的实证分析部分。

② 资料来源：国家统计局数据库。以下如无特别说明，均同。

动情况。可以看到，在经济结构的适应性调整阶段，结构转换相对较慢，但经济增长率呈现高速增长态势[①]；在经济结构的战略性调整阶段，结构转换相对较快，而经济增长率最终呈现出持续回落趋势。实际上，之所以会产生这种"背离"关系，当中隐含的逻辑在于：从改革开放到20世纪末，中国经济的整体生产力是较为落后的，呈现出相对短缺的基本特征。这就意味着只要有足够高的储蓄率和投资率，就可以通过增量扩能，提高市场供应能力，进而支撑高速的经济增长，而且经济结构转换主要发生在供给主导的卖方市场条件下，卖方的标准化供给决定了这种转换过程并不会太快，因而对整个国民经济的大循环系统产生的副作用也相对较小。进入21世纪以来，短缺经济的特征逐渐消失，变成了相对过剩经济，具体表现为，一方面产能严重过剩，库存居高不下；另一方面，大量的资本寻求价值管理出路，追逐有限的优质资产，由此不断地推高资产的价格，同时伴随着经济杠杆的不断放大（刘志彪，2016）。此时，单单靠增量扩能难以解决实质性问题，必须转向调整存量、做优增量并举的深度调整，而且，经济结构转换折向了需求约束的买方市场，需求的多样化和个性化往往拉动结构转换加速，从而对整个国民经济运行产生重大影响，而且这种影响在增速上很可能表现为负向的抑制效应。从图2可知，2001年成功加入世界贸易组织（WTO）为中国经济高速增长带来了额外的"发动机"，即出口贸易；但2008年国际金融危机引致国外需求持续疲软之后，经济增速明显下降，因而从某种程度上讲，高结构转换度很可能具有经济减速效应。其实，在现代经济增长中，社会分工不断深化、产业部门不断增多是非常突出的典型特征，由于原有部分产业已处于成熟期，自然而然就会遇到市场饱和与技术进步潜力趋于枯竭的限制，其增长速度会逐渐下降，进而也就导致整体经济的增速出现下降（张培刚，2001）。

[①] 需要补充说明的是，1989年、1990年的GDP增长率只有4.2%和3.9%，这是由于特殊历史原因造成的，因而在考察经济增长率的趋势时，应该把这两年的数据作为异常值剔除掉。

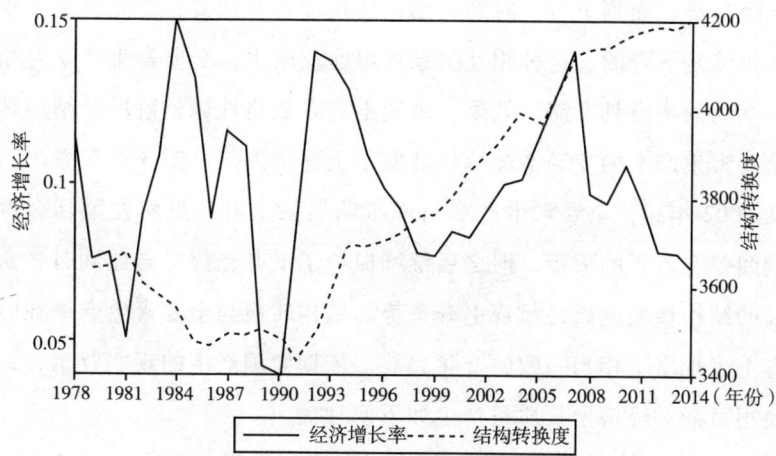

图 2 中国改革开放以来的经济增长率和结构转换度变动情况

资料来源：作者根据国家统计局和 PWT9.0 相关数据绘制。

另一方面，从增长质量的维度进行考察。图 3 绘制了中国改革开放以来的全要素生产率和结构转换度的变动情况。

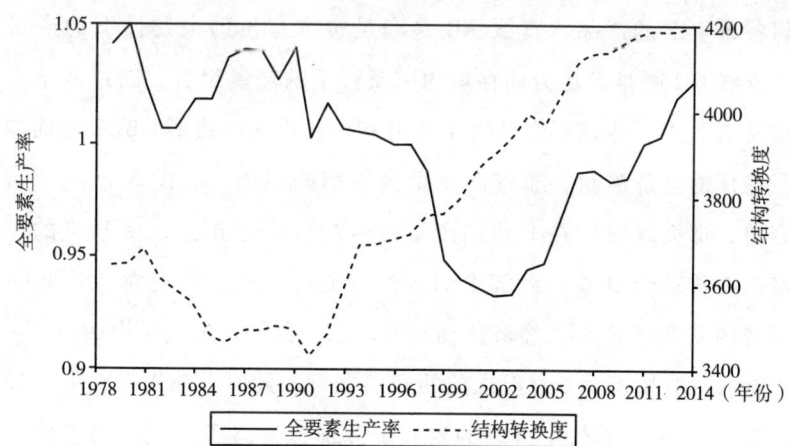

图 3 中国改革开放以来的全要素生产率和结构转换度变动情况

资料来源：作者根据国家统计局和 PWT9.0 相关数据绘制。

从图 3 可以看到，结构转换度与全要素生产率基本上保持了相同的变化趋势，而且结构转换度的变动要领先于全要素生产率的变动。具体来看，在适应性调整阶段的前一时期，结构转换度与全要素生产率均呈现下降趋势，而到了后一时期，结构转换度有所回升，但此时全要素生产率仍然是下降的。这种相互关系很可能反映出，全要素生产率对结构转换变动的响应具有滞后效果。事实上，在战略性调整阶段，结构转换与全要素生产率的变动情况恰好证实了上述猜测。从图3可以看出，大约从2002年起，全要素生产率出现了明显的上升，虽然在国际金融危机期间曾有短暂的下降，但之后继续保持了上升趋势；与此同时，这一阶段的结构转换度始终呈现上升态势。结构转换与全要素生产率在时间动态上表现出了相当一致的变化趋势。依据中国经济的现实背景，结构转换很可能对经济增长质量产生如下两种效应：

（1）加速传统衰退产业调整从而实现存量优化效应。为了揭示其中原理，本文采用一个简单的两部门封闭经济模型来进行说明。在这个虚拟的经济体中，只有劳动和资本两种投入要素，且生产技术系数恒定，均衡时满足市场出清条件（刘志彪，2003）。图4（1）刻画了相应的生产可能性曲线及其均衡生产条件。在图4（1）中，X和Y表示两部门各自生产的产品，直线AB是满足资本存量约束条件下的产量组合，直线CD则是满足劳动存量约束条件下的产量组合。在这两条直线的交叉点E上，生产要素获得了充分利用，因而四边形OBEC的面积代表了最优的经济福利。随着产业生命周期的演进，假设X部门开始发生衰退，那么X部门在B点的产量将向左移动到B′点，在D点的产量也将向左移动到D′点。经济中的生产可能性曲线就转变为AB′和CD′，在两者的交叉点E′上，经济达到新的均衡，其经济福利可由四边形OB′E′C表示，但却要小于衰退之前的经济福利。此时，如果能够促进经济结构转换，使X部门中过剩的要素资源加速流向Y部门，就会使生产可能性曲线进一步转变为A′B′和C′D′，同时经济均衡也将从E′点向外扩张至E″，而且四边形OB′E″C′所表示的经济福利也显著地增加了。

（2）促进新兴产业成长从而实现增量创新效应。众所周知，经济结构转换的一个典型事实，就是服务业在国民经济中的比重越来越大，而且服务业也越来越趋于知识密集。服务业成为知识生产和人力资本积累的重要载体,这可以看作知识经济对传统商品(物品和服务)的替代:工业部门生产的制造品及其投入再生产的智能化水平提升,知识生产过程部分替代了传统工业的中间生产过程;知识技术密集型服务业态多元化,知识消费型服务业替代部分传统消费服务业(袁富华等,2016)。这一过程,其实就是产业雁阵传递中的增量创新过程,并且成为决定国民经济整体效率的重要力量。为此,本文同样假设了一个封闭条件下的两部门模型来对此进行说明。在这当中,只有劳动一种投入要素,但存在熟练劳动力(W_H)与非熟练劳动力(W_L)的区别,并且均用于传统产品和高技术产品的生产。为了保证线性分析的方便,假设生产技术系数恒定,且均衡时满足市场出清条件。图4(2)是对这一经济的简明图示。在图4(2)中,直线SS表示给定创新水平下的高技术产品市场均衡,直线TT则表示传统产品的市场均衡,而且因为传统产品部门比高技术产品部门更密集地使用了非熟练劳动力,于是直线TT的斜率要比直线SS更为平坦。此时,这两条线的交叉点A就描绘了经济均衡时的创新水平和要素报酬。然而,经济结构的加速转换将会打破这一均衡,因为知识部门的增长必然带来熟练劳动力报酬增加,同时非熟练劳动力的报酬受到挤压而减少,这意味着新的均衡点只能分布在三角形SZT的区域中。如果要满足这一条件,那么直线SS须向外移动(如移动到S′S′),同时直线TT向内移动(如移动到T′T′),而这种移动背后的经济含义就是,整个经济的创新水平提高了。换句话说,在直

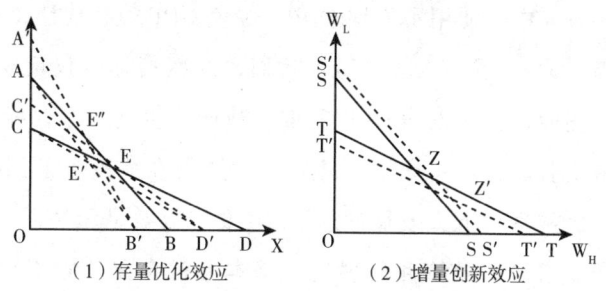

图4 结构转换的两种效应

资料来源:作者绘制。

线 S′S′和 T′T′的交叉点 E′处，经济由于发生结构转换而达到了新的均衡，而且创新水平得到了显著提升。

基于以上的综合分析，本文提出如下待检验的研究假说：结构转换对经济增长的影响，不仅在短期作用于增长速度，更在长期中作用于增长质量，具体表现为，经济结构转换度越高，越有可能导致经济增长率下降，但同时越有利于促进全要素生产率提升。因此，在跨越"中等收入陷阱"的关键期，加速经济结构转换，有助于发挥其存量优化和增量创新作用从而实现高质量发展。

三、变量选取、数据说明及模型设定

上述关于结构转换有利于促进高质量发展的理论假说，尚未得到有说服力的经验数据支撑。为此，本节进一步利用跨国经济增长数据，从实证计量的视角考察经济结构转换、增长速度、全要素生产率之间的内在关系，试图寻求结构转换促进高质量发展的经验证据。

（一）变量选取

1. 高质量发展变量的选取及其测度。本文主要关心的问题是，经济结构转换究竟能不能促进高质量发展，需要在数据基础上进行计量检验。因此，高质量发展需要进行量化，但是目前学界并没有统一的界定，在一些研究中，使用了人均 GDP、绿色 GDP 等替代性指标（戴觅、茅锐，2015；黄虹、许祺，2017）。然而，这些指标仅仅反映了高质量发展的某一侧面，譬如人均 GDP 侧重反映居民生活水平，绿色 GDP 侧重反映环境承载能力。实际上，高质量发展内在地蕴含了创新、协调、绿色、开放、共享"五大发展理念"，其发展效益是无法简单地被资本和劳动生产要素所能核算和呈现的，基本上包含在"索洛剩余"当中了。因此，所谓高质量发展，其实是一种以全要素生产率提升为核心要义的发展，不仅要求资源要从低效率部门向高效率部门流动，而且体现了要素动态重新配置中的技术创新,其本质是要通过深化供给侧结构性改革提升全要素生产率,实现在更高水平上的平衡、充分发展①。从这一点来理解,用全要素生产率来测度高质量发展是较为合理可行的,因而本文选取不变价计算的全要素生产率来表示,记为 TFP。此外,本文还检验了结构转换对增长速度的影响,因而选取不变价的总量 GDP 的增长率来表示经济增速,记为 TGR。

2. 关键解释变量的选取及其测度。本文探讨的是产业层面上的经济结构转换所产生的影响,因而在关键解释变量的选取上,也主要从三次产业层面进行考虑。目前学界所提出的诸如霍夫曼比例系数、产业结构层次系数、产业结构变动值等几个常用测度指标中,Moore (1978) 运用空间向量测定法提出的 Moore 结构变化值,由于更具科学性,且相对于产业结构变动值而言要更平缓,避免产业结构变动的高估,因而在相关研究中被广泛采用。本文也借鉴这一测度方法,用于计算产业结构的转换程度。具体的计算公式为:

$$STR_t = \sum_{i=1}^{n} W_{i,t} \times W_{i,t+1} / (\sum_{i=1}^{n} W_{i,t}^2)^{1/2} \times (\sum_{i=1}^{n} W_{i,t+1}^2)^{1/2} \qquad (1)$$

其中,$W_{i,t}$ 表示 t 期第 i 产业所占比重;$W_{i,t+1}$ 表示 $t+1$ 期第 i 产业所占比重。可见 STR 值变化主要取决于不同时期各产业份额的绝对变化加总,STR 值越大,则意味着整个经济系统中的产业结构变化程度越高。

3. 其他变量。除关键解释变量以外,高质量发展显然还受到一些其他因素的影响。借鉴已有经济理论和相关文献,本文纳入国家规模(POP)、贸易规模(IEP)、政府规模(XPN)、人力资本(HC)、研发水平(XPD)、全球化参与度(BXM)。此外,在区分收入组(高收入国家、中高等收入国家、中低等收入国家和低收入国家)时纳入了虚拟变

---

① "权威人士"指出,供给侧结构性改革是从提高供给质量出发,推进结构调整,矫正要素配置扭曲,提高全要素生产率。由此可见,提高供给质量乃至整个经济发展质量,最终都要落实到全要素生产率的提升上面。参见《人民日报》"七问供给侧结构性改革——权威人士谈当前经济怎么看怎么干",http://politics.people.com.cn/n1/2016/0104/c1001 - 28006577 - 2.html。

量，在内生性问题的讨论中还纳入了关键解释变量的滞后一期、滞后二期作为工具变量（Arellano 和 Bond，1991）。

（二）数据来源及说明

高质量发展变量数据、经济增速数据均来源于最新版的佩恩表（PWT9.0）。该表统计了全球 184 个国家从 1950 年到 2014 年的投入、产出、收入水平、生产率水平等宏观经济数据，成为过去几十年来关于宏观经济跨国研究的标准数据来源之一（Feenstra 等，2015）。本文选取其中的真实全要素生产率指数（2011 年取值为 1）来表示高质量发展，选取真实 GDP 增长率（2011 年不变价美元）来表示经济增速。此外，还选取该表中的总人口数、人力资本指数作为控制变量，分别表示国家规模和人力资本水平。

关键解释变量和其余控制变量的数据则来源于世界银行数据库。其中，经济结构转换程度是基于三次产业就业人员占就业总数的百分比，根据 Moore 指数公式计算得来。贸易规模以货物和服务进出口占 GDP 百分比衡量，政府规模以财政支出占 GDP 百分比衡量，研发水平以研发支出占 GDP 百分比衡量，全球化参与度以对外直接投资净流出和外国直接投资净流入之和占 GDP 百分比衡量。表示不同收入组别的虚拟变量也来自世界银行数据库的划分标准。

需要补充说明的是，由于最新版佩恩表的时间跨度是 1950 年到 2014 年，而世界银行数据库的时间跨度是 1960 年到 2016 年，因而本文在合并两份数据之后，得到的最终样本的时间跨度为 1960 年至 2014 年，共涵盖全球 150 个国家。除变量 TGR 之外，其他所有变量均取自然对数，以尽可能地去除样本离群值的影响[①]。表 1 列示了主要变量的定义及所使用数据的描述性统计情况。

---

① 由于变量 *TGR* 表示的是经济增长率，存在大量负值，因而不适合进行对数转换。本文采用了单边缩尾处理（winsor – highonly）。

表1　　　　　　　　　　变量定义及其统计性描述

变量名称	均值	标准差	最小值	中位数	最大值	样本数	定义
TGR	0.0380	0.0646	-1.0823	0.0403	1.1153	7118	真实GDP增长率（2011年不变价美元）[a]
TFP	-0.0788	0.2543	-1.5059	-0.0410	1.4746	4329	真实全要素生产率指数（2011年等于1）
STR	8.4804	0.2023	8.0775	8.4669	9.0461	4272	Moore产业结构变化值
POP	1.4629	2.2391	-5.4314	1.7814	7.2222	7268	总人口数[a]
IEP	4.1647	0.6943	-3.8633	4.2296	6.2761	5702	货物和服务进出口占GDP的百分比
XPN	3.1406	0.5356	0.6300	3.1873	5.3481	2526	财政支出占GDP的百分比
HC	0.6427	0.3633	0.0070	0.6456	1.3145	5943	人力资本指数
XPD	-0.5618	1.1758	-4.4585	-0.4981	1.4828	1125	研发支出占GDP的百分比
BXM	0.8621	1.6621	-16.5038	1.0323	6.5715	3240	对外（外国）直接投资占GDP的百分比[b]

注：a. 变量 TGG、TGR 和 POP 的计数单位均为百万；b. 对外（外国）直接投资占GDP的百分比，实际上是指对外直接投资净流出和外国直接投资净流入之和占GDP的百分比。

（三）模型设定

在大多数计量模型中，解释变量对被解释变量的解释能力是基于条件期望的均值回归，而本文真正关心的是解释变量对被解释变量整体条件分布的影响，条件期望只是条件分布集中趋势的一个指标而已（陈强，2014）。特别是在条件分布非对称的情况下，如果能够对若干重要的条件分位数进行一致估计，将有助于反映整个条件分布的全貌。据此，本文将采用 Koenker（2004）提出的面板分位数回归方法，借鉴 Powell（2014）的 Stata 程序进行估计，以期获得更为全面和准确的实证结果。计量模型具体设计如下：

$$Y_{it,q} = \alpha_q + \beta_q STR_{it,q} + \gamma_q DUM_j \times STR_{it,q} + \lambda_q DUM_j + \varphi_q X_{it,q} + \varepsilon_{it,q} \quad (2)$$

在该模型中，被解释变量 $Y_{it,q}$ 包括 $\{TGR_{it,q}, TFP_{it,q}\}$。其中 TGR、TFP 分别表征一国的经济增速、高质量发展；下标 i 表示第 i 个国家；t 表示年份；q 表示分位数；核心解释变量 STR 表征一国的经济结构转换程度；虚拟变量 DUM 表示不同收入组，高收入国家作为参照组；j 等于 1、2、3，分别指代低收入国家、中低等收入国家、中高等收入国家，进而使用交互项 $DUM \times STR$ 考察不同收入组的条件效应；控制变量 X 包括 $\{POP_{it,q}, IEP_{it,q}, XPN_{it,q}, HC_{it,q}, XPD_{it,q}, BXM_{it,q}\}$，分别控制国家规模、贸易规模、政府规模、人力资本、研发水平、全球化参与度；α 和 ε 表示常数项和随机扰动项。

四、实证结果及分析

（一）基准回归结果

表 2 报告了全球 150 个国家的经济结构转换对经济增长率影响的基准回归结果。表 2 中模型 1 列示的是固定效应（FE）估计方法的检验结果。在模型 1 中，经济结构转换程度（STR）的估计系数虽然小于 0，但未呈现出显著性。这说明，在被解释变量整体条件分布的均值点上，经济结构转换对经济增长率的抑制效应并不明显。当然，正如前文所述，这种均值回归可能更容易受到离群值的影响，因而本文进一步使用面板分位数回归进行估计，检验结果如模型 2 至模型 6 所示。从中可以看到，经济结构转换对经济增长率的抑制效应比较稳健。具体而言，除了在第 50 百分位（Q50）和第 75 百分位（Q75）上，核心解释变量 STR 的估计系数为正以外，在其他几个重要的百分位上，这一估计系数均在 1% 的置信水平上显著小于 0。这说明，经济结构转换对经济增长率具有显著的抑制效应，但这种抑制效应也会受到既有增速的约束，不过总体趋势是稳健的。这一结论也印证了前文对结构转换可能产生经济

减速效应的猜想。由此可见，经济结构转换造成经济增长率下降是世界上绝大多数国家经济发展规律的正常表现，并非是中国经济的独有现象。

表 2　　　　　　结构转换对经济增长率的影响（基准回归）

	模型 1（FE）	模型 2（Q10）	模型 3（Q25）	模型 4（Q50）	模型 5（Q75）	模型 6（Q90）
STR	-0.0666 (0.04)	-0.0285*** (0.00)	-0.0946** (0.04)	0.0057*** (0.00)	0.0138*** (0.00)	-0.0120*** (0.00)
POP	0.0666 (0.04)	0.0097*** (0.00)	0.0187** (0.01)	0.0115*** (0.00)	0.0059*** (0.00)	0.0020*** (0.00)
IEP	-0.0140 (0.01)	-0.0161*** (0.00)	-0.0265** (0.01)	-0.0328*** (0.00)	-0.0248*** (0.00)	-0.0170*** (0.00)
XPN	-0.0069 (0.02)	-0.0078*** (0.00)	0.0024 (0.01)	-0.0091*** (0.00)	0.0095*** (0.00)	-0.0070*** (0.00)
HC	-0.0652 (0.05)	-0.0543*** (0.00)	-0.0744*** (0.01)	-0.0842*** (0.00)	-0.0694*** (0.00)	-0.0502*** (0.00)
XPD	-0.0065 (0.01)	0.0129*** (0.00)	-0.0043 (0.01)	0.0004 (0.00)	0.0036*** (0.00)	0.0074*** (0.00)
BXM	0.0081*** (0.00)	0.0029* (0.00)	0.0098*** (0.00)	0.0063*** (0.00)	0.0039*** (0.00)	0.0004*** (0.00)
CONS	0.5591* (0.33)					
R^2	0.0339					

注：表中括号内报告的是稳健标准误。***、**、* 分别表示回归结果在 1%、5%、10% 置信水平下通过显著性检验。

Hausman 检验结果显示固定效应更适合本文研究。本文在面板分位数回归中选用马尔科夫链—蒙特卡洛模拟（MCMC）最优法。Powell（2014）的 Stata 程序未提供分位数回归的拟合优度值和常数项值，鉴于其实际意义不大，这里也未予以报告。

资料来源：作者利用 stata14.0 软件计算。

表 3 报告了全球 150 个国家的经济结构转换对全要素生产率影响的基准回归结果。根据前文的分析可知，经济结构转换是否有利于促进全要素生产率是本文最为关心的问题。在表 3 中，模型 1 的 FE 检验结果显示，经济结构转换程度（STR）的估计系数为 0.1937，但未呈现出统计显著性。但是，如果采用效果更优的分位数模型进行回归，可以发现统计显著性得到了明显改善。模型 2 至模型 6 的分位数回归结果显示，在各重要的分位数上，核心解释变量（STR）的估计系数均在 1% 的置

信水平上显著大于 0。其中，在第 10 百分位上的估计系数是最大的，第 75 百分位上的估计系数是最小的，其余百分位上的估计系数位于两者之间。总体来看，估计系数随着百分位提高，呈现先下降后上升的趋势。这说明，在经济结构转换对全要素生产率的影响中，既有的全要素生产率水平会产生先递减后递增的非线性影响，但经济结构转换对全要素生产率的正向促进效应是十分显著的①。

表 3　　　　结构转换对全要素生产率的影响（基准回归）

	模型 1 （FE）	模型 2 （Q10）	模型 3 （Q25）	模型 4 （Q50）	模型 5 （Q75）	模型 6 （Q90）
STR	0.1937 (0.34)	0.2327 *** (0.01)	0.0927 *** (0.01)	0.0545 *** (0.00)	0.0412 *** (0.01)	0.1407 *** (0.01)
POP	0.0972 (0.22)	0.0077 *** (0.00)	0.0035 *** (0.00)	0.0000 (0.00)	0.0052 ** (0.00)	0.0038 *** (0.00)
IEP	-0.0696 (0.08)	0.0432 *** (0.00)	0.0469 *** (0.00)	0.0081 *** (0.00)	-0.0102 *** (0.00)	-0.0771 *** (0.00)
XPN	0.0145 (0.07)	-0.1252 *** (0.00)	-0.0550 *** (0.00)	-0.0079 *** (0.00)	0.0145 *** (0.00)	0.0171 *** (0.00)
HC	0.2507 (0.41)	0.2690 *** (0.00)	0.1072 *** (0.01)	-0.0004 (0.00)	-0.0446 *** (0.00)	-0.0900 *** (0.01)
XPD	0.0487 (0.03)	-0.0488 *** (0.00)	-0.0042 *** (0.00)	-0.0010 *** (0.00)	-0.0044 (0.00)	0.0028 (0.00)
BXM	0.0186 ** (0.01)	0.0408 *** (0.00)	-0.0064 (0.00)	0.0075 *** (0.00)	0.0137 *** (0.00)	0.0207 *** (0.00)
CONS	-1.9090 (2.91)					
R^2	0.1203					

注与资料来源同表 2。

（二）基于内生性处理的回归结果

就本文构建的计量模型而言，可能会存在逆向因果关系所导致的内生性问题。经济结构转换固然对经济增长产生了显著的影响，但在经济

---

① 为了防止遗漏变量导致内生性偏误问题，本文尽可能合理地在模型中加入控制变量。由于这些控制变量估计结果在各种情形中并非主要关注点，而且也出于节省篇幅考虑，后文将不再专门报告。

大循环当中，经济增长可能反过来也影响到后一期的经济结构变动。正如前文基准回归结果所看到的，经济增长率、全要素生产率的既有水平在经济结构转换对经济增长影响中产生了明显的约束作用。为此，本文在模型设定中纳入经济结构转换变量（STR）的滞后一期和滞后二期作为工具变量，对模型进行重新估计，检验结果如表4至表7所示。

表4报告了经济内生性处理后的经济结构转换对经济增长率影响的回归结果。从模型1可以看到，其估计结果与基准回归中的结果基本相同，因而勿再赘述。但经过内生性处理之后，模型2至模型6的分位数回归结果呈现出了更精确的统计特征。其中，第10百分位、第25百分位和第90百分位上的估计系数与基准回归中的结果相一致，均在1%的置信水平上显著小于0；第50百分位和第75百分位上的估计系数同样在1%的置信水平上显著小于0，这比基准回归结果更加符合理论预期。据此，可以比较确定地认为，经济结构转换的确对经济增长速度产生了抑制效应。

表4　结构转换对经济增长率的影响（基于内生性处理）

	模型1（FE）	模型2（Q10）	模型3（Q25）	模型4（Q50）	模型5（Q75）	模型6（Q90）
STR	-0.0657 (0.04)	-0.0419*** (0.00)	-0.0054*** (0.00)	-0.0034** (0.00)	-0.0006*** (0.00)	-0.0111*** (0.00)
POP	0.0666** (0.03)	0.0178*** (0.00)	0.0049*** (0.00)	0.0034*** (0.00)	0.0023*** (0.00)	0.0007*** (0.00)
IEP	-0.0141 (0.01)	-0.0313*** (0.00)	-0.0093*** (0.00)	0.0022*** (0.00)	-0.0060*** (0.00)	-0.0179*** (0.00)
XPN	-0.0070 (0.02)	-0.0154*** (0.00)	-0.0092*** (0.00)	-0.0101*** (0.00)	-0.0050*** (0.00)	-0.0070*** (0.00)
HC	-0.0657 (0.05)	-0.0648*** (0.00)	-0.0506*** (0.00)	-0.0419*** (0.00)	-0.0521*** (0.00)	-0.0514*** (0.00)
XPD	-0.0066 (0.01)	0.0063*** (0.00)	-0.0006*** (0.00)	0.0040*** (0.00)	0.0036*** (0.00)	0.0072*** (0.00)
BXM	0.0081*** (0.00)	0.0027*** (0.00)	0.0043*** (0.00)	0.0022*** (0.00)	0.0003*** (0.00)	0.0004*** (0.00)
R^2	0.0339					

注与资料来源同表2。

表5报告了经济内生性处理后的经济结构转换对全要素生产率影响的回归结果。模型1的FE检验结果显示,经济结构转换程度(STR)的估计系数未呈现出显著性。同时,模型2至模型6的分位数回归结果显示,在各重要的百分位上,经济结构转换程度(STR)的估计系数均在1%的置信水平上显著大于0。而且,与基准回归结果相比,经济内生性处理后的估计系数呈现出更加对称的先降后升趋势,最低点出现在第50百分位上。这充分证明,经济结构转换确实有利于促进全要素生产率提升,而且随着全要素生产率水平的提高,这种正向影响呈现出先递减后递增的非线性变化趋势。

表5　结构转换对全要素生产率的影响(基于内生性处理)

	模型1 (FE)	模型2 (Q10)	模型3 (Q25)	模型4 (Q50)	模型5 (Q75)	模型6 (Q90)
STR	0.1990 (0.15)	0.1730*** (0.05)	0.1332*** (0.01)	0.0555*** (0.00)	0.0597*** (0.00)	0.1782*** (0.01)
POP	0.0969 (0.11)	0.0945*** (0.01)	0.0053*** (0.00)	0.0002 (0.00)	-0.0004 (0.00)	0.0019 (0.00)
IEP	-0.0697* (0.04)	-0.0022 (0.01)	0.0454*** (0.00)	0.0082*** (0.00)	-0.0148*** (0.00)	-0.0532*** (0.00)
XPN	0.0143 (0.04)	-0.1208*** (0.01)	-0.0310*** (0.01)	-0.0057*** (0.00)	0.0125*** (0.00)	0.0489*** (0.01)
HC	0.2477 (0.20)	0.2485*** (0.01)	0.1499*** (0.01)	0.0012 (0.00)	-0.0323*** (0.00)	-0.0834*** (0.01)
XPD	0.0483** (0.02)	-0.0447*** (0.01)	-0.0081*** (0.00)	-0.0021*** (0.00)	0.0010 (0.00)	0.0040*** (0.00)
BXM	0.0186** (0.01)	0.0051 (0.00)	-0.0043*** (0.00)	0.0079*** (0.00)	0.0121*** (0.00)	0.0206*** (0.00)
R^2	0.1203					

注　与资料来源同表2。

(三) 基于收入分组的回归结果

世界银行将全球所有经济体按照人均国民收入分为4个组别:高收

入国家、中高等收入国家、中低等收入国家和低收入国家①。这种分类有利于归纳和比较不同收入国家的经济发展特征，从而更为全面地考察全球经济发展问题。为此，本文在基准回归模型的基础上，加入了代表不同收入国家组别的虚拟变量及其与核心解释变量（STR）的交互项。

表6报告了基于收入分组的经济结构转换对经济增长率影响的回归结果。模型1的FE估计结果显示，高收入国家的经济结构转换程度（STR）估计系数为-0.1196，且置信水平为5%，而代表低收入国家和中低等收入国家的交互项（$DUM_1 \times STR$、$DUM_2 \times STR$）估计系数值显著为正，代表中高等收入国家的交互项（$DUM_3 \times STR$）的估计系数虽然也为正，但未呈现显著性。然而，当采用分位数模型进行估计之后，不仅检验结果的效果有明显提升，而且在经济结构转换对经济增长率的影响中，收入因素也产生了异质性作用。模型2至模型6的分位数回归结果显示，除了第90百分位之外，在其他百分位上，核心解释变量（STR）的估计系数均在1%的置信水平上显著小于0；交互项（$DUM_1 \times STR$）的情形恰好与之相反，它在除第90百分位之外的其他百分位上，估计系数显著大于0；交互项（$DUM_2 \times STR$）的估计系数在较低的百分位（Q10、Q25、Q50）上均显著为负，但在较高的百分位（Q75、Q90）上显著为正；交互项（$DUM_3 \times STR$）的估计系数在所有百分位上均显著小于0。这说明，经济结构转换对经济增长率的影响，仍然会受到既有经济增长率的约束，这与前文的结果相类似。而且，基于收入分组的回归结果还表明，对于全球大多数国家而言，经济结构转换对经济增长率均产生了显著的抑制效应，而且在不同收入组别的国家中，这种抑制效应并非均匀分布的，比如在中等收入国家组别（$DUM_2 \times STR$、$DUM_3 \times STR$），这种抑制效应就要比其他收入组别的国家更为强烈一些。

---

① 根据最新的世界银行数据，高收入国家、中高等收入国家、中低等收入国家和低收入国家的收入分界线为12236美元及以上、3956—12235美元、1006—3955美元、1005美元及以下。参见 https://datahelpdesk.worldbank.org/knowledgebase/articles/906519#High_income。

表 6　结构转换对经济增长率的影响（基于收入分组）

	模型 1 (FE)	模型 2 (Q10)	模型 3 (Q25)	模型 4 (Q50)	模型 5 (Q75)	模型 6 (Q90)
STR	-0.1196** (0.06)	-0.1429*** (0.01)	-0.0729*** (0.01)	-0.0278*** (0.00)	-0.0052*** (0.00)	0.0054*** (0.00)
$DUM_1 \times STR$	0.6898*** (0.24)	0.0044*** (0.00)	0.0029*** (0.00)	0.0035*** (0.00)	0.0012*** (0.00)	-0.0013*** (0.00)
$DUM_2 \times STR$	0.2996** (0.11)	-0.0093*** (0.00)	-0.0046*** (0.00)	-0.0007*** (0.00)	0.0010*** (0.00)	0.0024*** (0.00)
$DUM_3 \times STR$	0.0301 (0.09)	-0.0044*** (0.00)	-0.0027*** (0.00)	-0.0010*** (0.00)	-0.0012*** (0.00)	-0.0010*** (0.00)
POP	0.0774* (0.05)	0.0041*** (0.00)	0.0049*** (0.00)	0.0026*** (0.00)	0.0018*** (0.00)	0.0005*** (0.00)
IEP	-0.0039 (0.02)	0.0032 (0.00)	0.0053*** (0.00)	0.0066*** (0.00)	-0.0019*** (0.00)	-0.0089*** (0.00)
XPN	-0.0045 (0.02)	-0.0056*** (0.00)	-0.0051*** (0.00)	-0.0072*** (0.00)	-0.0026*** (0.00)	-0.0044*** (0.00)
HC	-0.0488 (0.06)	-0.0265*** (0.01)	-0.0279*** (0.00)	-0.0295*** (0.00)	-0.0417*** (0.00)	-0.0451*** (0.00)
XPD	-0.0059 (0.01)	-0.0031** (0.00)	0	0.0035*** (0.00)	0.0063*** (0.00)	0.0066*** (0.00)
BXM	0.0080*** (0.00)	0.0075*** (0.00)	0.0031*** (0.00)	0.0003*** (0.00)	-0.0006*** (0.00)	-0.0040*** (0.00)
$CONS$	0.3379 (0.28)					
R^2	0.0413					

注与资料来源同表 2。

表 7 报告了基于收入分组的经济结构转换对全要素生产率影响的回归结果。模型 1 的 FE 检验结果显示，核心解释变量（STR）的估计系数为 0.2013，但未呈现显著性；交互项中，$DUM_1 \times STR$ 的估计系数大于 0，$DUM_2 \times STR$、$DUM_3 \times STR$ 的估计系数小于 0，也都未呈现显著性。模型 2 至模型 6 的分位数回归结果显示，在较低分位数（Q10、Q25、Q50）上，核心解释变量（STR）的估计系数在 1% 的置信水平上显著大于 0，交互项（$DUM_1 \times STR$、$DUM_2 \times STR$、$DUM_3 \times STR$）的估计系数也基本都在 1% 的置信水平上显著为正；在较高分位数（Q75、Q90）上，核心解释变量（STR）和交互项（$DUM_2 \times STR$、$DUM_3 \times$

STR)的估计系数显著小于 0,只有 $DUM_1 \times STR$ 的估计系数显著为正。由此可见,经济结构转换总体上有助于提升全要素生产率,但不同分位数显然对估计结果产生了重要影响,其经济学含义是,在全要素生产率水平较低的国家,经济结构转换能够加速促进全要素生产率水平的提升,但如果全要素生产率水平已经处在较高水平,那么经济结构转换的正向影响就十分有限了,甚至可能发生反逆效果。结合不同收入组别进行观察可以发现,当全要素生产率处在较低水平上时,中等收入国家组别($DUM_2 \times STR$、$DUM_3 \times STR$)的经济结构转换对全要素生产率的促进效应明显相对强烈一些。比如,在第 10 百分位上,经济结构转换(STR)对全要素生产率的促进效应,在高收入国家组别为 0.3247,在低收入国家组别为 0.3390,在中低等收入国家组别为 0.3438,在中高等收入国家组别为 0.3428。需要特别指出的是,上述结果与没有考虑收入因素时有所差异,但很明显,由于表示不同收入分组的虚拟变量识别了组别效应,因而这一结果要比没有考虑收入因素时更加稳健。

表 7　结构转换对全要素生产率的影响(基于收入分组)

	模型 1 (FE)	模型 2 (Q10)	模型 3 (Q25)	模型 4 (Q50)	模型 5 (Q75)	模型 6 (Q90)
STR	0.2013 (0.45)	0.3247*** (0.00)	0.2391*** (0.01)	0.0335*** (0.00)	-0.0531*** (0.00)	-0.1166*** (0.01)
$DUM_1 \times STR$	0.7355 (1.21)	0.0143*** (0.00)	0.0201*** (0.01)	0.0036*** (0.00)	0.0156*** (0.00)	0.0091*** (0.00)
$DUM_2 \times STR$	-0.0433 (1.13)	0.0191*** (0.00)	0.0133*** (0.00)	-0.0017 (0.00)	-0.0074*** (0.00)	-0.0145*** (0.00)
$DUM_3 \times STR$	-0.0668 (0.43)	0.0181*** (0.00)	0.0070*** (0.00)	0.0004 (0.00)	-0.0050*** (0.00)	-0.0110*** (0.00)
POP	0.1080 (0.23)	-0.0007 (0.00)	0.0147*** (0.00)	0.0070*** (0.00)	0.0020*** (0.00)	-0.0008 (0.00)
IEP	-0.0718 (0.08)	0.0070*** (0.00)	0.0778*** (0.01)	0.0212*** (0.01)	-0.0157*** (0.00)	-0.0253*** (0.01)
XPN	0.0193 (0.08)	-0.0294*** (0.00)	-0.0053 (0.01)	0.0114*** (0.00)	0.0191*** (0.00)	0.0074*** (0.00)

续表

	模型1 (FE)	模型2 (Q10)	模型3 (Q25)	模型4 (Q50)	模型5 (Q75)	模型6 (Q90)
HC	0.2401 (0.42)	0.1661*** (0.00)	0.0879*** (0.01)	0.0372*** (0.01)	-0.0212*** (0.00)	-0.0291*** (0.00)
XPD	0.0484 (0.03)	-0.0275*** (0.00)	0.0164*** (0.00)	0.0014** (0.00)	-0.0047*** (0.00)	-0.0012 (0.00)
BXM	0.0190* (0.01)	0.0399*** (0.00)	0.0117*** (0.00)	0.0030** (0.00)	0.0112*** (0.00)	0.0125*** (0.00)
CONS	-1.9838 (2.70)					
R^2	0.1213					

注与资料来源同表2。

(四) 稳健性检验结果

为了保证本文主要发现的可靠性，我们接下来将采用替换测度指标的方法来做进一步的稳健性检验。具体来说，在计算经济结构转换程度（STR）的测度指标时，重新选取三次产业增加值占GDP的百分比作为各产业份额，然后基于公式（1）计算Moore结构变化值，并对模型进行再估计。回归结果表明，无论是从FE模型的均值回归还是分位数模型的不同分位数回归，无论是从高收入国家还是从其他收入组别的国家来看，核心解释变量（STR）和交互项（$DUM_1 \times STR$、$DUM_2 \times STR$、$DUM_3 \times STR$）的估计系数与上文回归结果均保持了相当程度的一致性[①]。这就说明，在替换了核心解释变量测度指标的情形下，经济结构转换对经济增长率造成了抑制效应，对全要素生产率则有显著的促进效应。这些稳健性检验结果为本文的经验发现提供了可靠的证据支持。

五、主要结论与政策建议

加速推进经济结构转换是否有利于推进高质量发展？这是当下亟须

---

① 限于篇幅，本文未报告详细结果。

探究和回答的重大现实问题。在充分借鉴既有文献对结构转换与经济增长内在关系的研究基础上，本文的核心发现是，改革开放以来，中国经济的结构变迁由适应性调整转向战略性调整，结构转换度也从低水平阶段上升到了高水平阶段，虽然经济增长率呈现出了比较明显的"背离"趋势，但全要素生产率与结构转换的变动趋势基本一致。

具体而言，在适应性调整阶段，结构转换度呈现先下降后上升的趋势，总体上处在较低水平，此时的中国经济保持着高速增长，但全要素生产率呈现下降趋势；在战略性调整阶段，结构转换度持续上升，且处在较高水平，此时的中国经济增速有所下降，但全要素生产率呈现明显回升态势。结构转换、经济增长率和全要素生产率的这种变动趋势实际上说明，伴随着中国经济的基本特征由相对短缺转变为相对过剩，经济结构也从以增量扩能为主转向调整存量、做优增量并存的深度调整。一方面，经济结构转换可以加速衰退产业调整以实现存量优化；另一方面，经济结构转换也可以通过促进新兴产业成长以实现增量创新。美国在20世纪七八十年代以来的经济结构"服务化"事实生动地诠释了结构转换是如何通过存量优化和增量创新带来"新经济"繁荣的。

我们的研究从计量实证视角，基于全球150个国家增长数据的分位数回归结果证明：（1）在经济增速层面，结构转换对经济增长率产生了明显的抑制效应；（2）在最为关键的增长质量层面，经济结构转换对全要素生产率具有十分显著的促进效应；（3）在不同收入组别中，经济结构转换的上述两种作用具有典型的异质性，特别是在中等收入国家中，经济结构转换对经济增长率、全要素生产率的这两种效应显得更为强烈。据此可以断定，对于当前正努力实现"中等收入跨越"的中国而言，加速经济结构转换将有助于推进高质量发展。

本文的政策含义非常直接和明确。在旧动能逐渐衰退、新动能正在酝酿的关键发展阶段，通过加速经济结构转换，促进全要素生产率的稳步提升，是推进高质量发展的基本立足点。从中国经济的客观现实看，要科学认识和把握好经济结构转换中的增长速度和增长质量的平衡关系：一方面，经济增长由高速转向中高速（即图 1 中的区域 I 过渡到区域 II）是客观规律使然，不能片面地追求 GDP 增速；另一方面，经济增长由低质转向高质（即图 1 中的区域 II 过渡到区域 III）需要一定的全要素生产率作为支撑，因而加速经济结构转换至为重要和关键。针对当前经济发展的阶段性特征和结构转换中存在的现实问题，未来一段时期内经济发展政策的重点至少应包括以下三方面：

一是在宏观层面，利用新一轮全面深化改革的契机，积极探索地方政府为高质量发展而竞争的体制机制。众所周知，以 GDP 锦标赛为标志的地方政府竞争在过去的发展中产生了一系列副作用，如房地产泡沫、市场非一体化、债务风险等重大结构性失衡问题（刘志彪，2018）。中共党的十八届三中全会以来，地方政府竞争开始注重生态保护、社会进步、民生改善等多元均衡目标，这与高质量发展内涵是不谋而合的。因此，在推动地方政府扩大自主权的背景下，应积极探索以高质量发展为目标取向的地方政府竞争机制。譬如，改革创新政绩考核体系，建立和落实政策终身责任制，更加注重干部任期对于地方经济可持续发展的长期影响。又如，提升地方政府治理水平，斟酌选择和合理搭配财政政策、货币政策和金融政策的宏观调控手段，使价值分配、货币供求、信贷杠杆在国民经济运行中达到最佳的协同效果。

二是在中观层面，以精准的产业政策引导经济分化中的资源再配置，加速经济结构转换。实际上，经济分化是在市场"无形之手"作用下，经济增速高位下行后的必然结果。只有加速推进经济分化进程，才能进一步深化供给侧结构性改革，最大限度地降低改革成本，进而重塑经济高质量发展的新动能。一方面，针对不同衰退产业进行分类调整，提高资源要素再配置和转移效率。比如，针对距离买方市场较近的产业，则可以推广大规模定制解决传统生产方式中产品多样化与成本约束之间的矛盾，从而增加优质供给。另一方面，加快推进高新技术产业化，促进科研成果转化为现实生产力。由于高新技术产业具有高风险高收益的特点，为了破除其产业化发展中投资不足的"瓶颈"，可以考虑将重点放在多层次资本市场的完善上,积极拓宽投融资渠道。此外,不论是衰退产业调整还是高新技术产业培育,都要重视产业集群效应。国际经验表明,产业地理集中能够促进高新技术产业达到规模经济"门槛"并延长产业生命周期。

三是在微观层面,利用竞争性政策破除行政垄断,使企业能够通过产品结构调整来获取社会平均投资回报率。中国巨大的内需市场,是虹吸全球创新要素的优势所在。但目前这一优势并未得到充分利用,其中的关键原因就在于行政垄断阻碍了国内统一市场的形成,从而处于市场分割下的企业难以获取平均投资回报率。譬如,近 5 年金融业平均净资产收益率达到 12%,而同期的制造业平均净资产收益率不到 9%,这种收益率上的差异直接来源于金融垄断对制造企业利润空间的挤压(刘志彪、凌永辉,2018)。因此,确立和强化反垄断法的经济宪法地位,使之能对行政垄断行为及其行政主体进行直接有效的管辖,对于当下建设法治营商环境而言具有战略意义。建议尽快地全面推进负面清单管理,同时研究与之适应的各项配套措施和监管机制,使包括民营企业、外资企业等在内的各类市场主体能在相对公平的市场环境下,依靠产品差别化、产品质量竞争获取投资回报率,防止国民经济"脱实向虚"。

参考文献

[1] 陈强:《高级计量经济学及 Stata 应用(第 2 版)》,高等教育出版社 2014 年版。

[2] 戴觅、茅锐:"产业异质性、产业结构与中国省际经济收敛",《管理世界》2015 年第 6 期。

[3] 黄虹、许祺:"人口流动、产业结构转变对上海市绿色 GDP 的影响研究",《中国软科学》2017 年第 4 期。

[4] 韩永辉、黄亮雄、邹建华:"中国经济结构性减速时代的来临",《统计研究》2016 年第 5 期。

[5] 李尚骜、龚六堂:"非一致性偏好、内生偏好结构与经济结构变迁",《经济研究》2012 年第 7 期。

［6］厉以宁：《非均衡的中国经济》，中国大百科全书出版社 2015 年版。

［7］刘世锦："正确理解'新型工业化'"，《中国工业经济》2005 年第 11 期。

［8］刘志彪："中国语境下供给侧结构改革：核心问题和重点任务"，《东南学术》2016 年第 4 期。

［9］刘志彪、凌永辉："对商业银行反垄断有利于金融更好地服务实体经济——基于十九大报告关于'加快完善社会主义市场经济体制'的思考"，《南京审计大学学报》2018 年第 1 期。

［10］刘志彪："为高质量发展而竞争：地方政府竞争问题的新解析"，《河海大学学报（哲学社会科学版）》2018 年第 2 期。

［11］Acemoglu, D. 2008, *Introduction to Modern Economic Growth*. New Jersey: Princeton University Press.

［12］Acemoglu, D., and V. Guerrieri. 2008, Capital Deepening and Nonbalanced Economic Growth. *Journal of Political Economy*, 116 (3): 467 – 498.

［13］Arellano, M., and S. Bond. 1991, Some Tests of Specification for Panel Data: Monte Carlo Evidence and an Application to Employment Equations. *Review of Economic Studies*, 58 (2): 277 – 297.

［14］Echevarria, C. 1997, Changes in Sectoral Composition Associated with Economic Growth. *International Economic Review*, 38 (2): 431 – 452.

［15］Solow, R. M. 2005, Reflections on Growth Theory. Aghion, P., and S. Durlauf. *Handbook of Economic Growth*. Amsterdam: Elsevier.

第二篇

建设创新引领、协同发展的产业体系

科技创新与实体经济发展*

中国历经了40年的快速经济增长后,当前面临"未富先老"的人口结构危机、低端产业产能过剩、环境与资源紧约束等危机,依赖廉价资源优势进行粗放式增长的发展模式难以为继,经济增长急需切换为以研发创新和原创性技术进步为驱动力的增长引擎。党的十九大报告指出,创新是引领发展的第一动力,是建设现代化经济体系的战略支撑,应持续深化科技体制改革,建立以企业为主体、市场为导向、产学研深度融合的技术创新体系,加强对中小企业创新的支持,促进科技成果转化。科技创新作为提高社会生产力和综合国力的战略支撑,必须摆在国家发展全局的核心位置。

在这一时代背景下,我们注意到:一方面,中国企业的创新投入正在逐年增加——《2016年全国科技经费投入统计公报》显示,全国各类企业研发经费支出12144亿元,比上年增长11.6%,较上年提高3.4

---

* 本文作者龙小宁,厦门大学经济学院、厦门大学王亚南经济研究院。本文发表在《中国经济问题》2018年第6期。本文受国家自然科学基金面上项目"产业政策的微观基础和我国产业结构转型研究:基于产品空间理论的考察"(项目号:71273217)、国家自然科学基金应急管理项目"中国应对'双反'调查的策略研究与政策建议"(项目号:71741001)、中央高校基本科研业务费专项资金项目"大数据时代知识产权与创新发展研究"(项目号:2072015100)以及马克思主义理论研究和建设工程重大项目"中国特色社会主义政治经济学研究"(项目号:2015MZD006)的资助。

个百分点；企业对全社会研发经费增长的贡献为83.8%，比上年提升12.7个百分点，创新主体地位逐渐凸显；但另一方面，大量企业仍然徘徊于低水平创新，创新产出仍以"策略性微创新"的实用新型与外观设计或应用层级的技术开发为主，缺乏前沿与基础研究，在战略关键领域尚未掌握核心技术。

"中兴禁售案"敲响了这一症结的警钟：2018年4月，美国商务部宣布，中国电信设备商中兴通讯未履行和解协定中的部分协议（向伊朗出口设备、文书造假等）将在未来7年内被禁止向美国企业购买元器件。尽管中兴通讯早已跻身全球500强企业的行列、在国内市场处于领先寡头地位，但其日常生产活动中大量使用的硬件设备、零配件、层操作系统、应用程序等却高度依赖谷歌、高通、德州仪器等美国科技企业的供应。作为中国研发实力最强的企业之一，中兴通讯尚且面临如此困境，其余的中国企业在今后将要面临的重重挑战可想而知。尽管后来以中国在贸易和技术领域作出让步为条件，"中兴禁售案"得以缓解，逃避了灭顶之灾，但是也对实现"中国制造2025"的目标造成巨大冲击。

这说明，如果企业无法形成自主创新力，尽管国际分工在短期来看可能是"经济"的解决方案，但长期中却可能会因在高端技术领域缺乏竞争力而影响经济增长的速度和质量，甚至在国家利益发生冲突时处处受制于发达国家。这意味着，中国当前及未来如何激励企业研发创新，如何通过"制度投入"（财税政策与知识产权保护）、"公共知识投入"（基础研究）、"资金投入"（金融体系支持）等举措消除企业创新过程与相关规制中的外部性、公共品、垄断、信息不对称等市场失灵问题，已成为中国能否克服短期技术困境、破解外国攻击、促进经济长期增长的关键因素。

李克强总理在2017年《政府工作报告》中明确提出，实体经济从来都是我国发展的根基，当务之急是加快转型升级，并将"以创新引领实体经济转型升级"列为九大重点工作任务之一。本文从以下几个角度论述科技创新与实体经济发展的关系：实体经济发展的根本途径为何是转型升级，科技创新过程中遇到哪些挑战，以及如何促进科技创新与实体经济发展？

一、新时代下实体经济发展的根本路径是转型升级

要讨论科技创新与实体经济发展之间的关系，首先要厘清实体经济的概念。刘志彪教授关于实体经济概念的论述最有助于本章的讨论，有必要在此做简要介绍（2015）。他将实体经济与虚拟经济对照起来分析，指出虚拟经济的概念是直接以钱生钱的活动；相应地，那些在直接创造社会财富基础上产生的增值活动则是实体经济。可见，这里实体经济的概念不同于常见的"实物"观或者"部门"观，因为区分实体经济与虚拟经济既不是以是否进行物质资料的生产经营活动为标准，也不是按照生产对应的部门来区分；而是看货币资本的增值性活动是否以商品和服务作为媒介，并且最终是否创造新的财富。因此，物流、金融等非制造业部门中能够进一步提高商品和服务使用价值的活动，也是实体经济的重要组成部分；而制造业或农业这些传统部门中那些单纯以资产增值为目的，只对财富实现再分配的活动，则属于虚拟经济，例如对某些农产品的价格炒作。房产业的分类是这种概念如何应用的典型例子，其中建筑房地产商品和提供物业管理的活动，以提供商品和服务的使用价值为目的，为社会创造的新的财富，在上述定义下属于实体经济；而单纯的房地产倒卖则以博取房价上涨的收益为目的，仅仅对财富进行了再分配，并没有创造新的社会价值，所以属于虚拟经济。

实体经济与虚拟经济的区分之所以重要，首先是为了明确实体经济发展在我国经济发展中的决定性作用。实体经济作为直接创造价值的主力，当之无愧是所有经济体发展的根本动力。"以钱生钱"式的虚拟经济如果过度发展，不但将扭曲生产要素的合理配置，对实体经济发展造成"抽血式"的伤害，还将因为价格扭曲产生各种泡沫经济，从而蕴含着极大的经济社会风险。因此振兴作为发展根基的实体经济，事关我

国经济社会发展全局。

实体经济与虚拟经济的区分之所以重要,还与创新活动的重要性有密切联系。实体经济发展必然为社会创造新的财富,因而与之相关的创新活动会直接帮助社会财富的更多增长;虚拟经济以社会财富的分配与再分配为目的,因此与之相关的创新活动只会直接影响社会财富的分配而非增长。当然,虚拟经济中的创新也可能通过改变实体经济活动对应的财富分配来提供不同的激励,从而影响这些活动的水平,进而影响社会财富的创造;但这种影响毕竟是间接的,一定要通过实体经济活动来起作用。换言之,如果虚拟经济中的创新不能对实体经济活动产生促进作用,那么这种创新便不能对社会财富的创造产生正的影响。可见,实体经济中的创新活动更为重要。

新时代下实体经济发展的根本路径是转型升级。过去几十年的发展模式帮助我国经济比较快速地提高了工业化和城市化水平,但在人口结构、资源环境、技术水平、海内外市场等内外部条件发生变化的新时代背景下,这种以高投入、高消耗、高污染、低产出、低质量、低效益为特征的发展模式,需要转变为低投入、低消耗、低污染、高产出、高质量、高效益的发展模式,也即从粗放型、外延式的经济增长转化为集约型、内涵式的经济增长。这就要求我国经济从低附加值生产转向高附加值生产。换言之,需要实现我国经济发展的转型升级。

实现经济发展的转型升级,关键在于生产过程要从低附加值生产转向高附加值生产,而不是针对产业的类型而言。厘清这一点,有利于克服以下常见的误区:首先,一种观点认为转型升级就意味着淘汰传统产业,转而发展新兴产业,因而一哄而上追逐所谓的新兴产业,而将传统产业甚至传统优势产业冠之为夕阳产业。虽然发展新兴产业是产业结构转型升级的重要途径,但不是唯一途径。传统产业仍然可以通过内部的研发创新实现质量和产品升级,从而为现代化经济体系的发展提供新动力。第二种常见的观点认为,转型升级意味着需要降低制造业比重提供服务业比重,主要因为与服务业相比,制造业所需能源消耗较高,随之产生的污染水平也较高。这种由产业特征决定的能耗与污染等特点当然毋庸置疑，但不能因噎废食，据此退出对国民经济有重要支撑作用的制造业。正确的做法应该是在制造业内部开发和使用先进技术，在提高生产效率的同时，降低能耗与污染排放。

在上面两种观点的基础上，又很容易产生第三种有误区的观点，也即认为转型升级必须依赖于政府行政法规的指导以及资金、政策支持，特别是依靠产业政策的实施来推进。在这种观点的影响下，一些地方为了实现产业结构转型升级，不顾本地客观条件盲目追求新兴产业的快速建立和增长，可能导致新一轮的产能过剩，反而拖累经济的健康转型升级。或者搞"一刀切"，要求区域内所有城市第三产业增加值达到一定比例，甚至超过第二产业增加值。这显然与不同城市不同的资源禀赋及发展优势相违背，是不尽合理的经济规划。虽然第三产业增加值超过第二产业增加值是产业结构转型升级的重要表现，但它并不是决定性的标准，更不是对所有区域、所有城市的统一要求。例如，教育、医疗、批发等可贸易性服务业具有明显的规模效应，因而特大城市更适合于发展第三产业；而中小型城市则因为土地和劳动力价格较低的优势，更适合发展制造业。

事实上，产业结构转型升级中的"转型"，其核心是转变经济增长的驱动力"类型"，即从高投入、高消耗、高污染、低产出、低质量、低效益增长转变为低投入、低消耗、低污染、高产出、高质量、高效益增长，把粗放型增长转为集约型增长，而不是单纯地转行业。转行业与转型之间没有必然联系，转了行业未必就能转型，反之转型也未必要转行业。产业结构转型升级中的"升级"，既包括产业之间的升级，如在整个产业结构中由第一产业占优势比重逐级向第二、第三产业占优势比重演进；也包括产业内的升级，即某一产业内部的加工和再加工程度逐步向纵深化发展，实现技术集约化，并不断提高生产效率。只有正确理解产业结构转型升级的这些内涵，才能在实践中避免出现偏差。

根据新时代经济发展的要求，真正意义上全方位的转型升级，既包括产业间的结构调整与变化，其实更包括产业内的转型升级。而对比产业间的结构变化，更重要、更本质的转型升级是产业内的质量提高、产品升级与技术创新。无论是纵观我国经济改革的历程，还是比较世界各制造强国的经济发展，产业间的升级无不伴随着产业内生产效率、产品质量等的提高。虽然一些新兴技术的出现，使得纺织、煤炭、钢铁等传统制造行业内的竞争越来越激烈，但德国、日本、瑞士等国仍保持其在精密机床等高端制造业中的传统优势，且因其掌握的核心技术在竞争中处于不败之地。认识到这一点才能真正发扬工匠精神的重要性，才能真正培养和弘扬工匠精神，包括对认真、负责、敬业、一丝不苟等所谓传统精神的继承和弘扬，真正持续推进大众创业、万众创新。

总结起来，经济增长的根本源泉是社会财富的不断创造，实体经济发展是一国经济增长的长期动力，实体经济中的创新活动是经济增长的永动机，有效创新的具体表现则是实体经济的成功转型升级。而成功的转型升级，既可以体现在不同产业种类之间的结构调整，也可以体现在产业内部。为了有效实现这种真正意义上全方位的转型升级，不能只依靠政府的推动，在很多领域甚至不应该由政府主导，而需要以市场为导向，在此基础上由政府通过制度建设和政策激励来引导企业进行自主选择。

二、科技创新的含义及科技创新过程中的挑战

实体经济发展的根本路径是转型升级，而转型升级必须依赖科技创新。讨论科技创新要先了解什么是创新。创新是指任何能够帮助满足更高要求或潜在需求的新主意、新设备或新方法，因此创新既可以表现为新技术、新产品、新工艺，也可以表现为新的生产组织和管理方式，或新的市场营销和经营模式。科技创新则包括上面内容中的新技术、新产品、新工艺，以及用于新产品和新服务提供的新的生产方式和经营管理模式，具体可以分为三种：知识创新、技术创新和现代科技引领的管理

创新。其中知识创新是原创性的科学研究，是指提出新观点（包括新概念、新思想、新理论、新方法、新发现和新假设）的科学研究活动；技术创新是指生产技术的创新，包括开发新技术或者利用已有技术进行应用创新；管理创新则是指组织形成创造性思想并将其转换为有用的产品、服务或作业方法的过程，通常表现为企业把新的管理要素（如新的管理方法、新的管理手段、新的管理模式等）或要素组合引入企业管理系统，以更有效地实现组织目标的活动。

可见，有些创新活动并不直接参与实体经济运行中产品或服务的提供，例如发生在金融、房产等领域以价格波动中谋取资产升值为唯一目标的各种金融创新活动，因为不直接创造新的社会财富，是应该归于虚拟经济的创新活动。科技创新不包括这部分虚拟经济对应的创新活动，以及与之相关的管理创新。诚然，金融创新（包括相应的管理创新）以及宏观管理层次的创新，如制度创新，都可以通过影响创新主体的激励机制来间接影响科技创新的水平和质量，但对长期经济增长起决定性推动作用的归根结底是科技创新，正如一国经济的健康增长最终取决于其实体经济的发展水平，因为只有实体经济是直接创造价值的经济活动。

与其他投资活动相比，创新活动需要的投资更多、周期更长，涉及的风险更大，因此对营商环境有较高的要求，而其中以科技创新的要求尤为突出。科技创新需要以实体经济的发展为基础，而实体经济涉及新价值和新财富的创造，所需时间更长，因此相较其他种类的创新，如金融创新，科技创新的开展与实现涉及更长的周期。同时，科技创新的成功是以社会新财富的创造为标准，而大量的创新行为并不能提高生产率、增加社会价值，这些失败的创新行为是创新者所必须面对的成本与风险。比较之下，作为虚拟经济活动的金融创新以财富的转移为直接目标，因此即使不产生新的价值和财富，也总有某些参与者从中得益，成为金融创新的受益者和拥趸，从而不断为此类创新提供新的动力。但这些创新必须在短期内实现其对财富的再分配，所以这类寻租式的金融创新反而以短周期为其生存条件,这与科技创新完全不同。诚然,金融活动中有一部分通过为实体经济提供所需的资金,参与使用价值的生产与增值,故而是属于实体经济的,其对应的创新活动则不应该属于虚拟经济活动的金融创新。

因此,作为实体经济长期发展动力的科技创新与作为虚拟经济活动的金融创新对营商环境有截然相反的要求。科技创新需要公平、透明、稳定、可预期的营商环境,从而可以获取长期投资的回报;而虚拟经济中的金融创新则以短期内的资产快速升值为目的,关注的是可以随时攫取的获利机会,且这种机会出现的频率往往可能与营商环境变化的速度正相关。由此可见,公平、透明、可预期、长期稳定的营商环境是科技创新得以推进的必备条件。这一点与实体经济的发展要求相一致,但却不是虚拟经济活动的重要前提条件。

科技创新活动首先需要得到"公共知识投入",也即基础研究的支持。基础研究是在没有任何特定商业应用的情况下获取新知识的研究活动,具有明显的公共品特征:一方面,基础研究产生的新知识和新技术一旦公布,发现者既难以阻止其他人使用、也无法从他人后续利用相关知识技术开发得到的创新产出中获利,也即非排他性;另一方面,人们对基础研究成果的运用并不因使用人数的增加而受到影响,也即非竞争性。Stiglitz(2014)指出,技术进步的速度不仅取决于研发投资的数量,还取决于研究者能够无偿或以较低成本使用的"公共品"信息数量。因此,推动科技创新活动需要解决公共品供给的问题,可能需要政府的干预。

此外,科技创新活动还具有公共物品的特征,存在较强的正外部性,因此私人供给往往不足,可能需要政府通过补贴等手段进行干预以提高供给。研发创新活动的正外部性具体表现为——企业在创新活动中投入一定的资源,但是由于创新过程产生的新知识新技术可能会被其他企业利用,从而企业研发创新活动产生的社会收益要高于其产生的私人收益。如果企业不能完全收获创新收益,企业的创新激励将受到抑制,导致创新的社会投入不足，影响经济的长期增长。创新的正外部性使得创新的私人收益低于创新的社会收益，从而企业的创新激励不足以促使其选择社会最佳创新投入水平。为解决这一问题，政府往往通过为企业提供针对创新的补贴、税收优惠和减免等财税政策来弥补这一市场失灵现象。而作为虚拟经济活动的金融创新则不存在这些问题，因为不会产生正的外部性。

科技创新活动还需要得到资金尤其是外部资金的投入，因此，科技创新需要金融体系的支持。大量研究表明，多数科技创新活动受到融资约束，而此约束的减缓对于激励企业创新具有非常重要的作用。由于金融市场中普遍存在信息不对称问题以及创新投资的特殊性，使得科技创新融资比一般项目的成本更高（Hall 和 Lerner，2010），原因在于科技创新活动中存在尤其严重的信息不对称问题。具体而言，因为创新活动具有内在的不确定性，加之科技活动的复杂性，使得创新者对创新活动的了解程度远远超出外界的可能投资者，也即需要资金投入的创新者和资金的可能提供者之间掌握的相关信息存在巨大的数量差别。换言之，科技创新的投资过程中存在严重的信息不对称问题，往往导致市场失灵，从而阻碍了创新活动的开展。

三、如何推动科技创新与实体经济发展

实体经济的转型升级，势必要依靠科技创新，而不能依靠单纯的模式创新或金融创新。具体说来，科技创新可以直接影响产品和服务的生产和提供等实体经济活动的生产效率，让相同的生产资料投入对应更高的产出量，因此是决定总供给的决定性因素。对照起来，商业模式的创新可以理解为有效整合市场需求的新方法和新手段，因而可以帮助满足更多的潜在需求，帮助达到更高水平的市场均衡；而金融创新则是通过提供新的金融产品和金融服务来帮助有效匹配市场供给与市场需求的关键渠道，具体表现为通过更高效地甄别、监督投资项目以及整合投资风

险来为资金的需求方和供给方牵线搭桥。

在生产函数的讨论框架中,科技创新的作用是推高生产可能性曲线;而单纯的模式创新和金融创新则是使经济运行从生产可能性曲线的内部提高到曲线之上。两者对于经济增长皆不可或缺,但科技创新不仅是实体经济发展的根本动力,也是金融创新、模式创新推动实体经济发展的基础和前提。因此下文着重讨论如何促进科技创新,同时因为科技创新与实体经济的发展要求有多种共性,包括对长期稳定营商环境和长期金融资源的需求等,本节的大部分讨论对实体经济的发展也具有指导意义。

如何提高科技创新的供给是各经济体均需解决的关键问题,首先需要明确科技创新面临的各种挑战,之后有的放矢地谋划策略。上一节中阐述了科技创新活动的几个特点:长周期、高风险、正外部性、公共物品属性,以及信息不对称性。此外,如果利用保护知识产权的方式来推动科技创新,还可能出现垄断行为。因此,促进科技创新需要解决好上诉几种挑战,其中包括各类典型的"市场失灵"问题。

(一) 简政放权,打造透明、公平、稳定、可预期的营商环境

针对其长周期、高风险的特性,科技创新活动特别需要透明、公平、稳定、可预期的营商环境,而高水平的产权、合同等法治保护的建立和改善是提供有利于创新的高质量营商环境的最优途径。这就要求真正实现政府职能的转变,通过简政放权,把市场机制能够有效调节的经济活动交还给市场,将政府职能转移到切实提供高水平的产权、合同保护制度,打造透明、公平、稳定、可预期的营商环境等方面。

我们研究发现,政府可以通过切实降低创新市场中介组织的准入壁垒,来增加科技创新中介组织的市场竞争度,从而提高当前的科技创新水平。具体说来,各省科技厅取消的行政审批项目比例促进了企业申请发明专利,也即起到了鼓励企业进行高质量创新的作用,并且这种促进效果对民营企业和受融资约束更多的企业更加显著。我们还发现科技厅

取消的行政审批项目是通过降低专利代理人和代理机构的准入"门槛"从而降低了专利申请成本,进一步激励了企业创新(龙小宁和林菡馨,2018)。

(二)提供适当水平的知识产权保护

对促进科技创新活动特别重要的制度安排是知识产权保护。简单地说,知识产权保护是通过给予创新者一定时期内在新产品生产和销售上的垄断权而帮助他们回收创新费用并获得投资收益的一套制度,目的是为了鼓励创新,所授予的垄断权即为知识产权,包括专利、版权和商标等,分别为相应的技术发明、艺术创作和产品商誉提供产权保护。上文讨论过因为知识产品属于知识和信息的范畴,具有公共品的特征:一来知识产品可以同时为众多的用户使用,也即有公用性;二来知识产品一旦公之于众,它的创作者便无法阻止他人使用该产品,也即不具排他性。这些特征决定了知识产品的生产者通常不能像其他产品的生产者一样通过销售产品取得收益。但创新行为经常要花费高昂的时间、人力和物力成本,如果创新成果不能带来相应的经济收益,那么创新者就会失去动力,创新的源泉将会枯竭。

因此,世界各国都通过专利、版权和商标等法律对技术发明等知识产品进行保护。这些法律授予知识产品生产者在一定期限内的知识产权,或者说对相应知识产品的独占权,而这种独占权可以帮助创新者回收创新成本并获取经济收益。创新者既可以通过独家生产和销售相应知识产品获得垄断利润,也可以通过出售知识产权的使用权来获取知识产权的使用费,还可以通过出售知识产权来获得知识产权的转让费。这些权利以及其他衍生权利包括质押权、抵押权等,为创新者提供了有效的激励机制,使知识产权保护成为现代经济体中促进创新的主要手段。早期的相关经济理论模型也推断更强的专利保护会带来创新速度的提高(Gilbert 和 Shapir,1990;Kamien 和 Schwartz,1974;Klemperer,1990;Waterson,1990)。

但另一方面，知识产权保护在激励创新的同时，也带来了垄断的各种弊端，包括降低消费者利益以及阻碍未来创新等。从静态的角度讲，垄断生产者出于利润最大化的考虑，会减少产量，并在远高于生产成本的价格水平销售产品，使得大量合理的市场需求得不到满足①，从而造成社会福利水平的降低（Nordhaus，1969）。从动态的角度讲，未来的创新需要在现有创新的基础上进行，而知识产权保护可能因为多种原因而阻碍未来的创新（Scotchmer，1991；Bessen 和 Maskin，2009）：首先，现有创新的所有者收取使用费，增加了未来创新的成本；其次，现有创新的独占人为了维护垄断利益，可能禁止他人使用现有创新成果，从而减少未来的创新。此外，因为知识产权的界定范围不清，现有创新的独占人还可能利用专利丛林等方式来保护自己的垄断权益，从而更增大了对未来创新的负面影响（Shapiro，2003；Hall 和 Ziedonis，2001）。②因此，一国需要根据其经济发展水平、创新能力等具体条件来决定适合其需求的知识产权保护水平并制定相关法律法规，不同产业也可能需要对应不同的保护水平。

研究表明，相对于经济发展阶段和创新能力，我国目前的知识产权保护水平仍有较大的提高空间。具体表现为，多种与提高知识产权保护水平有关的地方政策试验都起到了显著的促进创新的作用。福建省德化县 2004 年实施的版权当地免费登记制度显著提高了当地陶瓷企业的绩效和创新水平，特别是对版权保护依赖程度高的工艺陶瓷企业（王俊和龙小宁，2016）。2012 年在全国 20 个地级市实施的专利执行保险试点，则显著提高了试点地区企业的专利诉讼、专利价值以及创新水平（龙小宁和林菡馨，2018）。龙小宁、易巍和林志帆（2018）的工作论文进一步提供了如下经验证据：更高的知识产权保护水平能够让当地上市公司

---

① 这里的合理市场需求对应的是价格高于边际生产成本的需求量。
② 专利丛林现象是指"相互交织在一起的知识产权组成绸密网络，一个公司必须披荆斩棘穿过这个网络才能把新技术商业化"。这种穿越丛林才能实现商业化的困难，产生了专利使用不足问题，从而导致社会资源的浪费。

的授权专利为企业带来更多的市值提高，进而促进企业的创新水平。

（三）提高创新激励政策的普惠程度

除了通过改善产权保护等制度环境之外，政府还可以通过各种普惠程度不同的政策激励来促进企业创新。根据普惠程度从大到小，政府可以对所有创新活动进行财政补贴或提供税收优惠，或针对某些特定的产业实施创新税收优惠或补贴政策。在选择政策的普惠程度的时候，不仅要考虑所涉及的创新活动基础性和外部性如何，还要考虑寻租行为发生的可能性有多大。可以遵循以下几个普遍的原则：首先，越是基础性的研究，可能的正外部性越大，因此越有理由进行普惠性的税收优惠或补贴；其次，越是容易产生寻租行为的条件下，越适合采用普惠性的激励政策。

我们的前期研究针对我国地方政府的专利激励政策进行定量评估，研究发现（龙小宁和王俊，2015），我国各地政府推行的专利激励政策在增加专利申请量和授权量的同时，也造成专利平均质量的下降。换言之，财税优惠等政策措施产生了一些预料之外的负面效果，可能会造成治标不治本的结果。可见，针对申请企业适用的税收优惠或财政补贴，虽然具有短期实施成本低、政策见效快的优势，但却可能产生一些预料之外的负面效果，包括创新行为中的信息不对称导致的质量下降以及寻租导致的腐败和资源浪费等行为。

比较之下，"专利盒"等税收制度，适用于所有的研发创新投入，是具有普惠性特征的税收激励政策，可以避免引发腐败、寻租等行为及负面影响；但其普惠性意味着需要对税收制度进行较大幅度的调整和修改，短期实施成本较高，可能影响政策的快速见效。因此，我国新时代经济发展的百年大计提出了认真探索"专利盒"（Patent Box）政策可行性的要求。"专利盒"政策是面向专利等知识产权的税收激励政策，通过在应税收入中减免企业从知识产权或包含知识产权的产品中取得的收入，以吸引企业在本国开展研发和知识产权商业化活动。我国的"专利盒"政策目前仍处于探索时期,鉴于创新活动在应对贸易纠纷中的重要性,应当加快探索和实施"专利盒"政策。

首先,应该借鉴英、法等国的经验,结合中国国情,对在我国实施"专利盒"政策的利弊进行分析。英国、法国、荷兰等西方国家的"专利盒"政策较为成熟,一方面,"专利盒"政策能够激励企业将知识产权商业化,阻止创新型企业知识产权流向国外,保持本国在知识产权方面的竞争力;另一方面,"专利盒"政策可能造成短期财政收入的减少,增加税收体系的复杂性,甚至引发国际税收竞争。因此,应当权衡"专利盒"政策的利弊,谨慎作出决策。其次,在推行"专利盒"政策时应综合考虑多方面因素,使其发挥最大的效用。"专利盒"政策实际是对企业知识产权的税收优惠,需要综合考虑各方面因素,如税率和税基的设定、涵盖的知识产权范围(如是否包含商标和著作权)等,以平衡知识产权收入和税收损失规避可能造成的国际税收竞争。最后,应强化"专利盒"政策方向引导,激励企业研发和创新。政府应强化"专利盒"政策的方向引导,如对专利技术研发所在地、技术来源作出一定限制,激励企业提高盈利水平、增加创新投资,避免企业通过"收购—持有—出售"的模式进行商业运作。

(四) 推动金融创新,解决科技创新融资问题

科技创新还需要解决较高的资金投入要求,但却因信息不对称而面临融资难的问题。我国目前面临的挑战是,金融业不能提供有效的甄别与监控服务,其对应的金融创新也无法提供以科技创新为基础的相应的金融产品,从而不能保证科技创新所需的资金投入。因此,有效推动科技创新还需要配以金融改革的加快与金融业的健康发展。

目前我国经济发展中遇到的困难和挑战,突出表现为两点:首先,实体经济结构失调,一些实体经济部门投入不足,而另一些实体经济部门产能过剩;其次,在实体经济总体增长乏力的同时,虚拟经济出现过热倾向。原因在于本应为实体经济提供物流、金融服务等的生产服务性

行业，逐渐背离了其社会财富创造的作用，而更多地投身于财富再分配的事业中。而更深层次的根源则在于，随着我国经济的发展和居民财富的积累，对资产的投资需求迅猛增长，但相应的投资品尤其是优质投资品的供给却持续缺乏。在这种情况下，供求均衡的要求导致投资品价格的快速持续上涨，从而令财富分配变化所带来的收益在很长时间中远远超出财富创造所带来的收益。

我国经济"脱实向虚"的解决办法应该包括多种政策组合，但其中应该包括金融领域的相关改革：通过实体经济中的科技创新产生更多优质投资机会和投资项目，在金融创新的帮助下供给更多以实体经济增长为基础和保障的优质资产，从而恢复金融业配置金融资源、服务实体经济的本源角色。这样的结果，一方面可以降低资产价格，减少虚拟经济对金融资源的抢占；同时可以降低利率，减低实体经济的运营成本，帮助促进科技创新。

（五）促进基础研究及成果转化的具体建议与讨论

上文讨论了科技创新活动面临的一般性挑战以及可能的解决办法，下面针对两种主要类型的科技创新活动，讨论开展基础研究等知识创新行为以及成果转化等技术创新行为过程中分别遇到哪些具体困难，并探讨如何解决这些困难以推动科技创新活动。

1. 如何鼓励基础研究与创新？在基础研究领域，科研创新活动的公共物品特性表现得尤为突出。基础研究的成果通常是新知识、新观点，以教材、专著、学术论文发表等形式呈现。一方面，基础研究成果的价值巨大，且有广泛传播和影响的潜力，对应用类创新和经济增长有显著的外溢性。Boudreau 和 Lakhani（2015）使用理论分析和实验经济学证据说明，学术研究、专利制度、开源技术等涉及中间过程的"技术公开"方式有助于后续研发创新的开展。而另一方面，基础研究周期比其他研究更长，更不容易体现每个科学家的价值，使得基础研究成果的创造者更难凭借这些成果获得相应的报酬或经济收益。因此，基础研究具有典型的公共物品特征，市场条件下的私人供给很可能不足，属于政府应该重点资助的领域。

同时，基础研究工作涉及的范围广，通常无法预见新知识、新领域的前景与方向，特别是真正意义上的创新研究往往更是在出人意料的领域出现，导致事前预测创新项目成功率的遴选机制难以建立。加之歧视性优惠政策还会导致创新者的寻租行为，也即将稀缺的人才和时间资源用于影响遴选机制的结果，而不是投入到真正意义的创新活动上。因此，针对基础研究的政府投入应该适用普惠原则，提高资助范围，同时适度减少人才项目，降低对人才项目的资助力度。

总结起来，一是需要增加各级政府对基础研究的支持力度和投入，特别是要完善对高校、科研机构、科研人员的长期稳定支持机制；二是需要大力推进普惠制财政补贴的实施，减少人才项目及申报成本，以降低人才评选带来的寻租成本；三是要继续深化科研项目和经费管理改革，落实科研人员的经费使用自主权，让科研经费能够真正服务科研创新活动。

2. 如何推动基础创新的科技成果转化？与基础研究不同，创新成果的转化本应更容易给创新者或成果转化人带来直接的经济收益，因此并不需要政府的补贴或干预，但不同国家却都曾有过财政资助科研项目的成果转化率偏低的历史。为解决这一问题，美国在1980年通过了Bayh-Dole法案，取得了较明显的效果，显著提高了这些科研成果的转化率。法案见效的关键是针对财政资助科研项目所产生的专利等知识产权，赋予负责人其所有权。

自2000年起，我国政府相继颁布了一系列有关财政资助获得专利的所有权改革政策，由于该政策在具体实施细则上与美国的Bayh-Dole法案极为相似，学者们往往将其称为"中国版Bayh-Dole法案"（以下简称"中国版BD"）。我们通过实证研究来考察我国31所985高校的BD类政策对专利的申请量、授权量、续期率、引用量及转化合同金额的影响，并将其与非BD类政策（专利申请补贴、职称晋升激励、专利授权现金奖励等）进行比较分析（龙小宁和易巍，2018）。实证结果表明，中国版 BD 颁布之后，采取 BD 类政策的高校对应的专利申请量、授权量和续期率在长期得到了提高，引用量和转化合同金额实现了短期增长。可见，中国版 BD 通过授予高校发明人以部分专利所有权，在一定程度上为发明人提供了有效的创新激励。

但其激励作用仍然有提高的余地，渐进式改革使得中国版 BD 在提升高校专利数量和质量的作用上存在一定的滞后，而高校专利的国有资产性质在转化过程中也一再成为制度的藩篱。中国版 BD 颁布之初，高校的专利转化收益确实在短期内发生了显著提高，但随着专利转化案件数量与涉案金额的提高，权责争议以及利益纠纷日益显现。在现有的校领导负责制下，专利转化需要校领导签字同意后才能正式履行，容错机制的缺位导致校领导需要承担国有资产价值被低估的政治风险，这些顾虑使得不少转化项目被搁置。而在成果转化中企业、高校和发明人之间的利益纠纷也成了另一大障碍，一方面，企业在项目获得盈利后有动机不按照合同兑现收益分配，高校和发明人常常由于缺乏法律和商业方面的知识和经验而处于劣势的一方，无法争取到应得利益；另一方面，一些高校与发明人之间的利益分配也存在争议。据调研，目前发明人参与专利转化所获得的股权通常由高校资产经营公司代持，发明人并无自行转让或出售的权利（常旭华，2017）。

2016 年 2 月 26 日国务院发布了《实施〈促进科技成果转化法〉若干规定》，其中包括了旨在消除高校对于国有资产流失问题的顾虑、进一步强化高校的自主决策权的免责条款。具体要求建立科技成果转化重大事项领导班子集体决策制度，免除单位领导在科技成果定价中因后续价值变化产生的决策责任。因此，中国版 BD 有望在可预见的未来更有效地发挥激励高校科研人员创新的作用。

参考文献

[1] 常旭华："精细化管理视角下高校专利转移管理问题与国别借鉴研究"，《科学学与科学技术管理》2017 第 5 期。

[2] 刘志彪:"实体经济与虚拟经济互动关系的再思考",《学习与探索》2015 第 9 期。

[3] 龙小宁、林菡馨:"简政放权与企业创新",工作论文 2018 年。

[4] 龙小宁、林菡馨:"专利执行保险的创新激励效应",《中国工业经济》2018 第 3 期。

[5] 龙小宁、王俊:"中国专利激增的动因及其质量效应",《世界经济》2015 第 6 期。

[6] 龙小宁、易巍、林志帆:"知识产权保护的价值有多大?——来自中国上市公司专利数据的经验证据",工作论文 2018 年。

[7] 龙小宁、易巍:"中国版 Bayh – Dole Act 促进高校创新吗?",工作论文 2018 年。

[8] 王俊、龙小宁:"版权保护能够提升企业绩效吗——来自德化陶瓷企业的证据",《经济学动态》2016 第 6 期。

[9] Bessen J E, Maskin E. 2009, Sequential Innovation, Patents, and Imitation. *Rand Journal of Economics*, 40 (4): 611 – 635.

[10] Boudreau K J, Lakhani K R. 2015, 'Open' Disclosure of Innovations, Incentives and Follow – on Reuse: Theory on Processes of Cumulative Innovation and a Field Experiment in Computational Biology. *Research Policy*, 44 (1): 4 – 19.

[11] Gilbert R, Shapiro C. 1990, Optimal Patent Length and Breadth. *Rand Journal of Economics*, 21 (1): 106 – 112.

[12] Hall B H, Lerner J. 2010, The Financing of R&D and Innovation. *Handbook of the Economics of Innovation*. North – Holland, 1: 609 – 639.

[13] Hall B H, Ziedonis R H. 2001, The Patent Paradox Revisited: An Empirical Study of Patenting in the U. S. Semiconductor Industry, 1979 – 1995. *Rand Journal of Economics*, 32 (1): 101 – 128.

[14] Kamien M I, Schwartz N L. 1974, Product Durability under Monopoly and Competition. *Econometrica*, 42 (2): 289 – 301.

[15] Klemperer P. 1990, How Broad Should the Scope of Patent Protection Be?. *Rand Journal of Economics*, 21 (1): 113 – 130.

[16] Nordhaus W D. 1969, An Economic Theory of Technological Change. *American*

Economic Review, 59 (2): 18 - 28.

[17] Scotchmer S. 1991, Standing on the Shoulders of Giants: Cumulative Research and the Patent Law. *Journal of Economic Perspectives*, 5 (1): 29 - 41.

[18] Shapiro C. 2003, Antitrust Limits to Patent Settlements. *Rand Journal of Economics*, 34 (2): 391 - 411.

[19] Stiglitz J E. 2014, Intellectual Property Rights, the Pool of Knowledge, and Innovation. Nber Working Papers.

[20] Waterson M. 1990, The Economics of Product Patents. *American Economic Review*, 80 (4): 860 - 869.

现代金融与实体经济发展*

建设实体经济、科技创新、现代金融、人力资源协同发展的产业体系，国民经济中的投入要素最终必须要落实在壮大实体经济上，注重实体经济与虚拟经济之间的均衡关系。对产业发展的结构进行纠偏，就是要想办法把资源重新引导和投入到实体经济中去。不仅要鼓励金融服务实体经济，而且要用现代金融机制支撑科技创新，用风险资本等直接融资机制支撑现代科技创新和经济增长。

改革开放40年来，我国已经初步建立了与社会主义市场经济相适应的现代金融体系，但由于转轨特征明显、传统计划思维短期难以改变，金融体系还存在调控偏松偏软、监管分割、市场机制不完善等与现代经济体系建设不相适应的问题，导致宏观杠杆率过高，金融资源过度向房地产、地方融资平台集中，资金在金融体系内部循环空转，经济金融之间存在显著失衡，潜在金融风险不断累积。要解决这些问题，必须紧紧抓住金融市场化改革这个"牛鼻子"，以增强金融服务实体经济能力为根本，以防范系统性金融风险为底线，以市场化改革为动力，从调控、监管、价格、机构、市场等多维角度，稳步推动形成调控灵活、监管有力、市场有效的现代金融体系，最终实现金融与经济的良性互动。

---

* 本文作者刘志彪，南京大学长江产业经济研究院；叶蓁，中国人民银行。

一、金融经济互促共生：现代化发展的必由之路

世界主要发达国家在其经济起步、腾飞阶段大多都借助了金融的力量。17世纪后期到18世纪初，工业革命之前的英国实际上经历了一场金融革命，包括成立英格兰银行、发行公债等等。经济学家约翰·希克斯曾经详细考察金融对工业革命的催化剂作用，指出工业革命早期使用的技术创新，大多数在工业革命之前早已有之，工业革命不是技术创新的结果，而是金融革命的结果。如果缺乏大规模资金特别是长期资金的支持，已经存在的技术发明便不能从作坊阶段走向诸如大规模工业生产阶段，"工业革命不得不等候金融革命"。可以说，英国工业革命始于科技，成于金融。19世纪末到20世纪初期，银行资本与工商业资本相互渗透，出现了金融资本，对资本加速积聚和生产集中起到了巨大的推动作用，在真正意义上创造了马克思说的资本主义生产"过渡到新的生产方式的形式"。19世纪40—50年代，由政府担保的铁路债券迅速增长，有力支持了美国铁路建设和西进运动。尤其是"二战"以后，美国主导建立布雷顿森林体系，美元取代英镑在国际货币体系的中心地位；同时依靠以华尔街为代表的资本市场的强劲支持，率先完成第二次、第三次产业革命，一跃成为世界头号强国。约翰·戈登在《伟大的博弈：华尔街金融帝国的崛起》中写道："200年前，美国是一个极不发达的国家，财政状况也极为恶劣。但是，随着美国经济的发展，华尔街开始与其一起成长，并且有力地推动了美国经济的发展。"

从我国的改革开放发展历程看，为配合整体经济体制改革的推进，国家开始启动金融市场化改革，厘清政府在金融领域的职能边界，建立中央银行—商业银行的双层银行体系，在此基础上进一步完善金融调控体系，建立健全金融监管体系，启动并稳步推进汇率和利率市场化改革，推动国有商业银行成功股改上市，发展建设多层次资本市场，推进金融对外开放，为我国经济社会发展提供了有力支撑。

从国内外的实践发展可以看出，金融活，则经济活；金融稳，则经济稳。通过持续不断的金融改革，发展金融体系，释放金融活力，实现金融经济互促共生，是一国经济社会现代化发展的必由之路，如果没有金融体系的支撑，经济社会要实现现代化也会举步维艰。当前，我国现代经济体系建设正处于跨越关口的特殊时期，要求更多发挥金融的作用，必须加快建立完善符合我国实际情况的现代化、市场化金融体系。正如邓小平同志所指出的，"金融很重要，是现代经济的核心。金融搞好了，一着棋活，全盘皆活"。同样，只有实体经济实现高质量发展，现代金融体系才能更加繁荣稳定，正所谓"农工商交易之路通，而龟贝金钱刀布之比兴焉"。

二、当前金融与实体经济发展存在明显失衡

金融体系具有明显的顺周期性，经济发展好时，金融服务实体经济的积极性和效率都比较高，但是在经济增速换挡、下行压力增大或是衰退阶段，金融服务实体经济的动力就有所减弱。同时，金融活动趋利性强，广泛运用杠杆放大收益，易受经济周期波动和社会预期快速变化等不确定性因素影响，具有较强的脆弱性，稍有不慎，潜在积累的风险就有可能暴露，甚至出现金融危机，对经济发展产生巨大冲击。

随着改革开放的不断深化，金融体系在逐步完善的同时，也存在调控偏松偏软、监管分割、市场机制不完善等与建设现代经济体系不相适应的问题，导致经济对货币刺激的依赖程度不断加深，宏观杠杆率过高，经济结构调整缓慢，金融资源过度向房地产、地方融资平台集中，金融创新脱离实体经济需要，资金在金融体系内部循环空转现象突出，整体上经济金融之间存在显著失衡，潜在金融风险不断累积。这一关系的失衡，在实践中往往表现为制造业"空洞化"，即金融发展过度而制造业逐步衰退。现阶段我国这个矛盾主要表现为实体经济不实，虚拟经济太虚，资金在金融体系内部运转，进不到实体经济，同时实体经济本

身产能过剩、杠杆太高、生产率低,不能创造出投资者满意的回报率,因而吸收不到足够的发展资源。

(一) 金融资源过度向房地产和地方融资平台集中

2008年全球金融危机期间,我国出台了4万亿元的一揽子计划。这一计划在短期应对金融危机冲击、维护经济金融稳定方面起到了积极作用,但同时也留下一些后遗症。一个突出表现是,在短期形成了巨量信贷资源和实际资产项目之间的巨大缺口,甚至出现银行追着企业放贷款的情况,随后这一缺口很快被大量房地产和基建领域项目所弥补。据统计,在资本市场发行过债券的融资平台的有息债务规模在20万亿元以上;房地产方面,2017年新增房地产贷款5.56万亿元,占各项贷款新增的四成,若加上信托等资管产品以及消费贷款,最终流入房地产的资金规模可能更大。

大量资金涌入房地产和融资平台,导致地方债务风险不断累积,房地产泡沫开始膨胀。据统计,截至2016年末我国地方政府性债务余额15.32万亿元,债务率为80.5%(债务余额/综合财力)。除此之外,地方政府还通过信贷及债券类融资、地方性基金和专项建设基金等"明股实债"形成了规模巨大的"影子债务"。有研究估计,地方政府隐性债务余额可能达到地方政府负有偿还责任债务的两倍多,总额可能超过30万亿元(见图1)。

同时,一些城市"地王"频现,房价高得离谱,泡沫越吹越大,居民杠杆率快速攀升,经济金融的运行越来越离不开房地产,中国经济金融被房地产"绑架"的言论甚嚣尘上。据全球最大的用户数据收集网络Numbeo网站调查数据显示,深圳以每平方米10.2万元居第5位,仅次于中国香港特区、伦敦、东京和新加坡,其房价收入比更是以40.98居全球第1位,较第2位中国香港高出6.25。地方政府融资平台和房地产领域的风险一旦集聚爆发,必然会迅速蔓延至金融领域,甚至引发金融危机,最终反噬实体经济发展(见表1)。

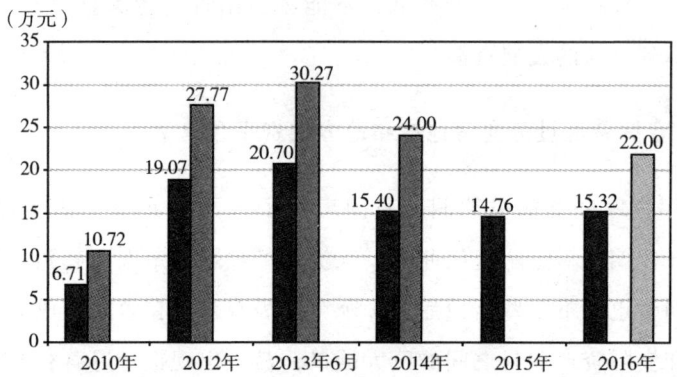

图 1　地方政府债务规模测算

资料来源：审计署审计报告、财政部。

注：三类债务分别是政府负有偿还责任的债务、政府负有担保责任的债务和政府可能承担一定救助责任的债务。

表 1　Numbeo 房价调查显示的全球主要城市房价情况（2016 年，人民币）

城市	核心区单价（元/平方米）	房价收入比
中国香港特区	153410	34.73
伦敦	142405	29.57
东京	123057	22.96
新加坡	118611	21.62
深圳	101815	40.98
纽约	95418	15.23
上海	83517	32.44
北京	73108	33.11
巴黎	69978	16.82
悉尼	64699	11.56
孟买	49508	36.76
广州	44221	24.97
厦门	40161	20.48
墨尔本	39580	7.53
洛杉矶	39395	7.14

续表

城市	核心区单价（元/平方米）	房价收入比
南京	34977	18.26
多伦多	33194	8.53
杭州	32146	14.31
苏州	27607	9.98
吉隆坡	17102	9.12

（二）资金在金融体系内循环、空转现象明显

自 2011 年开始，政策制定者开始注意到金融资源过度流向房地产和融资平台，为抑制房价过快上涨和地方债务风险，开始逐步收紧政策，对金融资源配置加以约束。但由于金融监管的分割和竞争，一些部门竞相放松监管，银行资金开始通过信托、证券、保险、基金及其子公司等通道，绕开监管，继续大量投向房地产和地方融资平台。与此同时，银行委托其他金融机构对外投资业务快速增长，大量小银行由于自身投资能力不足，倾向于通过委外业务的形式将资金委托给信托公司、证券公司、基金公司及其子公司、保险公司等金融机构进行投资。据统计，2012—2016 年，银行理财产品资金余额增长 309.2%，资金信托余额增长 149.9%，证券公司资产管理业务增长 237.4%，基金公司及基金子公司的资管业务规模增长 615.7%（见图2）。

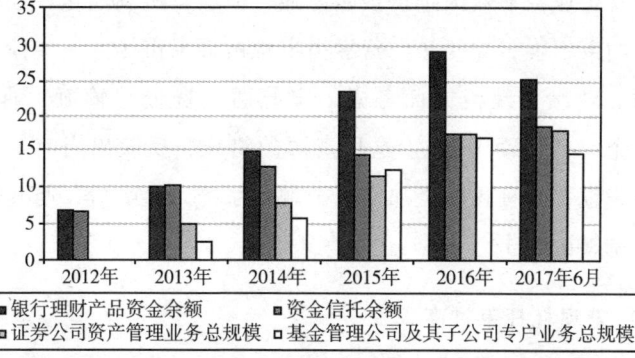

图 2　各类资产产品规模测算

资金在金融体系多层嵌套、长链条运转，各类表外理财业务、同业业务、交叉性金融业务快速扩张，导致金融体系资金期限错配严重，面临刚性兑付风险，同时也推高了社会融资成本，不利于支持实体经济发展。基金子公司、信托公司的通道费一般在0.03%—1%，券商的通道费则高达0.25%—0.35%。更有甚者，一些资金借助结构化产品，放大杠杆，强势收购上市公司或金融机构，加剧金融市场波动，导致产业空心化。

（三）小微企业融资难融资贵与"僵尸"企业占用金融资源问题长期顽固存在

与资金过度涌入房地产、融资平台，甚至在金融体系内部循环的局面相比，小微企业却面临着长期顽固存在的融资难、融资贵问题。由于我国金融体系过度依赖银行信贷间接融资，银行金融机构在配置金融资源时更多强调抵押物，热衷于"垒大户"，而对小微企业"供血不足"，这导致小微企业在获取金融支持方面明显处于弱势地位。一些小微企业为了金融资源的可获得性不得不忍受较高的利率，有时甚至需要借助非正规金融才能获得资金。据统计，小微企业从商业银行的贷款平均年利率在6%—7%，从小贷公司的贷款则高达30%以上。与此同时，一些产能过剩、效率低下的"僵尸"企业却依托政府信用，占用了大量金融资源，造成金融资源配置效率偏低。以钢铁行业为例，我国七成钢铁企业为国有企业，多数国企扩张能力强，但经营机制僵化，经营效益较差，预算约束不强，即便是经营亏损也难被逼退市场。一些债权人出于自身利益、业绩、政治方面考虑，宁愿通过资金"输血"保住企业，导致一些企业"僵而不死"。这种资源的错配，反映出当前金融体系的某种扭曲，也在某种程度上加剧了金融体系的风险敞口，使其更易受到经济周期调整的冲击。

（四）宏观杠杆率过高

过高的宏观杠杆率是一切金融潜在风险的源头，易导致宏观经济的不稳定和脆弱性。BIS 数据显示，2015 年 6 月底美国非金融部门总信贷/GDP 为 247.5%。与发达国家（美国、欧洲、日本等）相比，中国整体债务水平并不是特别高，但与新兴市场国家比，中国远远高于新兴市场平均债务水平。另外，在 IMF 的全球排名中，中国债务水平的增长是最快的。IMF 的数据显示，2007—2014 年，中国非金融部门（包括政府、企业、家庭部门）整体的债务水平占 GDP 的比重增长了 80.9 个百分点，远远超过 GDP 的增速（详见表2、表3）。

表 2　非金融部门信贷/GDP 的国际比较（2015 年 6 月 30 日，%）

	非金融部门	政府部门	家庭部门	非金融企业
中国	243.7	42.7	37.9	163.1
美国	247.5	97.8	79.1	70.6
日本	387.3	219.9	65.6	101.8
欧元区	269.8	104.4	60.6	104.8
韩国	231.9	40.9	85.7	105.3
泰国	152.6	30.6	70.5	51.5
阿根廷	63.5	45.6	6.1	11.9
印度	126.8	67.2	9.5	50.1
巴西	143.0	68.3	25.7	49.0
俄罗斯	92.1	16.9	18.5	56.6
墨西哥	72.3	34.1	15.2	23.1
印度尼西亚	66.1	26.0	17.1	23.0
土耳其	112.9	33.9	21.0	58.0

资料来源：BIS。

表 3　2007—2014 年新兴市场债务增加情况（百分点）

	家庭	非金融企业	政府部门	政府 + 私人部门
印度	-1.18	8.55	-1.65	5.73
南非	-6.35	-1.63	17.06	9.08
印度尼西亚	5.57	8.17	-3.57	10.17
匈牙利	-3.57	6.14	13.19	15.76

续表

	家庭	非金融企业	政府部门	政府+私人部门
墨西哥	1.60	6.36	12.87	20.83
俄罗斯	17.33	5.60	4.88	27.82
波兰	13.58	11.19	3.46	28.24
巴西	10.40	18.40	3.04	31.84
土耳其	9.40	26.36	-2.87	32.89
泰国	28.18	7.07	9.17	44.42
马来西亚	27.10	12.10	11.67	50.87
新加坡	22.04	24.31	16.31	62.66
中国	16.96	57.99	5.95	80.90
中国香港	13.72	92.78	-8.27	98.23

资料来源：IMF。

三、金融与实体经济失衡在于市场化改革不彻底

从上述四个可观察的现象可以清楚看到，金融与实体经济之间已经出现明显失衡，矛盾的双方分别是货币流动性和实体资产，矛盾的焦点是过剩的流动性追逐有限的实体资产，矛盾的结果是为了保证营利性和安全性，过剩的流动性多数流向了政府信用依托的资产，而对市场化资产"供血不足"。

金融领域出现不为实体经济服务、仅仅自我循环的现象，与我国的经济运行中的"资产荒"问题有直接的关系。"资产荒"表现为居民巨大的理财需求对应着有限的资产供应，人民追求美好生活的需求，既包括物质文化的方面，也包括理财需求，追求财富的增值是生活水平提高后的基本需求，但由于金融创新能力弱，资本市场不够完善，缺乏足够的理财工具和手段，不能满足居民不断增长的理财需求。出现"资产荒"等问题的根本原因，症结在于金融体系的市场化改革不彻底、不到

位。因此，均衡实体经济与现代金融的关系，一个重要的选择是不能打压金融，而是要积极发展现代金融，使其可以为社会提供更多可供理财的优质资产。

（一）缺乏符合社会主义市场经济需求、符合市场经济客观规律的宏观调控体系

宏观杠杆率过高固然与我国储蓄率高、过度依赖银行信贷间接融资有关，但从根本上来讲，还是因为调控不够灵活有力，逆周期调控能力不足。当前的调控体系基本仍沿袭"计划、金融、财政之间相互配合和制约的机制""计划提出国民经济和社会发展的目标、任务，以及需要配套实施的经济政策"，货币政策和财政政策要"与产业政策相配合"。这在以 GDP 为考核激励目标的背景下，易形成产业政策、投融资、财政政策对货币政策的倒逼，货币政策灵活调控总需求的空间较小，对货币"总闸门"的有效管控容易受到干扰，多数时候易松难紧。

（二）缺乏与现代金融发展相适应的统筹监管体系

1997 年亚洲金融危机爆发之后，为配合国企 3 年脱困，我国金融资产质量遭受较大冲击。随后，为进一步增强金融体系的健康性，决策层开始讨论成立专门的监管机构，以更好地履行监管职责。当时多数人的观点是，学西方发达国家分业经营、分业监管的做法。总体看，这一模式在提高监管专业性、培养监管人才、防范和化解金融风险、促进金融业改革发展等方面发挥了积极作用，但近年来随着金融创新活动增多，理财或资产管理类交叉性金融产品加速发展，金融综合经营发展步伐加快，"铁路警察，各管一段"传统的分业监管模式越来越难适应金融发展新趋势，监管缝隙较大，增加了防范化解跨市场、跨行业、跨业态金融风险的难度。一些监管部门甚至为了相互竞争，鼓励自己分管的领域做大做强，这不仅造成行业忽视风险过度追求规模扩张的潜在隐

患，还产生很多基础设施重复建设，造成资源浪费；对于不是自己分管的领域，一些监管部门则尽可能地抢占地盘，一旦出了问题，又秉着"谁的孩子谁抱走"的态度，甩手不管。这也是当前影子银行、各类资产产品规模激增，同业业务迅速扩展的一个重要背景。

（三）缺乏更富弹性、更富市场化的价格形成机制

目前，我国已经放开贷款利率下限和存款利率上限管制，持续20多年的利率市场化基本完成；汇率市场化改革也在稳步推进，央行已经退出日常干预，汇率的弹性日益增强。但从现实情况看，银行负债端已经从传统的存款演变为各种理财产品，于是市场上一端是存贷款基准利率，一端是市场竞争形成的理财产品收益率和同业拆放利率，形成了价格双轨，造成金融市场产品定价扭曲，这明显不利于价格型调控的传导，一些结构化的调控政策无法有效传导至实体经济，尤其是中小微企业等特定领域。一般而言，市场化的价格形成需要依赖丰富的信息，但是当前金融机构在产品定价方面，过于强调抵押物，缺乏信息搜集、整理的能力，这使其在向中小微企业提供金融服务时，无法通过更多信息准确反映风险溢价。

（四）缺乏多层次、差异化的金融机构组织体系

经过40年的改革发展，当前的金融体系已经形成了覆盖银行、证券、保险、基金、信托等多类金融机构，很多金融机构也都实现了股改上市，但是多数金融机构仍是依靠牌照吃饭，创新动力不足，同质化竞争严重，一些国有金融机构虽然按照要求建立了现代公司治理结构，但是官本位思想依然严重，外部市场约束、内部管理经营质量和国际金融机构相比仍有不少差距。此外，民间资本进入金融业的"门槛"较高，中小金融机构发展空间不断收窄，民营银行起步晚、发展慢，这都使得金融供给的覆盖面难以有效扩张，也制约了金融服务实体经济的效率。

(五) 缺乏多层次、互联互通的资本市场

由于转轨计划等传统因素，我国金融体系一直以间接融资为主，这一模式易在银行体系内部集聚大量风险，难以满足多元化投融资和风险管理需要。2003年党的十六届三中全会《关于完善社会主义市场经济体制若干问题的决定》中明确提出要"建立多层次资本市场体系，完善资本市场结构，丰富资本市场产品"。当时主要考虑是建设主板市场和创业板市场，实际上，金融市场的多层次不仅体现在股权市场上，还应包括债券市场、货币市场、外汇市场、黄金市场及各类市场内部的产品、参与主体等等。但囿于很多金融市场的基础设施建设长期处于分割、不统一的状况，发展较为缓慢，一些市场之间存在相互竞争，缺乏差异化，一些会计、法律等领域的基础制度远远落后于发展需要，现代化的多层次资本市场建设一直较为缓慢。

四、深化金融市场化改革：基本逻辑框架和主要方向

党的十九大报告指出，要"深化金融体制改革，增强金融服务实体经济能力，提高直接融资比重，促进多层次资本市场健康发展。健全货币政策和宏观审慎政策双支柱调控框架，深化利率和汇率市场化改革。健全金融监管体系，守住不发生系统性金融风险的底线"，这为建立完善的现代金融体系提供了根本遵循。

一般地，一个完整的金融体系应该包括调控体系、监管体系和市场体系，市场体系中包括价格体系、金融机构组织体系和金融市场体系。综合来看，建立完善的现代金融体系，必须以增强金融服务实体经济能力为根本，以防范化解金融风险为底线，以市场化改革为动力，从调控、监管、价格、机构、市场等多维角度，稳步推动形成调控灵活、监管有力、市场有效的现代金融体系，最终实现金融与经济的良性互动，为现代经济体系建设和经济高质量发展提供金融支持（见图3）。

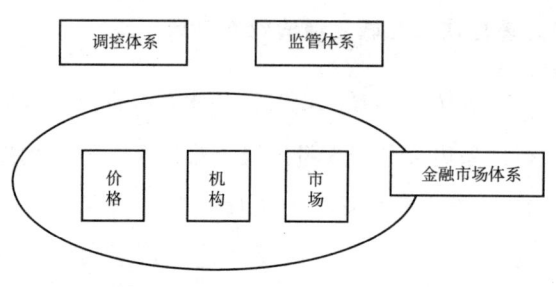

图 3 现代金融体系基本框架

(一) 进一步深化金融市场化改革的基本逻辑框架

服务实体经济、防范化解金融风险和深化市场改革是建立完善现代金融体系的三大支柱，其相辅相成，有机统一。服务实体经济，是建立完善现代金融体系的根本任务，是防范化解金融风险和深化金融市场化改革的落脚点，只有实现金融和经济的良性互动，才能为防范化解金融风险和深化市场化改革提供基础。这需要在深化金融市场化改革的具体过程中，将其纳入整体经济体制改革进程中统一考虑。从金融和实体经济关系看，实体经济领域的改革开放发展到一定程度，金融业就要加快推进自身的改革开放，跟上步伐。如果实体经济改革尚未到位情况下，金融改革开放要实现超常推进，也是不现实的，有的时候甚至会因为实体经济遭受重创，不得不暂停一些金融改革。

防范化解金融风险，是现代金融体系稳健运行发展的根本保障，金融风险一旦集聚爆发，服务实体经济和深化市场化改革就无从谈起。在经济过热或资产价格出现泡沫时，必须采用适当工具"慢撒气""软着陆"，实现平稳调整；在经济衰退或遭遇外部冲击时，必须及时出手，稳定形势，增强信心。从我国的经验看，正是成功应对了 1997 年亚洲金融风暴，才能启动国有大型商业银行股改，也正是基本完成了国有大型商业银行股改和农村金融改革，才成功抵御了 2008 年全球金融危机冲击，随后的经济复苏又为进一步推进利率、汇率市场化等改革提供了坚实基础，这都表明一个稳定良好的经济金融环境对推进改革、实现发展是至关重要的。

深化金融市场化改革,发挥市场在金融资源配置的决定性作用,激发市场活力,是增强金融服务实体经济能力、防范化解金融风险的根本途径。在现实中,尽管推进深化金融市场化改革或多或少需要付出一些成本代价,例如利率市场化改革可能出现利率中枢上移,推高融资成本,汇率市场化改革增加进出口企业的风险敞口,对一些缺乏经验的进出口企业可能会造成一定冲击,但与整体经济通过市场机制获得效率改进相比,推进改革是利大于弊的。只有市场活力增强了,市场化机制更加完善了,金融机构才能真正摆脱行政干预,按照市场化原则经营管理,金融市场才能够真正按照市场化原则更高效率引导金融资源,有序释放风险,才能更好地服务实体经济和防范化解金融风险。

(二) 进一步深化金融市场化改革的主要方向

第一,推动形成更加灵活的调控体系。稳健灵活的金融调控是实现金融体系健康运行的关键,灵活有度的调控体系能够有效缓解金融的顺周期性,从源头上防范金融风险。一是要积极推动货币政策从数量型为主向价格型为主转变,完善货币政策工具组合,搭建利率走廊,进一步提高央行利率引导和调控能力;二是要健全货币政策和宏观审慎政策双支柱框架,建立健全宏观审慎政策框架的目标、工具、传导和治理结构,灵活有效地进行逆周期调节,防范跨市场、跨区域、跨行业的系统性金融风险;三是要改进货币政策决策和执行机制,增强货币政策的透明度和预期引导,理顺央行和财政、产业规划部门之间的关系,增强宏观经济政策调控的协调性,促进形成更加市场化的金融调控框架和方式。

第二,推动形成更加有力的监管体系。金融监管是金融体系稳健运行的重要保障,从国际经验看,没有一个放之四海而皆准的最优监管模式,应坚持问题导向,选择适合我国国情和金融发展阶段的现代金融监管体系。当前，应加强监管统筹，消除监管盲区，对同一产品、同一业务要实行统一监管标准，减少监管竞争，补齐监管短板，缩小监管缝隙；要理顺并强化监管部门的职能定位，打破"管办一体"的利益纽带，减少监管部门对市场的干预；要坚持实质大于形式的原则，实施功能监管和穿透监管，避免监管套利。

第三，推动形成更加市场化的价格形成机制。发挥市场化的价格形成机制，促进提高金融资源配置效率，是构建现代金融体系的核心。一方面，要培育市场主体对资金价格的敏感度，尤其是着重提高金融机构的利率定价和管理水平，打破预算软约束；另一方面，要消除价格双轨，通过丰富市场主体，扩大市场容量等方式，加快培育信贷、股票、债券、外汇等多个金融市场的价格形成机制，减少干预，增强价格弹性。

第四，推动形成多层次的金融机构组织体系。丰富多层次的金融机构组织体系能够通过引入更多差异化竞争，提高金融体系的包容性和覆盖范围，是建立完善现代金融体系的重要内容。结合我国实际情况，对标成熟发达的现代金融体系特征，一是要按照现代企业制度核心要素，进一步健全金融机构公司治理，增强激励约束，打破官本位思想，使其成为真正的市场主体，按照市场规律和原则经营发展；二是要实施更加开放的政策，引入更多差异化的市场主体，提高民营、外资在金融领域的比重，通过更多差异化竞争为市场提供更丰富的供给；三是优化金融结构布局，改变长期形成的金融资源过度向大城市集聚的局面，鼓励大型金融机构业务下沉，同时深化农村、中小金融机构改革，提高其服务本地的金融能力，改变其沦为大金融机构"抽水机"的局面。

第五，推动形成多层次的资本市场。相比间接融资模式，以股票、债券为主的直接融资，可以提高金融资源配置效率，有效分散集中于银行体系的金融风险。在股权市场，要统筹主板、中小板和创业板的定位和分工，着力提高上市公司质量，增加优质供给，按照有利于投资者保护的原则，完善市场化退市制度，形成进退有序的良性循环。同时，在各类金融市场，要不断地完善和扩大市场参与主体，通过竞争创造更多金融产品和服务；完善交易、发行、定价、会计、法律、审计、信息披露等法律法规，形成扎实的基础制度；建立健全多层次市场之间的互联互通机制，提高市场运行效率。

优化人力资源开发与管理
支撑实体经济发展*

习近平总书记指出，要使人力资源支撑实体经济发展的作用不断优化。党的十九大报告指出，人才是实现民族振兴、赢得国际竞争主动的战略资源。我们要以识才的慧眼、爱才的诚意、用才的胆识、容才的雅量、聚才的良方，努力形成人人渴望成才、人人努力成才、人人皆可成才、人人尽展其才的良好局面，让各类人才的创造活力竞相迸发、聪明才智充分涌流。

围绕实体经济发展，如何用好人才，最大限度激发和调动人才的积极性、主动性和创造性，深入研究人力资源开发与管理面临的新变化、新情况和新特点，总结提炼新理念、新方法和新工具，展望新趋势、新思路和新方向，对于全面推进人才体制机制创新，加快会聚一支规模宏大、结构合理、素质优良的人才队伍，推动中国管理、放大中国影响具有深刻的理论意义和现实意义。

一、实体经济发展中人力资源开发与管理的新变化

习近平总书记指出，"我国是一个人力资源大国，也是一个智力资

---

* 本文作者赵曙明，南京大学商学院。本文受国家自然科学基金重点项目"中国企业雇佣关系模式与人力资源管理创新研究"（71332002）资助。

源大国""人才是创新的第一资源"。当前我国正在从人力资源大国向人才强国迈进。根据2017年8月发布的全国人才资源统计报告,截至2015年,全国人才资源总量达1.75亿人,人才资源总量占人力资源总量的比例达15.5%,比2010年提高了4.4个百分点。人才资源总量的增加和结构优化,一方面体现了实体经济对人力资源开发和管理的需求规模和需求规格不断提升;另一方面也对全社会人才工作提出了更高要求。

人力资源开发和管理的核心问题,是如何使它与实体经济相协调。实践中这两者之间存在着较大的矛盾,解决这个矛盾是建设现代产业体系的关键问题之一。一方面我们要振兴壮大实体经济,但是另一方面实体经济又不能获得足够多的优秀人才。人才支撑严重不足,主要表现在:一是数量缺。在"中国制造业十大重点领域人才需求预测"中,2025年人才缺口达2986万人。二是质量忧。制造业与人工智能、大数据、互联网等交叉融合领域的人才不仅少而且质量不高,其培养模式和评价体系也难以适应。三是培养与需求脱节。高校重基础研究、学术水平,工程教育实践环节薄弱,知识运用能力难以适应。很长一段时间以来,大学毕业生,尤其是名牌高校的毕业生,都不太愿意去实体经济就业,往往都愿意去证券、基金、银行等虚拟经济领域,或者去那些不创造财富的部门,如政府机构、事业单位。这从个人选择来说是无可厚非的,但是如果从国家战略层面上看,一个年轻人不爱去就业的行业,是不会有光明的前途的。

人力资源与实体经济之间的错配,是我国振兴壮大实体经济中遇到的最大难题之一。解决这个问题,从根本上说是要在宏观上提高实体经济的盈利能力,为吸引年轻人就业创造好的物质条件。技术工人是中国制造业的顶梁柱,是中国制造的未来,必须大幅度提高制造业中技术工人的待遇,实施首席技工制度,并鼓励他们持有企业的股份,跟企业共命运、同成长。要大幅度提高职业技术教育的社会地位和经济地位。如果能让工匠过上有社会尊严的、体面的生活方式,年轻人就会自然爱当工匠，国家的实体经济就一定会振兴。

2008年世界金融危机以来，全球实体经济发展和振兴问题，被提到了各国决策者的重要议事日程上。中国最高决策层对振兴实体经济高度关注。2017年12月12日，习近平同志到徐工集团时说，现在，中国虽然号称"世界工厂"，可是制造业规模上的辉煌难掩品质上的瑕疵。中国经济要实现高速增长向高质量发展转变，制造业必须实现中国制造向中国创造转变、中国速度向中国质量转变、中国产品向中国品牌转变。实现这几个重要的转变，从管理学的角度看，就是要根据实体经济发展环境的变化，充分认识人力资源开发与管理在转型发展、组织方式、管理理念、队伍建设等方面面临的新变化，及时作出灵敏的反应。

（一）新经济业态的持续发展，对人力资源开发和管理提出了新课题

当前，国内外实体经济发展正发生着一系列变革，新经济、新产业、新技术、新模式、新业态等不断涌现，动态性、广泛性、快速性、多业态、复杂性和不确定性等特征日趋明显。相对于以往大规模生产、规范化管理的运行方式，"求快、求变、求新"的移动互联网快捷时代，将用户体验放到一个更重要的位置，组织间竞争更多体现在个性化、多元化、定制化产品和服务的竞争，专业化、分工化、互惠化成为组织生存和发展的不二法则。围绕提升资源配置效率，需要我们重新审视社会资源再组合、再分配等现实问题。

习近平总书记在党的十九大报告中指出，要推动互联网、大数据、人工智能和实体经济深度融合，在共享经济、人力资本服务等领域培育新增长点、形成新动能。一段时期以来，发展共享经济已经成为一种社会潮流，成为推动产业加速转型的重要抓手。比如，当今世界最大的出租车提供者优步（Uber）没有车，最大的零售者阿里巴巴没有库存，最大的住宿提供者空中食宿（Airbnb）没有房产。从开始的交通、住房领域到现在的生产生活领域，共享经济使各个行业呈现百花争艳的格局。《中国分享经济发展报告2017》显示，2016年我国分享经济市场交易额约为 34520 亿元，比上年增长 103%。与此同时，我国分享经济的提供服务者人数约为 6000 万人，比上年增加 1000 万人；分享经济平台的就业人数约 585 万人，比上年增加 85 万人。未来几年分享经济仍将保持年均 40% 左右的高速增长，到 2020 年分享经济交易规模占 GDP 比重将达到 10% 以上，到 2025 年占比将攀升到 20% 左右。面对产业、技术等转型发展的大趋势，共享经济已不仅仅是一种利润分配制度，而是演变为一种新业态、新理念乃至新革命。

从人力资源开发的角度来看，"不求人才所有，但求人才所用；不求绝对拥有，但求绝对所用"的理念已经成为全社会的共识。因此，我们需要紧跟"共享经济""人工智能""服务外包"等新经济业态的发展步伐，在创新实践中发现人才、在创新活动中培育人才、在创新事业中凝聚人才，为创新驱动发展提供更多人才支撑。

（二）新组织模式的不断变革，对人力资源开发和管理提出了新任务

20 世纪 80 年代以来，世界经济呈现全球化、网络化、知识化和信息化发展趋势，并由此衍生出一种不同于工业经济的新的经济形态。与新经济业态裹挟而来的是信息技术更迭、资源配置方式转变、客户需求的及时反馈，并且正在重新构建世界的新型商业模式。尤其是近年来日益兴起的移动互联网、大数据、云计算、物联网、人工智能等信息革命正在颠覆现有世界，并且潜移默化地改变着我们的生产关系、生活关系以及人与人的关系，"单打独斗、一支独大"的传统思维已不再适应社会发展的要求。

面对新时代的发展要求，党的十八大把科技创新摆在国家发展全局的核心位置，明确提出实施创新驱动发展战略，加快科技创新与制度创新、管理创新、商业模式创新、业态创新和文化创新相结合，推动发展方式向依靠持续的知识积累、技术进步和劳动力素质提升转变，促进经济向形态更高级、分工更精细、结构更合理的阶段演进。

现阶段，组织外部边界和内部边界逐步淡化甚至消失，以往工业化生产和泰勒制工作机制正被新的组织模式所替代，并催生了许多新型组织形式，既包括联结供需双方的大型共享平台类组织，又有满足特定需求的微创企业，无边界、虚拟化、共享型组织对人力资源开发与管理提出了新的更高要求。在中国，海尔"无边界组织"、美的"组织再造"正是新组织模式创新的最新实践和成功典范（彭剑锋，2015；刘善仕，2017）。比如，海尔所倡导的"企业无边界、管理无领导、供应链无尺度、员工自主经营"模式，从组织结构、雇佣模式和绩效考核三方面入手进行变革，不仅满足了股东、客户、员工和社会四方利益者，还进一步激活了员工创客群，为顾客创造了更多价值。

从人力资源开发和管理的角度看，"公司+员工"的组织关系正逐渐被"平台+个人"所替代，"我为人人，人人为我"不再停留在口号上，跨界联动、交互协同的管理理念更深入人心。因此，我们需要以市场为导向，建立更加灵活的组织架构，准确把握人才发展需求，为更多人才创新创业搭建更广阔的舞台。

（三）新雇佣方式的加速演变，对人力资源开发和管理提出了新要求

加强企业雇佣关系管理是企业使用、培育和凝聚人才的有力抓手，也是国家加快构建和谐劳动关系、推动人力资源管理创新的重要内容。早在2011年，习近平同志就指出，构建和谐劳动关系是建设社会主义和谐社会的重要基础，是坚持中国特色社会主义道路、贯彻中国特色社会主义理论体系、完善中国特色社会主义制度的重要组成部分。

在实际工作中，企业给员工提供了何种类型、何等程度的激励和报酬，以及组织要求员工完成何种类型、何等程度的工作与贡献，决定了企业的雇佣关系模式和员工的幸福指数，企业雇佣关系也从传统的单一模式转变为组织导向和工作导向等多种模式并存的局面。作者2014—2015年对国内603个企业雇佣关系模式样本的调查显示，我国企业雇佣关系呈现形态多元、过渡稳健、策略失配、发展保守四个特征。调查也显示，我国企业员工的主观幸福感平均得分为73.9分，心理幸福感平均得分为 68.7 分,享乐幸福感平均得分为 74 分。其中大约 27% 的员工主观幸福感和享乐幸福感高于 85 分;但只有 6.18% 的员工拥有超过 85 分的心理幸福感。

从人力资源开发和管理的角度看,"劳动雇佣关系"向"劳动合同关系"转移、"雇佣式就业"向"创业式就业"转移已经成为一种社会常态。我们需要更加注重人力资源伙伴角色的拓展和延伸,加快构建组织和员工间相互投资型雇佣关系,营造人才平等的社会风尚和精益求精的敬业风气。

(四) 新生代员工的快速成长,对人力资源开发和管理提出了新挑战

管理学大师彼得·德鲁克曾说过,顾客是企业存在的依据,组织的生存依赖于它们的服务和产品能否长期得到顾客的充分认同。当前,组织客户不仅仅包括外部合作者和市场消费者,还包括组织内部员工的客户群体。尤其是改革开放以后出生的新生代员工不断涌现,对人力资源开发与管理提出了新的要求。

习近平总书记高度重视青年工作。2016 年他在安徽合肥主持召开知识分子、劳动模范、青年代表座谈会上指出,青年人朝气蓬勃,是全社会最富有活力、最具有创造性的群体。2013 年一项调查显示,国内新生代员工规模达 2.48 亿人。而在 2015 年、2016 年和 2017 年,全国分别又有 749 万名、769 万名和 789 万名普通高校毕业生"入市"。目前,在部分企业"85 后"员工所占比例达到 70% 以上,已经陆续成长为企业核心人才。与"60 后""70 后"员工相比,新生代员工更加崇尚上下级平等、独立性强、价值观多元,希望得到社会的更多认同。但是,新生代员工同样存在团队协作性弱、流动意愿强、不安于现状等现实问题。

从人力资源开发和管理的角度看,新生代员工是主导未来社会发展的"主力军"和"生力军"。为此,我们需要进一步更新顾客理念,全面了解组织客户尤其是内部客户群体的心理需求和社会需求,全面构建适应新人才价值观的人才使用、培养、激励机制,为青年成长成才提供更多社会支持和组织保障。

二、推动人力资源开发与管理全面转型变革的新思路

当前，人才开发与管理应顺应时代发展的新要求，深刻认识和理解社会变革和经济发展带来的新机遇、新挑战，强化"共治共生、共创共赢"的发展思路，从组织管理、人员安排、资本投入、环境营造等方面加强综合开发，推动人力资源开发与管理的全面转型变革。

（一）加快"传统层级型"向"平台共治型"的组织治理模式转型

随着信息技术尤其是互联网技术的快速发展，市场环境的不确定性、竞争性日益增强，组织越来越需要更加灵活的运作与管理方式。组织只有建立起一套良好的运行机制和管理机制，才能更大程度地激发组织活力，形成良好的工作氛围和工作环境，适应未来社会发展的要求。

当前，企业的组织结构正在从高度集权的金字塔组织向扁平化、虚拟化、动态化方向发展。面对新的发展阶段，我们需要深刻认识到网络软硬件工具对传统治理方式的新要求，重视发挥人才主体性作用。以"去中心、去结构、去层级"为主要抓手，以建立"无边界组织"为方向，借鉴阿里"百川计划"、苏宁"众包云台"、海尔"创客平台"等新组织模式创新，改变金字塔式、命令式的管理模式，提升和重构组织内部运营模式、组织形态、业务流程和工作方式，为组织成员间低成本、零距离、无障碍交流提供新的平台，进一步优化组织运行生态。尤其是在当前人才流动面临新情况的背景下，强化"平台+个人"的运行机制，按照市场规律让人才自由流动，实现人尽其才、才尽其用、用有所成。

（二）加快"纯粹雇佣型"向"合作共生型"的劳动契约模式转型

目前，组织与成员、员工与员工之间的关系正在悄然发生着变化。

以往基于组织边界、组织边界的人群划分标准,通过纯粹雇佣方式将组织和员工置于两个不同管理范式。实际上,员工是组织价值创造的重要力量,也应当成为组织决策和财富分配的主要群体。正如《联盟》一书所强调的:"理想的雇佣关系框架应鼓励员工发展自己的价值机会,管理者真正所要关注的就是为雇用双方打造利益与命运的共同体,来让新型的合作关系得以延续。"

在当前的竞争环境下,用工灵活性与战略应变性及市场反应性对组织同等重要。我们需要打破原有劳动雇佣的固有框架,强化雇佣关系模式的变革,全面提升劳动、信息、知识、技术、管理、资本的效率和效益。借鉴阿里"湖畔合伙人制"、万科"事业合伙人制"等模式,突出多元化导向,加强组织与员工间的互动、互利和互惠,提高员工在组织中的知情权和话语权,从而构建起更具协作性、持久性、稳定性的合作关系,激发全社会人才的创新活力和创造潜能。

(三) 加快"成本控制型"向"投资共赢型"的人才资本模式转型

当今社会,人才资源要素是最活跃、最具价值创造潜能的要素。创新驱动实质上是人才驱动,人才驱动首先要做到驱动人才。美国凯尔萨夫妇(Louis O. Kelso 和 Patricia H. Kelso)出版的《民主与经济力量——通过双因素经济开展雇员持股计划革命》一书中就提出,资本与劳动共同创造财富的新理论。刘福垣(2013)指出,无论是从国家战略层面,还是从个人层面,关注人力资本增值和保值问题都必须准确把握人力资本的特殊属性。

2016年11月7日,中办、国办印发《关于实行以增加知识价值为导向分配政策的若干意见》,明确提出把人作为政策激励的出发点和落脚点,强化产权等长期激励。因此,我们需要摒弃以往的管控理念,将人才资源的优先投资和优先发展放在重要位置,进一步破除制约人才发展的思想障碍和制度藩篱,在提供优厚福利待遇、优越工作环境、挑战性工作的基础上,更加重视对直接成果、价值实现和未来人才发展的绩效产出。通过人力资本合伙人、员工持股、利润分享等制度供给和制度创新,加快建立健全科学合理的人才评价和激励机制,加大人才资本投入。与此同时,以全面提升人力资源价值为目标,重视人才的人文福祉,强化人文关怀,进一步提升组织对人才的吸引力、保留力、发展力,促进企业人才价值链的延伸和拓展。

(四) 加快"保守封闭型"向"开放共创型"的社会文化模式转型

"贤才,国之宝也。"未来经济的竞争主要是科技与人才的竞争,而归根到底还是人才的竞争。习近平总书记指出,人才是创新的根基,加快推进人才强国战略、建设创新型国家,离不开一支创新意识、创新精神、创新思维、创新知识、创新能力并具有良好创新人格的人才队伍。管理学大师彼得·德鲁克也指出,管理是一种社会职能,既要承担社会责任,又必须根植于文化之中。

为此,我们需要从组织长远发展的角度出发,牢牢遵循社会主义市场经济规律和人才成长规律,把人才作为企业创新的第一动力来使用。摒弃保守、封闭的单一文化,以建立更加"开放、合作、信任、包容、共享"的社会文化为目标,强化制度环境、工作环境、科研环境、生活环境和文化环境的协调发展,在全社会营造尊重人才、珍惜人才、爱护人才、善待人才的浓厚氛围,最大限度凝聚社会共识和集体智慧,形成"互通互利"的人才共同体。

三、新时代重构人力资源开发与管理的理论框架和认识图景

当前,一切管理活动的着眼点是提高人力资源效益,根本目标是释放人力资源的最大潜能。基于中国情景,沿着"中国实践—中国经验—中国范式—中国方案"的研究路径,从理论建构、实践应用、政策执行等方面重构当代人力资源开发与管理的理论框架和认识图景,以新思维、新理念、新路径引领未来工作的落脚点和突破口。

（一）总结人力资源开发与管理的"中国实践"

充分认识人力资源开发与管理的新变化和新趋势，深刻把握未来人力资源管理的发展动向。结合互联网、共享经济、大数据和人工智能等时代背景，重点探讨中国情境下人力资源开发与管理的参与主体、运行机制、保障环境、表现形式等。采用大规模纵向数据采样方法，分析中国情境下影响人力资源开发与管理的内外部因素，关注新时期人力资源开发与管理的主要特征。

（二）归纳人力资源开发与管理的"中国经验"

在现有体制、技术、文化等多重社会变革背景的共同作用下，充分考虑我国发展模式的多样性、发展阶段的差异性、发展特征的多元性三大特征。通过典型案例研究，归纳不同地区、不同类型、不同发展阶段企业人力资源开发与管理的经验模式，总结不同模式的适用性及实践效果。

（三）梳理人力资源开发与管理的"中国范式"

借鉴人力资本、生态系统、创新驱动等经典理论，结合经济发展的新趋势和组织结构的新变化，总结和提炼当代人力资源开发与管理的应用领域，对未来人力资源管理的发展趋势作出科学、全面的判断。采用多学科、多视角、多情景的思路，分析各种人力资源开发与管理工具在中国的适用性和效果，提出中国背景下人力资源开发与管理模式实施与发展路径。

（四）提炼人力资源开发与管理的"中国方案"

从历史演化视角，梳理中国人力资源开发与管理政策体系的演进历程，准确、客观地提炼政策体系的内在特征和基本逻辑。重点关注国家在人才引进、人才培养、人才评价等方面的政策走向，提出创新驱动战略下中国人力资源开发与管理的宏观政策与企业策略，突出引才聚才、识才用才、敬才重才等制度创新，为提高相关人才政策的针对性、准确性和有效性提供决策参考。

总之，新时代的人力资源开发与管理是一个系统工程，需要政府、社会、企业、个人的共同努力。人力资源开发与管理要适应实体经济的新变化、新趋势和新要求，从国家人才强国战略的高度出发，完善人才体制机制，为决胜全面建成小康社会、夺取新时代中国特色社会主义伟大胜利、实现中华民族伟大复兴的中国梦提供人才支撑。

参考文献

［1］中共中央组织部、人力资源社会保障部、国家统计局：《2015年度全国人才资源统计》，2017年。

［2］国家信息中心分享经济研究中心、中国互联网协会分享经济工作委员会：《中国分享经济发展报告2017》，2017年。

［3］赵曙明："共享经济下人力资源管理面临新变化"，《新华日报》2018年1月17日。

［4］彭剑锋、云鹏：《海尔能否重生：人与组织关系的颠覆与重构》，浙江大学出版社2015年版。

［5］刘善仕、刘学："基于成本控制的人力资源管理研究——以美的集团为例"，《中国人力资源开发》2017年第6期。

［6］赵曙明、杜鹏程：《德鲁克管理思想解读》，机械工业出版社2009年版。

［7］路易斯·凯尔萨与帕特里亚·赫特·凯尔萨著，赵曙明译：《民主与经济力量——通过双因素经济开展雇员持股计划革命》，南京大学出版社1996年版。

［8］刘福垣："必须把握人力资本的特殊属性"，《中国人力资源开发》2013年第7期。

第三篇

建设统一开放、竞争有序的市场体系

统一市场体系建设与竞争政策*

党的十八届三中全会指出,要把建立和完善统一市场作为全面深化改革的重要任务之一,发挥市场在资源配置中的基础性作用,加快形成统一开放、竞争有序的市场体系,清除市场壁垒从而形成公平竞争的发展环境、提高资源配置效率的总体要求。2018年习近平总书记在论及建设现代化经济体系时也强调指出,要建设统一开放、竞争有序的市场体系,实现市场准入畅通、市场开放有序、市场竞争充分、市场秩序规范,加快形成企业自主经营公平竞争、消费者自由选择自主消费、商品和要素自由流动平等交换的现代市场体系。

建立和完善统一开放竞争有序的现代市场体系(下文简称统一市场)虽然是我国在改革初期就提出来的话题,但是在迎接中国经济进入新时代的今天,回过头来重新强调"加快形成现代市场体系",在高速度发展阶段转向高质量发展阶段的关键时刻,具有深刻的实践背景和政策含义,对于中国进一步获取改革红利和开放红利具有举足轻重的影响。

可以这样说,建立和完善统一市场具有大规模对内开放和高水平对外开放的双重含义。未来中国的开放,不仅是对外开放,更重要的是对

---

* 本文作者刘志彪,南京大学长江产业经济研究院;伏玉林,华东理工大学商学院。

内开放。一方面，中国过去改革的成功在于开放，包括对内开放和对外开放，而目前发展和改革的困局也在于开放不足，尤其是对内开放不足，各种需要改革的地方其实就是对内开放不足的领域，如金融体制、财政分税、户籍制度、土地制度、国有企业、医疗养老制度等等。过去的改革基于"发展竞争"的要求，对其进行渐进式改革的"双轨制"设计，现在都演变为矛盾问题突出的既得利益领域。就此意义上来说，统一市场的建立和完善，将要基于现代市场经济的"平等竞争"要求，重点对"双轨制"进行一元化取向的改革，以平等各经济主体的发展条件和基础，充分释放发展的动力和活力。另一个方面，中国过去以出口导向为特征的对外开放模式，在取得巨大收益的同时，也因为全球化条件的变化和游戏规则的改变，需要通过改革和进一步高水平开放，及时升级到更高级的开放版本，这就是通过推动统一市场的建设和完善，实现以扩大内需为基础、内需与外需相互促进、协调发展的新格局。

本章将对这些问题进行重点分析，以厘清统一市场建设与对内对外开放之间的关系，为转型升级版的中国经济改革提供理论依据。

一、建设和完善统一市场：新的高质量发展观

众所周知，从 20 世纪 80 年代中期开始，大规模的放权让利和市场取向改革使掌握了经济决策权力的地方政府开始追求自身的市场利益。习惯于命令经济以及害怕竞争的本能，驱使地方政府首先运用行政手段对不成熟的商品流通市场进行封锁，对外部流进来的商品人为设卡设限，或是明文规定，或是由工商、税务乃至动用公安、民兵等对竞争性商品的流通进行"查处"，以保护本地相对低效率的生产商；同时运用行政力量限制本地稀缺的商品和某些要素流向异地，以维护本地居民消费和财政利益（陈甬军，1992）。这种画地为牢的市场割裂和市场封锁，直接导致了原本因收入水平低而决定的狭小市场容量更加狭小、原本并不完善的市场运行效率更加低下等严重问题。改革开放 40 年来，

随着市场竞争制度的逐步建立，中国各地区竞争意识越来越强，经济体系也越来越开放，那些荒唐的市场割裂和市场封锁问题，早已成为搬起石头砸自己脚的陈旧笑柄。

但是为什么我们现在还要去谈这个问题，并且在党的十九大后，我们党还把建设和完善统一市场问题，提高到了全面深化改革开放这么重要的地位？这是因为：

（一）在全面深化改革开放和高质量发展的新阶段，我国建设和完善统一市场问题有了新的更深层次的发展含义

现在的市场深度发展至少涉及：在正确处理政府与市场关系的前提下，必须重点解决阻碍统一市场建立的行政权力的改革问题，以便创造新一轮的改革红利，如中央产业政策的中性化问题，中央与地方关系以及地方政府职能改革等问题；必须解决市场主体的深层次发展问题，如国有企业的改革、地方政府公司化倾向的逐步改革等；必须解决要素市场的统一和开放问题，而不仅仅是商品市场的统一问题，如重点解决在资本流动、人员流动、基础设施、信息等领域的市场割裂问题。由此可知，现在我们讲统一市场，是指要从商品市场的开放，转向更加深层次的要素市场开放，包括信息、技术、人力、资本等要素的市场化配置和开放。尤其是各地自由贸易试验区的建立，从制造业开放重点转向了以现代金融业为主的服务业开放，从以货物贸易为主的国际准则的开放，转向了探索要素市场开放、政府边界厘清和行政管制放开，从而体现了一种更高层次的开放格局。

（二）全面深化改革的一个重要问题是从"双轨制"走向统一市场改革

中国过去的改革开放，一个重要的行之有效的思路和方法就是实行渐进式的"双轨制"改革，又称为"老的老办法、新的新办法"改革，或"增量改革"这种最初发端于商品市场、为解决计划与市场矛盾的改革方案，因为不会触动既有利益者，改革的阻力较小，因而后来被大幅度地运用于其他方面甚至社会领域之中，如养老体系的改革。它试图通过旧的东西不断消失、新的东西不断进入而使新体制逐渐占据主导地位。这种改革方式是中国经济体制渐进性转轨的最重要特征，也是稳定经济社会运行的主要手段。这一改革设计在使中国发展取得世界经济奇迹的同时，也日益显示出某些严重的副作用，如大量存在的社会成员之间、行业之间、不同所有制之间、地区之间的收入水平、资源利用机会的不平等、寻租腐败和日趋严重的社会不满情绪等（林毅夫，2013）。更为严重的是，留在旧体制"轨道"上的利益主体，不仅逐渐成为改革的阻碍者，而且还是新制度的腐蚀因素，其势力有时还会不断壮大。因此未来中国市场化取向改革的一个非常重要的任务，就是要消除经济社会生活中的"双轨制"歧视痕迹，通过统一的市场让各类企业平等地获取和使用生产要素，让各类市场主体平等地参与市场竞争，公平地分享社会经济发展成果。

（三）现在中国的要素市场虽然在发挥重要的资源配置调节作用，但是市场同时存在着巨大的分割效应

一是生产要素流动的社会分割，如因为城乡之间身份、户籍的不同，导致了相互之间在生活方式、收入和消费水平、社会公共福利等方面存在巨大的差异，这些差异的存在又极大地强化了要素流动的障碍。二是生产要素流动的区域分割，以地方利益为边界的行政管理体系阻碍着生产要素在区域之间的自由流动以及网络分工体系的重组和集聚，如在资本流动方面，一个企业去异地收购兼并其他企业，往往受制于本地政府的保护，企业所有权的流转在现实中并不顺畅；再如基础设施领域也存在严重的跨地区互不配套和不相衔接、信息跨地域流通不畅通等问题。三是生产要素流动的制度分割，文化、习惯、地方法规、政策和条例等制度因素，是影响我国生产要素按区域、社会、产业等指向进行市场流动的最重要的内在因素，是造成市场分割的主要原因。因此建立和完善统一的市场其实就是政府、市场体系、微观主体三者关系调整的问题，是一个如何进一步坚持市场取向改革的问题。

（四）现在我们讲统一市场，不是把全国变成一个市场，而本质上是要求各地区市场主体的竞相开放，包含各地市场主体的对内开放和对外开放

各地区市场主体都清除了造成市场壁垒的社会、区域和制度因素，都相互对别人开放了，统一市场的基础和前提就自然形成了。从范围上来看，中国各地区都竞相对内对外开放，如华东地区内的市场主体都相互全面开放、不相互设置壁垒，那就形成了华东统一市场；如果整个中国各地区间相互开放，就形成了中国统一市场；如果中国对全世界开放，中国的市场就是全球性市场或世界市场。因此，市场的对内开放其实是深度对外开放的基础，统一市场的建设可视为中国经济改革、开放和发展的"第二季"。

有鉴于此，建设和完善统一市场，已经提高到了进入高质量发展阶段，如何树立新发展观的高度。它既是从命令经济转向社会主义市场经济的重要内容和直接体现，也是经济发展方式从粗放型向集约型转变的基础和保障，更是拉动供给侧结构性改革的直接推动力。

二、建设和完善统一市场：中国经济更高层次的对外开放

过去 40 年的经济奇迹中，我国发展的一个重要的特征是较多地依托和利用了世界其他国家尤其是发达国家的市场，而较少地利用了自己的市场。表现为"为出口而进口"的加工贸易活动倾向十分显著。1978—1989 年，我国的外贸依存度从 9.8% 上升到 24.8%；1990—1999 年从 29.6% 缓慢上升到 33.3%；2000—2008 年外贸依存度飙升迅速，至金融危机前一年的 2007 年，已经高达 66.2%。

过去的发展战略重视对海外市场的大幅度利用，主要基于以下事

实：(1) 过去我国居民收入水平较低，国内购买力规模较小，不足以支持经济起飞的条件。(2) 国内市场存在严重的地区分割，市场制度扭曲、发育不良，表面看起来中国潜在的市场规模非常大，但由于现实中市场并没有完全开放、存在分割，现实的市场规模、市场需求并不是很大，即企业面对的现实市场并不等于加总后的市场规模。(3) 过去40年中，尤其是2000年进入WTO之后，中国所加入的全球分工形式，并不是产业间分工甚至不是产业内分工，而是产品内分工，即就某个具体的产品在生产环节、阶段、工序、零部件所进行的世界分工。发达国家的跨国企业通过对产品全球价值链高端的治理和控制，把中国纳入到了复杂的出口导向体系中的低端。早年很多跨国企业规划到中国投资时都会计算：中国十几亿人口，一年中只要每个人用我们企业一件产品，算下来市场规模就巨大无比。这种由兴奋感驱动的直接投资只是看到了投资的潜在市场，而没有看到中国实际的市场分割状态。由于各省市之间存在着严重的行政壁垒，加之各地购买力又有限，导致中国真正的现实市场并没有计算的那么大，而且到现在为止市场还是没有完全统一。[①] 那些早期进入中国的跨国公司，在拓展中国市场的计划和努力落空的同时，发现中国其实具有丰富而优质的要素禀赋，尤其是具有大量的受过良好教育、遵守纪律的人力资源，中国是一个非常适合作为出口加工制造的平台和生产基地。这就是后来中国成为世界制造车间的最重要原因。

2008年世界金融危机后，世界经济再平衡的需要客观上要求中国扩大内需。2018年开始的中美贸易战，更显示出中国扩大内需、充分利用自己市场的紧迫性。实现持续的自主增长，要求从利用别人的市场转向更多地利用自己的市场。这不是发展战略回归"内向型经济"，也不是转向"自给自足、自力更生"的国民经济体系，而是扩大内需条

---

① 中国现实市场分割是出口导向的原因之一，这方面研究可见张杰、张培丽、黄泰岩(2010)。

件下新的经济全球化形式，是新一轮高层次开放型经济体系的重新设计，是中国开放型经济的升级版。由此凸显建立和完善统一市场对中国进一步开放和全球化的重要功能。

（一）从利用和打开别人的市场，转向更多地利用和放开自己的市场

中国目前经济总规模是世界第二位。随着我国居民收入水平、消费水平、社会保障水平的提升和市场开放程度进一步扩大，其内需规模将逐年上升，国内市场必然或已经转化为全球商家必争的重要市场。为此，需要我们把发展战略的重心转向利用和开拓自己的市场，以自己的内需拓展自身增长潜力，而不是继续依赖那些处于调整底部的其他国家的市场。在这种条件下如果国内市场仍然是分割的而不是统一的，那么无论是市场规模还是开放水平，都无法支持实现基本现代化要求的新一轮的经济增长目标。因此在扩大内需条件下形成开放型经济的转型升级版，应该从这个高度上去理解统一市场的概念和意义。这也是我们为什么说统一市场的建立和完善，是实现中国"开放经济第二季"的根本原因。

（二）从单一的出口导向型增长，转向出口与进口协调型增长

基于统一市场的内需纠正的是过去那种单一的出口导向型增长模式。考虑到"内需"是来自一个国家内部的市场主体对国内外商品和劳务的有支付能力的需求，因此通过统一市场的建立来扩大内需，将自然产生对进口产品的需求。但是需要注意的是，基于统一市场的内需并不与有竞争力的商品出口之间存在什么矛盾和冲突，恰恰相反的是，它将有力地促进新型出口方式的建立。如新经济地理学理论就认为，极大的国内市场需求将会使一国成为该种产品的净出口国（Krugman，1991；Helpman 和 Krugman，1985）。这种效应也称之为"母市场效应"（Home Market Effects），指在规模报酬递增和垄断竞争的情况下，加上存在贸易成本，那么需求的大国将成为差异化产品的净出口国。这意味

着大的国内需求将对出口起到积极的促进作用。

(三) 从低级要素的利用，转向对高级要素的吸取

过去，我国经济全球化过程中得到充分开发和使用的是与世界工厂需求相适应的一般的、低端的生产要素。这是国际市场对中国比较优势的自动甄别和选择，是全球价值链中处于主导地位的"链主"的市场化选择。简单的"国际代工"产生不了对高级创新要素的内在需求，依托外需也只能发展代工经济，而发展不出自主品牌和自主技术。与这种依托低成本要素参与全球低端分工所获得的全球化红利不同，新一轮经济全球化要提升我国在全球产品内分工的地位、向价值链上游和高端攀升，要求我国依托庞大的内需市场吸收全球先进的、高级生产要素，尤其是技术和人才要素，以此推动我国经济从学习模仿全面走向创新驱动的发展轨道，获取新一轮经济全球化的红利。显然，如果我们的市场不是统一的而是分割的，那我们凭什么可以形成强大的"虹吸"国内外先进生产要素的能力呢？凭什么我们可以在封闭经济体系中建设创新驱动型国家？

(四) 从被动适应全球化竞争，转向主动地创造全球化的战略机遇

我国参与的第一轮经济全球化，是发达国家的跨国公司主动发动的，它们为利用我国的加工制造平台，采取国际外包形式把我国纳入全球产品内分工体系，我国企业在这条由跨国企业控制的全球价值链中处于"被俘获"的地位。在新一轮的经济全球化中，我国要利用自己潜在和现实的市场规模，促进全球要素的重新集聚和重新配置。因此，它是我国为适应全球经济形势和竞争格局的变化所做的主动战略调整，也是我国给自己、给世界主动创造的一种战略机遇。对我们自己来说，它是一种更高水平的主动的开放型经济。

综上所述，如果我们的内需有足够的规模和持续的增长能力，加上我们的市场是高度开放的统一市场，那么就能够利用我国大市场规模的

强大吸引能力,趁着西方处于结构调整底部的千载难逢的机遇,大量虹吸全球的高级生产要素为我所用,加速中国的创新经济发展和进入高质量发展轨道。相反,如果我们的市场仍然是处于行政分割状态,市场规模依然狭小,则不可能对国外的先进生产要素产生预期的虹吸效应。

发挥大国经济的优势,就是要利用好国内市场规模这一最重要的发展资源,做好依托和利用国内市场吸收全球先进生产要素这篇文章。在这方面,正面例子是需要学习美国。众所周知的是,美国内需在全球最大,其虹吸效应也特别明显,全世界的先进的、高级的生产要素都往美国聚集,尤其是各类高级人才都往美国跑。由此决定了美国是当今世界上吸引外资最多的发达国家,也是吸收各类高级技术人才最多的国家。如何通过开放,把国内统一市场做大做强,然后对优质生产要素形成虹吸效应,用国外的先进技术和先进人才建设中国经济,是我们实现基本现代化中需要研究的重大课题。

三、建设和完善统一市场:产业政策为主转向竞争政策为主

从党的十八大开始,我们党就提出经济体制改革的核心问题是处理好政府和市场的关系,必须更加尊重市场规律,更好发挥政府作用。党的十九大则更是提出要发挥市场在资源配置中的决定性作用,同时更好地发挥政府的作用。建立统一市场就是正确处理政府与市场关系的具体行动和主要措施,因而它体现的是中国经济更深层次的内部改革。其中的道理很简单:市场取向改革的目标,是要建立市场起决定性作用的资源配置机制。如果政府不放权、不减权、不限权,尤其是不进行机构和职能改革,那么庞大的政府规模、无处不在的政府错位的"手",以及分割和扭曲的市场下,怎么发挥市场在资源配置中的决定性作用呢?

从阻碍统一市场建立的因素来看,最重要的说到底还是计划经济体制残留下来的行政权力对市场渗透活动的顽强抵制,以及对新引入的市场活动的不当介入。在转轨经济中,在所有可能影响市场运行格局和效

率的因素中（包括竞争与垄断、政府管制、文化习俗等），只有政府的行政权力才有可能长期地、有力地、大幅度地扭曲、撕裂、分割和限制市场。因此就形成统一市场、清除市场壁垒、公平竞争发展环境、提高资源配置效率的目标来说，首先还是需要政府进行自身的改革，以市场活动为边界约束自己的扩张行为，退出不必要的活动领域，尤其是要协调和平衡好产业政策与竞争政策之间的关系。

因为从理论上看，产业政策是政府为了扶持或限制某些特定产业而制定的财税、信贷、外汇乃至土地、人才等一系列政策，因而产业政策是发展取向的；竞争政策则是现代市场经济中的根本大法，是有关市场竞争与垄断关系的基本规则，因此竞争政策是平等化取向的。前者充分发挥了政府的发展功能，加速推进了政府意欲的产业发展，但是其天然存在着容易造成不公平竞争、割裂统一市场的基础等缺陷。与此不同的是，后者则限制了政府的发展功能，尤其是限制了行政垄断和国有企业的市场势力。竞争政策优先需要有效地抑制政府"有形的手"对市场的不适当的、过度的干预，因而可能会延长发展中国家的发展时间。从实践上看，在中国目前的经济发展阶段上，与成熟的西方经济不同的是，发展取向的产业政策占据了政策的主导地位，而对统一市场的形成和运行具有举足轻重作用的竞争政策则退居其次。在这种条件下，如何来确立竞争政策优先的政策地位，如何以竞争政策来主导统一市场的建设，这是一个艰难的两难选择。

协调和平衡产业政策与竞争政策之间的关系，是一个值得研究的大题目。我们仅仅指出，从追求高速度转向追求高质量，不仅仅是指要实现经济结构的战略性调整和发展方式的转变，更重要的是要有体制机制的转型。后者是前者的基础和保障，作为市场化改革的一个最重要的具体任务，就是要推进经济从"发展竞争"，逐步转向"自由竞争"和"平等竞争"。由此确立竞争政策在整个政策体系中的优先地位。这是中国经济进行更深层次的内部改革的重要体现。

中国经济当今面临的发展问题已经不是没有市场竞争，也不是没有市场自由，更不是没有发展竞争，而是缺少"平等竞争"，缺少自由竞争中的公平环境和条件。表现为行政垄断、行政干预、各种利益联盟和国有企业借助于产业政策等手段，严重扭曲市场的资源配置功能，降低了市场运行的效率，导致了严重的寻租和不公正，以及市场取向的改革严重走样。基于建设统一市场、扫除平等竞争的障碍的要求，更深层次的内部改革首先必须调整产业政策的行使方式，逐步确立以竞争政策为主导的政策态势。具体来说就是：

（一）产业政策逐步中性化

在转轨经济背景下，我国各地政府在产业结构调整中都习惯或者迷信产业规划与产业政策，往往用指向性很强，或偏好性过强、很具体的产业规划指导或指令企业对产业的投资行动。它的特点是按所有制性质、按规模大小和按地区等非市场化原则对企业进行管理。这种产业政策不经过市场竞争考验就人为地挑选出"赢家和输家"，往往造成同一市场中存在着许多享受不同政策的企业，如国企、民企和外企三者之间，在诸多重要的政策中都享受着不同的待遇。这是中国企业间竞争不平等的根源。其实这种有偏向的产业政策的有效性的前提，是政府拥有充分的知识和信息，可以作为企业家决策并承担决策后果，否则政府竭力鼓励某些产业发展的行为就可能变成危险的"博傻"游戏。

例如，在现行体制下，众多地方政府就某一热点产业集中实施所谓的"加速推进规划和支持政策"，其最大的后果是出现大幅度的产能过剩。实践证明，政府设置的审批清单越长、审批环节越多越难，行政壁垒就越高，同时意味着突破该壁垒的利润也越高，地方政府和企业就越会想办法去说服政府，想方设法突破审批清单和审批环节，结果是产能过剩反而更加严重。从此意义看，中国严重的产能过剩其实与缺乏统一市场、存在较高的行政壁垒有直接的关系。而且，一旦发生严重的产能过剩，在行政权力阻碍下还很少能进行有效的资产重组。

根据国际经验，建立统一市场、平等竞争环境应该实施一种偏向于中性的产业政策,或"不做什么""禁止做什么,其他都允许做"的管理方式。在这里,中性的产业政策是指除了法律和政策直接禁止的产业外,政策并不事先挑选输家和赢家,而是放手让市场竞争去决定优胜劣汰。毫无疑问,这种趋向于中性的产业政策,前提是需要我们根据党的十八大、十九大精神,改革政府对市场的管理方式,逐步实施"负面清单"管理方式,大幅度地削减政府的管理机构,大幅度地减少政府权力。政府的减权、限权将释放民间和市场的创新活力。正因为深层次的改革要革自己的命,所以这种改革必然会遇到强大的阻力。

(二)产业政策逐步"去地方政府化"

产业政策的"去地方政府化",是指产业政策不能由行政权力和经济运行高度叠加的地方政府去主导,而应该主要由中央政府来综合行使,以保持产业政策对市场调节的统一性和协调性。在我国转轨经济体制中,非中性化的产业政策加上其内含的地方利益,即产业政策的地方化倾向,是扭曲、撕裂、分割和限制中国统一市场建立和完善的主要力量。

众所周知,我国命令经济体制在放权让利的市场取向改革中,出于种种复杂的原因,形成了行政权力和市场运行高度结合的地方政府主导增长的体制格局。中央政府设计了让地方就经济业绩进行分散化竞争的制度框架,以 GDP、财政收入等考核指标作为官员晋升或是否留任的基本依据,把这些指标的完成与当地官员的收入、福利、消费紧密联系起来。在这样的"刺激—反应"机制下,地方政府便具有了类似于企业的行为动机和功能,而其官员便具有了作为"企业家"的决策权力和增长动机。这一制度设计既是中国经济增长动力强大的根本原因,也导致了地方政府具有了强烈的、偏向性的产业政策功能。

地方政府所掌控的非中性化产业政策,之所以成为扭曲、撕裂、分割和限制中国统一市场的主要力量,是因为地方政府出于考虑局部利益的逻辑,会运用行政权力鼓励那些对自己的市场利益有利的企业行为,限制那些对自己的市场利益不利的行为。用公司化的方式经营土地和经营城市，是这些年产业政策地方化的最典型现象之一。由此所带来的主要后果，是地方政府公共权力的错配和政府角色的错位，是政府把自己等同于参与市场活动的红顶商人。政府不再是市场秩序的监管者，不再是社会公平和正义的维护者，只关心自己的商业利益，甚至为了自己的商业利益，不惜动用政权的力量以达到自己的目的，如限制资源正常流动、强行暴力拆迁、垄断和分割市场等等。同时，产业政策的地方化，也是较少受到约束的地方政府债务激增的主因，直接导致了中国的泡沫经济风险的产生。

（三）竞争政策逐步主导化

就是竞争政策要逐步替代产业政策成为统一市场的奠基石，成为规范市场公平竞争关系的主导规则。从历史上看，那些发展追赶型的国家、干预市场传统深厚的国家，往往更热衷于运用和依赖产业政策。通过产业政策用政府的力量扭曲市场价格信号，把资源集中投入到自己意欲的"重要"产业中去，从而实现快速追赶，对于强势政府的国家具有天然诱惑力。这时的产业政策，往往具有某些高尚的借口，如扶植幼稚产业，培育民族工业，保护国家安全，调整产业结构，等等。我们虽然不能说，产业政策在所有国家都一无是处、毫无绩效，但是却可以毫不犹豫地说，长期实施产业政策为主、不及时转换到竞争政策为主导的国家，其结果往往是：政府干预经济的势力不断扩张，市场功能高度残破，产业竞争力薄弱，资源浪费严重。

与此相反的是，当今发达国家更热衷于以反垄断来促进竞争，间接推动产业发展，对预先挑选某些特定的优势产业加以重点扶持的产业政策的做法，往往持不屑一顾的消极态度。发达市场经济国家这样做其实有很多客观性的经验，值得我们好好认真学习。这除了在应对中美贸易战中有特殊的作用外，至少还可以具有以下的改革和发展含义：一是不以增长为目标而主要以市场秩序为目标，应该是行使公共利益的政府的主要职能。我国"五位一体"的新发展理念也要求政府不能仅仅简单地以增长为目标。二是政府以创造和管理市场的公平竞争为己任，而不是以挑选那些特定的优势产业加以重点扶持为工作任务，使自己摆脱了"公司化倾向"，摆脱了代替企业家决策、又负不了企业家的责任的角色，而且具有专司其职的比较优势。三是分离了市场调控主体与市场参与者的角色，可以有效地防止寻租和大面积腐败，维护政府清明、政治清正、官员清廉。四是可以有效地按照市场需求方向调整产业结构、转变发展方式。过去，具有迷惑性的产业政策是我国经济粗放发展方式的重要成因，也是造成政府与市场边界模糊的重要原因。要转变发展方式，就要清晰界定政府与市场边界，对那些泛滥成灾的产业政策，即便不能立马全部撤销，至少也要大手笔地删繁就简（黄小鹏，2013）。

四、以竞争政策为基础推进统一市场建设和高水平开放

2018年，习近平主席在博鳌亚洲论坛年会开幕式主旨演讲中，向世界庄严宣告中国扩大开放将采取四个重大举措。这四个重大举措包括十条进一步开放的具体措施。其主要内容是要在高速度发展转向高质量发展的过程中，把过去那种创造非均衡发展竞争优势的政策取向，转向以创造统一市场和公平竞争环境的政策取向。这标志着中国开放政策的格局，已经由产业政策导向阶段，逐步转向以竞争政策为基础的高水平开放阶段。这是中国顺应不可逆的经济全球化的时代潮流，在开放条件下促进高质量发展所作出的重大战略抉择，是"改革开放这场中国的第二次革命"中的重要组成部分。

如上所述，过去我国的产业政策适应了我国作为发展中大国经济的总体特征，总体上看也是非常成功的。中国现在虽然还是发展中国家，但是已经成为世界第二大经济体、第一大工业国、第一大货物贸易国、第一大外汇储备国。40年来，中国人民生活从短缺走向充裕、从贫困走向小康，赶超型的产业政策在其中的作用功不可没。另外，我们也要

清醒地看到，非均衡发展的赶超型产业政策导向，也带来了我国经济运行中的重大结构失衡，如实体经济内部结构失衡，实体经济与金融、与房地产之间的失衡，国内生产与国内消费之间的失衡等，表现为产能严重过剩、出口依赖太重、企业杠杠过高、实体企业盈利能力低等一系列问题和矛盾。在进入新时代高质量发展目标的驱动下，过去那种相对封闭的以培育新兴产业、增加生产能力为导向的赶超型产业政策，急需逐步转向以建设统一市场、创造公平竞争环境为宗旨的竞争政策为基础的高水平开放化发展。

在当代中国经济发展中，竞争政策要为企业有活力腾出空间，为市场有效率加强监管，为调控有力度尽责到位。竞争政策可以在市场的基础上引导资源在产业内、产业间和空间上的自动配置，因而有利于克服资源配置的行政扭曲，消除供求结构的不均衡，提高全要素生产率，也因此在推动供给侧结构性改革中具有巨大的功能，在促进经济迈向高质量发展阶段具有基础性地位。未来的中国经济发展中，我们只有有效地、更多地发挥竞争政策的基础性作用，才有可能真正实现市场在资源配置中起决定性作用和更好发挥政府作用。

以习近平主席宣告的中国扩大开放将采取的四个重大举措为例，我们来看看这种政策转向的内在必然性和对中国实现高质量发展的现实意义。

（一）当前急需要由市场准入限制，逐步转向大幅度放宽市场准入管制，增加经济的竞争性，为民众提供更多的高质量的商品和服务，为消费者增加更多的选择性

过去在生产能力短缺时代，国家对市场准入进行严厉的限制，目的是对自己的幼稚产业进行保护。但是随着国内经济力量的崛起，现在很多产业已经开始成熟，没有继续加以保护的必要性和合理性。长此以往，反而会进一步增加消费者的消费成本，降低产品质量和减少多样性选择，增加生产者的垄断利润。这是典型的社会福利损失。改革开放

40年来，我国绝大部分制造业已对外开放，目前保留限制的主要是汽车、船舶、飞机等少数行业。这些行业现在大多已经具备开放的基础，下一步大幅度放松市场准入限制的举措，就是要尽快放宽对这些行业的外资股比限制，特别是对汽车行业外资限制。另一个最重要的有标志意义的举措，就是在高端服务业的金融、旅游、建筑设计、医疗、电信、互联网等领域，目前特别是在金融业领域，加快开放的步伐。一方面，要确保2017年宣布的放宽银行、证券、保险行业外资股比限制的重大措施落地；另一方面，要加快保险行业开放进程，放宽外资金融机构设立限制，扩大外资金融机构在华业务范围，拓宽中外金融市场合作领域。这方面比较好的开放方案，就是建议这些产业在对外开放之前，首先对民营企业开放，加大对内开放有利于民营企业把这些产业的竞争力迅速提高，以防止对外开放的急促性使这些产业丧失竞争力。

（二）当前急需要由政府制定优惠政策吸引投资，逐步转向为企业投资创造更有吸引力的环境

过去中国政府吸引外来投资，主要依靠制定优惠政策创造"洼地"效应，"洼地"形成之后，确实具有吸引资源流动的强大虹吸效应，但是它只能在某个局部的空间上发挥作用，除了具有影响力有限的天生缺陷外，主要问题是容易导致空间上的地域歧视，人为拉大区域间发展条件的差距，同时造成包括人力资源在内的所有资源的人为的、过度的流动。进入新时代，实现发展权的公平和减少优惠政策过多过滥的格局，需要更多地依靠改善投资环境，也就是要加强同全球经贸规则的对接，增强政府运作的透明度，强化对民营企业和外资的产权保护，鼓励竞争、反对垄断，为企业创造更有吸引力的投资环境。2018年年初，中国政府已经对现有政府机构做了大幅度调整，组建了国家市场监督管理总局等新的机构，目的是为了破除制约使市场在资源配置中起决定性作用、更好发挥政府作用的体制机制弊端。同时政府也在抓紧完成修订外商投资负面清单的工作，全面落实准入前国民待遇加负面清单的管理制度。

（三）当前急需要由模仿创新发展，逐步转向以知识产权保护为重点的自主创新发展

在早期的以出口导向为特征的经济全球化中，中国沿海发达地区走的都是"技术模仿创新"的道路。这种模式的优势，在于可以避开国内因研发和技能差距所导致的技术陷阱，从而凭借其要素成本优势实现迅速的经济成长。沿海地区发展中的这种引领作用，虽然不是真正意义上的自主创新模式，但是却是中国早年从闭关自守、自力更生走向开放化自主创新的必经阶段。在当前新一轮经济全球化的背景下，建设创新驱动的国家战略目标，要求我们执行最严厉的产权保护制度。这是竞争政策的最重要内容之一，也是提高中国产业竞争力最大的激励因素。据日本经济学家的观察和研究，在20世纪70年代以后的日美贸易争霸战中，美国也是利用知识产权和专利保护制度，限制日本企业进行模仿和反求美国的技术。但是结果却是出乎意料，它倒逼了企业开始重视知识产权和专利保护，日本企业从此开始了艰苦的自主创新，推动日本经济全面进入了自主创新轨道。2018年4月10日，习近平在博鳌亚洲论坛2018年年会开幕式上发表主旨演讲时指出，我国将重新组建国家知识产权局，完善加大执法力度，把违法成本显著提上去，把法律威慑作用充分发挥出来。我们鼓励中外企业开展正常技术交流合作，保护在华外资企业合法知识产权。同时，我们希望外国政府加强对中国知识产权的保护。

（四）当前急需要从鼓励出口导向，逐步走向主动利用内需来扩大进口，吸收全球最先进的生产要素为我所用

中国过去走的开放经济的道路以出口导向为基本特征，这个战略的基点，在于利用的是别国的市场，而不是我们自己的市场。1992年之

后，尤其是2001年加入WTO以来，中国出口导向的全球化取得了巨大的成功，国际贸易额呈现爆炸式增长。2008年之后，世界金融危机显示了这种性质的全球化红利已经基本结束，中国需要与世界进行再平衡。在这个再平衡过程中，经济发展方式转变的重要内容和表现之一，我国最高决策者的最重要抉择之一，就是要在扩大内需条件下，主动地启动"基于内需的全球化经济"战略。这是中国为适应全球经济形势和竞争格局的变化而作出的主动战略调整，也是中国给自己、给世界主动创造的一种战略机遇，是中国全面提升开放型经济发展水平的最重要含义和最主要内容。"基于内需的全球化经济"并不是一个新现象，它是中美这类大国经济的必然选择。对处于发展中的中国来说，就是要在加入全球分工体系的基础上，强调利用全球的优质要素发展自己。中国尽早启动这一战略，也是为了满足人民日益增长的美好生活需要。以不断增大的内需来扩大进口，也能起到促进我国经常项目收支平衡的主要作用。习近平主席宣布从现在起，我国将相当幅度地降低过去对某些产品的关税税率。如汽车进口关税可能要降低一半以上，同时降低部分其他产品进口关税，努力增加人民群众需求比较集中的特色优势产品进口。基于内需的经济全球化战略，期望能够用中国的内需吸收外部世界的先进生产要素，因此也希望发达国家对中国放松正常的高技术产品贸易的人为设限，放宽对华高技术产品出口的管制。

总之，逐步转向以竞争政策为基础的高水平开放，是中国坚定走市场取向改革道路的重要体现，是扩大对外开放、创造内外企业公平竞争环境的重大举措。改革开放40年来的实践充分证明，中国经济不怕放开，不怕竞争，但是怕封闭。封闭才会落后。只有坚持市场取向的改革，只有坚持高水平的对外开放，中国特色社会主义事业才能兴旺发达，中华民族伟大复兴的宏伟目标才能实现。正如习近平主席所说，经过努力，中国金融业竞争力将明显提升，资本市场将持续健康发展，现代产业体系建设将加快推进，中国市场环境将大大改善，知识产权将得到有力保护，中国对外开放一定会打开一个全新的局面。

参考文献

[1] 陈甬军:"论中国地区市场封锁问题",《经济学家》1992 年第 4 期。

[2] 刘志彪:"基于内需的经济全球化:中国分享第二波全球化红利的战略选择",《南京大学学报:哲学·人文科学·社会科学》2012 年第 2 期。

[3] 刘志彪:"战略理念与实现机制:中国的第二波经济全球化",《学术月刊》2013 年第 1 期。

[4] 林毅夫:"现在已经到了把双轨制一律都消除掉的时候",http://theory.people.com.cn/BIG5/n/2013/0916/c40531 - 22934299 - 2. htm。

[5] 黄小鹏:"产业政策泛滥成灾何时休",《证券时报》2013 年 9 月 24 日。

[6] 张杰、张培丽、黄泰岩:"市场分割推动了中国企业出口吗?",《经济研究》2010 年第 8 期。

[7] Helpman, E., and P. Krugman, 1985, *Market Structure and Foreign Trade*. Cambridge (Mass): MIT Press.

[8] Krugman, P, 1991, Increasing Returns and Economic Geography, *The Journal of Political Economy*, 99 (3), 483 - 499.

要素市场深化与经济结构均衡化*

一、引言

改革开放40年中国的实践表明,经济奇迹的取得与市场主体的逐步成长、市场体系的逐步健全、市场调节机制的逐步有效以及市场工具和手段的逐步深度运用有直接的关系,如今市场机制在资源配置中已逐渐起决定性作用。但长期以来,我国的经济增长主要依赖资源和资本、劳动等生产要素的大规模投入,自2012年以来我国劳动力的数量已经开始下降,人口红利已经基本消失,环境恶化也使过去的粗放式增长难以为继。

在过去几年的时间里,通过"三去一降一补"进行供给侧结构性改革取得了重大进展,建设现代化经济体系的战略目标,为经济由高速增长阶段转向高质量发展、实现增长的新旧动能转化指明了方向。构建现代化经济体系,必须实现要素投入和实体经济的协同发展,发挥要素市场在优化高级要素配置中的作用,通过纠正要素市场扭曲深化供给侧结构性改革,从而为实现高质量增长提供新动能。结构性改革本质上就

---

* 本文作者于明超,南京师范大学商学院。

是要校正要素配置的扭曲，生产要素按照市场机制配置就会配置到最有效率的部门区域和企业，就会提高全社会的生产效率。

经济结构失衡的实质是要素资源配置的失衡。由于要素配置的市场化改革进程严重滞后于产品的市场化进程，人为的市场分割以及价格扭曲使要素价格无法真实反映市场供求关系和资源的稀缺程度，从而导致资源配置的扭曲，这种扭曲已经严重阻碍了经济结构的优化以及资源配置效率与创新能力的提高（张杰等，2011；罗德明等，2012；毛其淋，2013；戴魁早、刘友金，2016；刘竹青、佟家栋，2017）。无论是资本要素、劳动力要素市场、技术市场，还是企业家才能，不能流向最有效率的部门区域和企业，这种要素配置的扭曲必然要靠改革的办法来校正。

我们认为，构建现代化经济体系实现高质量增长必须通过深化要素市场改革、构建统一的市场、发挥社会主义市场经济体制作用，校正要素配置的扭曲，对提高全社会的生产效率和完善供需两侧平衡有至关重要的作用。在本文中，我们将从经济发展战略、政府官员晋升锦标赛等角度分析要素市场产生扭曲的原因，从资源配置效应等方面阐述要素市场扭曲对经济结构产生影响的机理，并构建计量模型实证分析要素市场扭曲对产能过剩、企业家精神、投资率的影响。最后，提出一些有针对性的政策建议。

二、要素市场扭曲与我国经济结构失衡

在理想的竞争性要素市场中，支付给要素的实际报酬等于要素的边际产出。但由于各种原因，比如西方工会的力量或最低工资法案的影响，要素市场必然存在流动障碍或价格受到扭曲偏离竞争性价格。在中国特殊的经济转型背景下，要素市场具有特殊性，我国与西方国家一个显著区别，是政府主导要素资源的初始配置及早期要素价格的制定，政府有能力通过行政管制手段，限制外地资源进入本地市场或限制本地资

源流向外地。这种地方保护主义导致产品市场和要素市场存在较为严重的市场分割，学者将政府的这种干预与控制所造成的要素流动障碍、要素价格刚性、要素价格差别化以及要素价格低估等现象，界定为要素市场扭曲（张杰等，2011）。在存在要素市场扭曲的情形下，劳动力和资本等生产要素无法按照市场机制实现最优配置，不仅在微观层面导致企业生产要素的配置效率低下，也在宏观上表现出结构性失衡的现象。

（一）要素市场扭曲的原因

1. 追赶型经济发展战略。林毅夫（2012）及合作者的一系列研究，认为我国的要素价格扭曲和偏向，主要源于偏离比较优势的赶超战略。早期政府为了优先发展重工业，人为地压低了资本、劳动、土地等生产要素的价格，在刺激了经济发展的同时，造成了我国要素市场长期的扭曲并影响至今。他们认为中国要发展现阶段符合比较优势的产业，符合发达国家比较优势的产业，并不符合发展中国家的禀赋结构，如果寄希望于"赶超战略"，大规模建立资本密集型产业，将导致整个国家资源配置效率低下，经济发展效率低下，降低劳动力需求，进而降低均衡工资水平。工资收入下降将导致企业家与工人之间的收入差距扩大，赶超程度越高，这种收入不平等程度越高。不符合比较优势的政府发展战略及由此衍生的一整套政府干预政策是收入分配结构不合理的根本原因所在。

2. 政府官员晋升锦标赛的激励。地方政府在我国经济增长中扮演了非常重要的角色，地方官员之间围绕 GDP 增长而进行的"晋升锦标赛"模式成为地方政府激励的重要来源（周黎安，2007）。经济增长越快的地方官员获得晋升的概率越大，因此就有激励不断促进经济增长。这种锦标赛使地方官员之间缺乏合作的激励，而晋升的竞争加剧或强化了地区间的市场分割（银温泉、才婉茹，2001）。由于要素市场比产品市场更易受政府政策影响，地方政府常为了招商引资不惜提供低成本生产要素，如低价土地、补贴、优惠贷款等。另外，从地方政府官员的角度来讲,设置市场进入壁垒和控制关键要素的价格,可以为地方政府官员带来潜在好处。地方政府官员有动力主动采用地方保护政策和控制要素价格来创造寻租机会,以获得巨大的个人利益。戴逵早(2016)认为正是这种出于对财政、晋升和寻租等方面的激励,地方政府官员对要素市场产生了显著的扭曲效应。

3. 所有制效应及行政性垄断。大量研究表明,国有部门与非国有部门之间要素市场扭曲现象普遍存在,如金融市场信贷资金的分配仍然偏向国有企业,民企的融资成本和利率弹性均显著高于国企,只能得到较少的融资来源(刘小玄、周晓艳,2011)。国有企业与民营企业之间事实上面临的是一个"割裂"的资本要素市场。中国在一些领域里还存在行政性垄断问题,如有行政机关滥用行政权力限制竞争①,或违规给予个别市场主体优惠政策。有学者研究指出,富有中国特色的行政垄断制度,是国有部门和非国有部门间要素价格相对扭曲的根本原因(陈林等,2016)。另外,国有经济占主导的行政垄断行业往往出现显著的高收入现象,又加剧了收入分配与社会公平的问题。不同所有制企业政策的差异加大了资源配置的无效率,严重扭曲市场的资源配置功能,降低了市场运行的效率,甚至导致严重的寻租行为。

4. 非均衡发展的产业政策。它对于政策施加对象来说,天生就是不平等的,不仅使国内不同所有制企业的政策环境不均等,也使国外经济主体之间的政策环境不均等,还使同一经济主体在不同的区域处于不同的政策环境。所有制歧视、产业歧视和空间歧视等,是实现政策的基本手段和工具。

政府往往意图挑选出需要重点扶持或者淘汰的产业,促进资源流向符合政策意愿的产业,这种产业政策是用来创造非均衡发展的竞争优势的,采用包括制定低价、补贴、进出口、技术等在内的各种扭曲生产要素价格的方式,达到特定行业快速发展的目的;也可以为了扶持某些

---

① "国家发改委公布四起行政垄断案件",《法制日报》2016 年 12 月 30 日。

"战略部门",故意阻隔某些部门的外来者竞争,让其长期获取高利润而限制进口,或者利用行政手段禁止民营企业和外资企业的自由进入。但是,如果企业不能形成对自主创新的激励,尽管在产业发展起步阶段,通过非均衡的产业政策能够降低生产成本,带来高利润的吸引力,吸引新企业进入或扩大产能,当产业扩张后,如果不能成功引导需求和技术的同步成长,政策则退化为刺激同质化产能的增加,由此常伴随产能过剩的出现(周亚虹等,2015)。另外,也造成极大的财政负担。比如光伏产业是政府鼓励发展的新能源产业,据媒体报道,按照2017年的装机规模,光伏需要补贴1300亿元,加上风电的700多亿元的补贴,每年光伏与风电需要补贴超过2000亿元。①

(二) 要素市场扭曲影响经济结构失衡的机理

各种经济政策效果如何依赖于在给定的外部环境下经济行为主体会对政策的激励做出的反应(伊斯特利,2016),如果要素市场存在一定程度的扭曲,无论是存在市场分割限制了自由流动,还是价格扭曲使相对价格无法反映要素机会成本,都会对资源的配置产生扭曲。结合其他学者的研究,要素扭曲的影响机制可以分为以下几种(详见图1)②。

1. 资源错配效应。微观经济学告诉我们,要素价格扭曲改变要素相对价格,会导致企业过度使用被人为压低的要素,从而使要素的边际产出偏离最优,造成资源配置的低效率。资源错配主要来自两个方面:一是地方保护形成的要素市场分割削弱了市场机制对要素资源的优化配置功能(李善同,2004);二是要素价格扭曲导致价格信号失真,使资源无法实现最优配置。Hsieh 和 Klenow(2009)使用一个异质性企业垄断竞争模型,研究了资源错配对中国企业全要素生产率(TFP)的影响。以美国的效率为参照基准,他们发现如果消除要素资源错配的话,

---

① "补贴不再,光伏产业必须优胜劣汰",《21世纪经济报道》2018年6月4日。
② 参考了戴魁早和刘友金(2015)图1。

中国的 TFP 会提供 30%—50%。时磊（2013）认为我国资本市场存在所有制歧视和规模歧视，大量资本追逐国有和大规模企业，资本价格的扭曲以及对该扭曲行为的校正，纵容了供给市场的非公平性竞争行为的存在，导致产能过剩。

2. 寻租效应。自熊彼特提出创新理论，企业家才能被视为生产要素中重要的内容，企业家及其创新与创业活动对经济增长和国家繁荣产生着巨大影响。但企业家才能在不同时期、不同地区发挥的作用也不一样，作为一种要素企业家才能可以配置在不同的用途上，其中某些用途未必像通常认为的那样具有建设性和创造性。鲍默尔拓展了熊彼特企业家行为的范围，不仅包括生产性活动，也包括寻租活动中的创新即非生产性活动和破坏性活动。在任何特定时期的任何特定社会里，企业家的创业活动的作用方向都严重依赖于现行的制度安排，以及这些制度安排为促进、不促进甚至阻碍增长的创业活动所提供的相对报酬（Landers 等，2010），企业家会在这些活动之间进行比较和权衡。由于要素市场扭曲，当非生产性能够为企业家的能力提供更高报酬的时候，企业家将把主要精力放在寻租或获取政治联系等活动上。张杰等（2011）、戴逵早（2016）等认为由于地方政府对资源的控制作用，扭曲要素市场带来了寻租机会，因而显著抑制了中国企业 R&D 资本投入到增长。

3. 挤出效应。要素价格扭曲引起的超额收益会对企业其他活动产生挤出效应。当大量的要素流入到存在超额收益的领域，其他需要资源投入的行业自然会受到冲击。当前最主要的结构性失衡的表现之一是虚拟经济和实体经济之间的失衡，大量的资金流入房地产市场，挤占了对研发活动或其他生产性活动的投入。如吴晓瑜等（2014）认为房价上涨会影响家庭内部的投资、消费和创业等一系列行为，房价的长时间上升使得人们对房产投资收益率形成了比较高的预期，人们在边际上更倾向于将资金投资于房产，而不是用来创业。

4. 需求效应。要素市场如果不能按实际边际产出进行分配，尤其当劳动力市场存在向下价格扭曲时，会减少居民收入，减少消费者对产品的需求,而产品需求下降导致大量供给不能被市场消化,从而造成库存增加和产能过剩(徐长生、刘望辉,2008;王希,2012)。另外,要素市场分割造成的农村劳动力收入过低也是收入分配差异过大的主要源泉(林毅夫、陈斌开,2013)。有效需求不足会造成新产品和新技术的需求引致创新机制失效,导致企业创新活动无法获取创新收益进而失去动机。

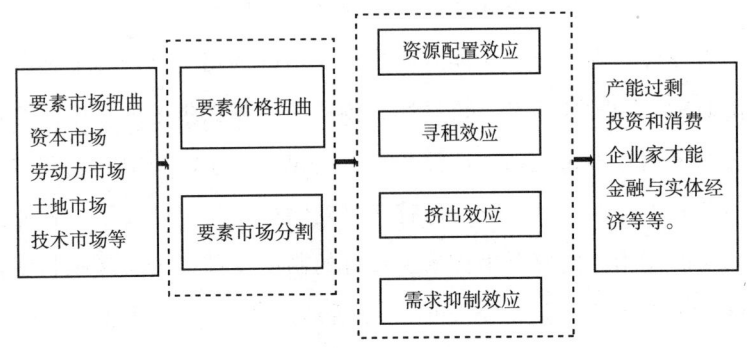

图 1　要素市场影响经济结构的机制

三、要素市场扭曲对结构性失衡影响的实证分析

经济结构是个宽泛的概念,近些年来,学者们从不同角度广泛研究了中国经济机构失衡问题,如国民收入结构(白重恩、钱震杰,2009;林毅夫、陈斌开,2013;龚刚、杨光,2010)、供需结构失衡(余斌、吴振宇,2017)、消费储蓄结构(柳庆刚、姚洋,2012)等。由于结构失衡内容是多方面的①,本文选择结构失衡的几个方面对宏观表现和微观行为进行研究,宏观方面选择问题突出的产能过剩和投资结构失衡问题,微观方面考虑到要素扭曲对企业家才能资源配置扭曲的影响,以微观数据分析对创业行为的影响。

---

① 目前中国面临的三大结构性失衡包括实体经济结构性供需失衡、金融和实体经济的失衡、房地产和实体经济的失衡。

(一) 要素市场扭曲的测度及特征

中国市场化发展一个明显的特征是要素市场发展滞后于产品市场发展,如图 2 所示,图中列出了王小鲁等(2017)、王小鲁和樊纲(2010)编写的市场化指数计算而来的各地区平均要素市场和产品市场发育指数。需要注意的是,由于基础指标采用了不同口径,在 2008 年前后的数据并不可以直接比较。张杰等(2011)提出了一种度量要素市场扭曲的指数,定义为:要素市场扭曲指数 = (该省产品市场发育指数 - 该省要素市场发育指数) / 该省要素市场发育指数。该指数随后也被较多学者采用(谭洪波,2015;刘竹青、佟家栋,2017)。该方法能够度量要素市场相对于产品市场发展的滞后程度,但也存在一些缺陷,比如无法体现要素市场随时间推移的改善,并且有地区会出现负值。在此基础上林伯强和杜克锐(2013)提出了另外一种方式:

$$FAC_{it} = [\max(factor_{it}) - factor_{it}]/\max(factor_{it}) \times 100$$

其中,FAC_{it} 度量地区 i 时期 t 的要素市场的扭曲程度;$factor_{it}$ 为要素市场发育程度指数。该方法构造的要素扭曲指标可以在一定程度上体现要素市场扭曲程度的相对差异,并且也能够反映随时间的变化趋势。

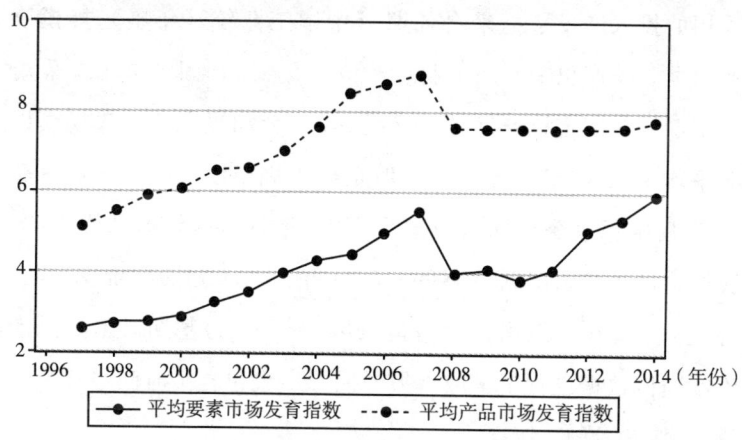

图 2 产品市场化和要素市场化指数

但这一方法也存在缺陷，度量的是相对于样本期内要素市场最发达地区的扭曲程度，比如 2008—2014 年样本中为 factor 的最大值是 2014 年北京市的观测值，这样计算的 FAC 值为 0，显然，这并不意味着北京市不存在要素市场的扭曲。囿于可得数据，由于市场化指数 2008 年前后不能直接比较，我们计算的时候分别使用了两个时间段最大值，尽量减小了数据本身的影响。

（二）要素扭曲与产能过剩

当前结构失衡的一个重要表现就是产能过剩。我们认为要素扭曲是造成产能过剩的重要原因。有不同的方式度量产能过剩，比如调查法、随机前沿法、DEA 法，这里我们采用类似程俊杰和刘志彪（2015）使用随机前沿的方法估计各地区的产能利用率。与之前研究不同的是，我们的面板数据随机前沿采用了 Greene（2005）提出的真实固定效应（True Fixed Effects Stochastic Frontier）和真实随机效应（True Fixed Effects Stochastic Frontier）模型，来处理面板数据中存在的不可观测的个体异质性。我们将随机前沿计量模型设定如下：

$$\ln y_{it} = \alpha_i + \beta_1 \ln k_{it} + \beta_2 \ln l_{it} + \beta_3 t + v_{it} - u_{it}$$

采用的投入产出数据来自各期《中国工业统计年鉴》规模以上工业企业数据。总产出 y 使用工业总产值（亿元）；固定资本 k 采用"规模以上工业企业固定资产净值"（亿元）；劳动投入 l 为"规模以上工业企业平均用工人数"（万人）。但是由于规模以上企业工业总产值自 2011 年以后数据缺失，同时也缺少 2012 年各地区的劳动投入的人数，因此我们将样本期限限制在 1999—2011 年。为了扣除物价变化的影响，使用各地区工业生产者出厂价格指数以 1999 年为基期对工业总产值和固定资本净值数据进行了平减。另外回归中也包含了时间趋势变量表述技术进步潜在的影响。

表 1 中给出了估计点结果。作为比较，第 I—Ⅲ 列也列出了其他三

种面板数据模型随机前沿的估计结果。第Ⅳ和第Ⅴ列报告了采用真实固定效应模型和真实随机效应模型估计的随机前沿生产函数的结果。利用所估计的 TFE 和 TRE 模型，就可以得到以产出为导向的技术效率估计值作为产能利用率，即实际产出占潜在产出的比重。这样度量的产能利用率既考虑了生产函数中的无效率项同时也考虑了随机干扰的影响。根据估计点结果（见图3）绘制了1999—2011年估计的产能利用率，尽管使用固定效应和随机效应模型结果存在一定差异，但可以看出总体趋势是一致的。自2001年中国加入WTO之后，得益于比较优势的发挥和国际市场的开拓，外向型经济的发展使中国工业企业产能利用率持续上升，这一过程一直到2007年金融危机爆发，此后两三年间由于大规模刺激计划导致产能利用率急剧下降，之后才逐渐恢复。

表1　　　　　　　　　　不同随机前沿模型估计结果

	（Ⅰ）FELS	（Ⅱ）KUMB	（Ⅲ）BC92	（Ⅳ）TFE	（Ⅴ）TRE
Lnk	0.485 (0.311)	0.953*** (0.043)	0.477*** (0.052)	0.932*** (0.102)	0.306*** (0.042)
Lnl	0.438 (0.304)	0.256*** (0.039)	0.485*** (0.041)	0.269* (0.135)	0.540*** (0.026)
t	0.138* (0.055)	0.080*** (0.004)	0.107*** (0.007)	0.061*** (0.014)	0.136*** (0.004)
常数		-0.470** (0.181)	2.082*** (0.319)		2.411*** (0.213)
σ_u σ_v		0.253 0.016	-2.250 2.129	-2.581 -33.209	-4.537 -6.055
$\eta(\theta)$	—		0.020	—	0.387
LnL		191.538	244.136	265.184	252.820
N	377	377	377	377	377

注：FELS：Lee and Schmidt（1993）迭代最小二乘时变固定效应模型；KUMB：Kumbhakar（1990）随机效应面板随机前沿模型；括号中为标准误。表中 ***、**、* 分别表示在 1%、5% 和 10% 的水平上显著。

为了考察要素市场扭曲对产能过剩的影响，我们以产能利用率作为被解释变量，对要素市场扭曲指数进行回归，回归中也加入了各地区财政支出占 GDP 比重（Fincome）用来考察地方政府行为的影响，以及第

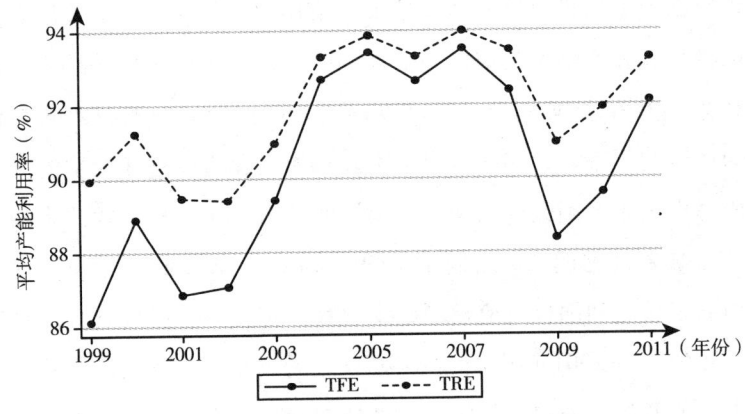

图 3　平均产能利用率

三产业占 GDP 比重反映产业结构作为控制变量（Third）①。回归结果如表 2 所示。豪斯曼检验表明，无论是 TFE 还是采用 TRE 模型估计所得产能利用率，两种方法估计所得的影响都是接近的，并且都是在 1% 的水平上显著的。说明我们使用的方法是稳健的。估计的要素市场扭曲指数的系数为负，表明扭曲程度越高产能利用率越低。控制变量中财政收入占 GDP 比重的影响尽管为正但在统计上并不显著，表明在考虑到要素市场扭曲的情况下，地方政府竞争的影响就不是主要因素。另外第三产业占比越高，各地区的产能利用率也越高，表明服务业对工业企业产能利用率提高存在促进作用。

表 2　要素市场扭曲指数对产能利用率低影响

	TFE		TRE	
	Fe	Re	Fe	Re
FAC	-0.104** (0.031)	-0.073*** (0.020)	-0.076*** (0.020)	-0.055*** (0.013)
Fincome	0.139 (0.241)	0.105 (0.103)	0.091 (0.150)	0.126 (0.069)
Third	0.439*** (0.098)	0.173** (0.057)	0.362*** (0.061)	0.157*** (0.038)

---

① 数据均来自各期《中国统计年鉴》。

续表

	TFE		TRE	
	Fe	Re	Fe	Re
_cons	108.975 *** (5.313)	96.997 *** (3.093)	108.320 *** (3.318)	98.654 *** (2.039)
Hausman 检验	30.73（0.00）		39.53（0.00）	
N	377	377	377	377

注：Fe，固定效应模型；Re，随机效应模型；回归中均包含了时间虚拟变量。表中 ***、**、* 分别表示在1%、5%和10%的水平上显著。

（三）要素市场扭曲与创业

正如第二部分阐述的，由于要素市场扭曲存在的寻租效应和资源转移效应，有可能抑制企业家精神的发挥。对经济主体微观上的影响，最终会体现在宏观上。如创新不足、技术进步缓慢、产业升级难以实现等影响。然而企业家精神是个难以量化的概念，像许多文献中采用的方法，为了研究这个问题，我们使用家庭创业行为来描述企业家精神。数据来自最新公布的2016年中国家庭追踪调查（CFPS）数据，该数据库是由北京大学中国社会科学调查中心（ISSS）实施的重点关注中国居民的经济与非经济福利的数据库，样本覆盖25个省市/自治区，包含家庭、成人和儿童数据库，这里我们利用家庭数据库中有关家庭中"是否有人从事个体经营"和"该经营的净利润"信息结合个体信息进行研究。

我们使用两个模型来考察创业行为，一是采用Logit模型考察是否创业的二值选择的影响，被解释变量为表示是否有创业的二值变量（Self）；另一个是使用Tobit模型考察创业的收入的影响，使用企业过去一年经营的利润的对数（Lnprofit）表示。由于使用了截面数据，我们将各地区要素扭曲指数取2008—2014年的平均数作为主要的解释变量。其他解释变量参考了与创业有关的文献。根据以往学者们的研究，社会资本往往对家庭创业产生较大影响（马光荣和杨恩艳，2011），因此回归中包含了家庭社会资本变量，用"去年与亲戚朋友礼物往来支出"的对数（Lnsocial）表示。利用家庭数据库中提供的"生意管账人编码"和个体数据匹配得到企业经营者个体的信息，如年龄（Age）、婚姻状况（MS），受教育程度用高中（High）和大学（University）两个虚拟变量表示，即基准组为初中及以下学历。对没有从事创业行为的家庭，使用财务回答个体信息[①]。另外为了反映一个地区的商业氛围，也包含了变量（Private）表示城镇私营企业和个体就业人数占城镇单位就业人员数比重（%）。为避免异常值的影响，在回归之前先对货币度量的变量进行了缩尾（Winsorize）处理。表3中报告了两种模型的全样本以及分城市和农村分样本的估计结果。第1—3列给出的是全样本和分城市、农村自样本的Logit模型结果，第4—6列给出的是使用Tobit模型创业收入对数估计的结果。

表3　　　　　家庭创业的 Logit 和 Tobit 模型

	Self			Lnprofit		
	All	Urban	Rural	All	Urban	Rural
FAC	-0.009*** (0.003)	-0.019*** (0.004)	-0.001 (0.005)	0.086*** (0.026)	0.173*** (0.033)	-0.002 (0.046)
Lnsocial	0.327*** (0.031)	0.296*** (0.041)	0.285*** (0.050)	2.881*** (0.297)	2.468*** (0.385)	2.627*** (0.470)
Age	-0.036*** (0.003)	-0.035*** (0.003)	-0.038*** (0.004)	-0.312*** (0.025)	-0.302*** (0.032)	-0.324*** (0.039)
High	0.157** (0.075)	-0.225** (0.095)	0.624*** (0.130)	1.258* (0.716)	-2.362*** (0.884)	6.244*** (1.273)
University	-0.880*** (0.206)	-1.181*** (0.222)	-0.165 (0.618)	-8.776*** (1.903)	-11.518*** (2.028)	-0.537 (5.695)
MS	0.550*** (0.108)	0.708*** (0.143)	0.402** (0.178)	4.891*** (0.979)	6.190*** (1.267)	3.313** (1.598)
Private	0.002* (0.001)	-0.001 (0.001)	0.004** (0.002)	0.018** (0.009)	-0.010 (0.011)	0.038** (0.015)
_cons	-4.361*** (0.355)	-4.196*** (0.453)	-3.744*** (0.611)	-43.421*** (3.513)	-39.695*** (4.372)	-39.485*** (5.942)
N	11680	5640	5814	11680	5640	5814

注：括号中为标准误。表中 ***、**、* 分别表示在1%、5%和10%的水平上显著。

---

① 利用了家庭数据库中生意管账人编码（fm301pid）、财务回答人编码（resplpid）匹配成人数据库中的个体信息。

从 Logit 模型的回归结果来看，要素扭曲降低了创新可能发生的概率，可以计算出要素市场扭曲指数对创业的平均边际效应为 0.0008，意味着要素扭曲指数 10 个百分点的差异会使创新概率相差 0.8%。从分样本回归所得系数来看，扭曲带来的影响主要是在城市地区，城市地区样本中的影响要远大于在农村市场的影响。尽管降低了创业的概率，但要素市场扭曲增加了创业收入。由于使用的要素扭曲指数并不能区分是劳动力、资本还是土地等要素扭曲，我们估计这与劳动力支付较低增加了创业者的收益有关。其他解释变量大致都符合文献中预期的符号，如社会资本变量，无论是城市还是农村均增加了创业的概率并提高了创业收入。

（四）要素市场扭曲与投资率

宏观结构失衡中一个很重要的表现是消费和投资结构的不平衡，长期以来中国增长高度依赖于投资驱动，粗放式的增长方式使投资在 GDP 中所占比重一直很高，如图 4 所示。相对应的消费所占比重低于西方发达国家一般水平[①]。我们以投资为例说明要素市场扭曲国内需求结构的影响，被解释变量为各地区投资在地区生产总值中所占比重（%）。计量模型设定为：

$$i_{it} = \alpha_i + \beta_1 k_{it} + \beta_2 fac_{it-1} + \beta_3 r_t + \ln y_{it} + u_{it}$$

其中，fac_{it-1} 表示滞后一期的要素扭曲指数；i_{it} 表示固定资本形成在地区生产总值中所占比重；r 表示实际利率，由于固定资产投资的周期一般较长，因此名义利率采用金融机构法定贷款利率中长期贷款（5 年以上）利率，从中扣除以 CPI 度量的通货膨胀得到实际利率；$\ln y_{it}$ 表示各地区实际人均实际 GDP 的对数；k 表示资本报酬占产出的比重，使用地区生产总值项目结构中固定资产折旧、生产税净额与营业盈余之和

---

① 在统计年鉴中只报告了最终消费数据，难以直接区分居民消费和政府购买支出，因此这里没有考察对消费的影响。

占地区生产总值的比重表示。数据来自《中国统计年鉴》各期,由于西藏和新疆存在较多缺失值,在回归中没有包含。

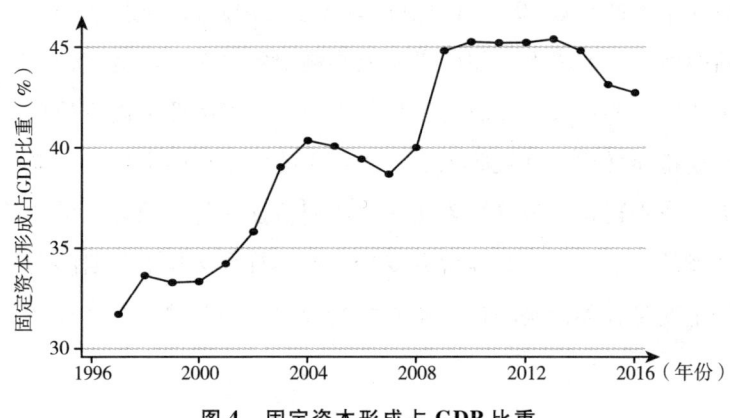

图 4　固定资本形成占 GDP 比重

估计结果如表 4 所示,报告了混同最小二乘回归(OLS)、固定效应(FE)和随机效应(RE)模型的估计结果。通过 F 检核和 Breusch-Pagan LM 检验存在个体效应,Hausman 检验的卡方统计量为 59.85,因此选择使用固定效应模型。各变量系数均符合预期,资本报酬 k 系数为正并统计上显著,回报越高显然越吸引更多的投资。实际利率 r 的系数为负,但统计上显著性较弱。要素扭曲指数的系数为正并在 5% 的水平上显著,验证了我们的假设,表明要素市场扭曲有使导致投资过度的倾向,从而宏观经济结构失衡。这与上文所说对产能过剩的影响也是一致的,产能过剩就是在过度投资趋势下产生的结果。

表 4　　　　　　　　要素市场扭曲对投资率的影响

	OLS	FE	RE
k	0.396*** (0.105)	0.413*** (0.103)	0.466*** (0.106)
r	-4.393*** (0.488)	-0.624 (0.438)	-1.997*** (0.430)
fac_{t-1}	0.027 (0.040)	0.087* (0.043)	0.085* (0.044)
lny	-5.106*** (0.596)	4.745*** (1.046)	0.517 (0.924)

续表

	OLS	FE	RE
_cons	109.098 *** (8.644)	3.037 (11.547)	45.741 *** (10.744)
N	493	493	493

注：回归中均包含了年份虚拟变量。表中 ***、**、* 分别表示在1%、5%和10%的水平上显著。

四、结论与政策启示

本文我们从经济发展战略、地方政府竞争等角度分析了要素市场产生扭曲的原因，并从资源配置效应、寻租效应等方面指出了要素市场扭曲影响经济结构的不同机理。利用宏观数据和微观数据考察了要素市场扭曲和经济结构失衡的几个表现间的关系。结果表明，要素市场扭曲对经济结构失衡存在显著的影响。中国要推动高质量增长，实现手段与过去追求高速度增长有本质不同，新一轮的经济改革必须以完善产权制度和要素市场化配置为重点，进一步深化要素市场化改革，减少要素流动的障碍，充分发挥市场的资源配置作用，辅之以政府完善相应的经济环境，实现生产要素在产业间、地区间的自由流动、重组与优化资源配置，才能实现供给结构与需求结构的匹配以及高质量的增长。

第一，全面推进负面清单管理，明晰界定政府权力边界。推动统一市场的建设和完善，政府工作的重点和重心，应该放在加快清理和废除造成市场分割和市场壁垒的各种规定和做法上。要让市场成为资源配置的决定性因素，需要清理和废除各种明显的和隐形的地方政府保护条例、办法，清理和废除各种行政垄断权力，清理和废除各种违法实行的优惠政策，最好的途径是缩减政府日益膨胀的权力，建立政府负面清单管理制度。

第二，要从计划手段和产业政策过渡到市场内生调节的竞争性政策。在进入新时代高质量发展目标的驱动下，过去那种相对封闭的以培育新兴产业、增加生产能力为导向的赶超型产业政策，急需逐步转向以创造公平竞争环境为宗旨的竞争政策为基础的高水平开放化发展。我国改革开放 40 年来，面临的发展问题已经不是没有市场竞争，也不是没有市场自由，更不是没有发展竞争，而是缺少"平等竞争"，缺少自由竞争中的公平环境和条件。基于建设统一市场、扫除平等竞争的障碍的要求，首先必须调整产业政策的行使方式，推进经济从"发展竞争"，转向"自由竞争"和"平等竞争"，确立横向的产业政策和竞争政策在整个政策体系中的优先地位，这才是我国未来更深层次的全面深化改革的重要体现。

第三，加大对内开发的力度，尤其是对民营企业放松市场准入管制。市场扭曲的一个重要成因是要素分割造成的流动障碍。国家对市场准入进行严厉的限制，目的是对自己的幼稚产业进行保护，改革开放 40 年来，我国绝大部分制造业已对外开放，目前保留限制的主要是汽车、船舶、飞机等少数行业。人为的市场分割，造成要素无法自由流动，降低了产品质量和选择的多样性，增加了国有企业垄断租金。加大对内开放有利于民营企业把这些产业的竞争力迅速提高，以防止对外开放的急促性使这些产业丧失竞争力。另外，汽车、金融、保险、证券等行业对外开放的步伐也在加快，如外资持股比例的限制即将放开，在对外开放之前应加快对内开放通过竞争强化本国企业的竞争力。

参考文献

[1] Arellano, M., and S. Bond. 1991, Some Tests of Specification for Panel Data: Monte Carlo Evidence and an Application to Employment Equations. *Review of Economic Studies* 58: 277 – 297.

[2] David, S. Landers, Joel Mokyr, and William Baumol, 2010, *The Invention of Enterprise*, Princeton University Press.

[3] Greene, W. 2005, Fixed and Random Effects in Stochastic Frontier Models. *Journal of Productivity Analysis* 23: 7 – 32.

[4] Kumbhakar, S. C. 1990, Production Frontiers, Panel Data, and Time – Varying

Technical Inefficiency. *Journal of Econometrics* 46：201 – 211.

［5］Lee, Y. H. , and P. Schmidt. 1993, A Production Frontier Model with Flexible Temporal Variation in Technical Efficiency. In*The Measurement of Productive Efficiency*：*Techniques and Applications*, ed. H. O. Fried, C. A. K. Lovell, and S. S. Schmidt, 237 – 255. New York：Oxford University Press.

［6］Song. Zheng, Storesletten. Kjetil and Zilibotti. Fabrizio. 2011, Growing Like China, *American Economic Review*, 101（1）：196 – 233.

［7］白重恩、钱震杰：“谁在挤占居民的收入——中国国民收入分配格局分析”,《中国社会科学》2009 年第 5 期。

［8］陈林、罗莉娅、康妮：“行政垄断与要素价格扭曲——基于中国工业全行业数据与内生性视角的实证检验”,《中国工业经济》2016 年第 1 期。

［9］戴魁早、刘友金：“要素市场扭曲、区域差异与 R&D 投入”,《数量经济与技术经济研究》2015 年第 9 期。

［10］戴魁早、刘友金：“要素市场扭曲如何影响创新绩效”,《世界经济》2016 年第 11 期。

［11］戴魁早：“地方官员激励、制度环境与要素市场扭曲——基于中国省级面板数据的实证研究”,《经济理论与经济管理》2016 年第 8 期。

［12］盖庆恩、朱喜、程名望、史清华：“要素市场扭曲、垄断势力与全要素生产率”,《经济研究》2015 年第 5 期。

［13］龚刚、杨广：“从功能性收入看中国收入分配的不平等”,《中国社会科学》2010 年第 2 期。

［14］韩国高、胡文明：“要素价格扭曲如何影响了我国工业产能过剩？——基于省际面板数据的实证研究”,《产业经济研究》2017 年第 2 期。

［15］李程：“要素市场扭曲、资本深化与产业结构调整——基于时变弹性生产函数的实证分析”,《统计与信息论坛》2015 年第 2 期。

第四篇

建设体现效率、促进公平的收入分配体系

收入分配机制与中国经济转型*

经济转型根本上源于供给与需求之间的内生矛盾,本质是资源配置方式转型,以实现资源配置的持续优化和效率提升。收入分配则是联结生产和消费的桥梁,是刺激生产的原动力和保障消费的基础条件,是社会再生产循环的中介和支撑环节。因此,收入分配与经济转型之间必然存在逻辑关联。

从改革开放实践看,党的十一届三中全会以收入分配改革为突破口,明确了各类经济主体、各类生产要素的收益权和分配权,推动了以总量增长为目标的市场取向经济转型,实现了国民经济高速增长。但与此同时,我国的收入分配与经济发展在结构维度的矛盾叠加也日益凸显。收入分配失衡既是经济结构矛盾的表征之一,也是经济结构矛盾的重要诱因,而经济结构矛盾又必然加剧收入分配失衡,由此累积恶性循环风险。

相较于40年前,新时代经济转型的资源约束、利益矛盾更加复杂,收入分配机制的目标任务、功能内涵更趋多元,收入分配机制在经济转型中的战略突破口意义更加凸显。因此,基于中国案例探究收入分配与经济转型的关联逻辑,既十分必要又极为紧迫。这个关联逻辑至少应阐释以下三个问题:(1)收入分配改革推动市场取向经济转型并创造经

---

* 本文作者王修志,广西师范大学经济管理学院。基金项目:国家社会科学基金项目:"从单一价值链到复合价值链:区域协调的机制创新与模式构建研究"(16BJL034)。

济奇迹的机理是怎样的？（2）在高速增长过程中，收入分配矛盾和经济结构性矛盾是如何叠加的？（3）与高质量发展导向相适应的收入分配机制应该是怎样的？

收入分配机制与经济转型之间的逻辑，应紧扣资源配置这个本质命题，从专业化分工视角做系统分析。这是因为：市场经济条件下，资源配置主要借助于经济主体的专业化分工决策得以实现，专业化分工深化带来新的资源配置机会，提升资源配置效率，孕育新的经济资源；收入分配机制则因其"激励—约束"及"保障—调节"功能，是专业化分工至为重要的制度前提和支撑条件。据此，以收入分配机制创新和功能塑造为切入点，对专业化分工主体形成有效的激励约束，为分工演进提供了内源性动能支撑，从而持续优化资源配置，是新时代高质量发展转型的系统逻辑。

一、理论模型："收入分配—专业化分工—经济转型"内生循环

（一）模型基础：专业化分工内生演进与资源配置动态优化

从西方经济学流派看，以斯密为代表的古典学派创建了资源配置的分工理论体系，即按专业化分工原则配置资源，强调了分工带来的生产效率提升和福利增加；以马歇尔为代表的新古典学派，则强调了基于规模经济的资源配置；此后的制度经济学、新经济增长理论等，强调了制度、技术、人力资本等因素在资源配置和经济增长中的作用；以杨小凯为代表的新兴古典经济学，从人作为生产者和消费者的集合体及相互间的内生矛盾出发，通过引入超边际分析工具，从方法论上破解了专业化经济与交易费用的两难选择，使过去经济学关于资源配置的命题研究完整地统一于专业化分工思想。杨小凯还进一步论述了专业化基础之上形成的分工网络，刻画了专业化分工内生演进机制，对国际贸易、专业中

间商、城市化、企业产生、迂回生产、工业化、货币产生、景气循环和失业等几乎所有经济现象给出了颇具说服力的解释，刻画了分工内生演进及其资源配置的动态优化机制。

相较于西方经典分工理论侧重于对微观经济主体专业化决策的研究，马克思经济学的分工理论，则更关注社会分工及分工中的社会资源配置命题，特别是生产力与生产关系通过社会分工所形成的矛盾互动关系。其重点在于分析社会分工制度对生产力的促进作用，认为社会分工制度具有技术溢出和报酬递增效应，并最终促成社会产品和部门的内生扩张，从而不断创造出新的资源配置机会。

由此可以看出，自古典学派以来，对于资源配置的研究事实上始终是以专业化分工为主线的。随着分工深化，不仅创造出更为丰富的资源配置机会，优化了资源配置效率，而且还孕育出新的经济资源，蓄积了新的分工动能，包括技术创新、要素创新和制度创新等，这是一个动态演化的机制。

在融合西方和马克思经典分工理论的基础上，笔者认为分工驱动资源配置进而推动经济转型发展的演进机制，应至少包括如下要点：（1）动力之源：经济主体内生的"生产—消费属性矛盾"。人的发展是经济社会发展的起点和终点，正是这个"消费多元性与生产有限性"的内生矛盾，孕育了个体求发展的内生动力。（2）演进机制和路径：经济主体沿生产和交易两条线索的专业化深化。这个抉择面临专业化经济与交易费用的两难，由此形成生产和交换两条线索的分工演进，其目的在于提升生产效率和交易效率，这个过程推动着经济组织创新。（3）驱动动能：技术进步、需求扩张与制度创新。驱动分工演进的动能，主要源自经济主体生产力和消费力的提升，前者重在技术进步，后者意味着有效需求扩张，技术进步与需求扩张又与制度创新密切相关。（4）资源条件：资本、劳动、自然资源等。

专业化分工深化，理论上必然带来更多的资源配置机会和更高的资源配置效率。这主要是因为：（1）分工深化的技术进步效应，使得生产要素组合形式更趋多元；(2) 分工深化的规模经济效应，有助于资源配置的规模扩张；(3) 分工深化的组织演进效应，使得资源组织形式更富效率；(4) 分工在纵向维度的深化，即迂回生产，意味着新的产品和服务不断出现，带来更多资源配置机会。总体来看，分工驱动经济转型发展的表征，是资源配置在横向和纵向的专业化分工上的深化，是实现结构和规模维度的扩张。其实质，是专业化分工演进中资源配置优化带来的规模报酬递增和要素生产率提升，即专业化分工经济。其结果，是经济增长过程中不断累积新的动能，包括技术进步、新型要素培育、制度创新和收入分配增长，这就为分工深化创造了条件，如此内生循环。

至此可以认为，源起于古典的分工思想，经过马克思经济学、新古典经济学、新兴古典经济学分工理论的发展，专业化分工内生演进模型清晰地刻画了以资源配置为核心的社会经济转型发展内生机制（见图1、图2）。

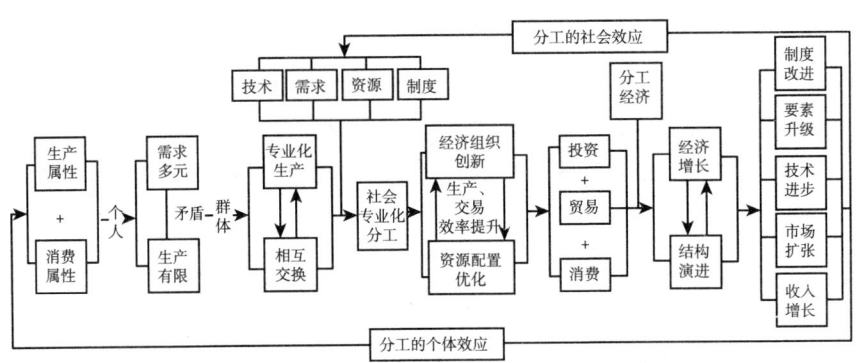

图1 专业化分工与经济发展的内生循环及资源配置动态优化

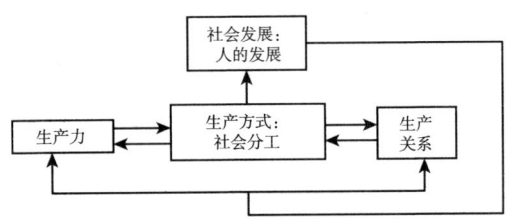

图2 马克思经济学社会分工与经济发展内生循环

（二）模型拓展："收入分配—专业化分工—经济转型"循环

就资源配置命题而言，专业化分工模型较为清晰地刻画了经济主体实现规模和结构维度的资源配置优化、推动经济转型发展（报酬持续递增和要素生产率提升）的进程。这个专业化分工演进机制背后的逻辑前提，则取决于经济主体要有充分的专业化抉择意愿、资格和足以实现专业化抉择的能力条件。对经济人而言，这个意愿和能力只能通过收入分配的激励与保障实现。在前述分工理论中，无论是西方学者还是马克思经济学经典作家，其关于专业化分工的研究，都隐含了经济主体和要素所有者自主抉择并获取收益分配权的前提条件。

但是，与西方和马克思经济学经典作家关于分工理论的研究有所不同，对于中国专业化分工与经济转型的研究，则必须基于高度行政指令的计划经济初始状态，必须考虑收入分配这一制度前提，即确立各类经济主体的专业化决策权及相应的收益分配权。因此，前述模型需要纳入收入分配这个变量，即收入分配不仅是专业化分工和经济增长的结果，而且更是专业化分工和经济增长的制度前提之一，同时还是分工和增长动能的保障，模型相应拓展为："收入分配—专业化分工—经济转型"。作为联结生产与消费的中介，收入分配作用于专业化分工并最终推动经济转型的机理主要集中于：

第一，激励经济主体的专业化抉择意愿，激活专业化分工的动力源。转变资源配置方式是经济转型的本质，而资源配置方式根本上取决于经济主体的专业化抉择及相应的社会分工格局。因此，经济主体的专业化抉择意愿、能力是经济转型最根本的动力源。收入分配机制促进经济转型至为重要的机理，即在于其关乎经济主体切身利益的、特殊的"激励—约束"功能，激发了经济主体参与专业化抉择的意愿，从而增强分工主体的活力，这是专业化分工至为重要的制度前提。

第二，从生产和消费两端培育驱动专业化分工的核心动能——激励技术创新、推动消费升级。在经济主体有充分的专业化抉择意愿前提下，作出何种专业化抉择，则主要取决于供给端的技术与资本，以及需求端的市场消费需求。进入价值链分工时代，生产端的创新技术和消费端的市场需求是驱动分工深化的两大核心动能，由此形成生产者驱动型价值链和消费者驱动型价值链。显然，只有通过不断优化收入分配机制并提升收入分配水平，才能确保生产端持续的技术创新，也才能不断增强消费端的实际需求能力。供需两端分工动能的增强，才能驱动专业化分工内生演进，从而优化资源配置并实现经济转型发展。

第三，在收入分配增长中孕育新的分工资源。专业化分工的持续深化，还需要借助资源投入。而由于资源的相对稀缺，必须要不断培育新型分工资源，如取代简单劳动的效率更高的人力资本。显然，新型分工资源的培育和开发，也必须基于经济主体和要素所有者收入水平的提升。

第四，以收入分配机制矫正分工机制。专业化分工经济的突出特征，就是依据市场经济主体的专业化抉择形成社会分工关系，从而优化资源配置，理论上这是一种最富效率的资源配置方式。从运行机制看，这种资源配置又直接取决于经济主体的收益分配激励和约束。因此，收入分配机制影响专业化分工演进机制的效率，从而影响经济转型发展。

需要特别说明的是，收入分配、专业化分工、经济发展三者彼此融合，本身又存在内生循环机制。经济持续转型发展促进收入分配水平提升，生产和消费两端的专业化分工动能不断强化，与市场交易相关的体制机制环境不断优化，人力资本等新的分工资源不断孕育。简言之，收入分配机制是专业化分工和经济发展的制度前提，专业化分工和经济发展是收入分配的经济活动基础。

二、改革开放 40 年经济转型发展及其解释逻辑

（一）收入分配改革与经济发展成效

中共党的十一届三中全会提出以经济建设为中心，对内改革、对外

开放。对内改革主要是改革阻碍经济和社会发展的高度行政指令特征的计划经济体制。激活各类经济主体的生产积极性成为改革发展的首要任务，关系到经济主体切身利益的收入分配改革，就成为经济体制改革的突破口。其背景则是1956年基本完成对资本主义所有制的社会主义改造后，一直到1978年，公有制成为生产资料所有制的唯一形式。在收入分配体制方面，按劳分配是这一时期唯一的分配方式，其具体形式为：全民所有制企业、机关和事业单位以及城镇集体企业都实行工资制；农村集体经济实行工分制。这种按劳分配本质上是一种高度集中的计划分配制度，其主要特征包括：国家在收入分配体制中处于绝对主导的地位；严重的平均主义；收入分配结构单一，大量的实物分配作补充。长期存在的平均主义分配倾向，严重抑制了企业和劳动者的生产积极性，阻碍了社会生产力的发展。

改革开放40年来，收入分配大致经历了"以放权让利克服单一按劳分配体制中的平均主义→建立以按劳分配为主体，多种分配方式并存的收入分配体制→建立按劳分配与按生产要素相结合的收入分配体制→完善收入分配制度，规范收入分配秩序"等改革历程。就收入分配机制而言，这一过程大体可以分为4个阶段：（1）1978年底至1986年，重在打破平均主义，坚持体现多劳多得原则的按劳分配。（2）1987—1992年，突破单一的按劳分配方式，实行按劳分配为主体、其他分配方式为补充的阶段，出现了按承包、租赁经营成果分配与外资、私营、股份制企业按资、按劳动力价值分配等多种形式。（3）1993—1996年，按劳分配为主，多种分配方式并存阶段，在分配中注重效率优先、兼顾公平。（4）1997年至今，逐步完善收入分配的市场机制，实行按劳分配与按生产要素分配相结合，并注重再分配调节机制的作用。党的十八大以来，健全效率与公平兼顾原则基础上的市场初次分配机制和政府再分配机制成为重点。十八大报告提出要完善劳动、资本、技术、管理等要素按贡献参与分配的初次分配机制，加快健全以税收、社会保障、转移支付为主要手段的再分配调节机制。十九大报告则进一步强调"坚持按劳分配原则，完善按要素分配的体制机制，促进收入分配更合理、更有序。鼓励勤劳守法致富，扩大中等收入群体，增加低收入者收入，调节过高收入，取缔非法收入。坚持在经济增长的同时实现居民收入同步增长、在劳动生产率提高的同时实现劳动报酬同步提高。拓宽居民劳动收入和财产性收入渠道。履行好政府再分配调节职能，加快推进基本公共服务均等化，缩小收入分配差距"。

总体看，40年间，正是得益于凸显居民、企业经济利益的收入分配制度设计，收入分配机制的激励约束和保障调节功能日趋强化，各类经济主体和要素所有者的经营决策推动了市场取向经济体制改革的逐步深入，"收入分配—经济转型"大体上实现了正向的一体化互动。一方面，国民经济和国民收入持续同向增长，创造了中国经济奇迹；另一方面，社会资源配置市场化、专业化水平不断提升，资源配置效率、全要素生产率不断提高。从统计指标看，由资源优化配置而致的经济转型成就主要表现为高速增长和结构演进两大特征：

首先是高速增长特征。其中，国内生产总值从1978年的3678.7亿元增长到2016年的744127.20亿元，近40年间增长了约202倍，年均增长约9.6%；国民总收入在规模和增速上也几乎与国内生产总值相关指标齐平；在对外开放方面，外贸进出口总额、利用外商投资额度两项指标已连续多年位居世界前列（详见表1）。

其次是结构演进特征。事实上，在总量维度的长期高速增长背后，更应该看到过去40年经济体系持续的结构演进。这种结构演进，一方面表现在产业门类和产品种类两个指标的变化，1978年的国民经济行业门类为13类，四位数小类600多类；到2017年国民经济行业门类已达20类，四位数小类900多类。① 需要特别指出的是，我国是目前全球唯一拥有联合国产业分类目录中全部工业门类的国家。另一方面，产业结构演进还表现在三次产业的比例关系上，以各产业产值核算，1978

---

① 根据国家统计局网站所提供的相关数据整理。

年第一、第二、第三产业的比例为27.7∶47.7∶24.6，2016年三次产业的比例已变为8.6∶39.8∶51.6。① 此外，空间区域结构也是一个重要的观测点，东部沿海地区在改革开放中迅速崛起，成为中国经济增长的主导力量。随着开放进程的深入，四川、重庆等内陆地区也相继崛起，中国经济空间集聚的结构特征愈发凸显。

与结构演进特征相对应的是过去40年经济非均衡发展特征。在产业维度，主要表现在工业和服务业的快速发展，这凸显了改革开放以来我国分工演进以工业化为重心的特征，其中近年来服务业的快速发展，其产值占比近年来甚至超过工业，这主要得益于工业化驱动的城市化以及与工业化直接相关的生产性服务业发展。在空间维度，沿海地区由于政策和区位方面的综合优势，专业化分工水平明显更高，分工经济效应更明显。

表1 规模和结构维度的资源配置优化带来专业化分工经济发展成就

	1978年数据	2016年数据	平均增速（%）
国内生产总值	3 678.70 亿元	744 127.20 亿元	9.60
国民总收入	3 678.70 亿元	741 140.40 亿元	9.60
就业人数	40 152.00 万人	77 603.00 万人	1.70
外贸进出口总额	206.40 亿美元	36 855.60 亿美元	14.60
外商直接投资		1 260.00 亿美元	7.30

资料来源：《中国统计年鉴（2017）》，其中外商直接投资平均增速为2001—2016年数据。

（二）对经济转型实践经验的逻辑解释

近年来，关于改革开放以来的中国经济奇迹命题，大量研究聚焦经济增长，突出了资源配置这个核心命题，重点锁定资源配置效率，即主要着眼于哪些机制提升了资源配置效率，以及这些机制是如何提升资源配置效率的，其理论基石则囊括了新古典以来的经济增长理论，尤其是

---

① 相关数据均来自《2017年中国统计年鉴》。

内生增长理论、新制度经济学理论等。这些研究对于系统梳理中国经验，从而更高效地推动新型改革开放，大有裨益。然而在逻辑上，就经济发展而言，除资源配置效率外，资源及资源配置机会显然是更为基础性的命题，是资源配置效率命题的前提。事实上，资源配置效率更多是构建于多元化的资源配置机会基础之上的，即在多种机会中选择最优或更优的配置方案，所以创造资源配置的机会本身也有资源配置效率提升的意涵，而所有这些讨论，又必然是以存在可供配置的资源为前提的。因此，探究中国经济奇迹，有必要将资源创造、资源配置机会创造以及资源配置效率提升三个命题予以统筹观之。前述专业化分工经济模型，有助于对资源配置命题的综合考量。

就前述专业化分工经济逻辑来看，改革开放之初的中国经济发展，事实上存在着技术、资本、市场和要素的全方位缺口，同时也缺乏真正意义上的专业化分工主体——拥有自主经营决策权的经济人，还缺乏专业化分工演进的体制机制环境。改革开放，则为突破这些缺口约束提供了制度之匙，其突破口和核心即在于确立了各类分工主体和要素所有者自主决策及获取收益分配的权力。从这个角度讲，改革开放的成功，正是得益于市场取向的制度创新，其中首先是收入分配体制机制创新，使中国经济融入全球分工体系，在专业化分工深化中实现了资源创造、资源配置机会创造、资源配置效率提升及三者的内生互动，即专业化分工经济发展。而专业化分工的动力之源，则在于收入分配机制的创新激发了经济主体和要素所有者的专业化抉择活力。一方面，通过体制改革和对外开放，激活存量资源，引入外部资源，解决了专业化分工初始阶段的资源创造，特别是专业化分工动能难题。另一方面，通过深度融入全球分工体系，生产和消费融入全球再生产系统，国内专业化分工深化，资源配置机会、资源配置效率与之正相关，从而释放出以结构性增长为特征的分工经济效应。方勇和张二震（2008）较为系统地论证了改革开放与分工演进之间的上述逻辑。

从实践历程看，改革开放以来的中国经济发展呈现极为典型的专业化分工演进特征：（1）在总体发展战略上，通过对内改革与对外开放，融入全球分工体系，并最终成为"世界工厂"；（2）在区域空间层面，既有城乡之间的专业化分工格局，又有沿海地区与内陆地区的专业化分工格局；（3）在产业结构层面，凸显了工业的核心地位，并以工业化城市化为主线，在工业化城市化进程中发展服务业，形成了三次产业分工格局；（4）在行业和产品结构层面，行业门类、产品门类明显细化，体现了专业化分工纵向深化特征；（5）在就业结构层面，劳动人口从农村、农业大量进入城市，大量进入工业和服务业，与专业化分工的空间和产业特征一致。就业特别是农民工就业、产业、区域、产品及要素等维度的统计性描述均支撑了上述逻辑。

简言之，过去40年的中国经济奇迹，正是得益于以收入分配改革为突破口的市场取向经济体制转轨，在专业化分工中实现了资源配置在规模和结构维度的扩张，实现了经济结构性增长，是极为典型的专业化分工经济发展模式。需要特别强调的是，这一分工经济更深层次的支撑，则是结构的持续演进。收入分配在经济转型中的功能主要表现为：（1）制度前提——以收益权和分配权激发各类分工主体和要素所有者的内生活力，解决了资源配置的主体和意愿难题；（2）动能支撑——随着分工经济效应的释放，国民收入水平逐步提升，居民、企业和政府消费能力增强，扩大市场需求，从而塑造分工演进的新动能，为资源配置扩张创造条件；（3）机制优化——在专业化分工演进中，收入分配是市场价格、供求和竞争机制以及政府财税收支调节机制的集合，对分工主体和要素所有者的专业化决策形成激励约束，从而进一步影响资源配置规模和水平。整体而言，这是一个专业化分工水平不断提高、资源配置市场化取向日益增强、资源配置效率不断提升的经济持续增长过程。其突出特征表现在：分工动能外源性特征，即驱动分工演进的生产端的技术和消费端的市场需求，主要是源于跨国公司和海外市场；国内地区、产业层面的分工高度融入全球分工，成为国际分工体系的重要组成部分，即"世界工厂"分工定位和模式；地方政府是重要的专业化分工决策主体,在资源配置中发挥重要作用;生产能力和经济总量规模扩张是分工演进和资源配置的主要目标。

三、高质量发展转型及其面临的收入分配矛盾约束

(一) 新时代高质量发展导向的经济转型战略

对于新时代的经济转型,其认知要点在于:(1) 转型的初始条件。中共党的十九大报告对此做了两方面界定,一是社会生产力水平总体上显著提升,社会生产能力在很多领域进入世界前列;二是发展的不平衡不充分特征明显,尤为突出的是低端产能过剩,严重制约人民对美好生活的需要。(2) 转型的目标模式。中共党的十九大确立了转型的目标模式就是以现代化经济体系为支撑的高质量发展模式。(3) 转型的过程方式。即"以供给侧结构性改革为主线,推动经济发展质量变革、效率变革、动力变革,提高全要素生产率,着力加快建设实体经济、科技创新、现代金融、人力资源协同发展的产业体系,着力构建市场机制有效、微观主体有活力、宏观调控有度的经济体制,不断增强我国经济创新力和竞争力"。

从资源配置视角看,高质量发展导向的经济转型,根本上必须不断完善中国特色社会主义市场经济体制,真正落实市场在资源配置中的决定性地位,不断优化政府宏观调控和对资源配置导向的顶层设计。对应于上述经济转型"初始条件—目标模式—过程方式"三大要素,其资源配置的具体要求主要包括:(1) 结构上更均衡,即资源配置的区域结构、产业结构要更加均衡,这是抑制区域差距、产能过剩、实体经济与虚拟经济脱节的关键;(2) 凸显质量效益目标,即资源配置不再单纯追求总量和规模扩张,而是以产品、服务品质和全要素生产率为目标,追求结构优化基础上的效益和效率提升;(3) 政府和市场的功能界定,即更加强调政府和市场在资源配置中科学合理地协同配合,政府

的资源配置功能应聚焦引导、支撑和调节，优化市场资源配置决策的环境，降低市场决策成本；（4）内源性动能，即应强调内需和自主技术创新对资源配置的动能效应，实现内源性动能驱动的资源配置转型。

（二）收入分配失衡制约高质量经济转型

应该看到，高质量导向的经济转型，还面临诸多体制机制障碍。前文"收入分配—分工演进—经济转型"内生循环逻辑表明，当前的收入分配矛盾，是最为突出的转型障碍之一。在40年的经济高速增长阶段，国民收入总体水平得到明显提升，但在总规模扩张的同时，以收入分配差距拉大为主要表征的结构性矛盾也日趋凸显，收入分配不公现象日趋加剧。这突出地表现在：（1）政府、企业和居民之间的收入分配结构性矛盾，其中政府在国民收入分配（尤其是再分配）中所占的比重持续上升，企业和居民（尤其是居民部门）所占比重持续下降，表2、表3的数据直观反映了2000年以来初次分配和再分配过程中政府收入的趋势性增长和居民部门收入的趋势性下降；（2）城乡之间、发达地区和欠发达地区之间的收入分配差距极为明显，而且在各区域内部的收入差距可能更为明显，全国居民人均可支配收入基尼系数和城镇及农村居民五等份人均可支配收入等指标均呈现出上述特征，表4、表5、表6的数据反映了这个特征；（3）行业和部门之间的收入分配差距也较为明显，比如传统制造业与金融、地产等行业之间，以及私营部门与国企之间的差距等，其中部分行政垄断行业和部门与竞争性行业和部门的收入差距，尤其引人关注，成为收入分配不公的焦点。

表2　居民、政府及企业国民收入初次分配格局（2000—2015年）

年份	国民收入初次分配（亿元）/实物交易				占比（%）/实物交易			
	非金融企业部门	金融机构部门	政府部门	住户部门	非金融企业部门	金融机构部门	政府部门	住户部门
2000	18529.92	794.40	12865.20	65811.00	18.91	0.81	13.13	67.15
2001	21617.68	1504.54	13697.28	71248.72	20.00	1.39	12.67	65.93

续表

年份	国民收入初次分配（亿元）/实物交易				占比（%）/实物交易			
	非金融企业部门	金融机构部门	政府部门	住户部门	非金融企业部门	金融机构部门	政府部门	住户部门
2002	23666.49	2027.70	16599.95	76801.57	19.87	1.70	13.94	64.49
2003	27132.28	2944.75	18387.52	86512.46	20.10	2.18	13.62	64.09
2004	36979.34	3071.90	21912.66	97489.67	23.19	1.93	13.74	61.14
2005	41532.18	3494.24	26073.94	112517.06	22.62	1.90	14.20	61.28
2006	48192.56	5223.88	31372.99	131114.93	22.32	2.42	14.53	60.73
2007	61525.47	6824.39	39266.86	158805.28	23.09	2.56	14.74	59.61
2008	74609.24	9476.51	46549.14	185395.44	23.61	3.00	14.73	58.66
2009	73275.18	10894.40	49606.34	206544.03	21.53	3.20	14.58	60.69
2010	83385.82	14582.48	59926.74	241864.51	20.86	3.65	14.99	60.50
2011	94853.93	17358.58	72066.93	284282.94	20.24	3.70	15.38	60.67
2012	97023.47	20753.02	80975.88	319462.37	18.72	4.00	15.63	61.65
2013	120826.03	19865.78	88745.04	353759.88	20.72	3.41	15.22	60.66
2014	137142.34	21909.25	98266.40	387473.11	21.27	3.40	15.24	60.09
2015	135612.56	30227.35	102617.78	417991.95	19.76	4.40	14.95	60.89

资料来源：国家统计局各年度《中国统计年鉴》。

表3　居民、政府及企业国民收入再分配格局（2000—2015年）

年份	国民收入初次分配（亿元）/实物交易				占比（%）/实物交易			
	非金融企业部门	金融机构部门	政府部门	住户部门	非金融企业部门	金融机构部门	政府部门	住户部门
2000	17152.68	517.59	14314.06	66538.67	17.41	0.53	14.53	67.54
2001	19327.19	1254.42	16324.18	71865.34	17.77	1.15	15.01	66.07
2002	21313.62	1927.53	19505.94	77423.32	17.74	1.60	16.23	64.43
2003	24339.09	2866.89	21946.82	87268.45	17.84	2.10	16.09	63.97
2004	33246.66	3075.63	26517.58	98508.92	20.61	1.91	16.43	61.05

续表

年份	国民收入初次分配（亿元）/实物交易				占比（%）/实物交易			
	非金融企业部门	金融机构部门	政府部门	住户部门	非金融企业部门	金融机构部门	政府部门	住户部门
2005	36987.87	3100.65	32573.69	112910.16	19.93	1.67	17.55	60.84
2006	42687.11	4303.44	39724.85	131426.42	19.57	1.97	18.21	60.25
2007	54207.96	5284.53	51192.09	158558.63	20.13	1.96	19.01	58.89
2008	65450.94	7106.18	60544.07	185926.31	20.52	2.23	18.98	58.28
2009	64171.08	8405.7	62603.34	207302.37	18.74	2.45	18.28	60.53
2010	72069.17	13206.5	74116.2	243121.7	17.90	3.28	18.41	60.40
2011	78990.47	15179.1	90203.2	285772.5	16.80	3.23	19.19	60.78
2012	78875.93	16855.4	101301.1	321399.1	15.21	3.25	19.54	61.99
2013	100204.35	14963.2	110375.9	357113.3	17.20	2.57	18.94	61.29
2014	116262.2	15932.8	121574.2	391109.9	18.03	2.47	18.85	60.65
2015	113178.2	22662.2	127186.1	422629.2	16.51	3.31	18.55	61.64

资料来源：国家统计局各年度《中国统计年鉴》。

表4　全国居民人均可支配收入差距比较（2003—2016年）

年份	全国居民人均可支配收入基尼系数	城乡居民人均可支配收入比	城镇居民人均可支配收入（元/人）	农村居民人均可支配收入（元/人）
2003	0.479	3.23	8472.2	2622.2
2004	0.473	3.21	9421.6	2936.4
2005	0.485	3.22	10493.0	3254.9
2006	0.487	3.28	11759.5	3587.0
2007	0.484	3.33	13785.8	4140.4
2008	0.491	3.31	15780.8	4760.6
2009	0.490	3.33	17174.7	5153.2
2010	0.481	3.23	19109.4	5919.0
2011	0.477	3.13	21809.8	6977.3

续表

年份	全国居民人均可支配收入基尼系数	城乡居民人均可支配收入比	城镇居民人均可支配收入（元/人）	农村居民人均可支配收入（元/人）
2012	0.474	3.10	24564.7	7916.6
2013	0.473	2.81	26467.0	9430.0
2014	0.469	2.75	28844.0	10489.0
2015	0.462	2.73	31195.0	11422.0
2016	0.465	2.72	33616.0	12363.0

资料来源：国家统计局各年度《中国统计年鉴》。

表5　按五等份分组的城镇居民人均可支配收入（2000—2016年）

年份	2000—2016年按五等份分组的城镇居民人均可支配收入（元/人）					
	人均可支配收入	低收入户（20%）	中等偏下户（20%）	中等收入户（20%）	中等偏上户（20%）	高收入户（20%）
2000	6280.0	3132.0	4623.5	5897.9	7487.4	11299.0
2001	6859.6	3319.7	4946.6	6366.2	8164.2	12662.6
2002	7702.8	3032.1	4932.0	6656.8	8869.5	15459.5
2003	8472.2	3295.4	5377.3	7278.8	9763.4	17471.8
2004	9421.6	3642.2	6024.1	8166.5	11050.9	20101.6
2005	10493.0	4017.3	6710.6	9190.1	12603.4	22902.3
2006	11759.5	4567.1	7554.2	10269.7	14049.2	25410.8
2007	13785.8	5364.3	8900.5	12042.2	16385.8	29478.9
2008	15780.8	6074.9	10195.6	13984.2	19254.1	34667.8
2009	17174.7	6725.2	11243.6	15399.9	21018.0	37433.9
2010	19109.4	7605.2	12702.1	17224.0	23188.9	41158.0
2011	21809.8	8788.9	14498.3	19544.9	26420.0	47021.0
2012	24564.7	10353.8	16761.4	22419.1	29813.7	51456.0
2013	26467.0	9895.9	17628.1	24172.9	32613.8	57762.1
2014	28843.9	11219.3	19650.5	26650.6	35631.2	61615.9

续表

年份	2000—2016年按五等份分组的城镇居民人均可支配收入（元/人）					
	人均可支配收入	低收入户（20%）	中等偏下户（20%）	中等收入户（20%）	中等偏上户（20%）	高收入户（20%）
2015	31194.8	12230.9	21446.2	29105.2	38572.4	65082.2
2016	33616.2	13004.1	23054.9	31521.8	41805.6	70347.8

资料来源：国家统计局各年度《中国统计年鉴》。

表6　按五等份分组的农村居民人均可支配收入（2000—2016年）

年份	2000—2016年按五等份分组的农村居民人均可支配收入（元/人）					
	人均纯收入	低收入户（20%）	中等偏下户（20%）	中等收入户（20%）	中等偏上户（20%）	高收入户（20%）
2000	2253.4	802.0	1440.0	2004.0	2767.0	5190.0
2001	2366.4	818.0	1491.0	2081.0	2891.0	5534.0
2002	2475.6	857.0	1548.0	2164.0	3031.0	5903.0
2003	2622.2	865.9	1606.5	2273.1	3206.8	6346.9
2004	2936.4	1007.0	1842.2	2578.6	3608.0	6931.0
2005	3254.9	1067.0	2018.3	2851.0	4003.3	7747.4
2006	3587.0	1182.5	2222.0	3148.5	4446.6	8474.8
2007	4140.4	1346.9	2581.8	3658.8	5129.8	9790.7
2008	4760.6	1499.8	2935.0	4203.1	5928.6	11290.2
2009	5153.2	1549.3	3110.1	4502.1	6467.6	12319.1
2010	5919.0	1869.8	3621.2	5221.7	7440.6	14049.7
2011	6977.3	2000.5	4255.7	6207.2	8893.6	16783.1
2012	7916.6	2316.2	4807.5	7041.0	10142.1	19008.9
2013	9429.6	2877.9	5965.6	8438.3	11816.0	21323.7
2014	10488.9	2768.1	6604.4	9503.9	13449.2	23947.4
2015	11421.7	3085.6	7220.9	10310.6	14537.3	26013.9
2016	12363.4	3006.5	7827.7	11159.1	15727.4	28448.0

资料来源：国家统计局各年度《中国统计年鉴》。

收入分配结构失衡既是当前经济结构性矛盾的表征之一，也是经济结构性矛盾的重要原因。权衡等（2015）认为，其负面影响主要包括：不利于扩大内需和经济增长；不利于产业和产品升级换代；不利于政府职能转型；不利于缩小收入差距；不利于调整投资结构；不利于金融深化和改革；不利于劳动倾向型的技术创新；不利于提高发展的质量与效益。笔者认为，所有这些"不利于"其实都可以纳入不利于资源优化配置这个范畴。按照"收入分配—专业化分工—经济转型"分析逻辑，收入分配失衡根本上不利于专业化分工机制的内生演进，从而阻碍经济转型升级。

第一，收入分配失衡抑制了分工主体的专业化抉择动力。这一方面源于专业化分工长期被锁定于全球价值链分工的低端，从而导致专业化分工整体收益下降；另一方面则源于专业化分工中的收益和竞争不公平，抑制了分工主体专业化抉择的意愿和能力。

第二，收入分配失衡抑制了自主技术创新动能。这主要指创新活动、创新成果难以获得有吸引力的报酬，比如前述金融与实体经济回报失衡，从而抑制了经济主体在生产端的技术创新动力，导致专业化分工缺乏自主创新的技术动能，难以真正改变拼规模、拼成本的低端锁定。

第三，收入分配失衡抑制了内需市场扩张动能。这主要是由于居民和家庭收入占比过低，居民消费结构和消费水平难以得到有效改善，内需市场难以高效成长，从而无法为自主专业化分工提供强大的需求动能。

第四，收入分配失衡抑制了新型分工要素培育。这主要也是由于企业、居民在国民收入中占比较低（其重要原因在于整体分工收益较低），居民、企业对人力资源等新型要素投入受限，从而难以为专业化分工深化提供新型分工资源。

第五，收入分配失衡扭曲了其"激励—约束"功能。这主要是指行业之间、部门之间由于不公平竞争、不恰当的行政干预或不规范的收入分配秩序所致的收入分配失衡，会扭曲资源配置，从而抑制专业化分工深化，加剧经济结构性矛盾。

第六，收入分配失衡弱化了其"保障—调节"功能。这主要是指由于长期累积，失衡的收入分配格局会形成特定的既得利益集团，从而左右专业化分工，扭曲资源配置，这种扭曲会进一步强化其利益和资源控制，抑制收入分配机制的"保障—调节"功能。近年来，房地产调控难、税改难，几乎都有这样的背景。

四、收入分配失衡的体制机制原因与改革认知

（一）收入分配机制与专业化分工机制"双缺陷"恶性循环

对于收入分配结构性矛盾的成因，学者们关注到了生产要素价格机制、政府税收、劳动力供求与二元经济结构、生产要素的博弈关系、技术进步、国企垄断及其利润分配、市场机制不健全和公共服务不均等、居民收入来源单一等因素。这些相关因素分析总体上还缺乏系统性，局限于现象的分析。本文尝试基于"收入分配—专业化分工—经济转型"逻辑，聚焦专业化分工机制下的资源配置做更为系统的分析。按此逻辑，收入分配结构性矛盾的系统性成因主要集中于两个层面。

其一，专业化分工体制机制缺陷。其中，专业化分工的体制束缚主要表现在：（1）各类经济主体专业化抉择的机会差异。这与分工演进中的市场开放密切相关，从而导致初次分配环节获取报酬和收益的机会差异，造成城乡、地区和行业之间的收入分配差异。（2）行政垄断与政府 GDP 增长导向下对资源配置的不合理干预。为实现经济高速增长，政府取代市场成为投资主导者，为此政府必须掌握更多的投资资源，从而加大企业和居民税收负担，政府的不少投资又是以补贴等形式投向了低效国企，造成了更大不公和资源浪费。专业化分工的机制弊端主要表现在：（1）分工动能的外源性依赖和分工路径锁定，抑制了专业化分

工模式下资源配置的整体效率提升空间。由于长期以来对外资技术和海外市场的过度依赖，中国国内的专业化分工主要被锁定于全球价值链分工体系的中低端，一方面抑制了专业化分工相匹配的整体收益水平，另一方面也造成了沿海地区与内陆地区、工业与农业、城市与农村、资源禀赋丰裕与稀缺地区的收入分配差异。（2）不规范、不公平的市场竞争。这主要是指更广泛和普遍意义上的市场竞争环境及营商环境问题，导致整体竞争失序，从而扭曲资源配置，恶化收入分配格局。总体而言，不合理的分工机制导致不合理的资源配置，导致从分工经济转变为分工不经济，加剧经济结构矛盾和收入分配结构矛盾。

其二，收入分配体制机制缺陷。收入分配既是经济发展的结果，也是经济发展至为重要的制度前提和支撑、约束条件。因此，对于转型经济而言，收入分配自身的制度、规范、原则、纪律等体制机制建设，也必须随经济发展而发展。反之，收入分配机制的缺陷必然加剧专业化分工中的资源错配，从而加剧经济失衡和收入分配失衡。就当前的收入分配机制而言，其制度性缺陷主要在于：（1）初次分配中的市场机制缺陷，突出地表现为市场体系建设滞后和市场秩序失范，商品市场、产权市场和劳动、资本、土地等各类要素市场，都还远远达不到统一开放的要求，离健全、完善、成熟还有较大差距，各类市场的制度性、政策性壁垒和束缚还较为常见。这样的市场基础，导致价格、供求和竞争机制扭曲，从而导致初次分配领域的不公平竞争、各类灰色收入、不法收入等现象，加剧了初次分配失衡矛盾，最终损害市场效率。（2）再分配中的调节机制不科学不合理，导致公平原则受到挑战。这种不科学不合理，主要表现在税制、税目和税率设计以及政府转移支付制度性设计的科学性、合理性欠缺，未能根据经济社会发展的形势与时俱进作出科学调整，从而出现再分配"逆向调节"现象，社会保障、基本公共服务等与社会发展不相匹配。

基于收入分配机制与专业化分工机制的关联逻辑，不难发现，由于收入分配机制缺陷，其对于专业化分工主体（各类经济主体和要素所有者）专业化抉择的"激励—约束"和"保障—调节"功能被扭曲,从而加剧资源错配,这种资源错配会进一步恶化收入分配格局,最终导致收入分配、专业化分工和经济转型的扭曲循环。进一步的逻辑推理可以发现,专业化分工和收入分配体制机制缺陷的矛盾焦点,则集中于市场经济体制改革进程中政府角色、功能的越位与缺位。其中,缺位主要包括初次分配中的监管（竞争规则、市场秩序供给）缺位、再分配中的保障调节缺位；越位则主要表现在仍热衷于参与甚至主导专业化与资源配置微观决策活动。简言之,就是在从计划经济体制向社会主义市场经济体制转轨过程中,政府尚未真正实现从经济决策主体向制度、规则和服务供给主体的转型。

（二）高质量发展导向下收入分配改革的逻辑认知

逻辑之一：更好地发展才能从根本上化解新时代的社会主要矛盾。我国仍处于并将长期处于社会主义初级阶段的基本国情没有变,发展仍然是改革的第一要务,是化解矛盾的根本举措。内含于这个"变"与"不变"的逻辑,就是要紧扣人民群众日益增长的美好生活需要,以质量和效益为核心,坚持新发展理念,以建设现代化经济体系为战略目标,着力解决好发展不平衡不充分的难题。其中至为突出的,就是要实现更好地经济发展和更好地社会治理。

逻辑之二：更好地分享才能凝聚共识、激发动能、推动发展。发展的终极目的,是为了增进民生福祉。一切为了人民,一切依靠人民,是中国共产党带领人民开创社会主义伟大事业的最宝贵经验,也是党的宗旨所在。以人民为中心的发展,发展成果为人民所享,是中国特色社会主义的特质。高质量发展需要动员社会一切积极因素,需要突破既得利益阶层的束缚,需要凝聚起新的社会共识。40年的改革实践表明,只有让更广大的人民群众更好地分享发展成果,才能最有效地凝聚发展共识、激活发展潜能,才能实现更好发展。

逻辑结论：更好地分享与更好地发展彼此促进、良性循环,而完善分享机制是突破口、优先项，必须从经济转型发展的全局认识收入分配机制的战略意义。按照"专业化分工—经济转型发展"逻辑，高质量发展导向的经济转型，需要借助于专业化分工体制机制创新，即更高水平的专业化分工带来更高效率的资源配置，从而实现更高质量的经济发展。如前所述，收入分配机制作为市场机制与政府调节机制的综合体，是经济转型发展的制度前提，收入分配改革是这个内生循环逻辑的突破口。如果说过去40年的收入分配改革是以"从无到有""从少到多"的思路形成对经济主体的激励，从而推动基于经济主体专业化抉择的分工深化，实现市场取向的资源配置和经济转型，那么新时代的中国经济转型，高质量发展成为转型的目标导向，收入分配失衡矛盾成为制约转型的主要矛盾，改革的焦点即在于从体制机制根源上化解这个结构性矛盾。因此必须明确：第一，收入分配改革的实质是健全高质量发展转型的制度前提；第二，收入分配改革的要义在于重塑收入分配机制的激励约束及保障调节功能；第三，收入分配改革要从机制上更好地发挥市场和政府作用，其关键是政府职能转型；第四，公平与效率辩证统一是必须坚持的基本原则。

五、健全收入分配机制助推经济高质量发展转型的政策建议

（一）坚持市场与政府、效率与公平辩证统一的收入分配机制创新原则

基于"收入分配—专业化分工—经济转型"发展逻辑，收入分配改革仍然要以激发经济主体内生动力为切入点，以提升专业化分工水平为着力点，以高质量发展为导向，以自主内生的专业化分工演进机制为载体，从外源性输入型动能转向内源性自主型动能，打破行政垄断，取消政府不合理的资源配置干预，营造市场化、法治化、国际化营商环境，实现以人的发展为归宿。

收入分配改革的核心始终是效率和公平的关系问题。中共党的十八

大报告关于"初次分配和再分配都要兼顾效率和公平,再分配更加注重公平"的改革思路,无疑坚持了更为明晰的问题导向和统揽全局的顶层设计。紧扣这一思路,自党的十八大以来,中共中央对新一轮收入分配改革的要点做了更清晰的表述:(1)发展成果由人民共享,居民收入增长与经济发展同步,强调劳动报酬增长并提高劳动报酬在初次分配中的比重;(2)健全和完善机制,包括要素报酬与要素贡献匹配的初次分配机制和以税收、社会保障、转移支付为主要手段的再分配调节机制;(3)规范收入分配秩序,推进基本公共服务均等化,缩小收入分配差距,促进社会公平正义。新一轮收入分配改革思路的核心意涵,就是要将效率和公平原则贯穿于收入分配全过程,做到初次分配环节公平基础上的效率与再分配环节效率基础上的公平辩证统一。效率与公平的辩证统一,必然要求市场与政府的辩证统一。这是因为:市场是资源配置的微观决策主体,只有市场高效运转,政府的税收、转移支付、社会保障、公共服务才有坚实的物质基础;政府是经济社会运行的管理主体,只有政府高水平制度供给,才能为市场提供高质量环境和公共秩序,才能真正确保市场高效运转,这是市场运行的制度前提。

(二)初次分配机制:着力公平竞争前提的市场效率

社会主义市场经济体制下,初次分配的效率应该是社会整体效率,即在市场机制引导下全要素报酬的有效提升。因此,市场机制是否顺畅,直接决定着初次分配的效率高低。其中有两个关键问题:一是资源配置是否由市场决定;二是市场是否是公平竞争的市场。

在明确市场在资源配置中的决定性地位之后,至为紧迫的任务就是塑造公平竞争的市场环境,主要是要素所有者参与市场竞争的起点机会公平与过程竞争公平。需要明确的是,市场经济又是规则经济、法治经济,市场主体之间的竞争必须建立在公平、公正、透明的市场规则基础之上,竞争行为必须要得到法律法规的约束,市场主体的权益必须得到法律法规的界定与保护。中国特色社会主义市场经济，从制度内涵上更应该凸显社会主义制度的优越性，使所有劳动者和要素所有者在初次分配领域获得公平的竞争机会与公平的竞争环境。因此，要增强初次分配中效率的公平性，着力点即在于增强市场竞争的公平性，在于建立健全适应新时代高质量发展要求的激励约束机制。主要包括：(1) 以法治化营商环境建设为抓手，建立健全中国特色社会主义市场经济的法治基础，切实规范市场竞争秩序；(2) 以供给侧结构性改革为契机，着力打破民间资本普遍面临的行政性垄断壁垒，打破地区之间、部门之间的利益保护；(3) 以全国统一开放的要素市场体系建设为抓手，破解包括劳动要素在内的要素流动、要素转化"瓶颈"；(4) 负面清单与正向激励相结合，惩治违法所得，保护合法所得。

(三) 再分配机制：着力科学效率前提的社会公平

再分配的功能，主要在于借助政府有形之手，对初次分配所致的收入差距进行调节，从而实现社会整体公平。一般认为，公平是再分配的标签。鉴于再分配环节的广泛性、复杂性，这里的公平也应该加标签，即必须是基于科学和效率前提的公平。

所谓科学和效率前提的公平，就是要在再分配领域强调公平原则的同时，更加注重政府再分配调节的科学性、合理性和有效性，这也是"再分配要兼顾效率和公平而且要更加注重公平"的题中应有之义。再分配领域的政府调节，无外乎收和支两个机制、两条渠道。其中，收主要指中央和地方政府的税收和非税收入，支则主要指财政转移支付、财政补贴以及各类公共支出。目前看，税收和非税收入领域被征收对象的负担不公平，以及政府支出领域的结构矛盾、效率缺失、平均主义等现象较为突出。政府收与支调节的科学性、合理性、有效性还有较大的提升空间。改革的着力点主要在于：(1) 以税负公平为基点，切实推动税制改革，更科学合理地设计税种、税率，当务之急是个人和企业所得税改革；(2) 以政府行政职能、服务职能改革为切入点，取消不合理、不合规的行政事业收费,提高非税收入的透明度;(3)以教育、医疗、养老、住房等民生支出、社会保障支出、基本公共服务支出为重点,优化政府支出的方向、结构和规模;(4)在推进国家治理现代化背景下,建立健全再分配领域各类财政资金的绩效考核机制和基于法治的监管机制。

六、结束语

进入新时代,发展成果的高水平分享对高质量发展转型而言意义重大。借助专业化分工演进模型,可以深刻地反映收入分配与经济转型之间的内在联系。简单地说,即通过收入分配的激励,激发经济主体参与专业化抉择的活力,从而为专业化分工演进创造动力之源,并最终实现收入分配与经济转型发展的循环。过去40年的改革开放,为这个理论逻辑提供了实证依据,整体上实现了资源配置从高度计划向市场取向的转型,实现了国民收入和国民经济在总量上的同向提升。从专业化分工演进逻辑看,高速增长导向的经济转型的核心问题是资源配置扭曲,主要包括分工动能(主要是技术、资本和市场)外源性依赖所致的产业低端锁定型扭曲,过度追求GDP增长政绩的政府投资干预型扭曲,以及行业行政垄断所致的垄断型资源配置扭曲。这些扭曲加剧了收入分配与国民经济在结构维度的矛盾叠加。

推动经济高质量发展转型,需要从根本上矫正这些扭曲,真正落实市场在资源配置中的决定性地位,合理发挥政府保障和调节功能。就是要坚持公平效率辩证统一的原则,以"激励—约束"为重点优化初次分配机制,以"保障—调节"为重点优化再分配机制,让收入分配机制在激发经济主体活力、技术创新、内需提升、新型要素培育方面发挥功效,在分工动能内外切换的基础上推动自主内生的专业化分工演进,推动资源配置方式转型,最终实现收入分配与经济转型的良性循环。当然,我们也应该意识到,收入分配机制只是推动经济转型的突破口,最重要的还是要借此形成市场内生的专业化分工演进机制,如此才能真正兑现市场配置资源的决定性地位,政府要做的则是提供更高水平的社会保障以及更规范、科学的市场制度供给。

参考文献

[1] 杨小凯、黄有光:《专业化与经济组织——一种新兴古典微观经济学框架》,经济科学出版社1999年版。

[2] 陈东琪:《中国经济发展和体制改革报告:中国改革开放30年(1978—2008)》,社会科学文献出版社2008年版。

[3] 梁琦:《分工、集聚与增长》,商务印书馆2009年版。

[4] 耿林:《分配的演化——技术进步下的收入分配、经济增长与波动》,浙江大学出版社2009年版。

[5] 钱书法等:《分工演进、组织创新与经济进步》,经济科学出版社2013年版。

[6] 路征、邓翔:《中国地区分工与专业化研究》,经济科学出版社2013年版。

[7] 周绍东:《分工与创新:发展经济学的马克思主义复兴》,经济科学出版社2015年版。

[8] 权衡、李凌等:《国民收入分配结构:形成机理与调整思路》,上海社会科学院出版社2015年版。

[9] 方勇、张二震:"分工演进、交易深化与中国的改革开放",《世界经济与政治论坛》2008年第6期。

[10] 刘志彪:"基于社会分工演进研究和推进经济转型升级",《经济社会体制比较》2014年第3期。

[11] 徐现祥、王海港:"我国初次分配中的两极分化及成因",《经济研究》2008年第2期。

[12] 田国强:"中国经济转型的内涵特征与现实瓶颈解读",《人民论坛》2012年第12期。

[13] 杨灿明、郭慧芳:"论经济转型与收入分配",《财政研究》2009年第9期。

[14] 钞小静:"收入分配不平等、有效需求与经济增长",《当代经济科学》2009年第3期。

[15] 董碧松、张少杰:"收入分配与经济增长——基于消费需求视角的研究",《经济问题》2009年第9期。

保障底线公平的基本公共服务均等化*

现代化经济体系包括既能体现效率，又有助于促进社会公平正义的收入分配体系和基本公共服务体系。推进基本公共服务均等化，不仅是保障民生、实现底线公平和机会均等、促进社会公平正义的重要途径，而且有助于减缓贫富悬殊带来的社会压力，促进社会和谐稳定，并为新时代实现经济高质量发展、建设现代化经济体系提供有利的宏观环境和有力的人力资本支撑。更何况，基本公共服务供给侧本身还存在着规模不足、质量不高和发展不平衡等诸多突出的短板问题。因此，需要充分认识新时代推进基本公共服务均等化的战略意义与现实紧迫性，正确理解其理论内核与基础，在看到业已取得成绩的同时，又对面临的突出问题保持清醒认识，并能积极借鉴国内外经验，提出合理可行的政策建议。

一、推进基本公共服务均等化的战略意义

中国虽然经济总量已经位居世界前列，社会生产力水平在总体上已

---

* 本文作者为高传胜，南京大学政府管理学院。

经有了显著提升,但依然还面临着十分突出的发展不平衡、不充分和包容性不强等问题,这正是满足人民群众日益增长的美好生活需要的主要制约因素。而推进基本公共服务均等化,不仅有助于保障民生、增进社会福祉、满足民众在诸多方面的美好生活需要,而且可以发挥保证底线公平、促进社会正义、增进社会和谐稳定等积极功用。因此,在新时代扎实推进基本公共服务均等化,是保障底线公平、缓解社会矛盾、全面建设小康社会的重要途径。

不仅如此,推进基本公共服务均等化,还是实现经济高质量发展、建设现代化经济体系的重要基础与支撑条件。中国经济已经由高速增长阶段转向高质量发展阶段,并处于转变发展方式、优化经济结构和转换增长动力的攻坚期,而建设现代化经济体系则是跨越关口的迫切要求和新时代中国发展的重要目标。市场经济是需求导向的经济,高质量发展必须能适应需求、引导需求并提升需求。忽视甚至不顾社会需求的发展,不仅本身难以持续,而且也很难说是高质量的。推进基本公共服务均等化,不仅有助于保障民众的多方面基本需求,实现民众的安居乐业,而且可以借此支撑高质量发展并建设现代化经济体系,毕竟,高质量发展与建设现代化经济体系都要靠人来实现。而人的素质如何、工作态度与积极性如何,都直接关系到高质量发展能否实现、现代化经济体系能否建成。推进基本公共服务均等化,不仅有助于人力资本投资开发,为高质量发展和现代化经济体系建设提供强有力的人才支撑条件,而且事关社会公平正义和和谐稳定的实现,影响到劳动者的生活环境与工作投入。

二、基本公共服务均等化的理论内核与基础

(一) 公共服务与基本公共服务的内涵

公共服务(Public Service)虽然是一个老生常谈的话题,但一直缺

少一个严谨统一、能够被广泛接受的概念界定，这可能是源于公共服务本身极具复杂性，它一方面涉及不同领域、具有不同功能和类型，另一方面在保障上又有顺序之先后、水平之高低的区分。国家关于基本公共服务的"十二五"和"十三五"规划中确定的基本公共服务清单便有这方面的综合考虑。综合而言，公共服务就是在一定社会共识的基础上，需要由政府承担供给责任，动用公共资源，并以某种方式适当介入，或者直接提供服务，或者提供财政资助，或者进行行业管制，向辖区内的公民提供并保障其可及性（accessibility）、可得性（availability）和可持续性（sustainability）的服务。

公共服务供给，不仅关乎国民的基本生活、能力培养与提升，而且影响到经济社会发展的条件和机会，涉及国民收入分配的利益共享性。基于功能视角，可以把公共服务分为基础性、经济性、社会性和安全性公共服务等四种基本类型（高传胜，2011）。（1）基础性公共服务是国民生活和企事业组织从事经济社会活动所必需的，如供水、电、气、油，交通与通信，以及邮政与气象等。这类公共服务的供给，重在保证可及性、易得性，并防止垄断、不正当竞争而产生的限产高价。（2）经济性公共服务是为国民及其组织从事经济社会活动所提供的，如工商税务、行业准入等注册登记和监管服务、政策咨询与信息服务以及政策性金融等，它事关发展环境的宽松和发展条件的优劣，在供给上讲求便捷高效。（3）社会性公共服务事关民生保障和人力资本投资开发，如社会保障、教育、医疗卫生等，在经济发展水平许可的条件下，应该保障优先供给。（4）安全性公共服务以创造安全稳定和谐的国内外环境、推进诚信法治建设为己任，主要为公民提供安全保卫和监督管理服务，如国防外交、公共安全、司法监察以及各类市场监管等，这实际上也是国家最原始、最基本的公共管理职能。

考虑到公共服务涉及的范围较广、包含的类型较多，因而在经济发展水平还不是很高的发展阶段，政府在提供公共服务时会充分考虑其保障顺序之先后、水平之高低。因此，基本公共服务就是与经济社会发展阶段与水平相适应，旨在保障公民生存和发展基本需要的公共服务。在现代文明国家中，享有基本公共服务属于公民的基本权利，保障人人可以享有基本公共服务是政府的重要职责。从范围上看，基本公共服务一般包括保障基本民生需要的公共教育、医疗卫生、劳动就业创业、社会保障、社会服务、住房保障、公共文化体育、残疾人服务等领域的公共服务；在广义上，还包括与人民生活环境紧密相关的交通、通信、公用设施、环境保护等领域的公共服务，以及保障安全需要的公共安全、消费安全和国防安全等领域的公共服务。进入新时代的中国，不仅更加重视以人民为中心的发展思想，而且已经从追求增长速度转向追求发展质量，不平衡不充分的发展与人民日益增长的美好生活需要之间的矛盾已经上升为社会主要矛盾，民生短板已经受到社会各界的广泛关注，因此，当前基本公共服务供给必须优先保证民生保障等社会性公共服务，这也是国家制定的《"十三五"推进基本公共服务均等化规划》中确定的《"十三五"国家基本公共服务清单》中的主要内容，如公共教育、劳动就业创业、社会保险、医疗卫生、社会服务、住房保障等。

（二）基本公共服务均等化及其理论基础

保证基本公共服务的可及可得，是基本公共服务均等化追求的主要目标。所谓基本公共服务均等化，就是要保证全体公民能够公平可及持续地获得大致均等的基本公共服务机会，其核心是机会均等、底线公平，而不是简单的平均化和无差异化。这实际上是一种较为可行的社会公平目标，如果从理论上溯源，其理论基础可以追溯到商品平均主义（Commodity Egalitarianism），即强调有些特殊商品应当人人有份、公平分配，而不管其供给成本与收益。尽管在历史上曾经出现过哪些商品应该公平分配的争议，但是，如果把这些商品限定在保障基本生存和发展需要的公共服务上，则是可以被广泛接受的，而且又具有很强的实施可行性。更何况，经过长时间计划经济洗礼的中国人理应熟知追求目标平等的平均主义危害的，这种最纯粹的、最乌托邦化的平等理想（Drabble，1988）不仅曾让中国错失历史上的大好发展机会，而且也禁不住学理上的认真推敲。

首先，每个人都是有差异的，不论这是否来源于自然因素。绝对平等的平均主义则忽视了个人在天赋、能力、情感等方面的差异。可以想见，同样对待懒惰、没技能、不诚实的人和有创新力、有智慧、诚实的人，虽然可以让所有人都有相同的结果，实际上却缺乏正义公正。其次，平均主义还会出现强制、不自由等问题。为实现绝对平等状态，势必要有一个权威机构来调查个人收入、财富分配并监督每个人及每项工作。这样，不但需要巨大的实施成本，还会造就一个过度膨胀的政府。如是，每个人的生活将会受到严格监察，任何人的境况也都不会变得更好。因此，一些人得到的比另一些人多，虽然会造成不平等和不自由，但平均主义则会降低每个人的自由度，甚至还可能走向极端。正因为追求目标平等的平均主义有着严重缺陷，因而将其限定在有限的特殊商品上，追求基本公共服务均等化，则是将公平理念与严峻现实有机结合的可行做法。

三、基本公共服务：主要进步与突出问题

推进基本公共服务均等化，不仅是解决新时代社会主要矛盾、实现经济高质量发展和建设现代化经济体系的战略需要，也是解决基本公共服务供给侧存在的总量与结构性问题的迫切要求。从总体上而言，伴随着改革开放以来经济持续快速发展，我国在基本公共服务领域也取得了长足进步，不仅已经初步构建起覆盖全民的国家基本公共服务制度体系，而且各级各类基本公共服务设施得到不断改善，基本公共服务的普及率、覆盖面有了持续上升，保障能力得到进一步增强。尽管如此，与民众不断增长的需要相比，与公平可及可得的要求相比，我国基本公共服务还存在着规模不足、质量不高、发展不平衡等突出的短板问题，因而，推进基本公共服务均等化还有许多艰苦卓绝的工作要做。

(一) 基本公共服务领域取得的主要进步

目前国家确定的基本公共服务清单主要涉及8大领域,这里仅以其中与民生密切相关的公共教育、医疗卫生服务和社会保险等三个领域为例,从时间纵向来看我国在基本公共服务领域所取得的主要进步。

首先是公共教育。图1反映了改革开放以来学前教育、普通小学和初中的生师比变化情况。从中可以看出,尽管在2000年之前曾有过起伏波动状况,但之后三类教育的生师比都呈稳步下降态势,这意味着单个教师教育的学生人数在不断减少,这无疑是义务教育持续发展的结果。图2则反映了改革开放以来小学学龄儿童净入学率和普通小学、初中毕业生的升学率变化状况。从中可以看出,小学和初中升

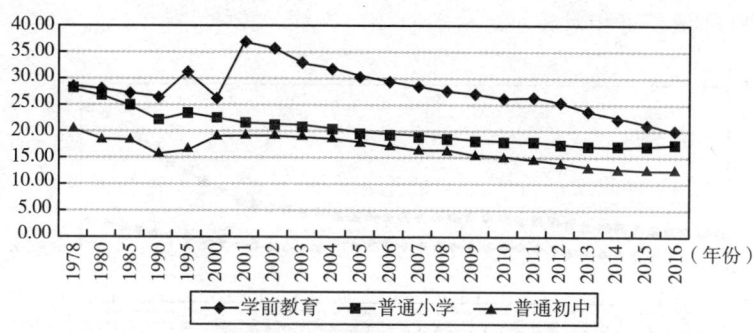

图1 改革开放以来各类学校的生师比 (教师=1)

资料来源: 各年的《中国统计年鉴》。

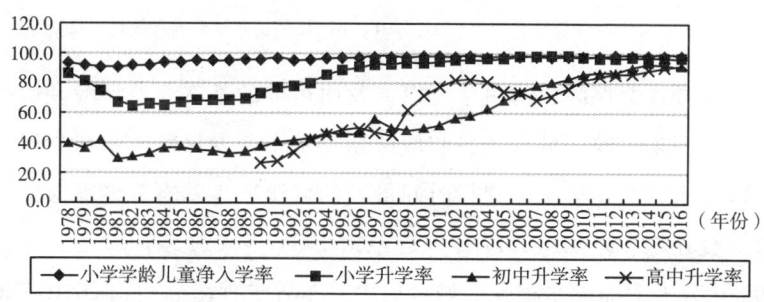

图2 学龄儿童净入学率与各级普通学校毕业生升学率 (%)

资料来源: 各年的《中国统计年鉴》。

学率早期都曾有过短暂几年的下降情况，之后总体上都呈现上升态势，而学龄儿童净入学率则一直处于高位水平，最近20年学龄儿童净入学率和小学升学率都接近100%，初中升学率近几年也上升到95%左右。这些都说明义务教育的普及率在不断改善，公共教育的保障能力在提升。

其次是医疗卫生服务。图3反映了改革开放以来每千人口执业医师数和医疗卫生机构床位数的变化状况。从中可以明显看出，医疗卫生服务资源经过早期一段时间的缓慢增长之后，从2003年开始有了较大幅度的增长，到2016年每千人口执业医师数已经由1978年的1.08人上升至2.31人，医疗卫生机构床位更由1.94上升至5.37，进步都十分明显，尽管幅度上尚有很大差异，特别是医疗卫生服务的主导性资源——执业医师增长得相对较小。

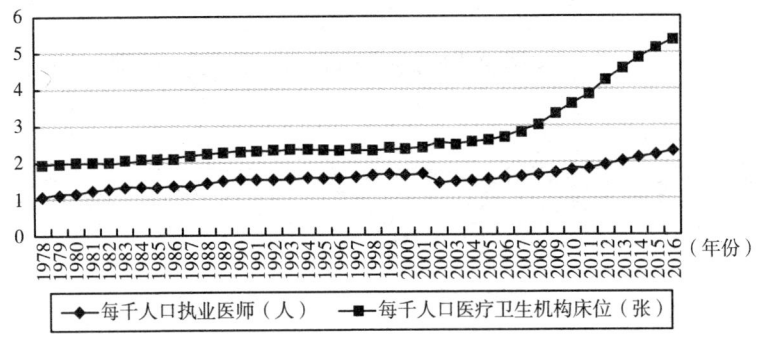

图3　每千人口医疗卫生资源状况

资料来源：各年《中国统计年鉴》和《2017年国民经济和社会发展统计公报》。

最后看社会保险。这里主要以涉及面最广的基本养老保险和医疗保险为例。图4反映了城乡居民和城镇职工基本养老保险的参保情况。从中可以看出，起步较早、建设时间最长的城镇职工基本养老保险的参保人数一直在稳步增加，2017年末已经由1989年末的5710.3万人上升至40293.0万人，而起步稍晚的城乡居民基本养老保险，也由2010年末的10276.8万人上升至2017年末的51255.0万人，参保面均有了大幅度提升。2017年末全民基本养老保险的参保总人数已经达到91845.0万人，达到历史最高水平,进步十分显著。图5则反映了基本医疗保险的参保情况。从中可以看出,起步较早、建设时间也最长的城镇职工基本医疗保险的参保人数一直在稳步上升,1994年末只有400.3万人,到2017年末已经达到30323.0万人,而城镇居民基本医疗保险的参保人数则由2007年末的4291.1万人增加到2016年末的44860.0万人,增长幅度都非常明显;新型农村合作医疗(简称"新农合")的参合人数由2005年末的1.79亿人一度上升至2010年末的8.36亿人,此后由于人口迁移与城乡居民两种基本医疗保险制度整合等原因而开始下降。2017年

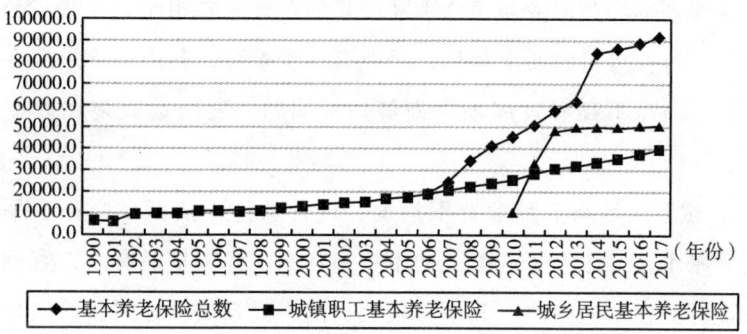

图4 基本养老保险参加人数(万人)

资料来源:各年《中国统计年鉴》和《2017年国民经济和社会发展统计公报》。

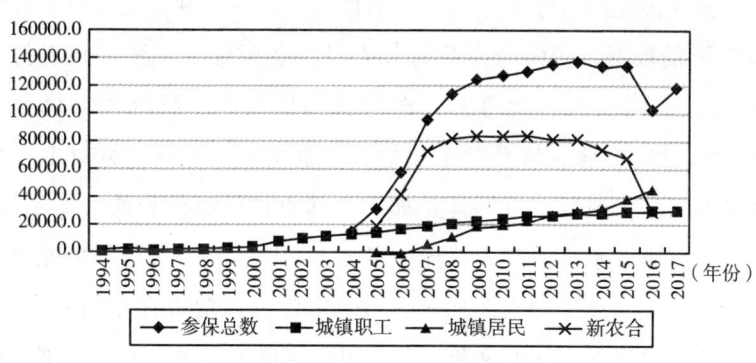

图5 城乡基本医疗保险年末参保人数(万人)

资料来源:各年《中国统计年鉴》《中国卫生统计年鉴》和《2017年国民经济和社会发展统计公报》。

末城乡居民基本医疗保险的参保总人数为 87359.0 万人，加上城镇职工参保人数，基本医疗保险已经覆盖了 11768.1 万人，尽管比 2013 年末的历史最高水平 137272.6 万人有所下降，但进步是十分明显的。而参保人数的下降，可能只是城乡居民基本医疗保险制度整合过程中出现的暂时性下降，2017 年末城乡居民参保总数和全民参保总数相比于 2016 年末已有所恢复，即是证明。

（二）基本公共服务领域存在的突出问题

我国基本公共服务与民众不断增长的合理需要相比，与基本公共服务的公平可及可得的要求相比，仍然有不少差距，其中主要是存在着规模不足、质量不高和发展不平衡等短板问题，突出地表现在以下几个方面：

1. 城乡区域间资源配置不均衡，硬件软件不协调，服务水平差异较大。基本公共服务资源配置的不均衡问题在我国早已有之，直到今天也未能得到根本性解决。其中，最突出的主要是城乡之间和地区之间配置的不均衡，尤其在公共教育、医疗卫生、社会服务和公共文化等方面。总体而言，一般是城市好于农村，经济发达地区好于欠发达地区。以关系国计民生的医疗卫生为例，根据《中国卫生和计划生育统计年鉴（2017）》的数据，2016 年年底每千人口执业医师数，城市和农村分别为 3.92 人、1.59 人；而每万人医疗机构床位数，城市和农村分别为 84.13 张、39.09 张，城乡差距非常大。事实上，不仅在数量上存在较大的城乡差距，质量上也同样是如此，其中包括硬件和软件的不协调。此外，还有服务水平的较大差异。实际上，这也是农村居民更愿意选择到城市大医院去就医的重要原因。城乡医疗资源配置存在的巨大差异，加上城乡居民之间存在的文化素养、卫生习惯等诸多方面的差别，必然会在一些指标方面反映出来，表 1 显示的 5 岁以下儿童和孕产妇死亡率的城乡差距即是一个方面的具体体现。

表1　　　　　2016年5岁以下儿童和孕产妇死亡率

	新生儿死亡率（‰）	婴儿死亡率（‰）	5岁以下儿童死亡率（‰）	孕产妇死亡率（1/10万）
城市	2.9	4.2	5.2	19.5
农村	5.7	9.0	12.4	20.0

资料来源：《中国统计年鉴（2017）》。

基本公共服务资源配置的不均衡在地区之间也同样显著地存在着。首先看数量方面。同样是根据《中国卫生和计划生育统计年鉴（2017）》的数据，2016年年底每千人口执业医师数，东部、中部和西部分别为2.5人、2.2人和2.1人，东部明显好于中西部；而每千人口医疗卫生机构床位数，东部、中部和西部则分别为5.08张、5.46张和5.71张，东部又明显不如中西部。再看质量方面。2016年年底，东部地区有三级医院1051家，中部有596家，西部有585家，东部地区三级医院数量占全国的47.1%。而东部、中部和西部地区的人口则分别为57329万人、43241万人、37414万人，东部地区的人口占41.5%，三级医院的区域分布与人口分布比例不太协调。事实上，不仅优质医疗卫生机构如此，优质医疗卫生技术人员、先进仪器设备等也存在类似的分布不均衡问题，这里就不再一一赘言。

2. 服务设施不足和利用不够并存，人才短缺严重。基本公共服务供给离不开配套设施建议，衡量基本公共服务设施均等化起码可以从质量、规模和距离等三个方面进行（罗震东等，2011）。当前我国基本公共服务设施建设的不均衡问题，体现在服务设施供给不足与利用不够并存，与此相伴的还有人才严重短缺等问题。比如，有的农村及偏远地区即存在着教育设施供给不足，而有的地方则出现生源流失、教育设施闲置问题；在养老方面，有的地方社区服务设施建设明显滞后，而养老机构则是"一床难求"与"床位闲置"现象并存；在医疗领域，以前是基层医疗设施不足，但经过前几年的大幅度增加投资，现在的状况则变成了基层设施已经增加了，但基层由于吸引不来，且难以留住优秀医疗卫生技术人员,因而出现民众需求不断转移、基层医疗设施不少处于闲置状态;公共文化体育设施,往往是在城市中心大量集聚,而基层社区设施则相对缺乏、建设滞后、维护欠缺。

在相关部门大力推进分级诊疗的当下,不妨以医疗卫生设施为例来作进一步分析。《中国统计年鉴(2017)》的数据显示(如表2所示),2016年我国基层医疗卫生机构(如社区卫生服务中心、街道与乡镇卫生院、村卫生室、门诊部)的诊疗人次数和医师日均担负诊疗人次均高于医院(如综合医院、中西医院、民族医院、专科医院),但基层医疗卫生机构的实际入院人数却远低于医院,而且基层医疗卫生机构的实际开放总床日数和平均开放病床均远低于医院,病床使用率仅为59.7%,远低于医院的85.3%,也低于专业公共卫生机构(如专科疾病防治院、妇幼保健院)。基层医疗卫生机构优质医疗资源(高级专业技术人员和医疗仪器设备)的短缺,导致患者在入院就诊时往往首选大医院,因而大医院往往是超负荷运转,而基层医疗卫生机构的设施则得不到有效利用,病床和医疗设备闲置率往往比较高。

表2　各类医疗卫生机构医疗服务及床位利用情况(2016年)

机构名称	诊疗人次(万人次)	入院人数(万人)	医师日均诊疗人次(人次)	实际开放总床日数(日)	平均开放病床(张)	病床周转次数(次)	病床工作日(日)	病床使用率(%)	平均住院日(日)
医院	326956	17528	7.3	1986184210	5441601	32.0	311.3	85.3	9.4
基层医疗卫生机构	436663	4165	10.1	497325644	1362536	30.4	218.0	59.7	6.7
专业公共卫生机构	29300	991	8.6	85491157	234222	42.0	263.7	72.3	6.0
其他机构	251	45	3.2	10029267	27477	16.2	186.8	51.2	8.4

资料来源:《中国统计年鉴(2017)》。

3. 一些服务项目存在覆盖盲区,尚未有效惠及全部流动人口和困难群体。在过去相当长的时间内,基本公共服务事权与支出责任的央地关系没有完全理顺，因而一些本地化供给的基本公共服务往往仅覆盖到辖区内的户籍人口，而并未有效惠及全部人口，特别是流动人口。根据国家卫计委发布的《中国流动人口发展报告（2017）》，2016年我国流动人口规模达到2.45亿人。但在现行社会管理体制下，很大一部分流动人口仍不能在务工地享受与当地公众平等的基本公共服务，基本公共服务的供给侧还存在着诸多不平等问题。一是劳动就业机会的不平等。当前仍有很大一部分流动人口被排斥在流入地的工作和生活体系之外。同时，很大一部分流动人口在工作所在地不能平等地享受当地人力资源与社会保障部门提供的就业指导、技能培训等信息和服务。二是流动人口子女教育的不平等。在义务教育阶段，流动人口普遍面临着高额择校费或借读费，致使相当一部分流动人口子女在务工地不能像当地儿童一样进入公办中小学，以经济排斥方式剥夺了多数流动人口子女进入城市主流文化教育体系的权利。三是流动人口享受社会保障权利的不平等。"五险一金"制度本身设计的先天不足和后天管理上的统筹层次低、转移接续难，都影响到流动人口公平享有医疗、住房等社会保障权利与服务（李晓霞，2014）。

　　困难人群未能享受到应有的基本公共服务，实质上正是不少家庭致贫的重要原因。基本公共教育服务不到位、责任未落实，往往是贫困代际传递的一大根源。因此，必须保证义务教育的公平可及可得，真正实现扶贫先扶智，扶贫与扶智相结合。健全医疗救助、基本医疗保险和大病保险等多层次医疗保障体系，则是防止因病致贫的重要途径。能够被这三个层次的医疗保障网络兜住的家庭，往往不会出现因病致贫状况，更何况现在社会上还有诸多公益慈善等救助渠道。如果就业救助、培训和社会帮扶能够覆盖到零就业家庭，让困难家庭能够有充分的就业甚至创业，那么，也会大幅减少贫困家庭与人口，正如2006年诺贝尔和平奖得主尤努斯（Muhammad Yunus）所言，每个人与生俱来即有一定的潜能与创造力，使其不仅能照顾自己与家人，还能造福社会，只是我们建立的体制、设计的机构及形成的观念阻碍了他们发挥潜能（尤努斯、韦伯,2011)。基本公共服务就是开发人的潜能、保障潜能得以有效发挥的重要制度安排。如果出现盲区,贫困便可能因此产生。

4. 体制机制创新滞后,社会力量参与不足。保障人人可以享有基本公共服务是政府的重要职责,但政府未必要亲力亲为,可以充分发挥市场组织、社会组织的广泛参与功能。然而,由于管理体制机制改革创新滞后,社会力量在我国基本公共服务领域的参与显得明显不足。以平均每万人拥有社会组织的数量来看,巴西是13个,新加坡是15个,阿根廷是25个,美国是52个,日本是97个,法国是110个(杨佳伟,2016)。而按我国民政部公布的《2016年社会服务发展统计公报》数据,登记在册的社会组织数量只有70.2万个,我国平均每万人拥有的社会组织的数量仅为5个,与上述国家的差距十分明显。

从亚当·斯密的"廉价政府论",到约翰·梅纳德·凯恩斯的"政府干预论",再到詹姆斯·布坎南的"公共选择学派",政府提供公共服务都被认为是天经地义的事情,市场失灵也为公共服务和公共产品的不断扩展提供了理论支撑(谢芬,2017)。从我国的实践看,由于计划经济时代的路径依赖,政府仍旧在很多方面习惯于做一个"大包大揽"的家长,并以保证公共服务供给质量和规范为名,对非营利组织进行过度干预甚至改造,"逐渐削夺其自主权和自治性,压抑其社区精神与首创能力"(陈少晖等,2018)。同时,我国的社会组织"先天不足"、发育迟缓、能力不高,亦影响其成为合格的公共服务提供主体,有的甚至就是政府部门的办事机构,出现了与政府相关组织"两块牌子,一套人马"共同运作的怪象。

新公共管理(NPM)理论的倡导者奥斯本等人主张将"把掌舵和划桨分开",政府应更好地发挥"掌舵"作用而不是去"划桨",政府要善于授权与分权而让各种力量参与其中,目的是将竞争机制注入服务提供中而提高效率与效果;此外,他们还主张通过市场力量进行变革,来更好地满足"顾客"需要,等等(奥斯本、盖布勒,2006)。反观我国,不仅社会组织管理体制机制改革推进困难,而且社会组织注册登记难问题仍然未能得到根本性解决,社会组织发展缓慢,直接影响他们承接基本公共服务的供给职能。

四、推进基本公共服务均等化的经验借鉴

在解决基本公共服务供给总量不足、质量不高和发展不平衡等短板问题上,国内外已经积累了不少有益的经验与做法,值得我们学习借鉴,以便进一步完善基本公共服务法律制度、改进管理体制机制与方式方法,更加有效地实现基本公共服务均等化的初衷与功能。

(一)完善法规政策,明确各方责任

绝大多数国家都是以立法形式来保障基本公共服务的普及责任,甚至有的还是一项立法保障一项基本公共服务的具体落实,其中包括明确各级政府的责任。比如,1601 年英国女王伊丽莎白颁布了《济贫法》(一般称"旧济贫法"),拉开了现代社会保障的序幕;后来针对"旧济贫法"存在的问题,1834 年又出台了《济贫法(修正案)》(即史称的"新济贫法"),不仅明确了社会救助是公民的一项基本权利,实施救济是社会应尽的义务,而且要求有专门的机构和专职人员来管理该项事业,并保证统一性和社会普遍性。德国则分别于 1883 年、1884 年、1887 年和 1889 年相继出台了强制性的《疾病社会保险法案》《工伤事故保险法》《生育保险法》和《养老保险法》,建立相应的社会保险制度;1903 年更是通过了《童工法》,以法律形式对 6—14 岁的青少年必须接受最基本的义务教育作出了明文规定,并明确由国家和地方政府共同承担责任从制度上保证不同人群获得基本公共服务的权利(徐水源,2016)。

(二)加强转移支付,弥补落后地区财力不足

为了让地方政府能够承担起提供基本公共服务的应有职责,西方发

达国家纷纷在财政制度上作出安排，以确保公共服务的财力投入。比如，加拿大即通过转移支付制度来保障基本公共服务均等化，联邦政府根据各区域政府提供公共服务的财力水平，通过实施均等化财政，来保障欠发达省份的民众享受同等的基本公共服务。挪威中央政府则通过提供专项资金来保障地方政府的特定公共服务项目，并根据人口结构、收入水平等因素进行再分配（廖文剑，2011）。日本则是实行独特的"集权分散型"财政模式来保障基本公共服务均等化，即中央政府以《地方交付税法》为依据，将地方税收按照一定的比例和系数加成后形成财政基金，再按照一定的标准在各地方政府间进行分配，以实现经济发达地区帮助经济欠发达地区的效果（刘志广，2011）。法国的农村公共基础设施十分完备，农民的生活也十分富足，这主要得益于法国通过各种法令建立多种公私合营的专业化公司，由他们来承担建设农村公共基础设施的责任，这些专业化的公司则必须按照政府计划和统一管理来进行经营，而公司承担的工程建设资金通常由政府提供60%—75%，地方政府的工业部门和农业部门以及金融机构也可以参与投资（赵强社，2012）。

（三）改革创新政策，覆盖服务盲区

或者是中央政府主动作为，或者是地方政府高瞻远瞩、自主突破视野局限，改革创新政策措施，让基本公共服务能够覆盖全部人口，不留下服务盲区。针对民主德国并入联邦德国而产生的基本公共服务地区间不均衡问题，德国政府采取了横向转移支付策略来缩小东西部地区之间的经济和社会差距：一是在16个州之间进行分配，二是在州内各市之间进行分配，以便持续改善东部各州的基础设施建设和经济社会人文环境，逐渐实现地区均等化（刘涛，2017）。国内一些地区，则是高瞻远瞩，自主突破一些地方政府的视野局限，改革创新政策，让基本公共服务能够覆盖流动人口。比如上海市闵行区，率先建立公益性就业服务中心，对来沪人员实行免费就业服务，并对来沪从业人员参加技能培训实

施补贴政策，鼓励他们参加职业技能培训和职业资格培训；此外，还较早地建立了覆盖全区的社会保障体系，形成了城保、镇保、农保、征地养老和综合保险等各种社会保险并存的社会保障框架（刘玉博等，2011）。贵州省贵阳市则针对流动人口，全面实施流动人口居住证制度，推行居住证"一证通"制度，并逐步提升其功能。按照该制度规定，办理《贵阳市居住证》的流动人口，可享受计划生育、子女教育、就业保障、公共卫生、就业创业和住房保障等方面的均等化服务，并借鉴流动人口积分制管理，探索渐进式融合之路，如流动人口子女基础教育可以通过积分排名在居住地安排入读公办学校（申鹏，2013）。

（四）充分调动各方力量，积极参与服务供给

提供基本公共服务尽管是政府的责任，但既要发挥各级政府的职能，又要充分调动市场和社会的力量。比如美国，主要以分权方式来保证基本公共服务均等化。美国政府分为联邦、州和地方三级，三级财政各自使用相对独立的财税制度和法律，并依据宪法明确划分事权。其中，联邦政府主要负责保持宏观经济健康发展，同时向州和地方政府提供转移支付；州和地方政府则主要提供公共服务，同时引入竞争机制（程岚，2009）。再如韩国，曾把农村开发作为国家发展战略，着力提高农民生活环境，加强农村基础设施建设。为此，韩国政府先后制定了一系列政策措施，鼓励并充分调动社会各界的投资力量，为农村居民盖房、通水电、修路等，从而大幅改善了农村基础建设和公共事业，同时也促进了农产品有效供给，并为农业建立了基本保障体系（艾丽，2012）。再如较早建立比较健全的社会保险制度体系的德国，依据2005年生效的《老年收入法》，通过大额补贴和高比例退税方式，建立了与法定养老保险同属第一层次养老保障的吕库普养老金计划（于秀伟，2013），这一计划并非通过公办组织，而是通过商业保险公司来实施。此外，在很多国家和地区，提供医疗、养老、教育等基本公共服务的，并不局限于政府投资兴办的公立组织，而是有很多的市场组织和社会组

织（包括传统非营利组织和新兴的社会企业）参与其中，这些组织甚至成为一些基本公共服务的供给主力，而政府则通过购买服务方式或补助困难人群方式来体现其职能与责任。

五、推进基本公共服务均等化的政策建议

为了保证底线公平、实现共同富裕，进入新时代的中国必须坚持以人民为中心的发展思想，进一步推进基本公共服务均等化。为此，必须针对目前基本公共服务领域存在的突出问题，广泛借鉴国内外经验，从完善制度、明确各级政府责任，加强转移支付、保障落后地区财力支撑，鼓励各地改革创新、努力解决服务盲区问题，以及破除体制机制障碍、有效激发社会活力等四个方面着力。

（一）进一步完善制度，明确各级政府责任

保证人人享受基本公共服务是政府的最重要责任。然而，这一责任并非总是放在各级政府优先落实的地位。究其根源，除了一些领导干部尚未形成民生保障的优先思想意识之外，考核问责机制不健全也是一大主因。因此，应该学习借鉴一些法治国家立法先行、保障有力的重要做法，一方面全面贯彻以人民为中心的发展思想，进一步完善地方政府政绩考核与问责制度，明确各级党委政府及主要领导人的具体责任，确保基本公共服务均等化能够成为各级党委政府的首要职责；另一方面则应建立健全激励机制，让重视民生保障且工作做得好、有效落实基本公共服务均等化责任的部门与人员，能够得到有效的激励，从而最终形成压力与动力双轮驱动、激励与约束有机结合的管理体制与机制。

（二）加强转移支付，保障落后地区财力支持

落实基本公共服务均等化责任，必须以坚实的财力做支撑。即使在财力有限的情况下，按理也应将与民生紧密相关的基本公共服务均等

化，放在优先保障的地位。因此，对一些经济欠发达地区，除了要通过考核问责制度的健全与完善来保障这一责任的优先落实地位，还要积极借鉴国内外的有效做法。一方面加强转移支付体制机制与方式方法的改革创新，通过纵向与横向转移支付制度来确保落后地区的财力支撑；另一方面则要建立起相应的风险防范机制，以规避一些地方政府可能因此而产生的道德风险与败德行为，从而让各地政府在尽力而为、量力而行的基础上，接受纵向和横向的转移支付。社会救助基金的中央补助机制引起的一些地方政府的博弈行为，在此应该引起足够的关注与重视。

（三）鼓励各地改革创新，自主解决服务盲区问题

中国这样一个地域辽阔、区域城乡发展差距均较大、各地情况又千差万别的发展中人口大国，在制定政策解决社会经济问题时，既要注重宏观总揽与顶层设计，又要鼓励和支持各地的改革创新，自主探索解决自身问题的机制与方式。在落实基本公共服务均等化、解决政策与服务盲区问题上，不仅要重视问责，强化责任，还要善于借鉴学习国内外已经出现的不少有益的政策创新与实践探索，比如上海闵行的外来人口就业培训制度、贵州贵阳的居住证制度、江苏淮安的共有产权房制度，等等。对于这些地方性自主改革创新与实践探索，不仅要加以积极鼓励与引导，而且应注意及时总结与有效推广，以期充分发挥制度改革与创新的后发优势与外溢效应。

（四）破除体制机制障碍，有效激发社会活力

供给主体多元化、供给渠道多样化，有助于提高基本公共服务供给的总量与效率，更好地满足情况复杂多样的不同群体的合理需求，而且这也是实现基本公共服务均等化的重要趋向。更何况，我国区域城乡发展差距较大，流动人口数量庞大，困难人群多种多样，仅仅依靠政府这一单一的供给主体，难以在短时期内高效实现基本公共服务均等化（郁建兴，2011）。为此，必须积极借鉴发达国家的成功经验，充分认识社

会组织在公共治理中的积极功用,尽快破除行政管理体制机制上的各种障碍,加快推进"放管服"综合改革,有效激励社会组织的活力,尽快形成政府主导、社会力量充分发展与广泛参与的多元化基本公共服务供给格局,其中尤其要重视正在世界各地兴起、具有营利性企业与传统非营利组织杂交优势的新型社会经济组织形式——社会企业发展的重视。

参考文献

[1] 高传胜:"公共服务供给与中国实现包容性发展",《东岳论丛》2011年第12期。

[2]（英）肯·布莱克默,王宏亮等译:《社会政策导论》,中国人民大学出版社2009年版。

[3] 罗震东、韦江绿、张京祥:"城乡基本公共服务设施均等化发展的界定、特征与途径",《现代城市研究》2011年第7期。

[4] 李晓霞:"融合与发展:流动人口基本公共服务均等化的思考",《华东理工大学学报（社会科学版）》2014年第2期。

[5]（孟）穆罕默德·尤努斯、（美）韦伯著,杨励轩译:《企业的未来:构建社会企业的创想》,中信出版社2011年版。

[6] 杨佳伟:"公共服务领域供给侧改革的困境——从供给方不足角度分析",《中共济南市委党校学报》2016年第6期。

[7] 谢芬:"转变我国公共服务提供方式的现实逻辑、理论依据及优化路径",《公共经济与政策研究》2017年第2期。

[8] 陈少晖、陈冠南:"公共价值理论视角下公共服务供给的结构性短板与矫正路径",《东南学术》2018年第1期。

[9] 戴维·奥斯本、特德·盖布勒著,周敦仁等译:《改革政府:企业家精神如何改革着公共部门》,上海译文出版社2006年版。

[10] 徐水源:"流动人口基本公共服务均等化的德国经验及其启示",《人口与社会》2016年第4期。

[11] 廖文剑:"西方发达国家基本公共服务均等化路径选择的经验与启示",《中国行政管理》2011年第3期。

［12］刘志广："日本地方交付税制度及其对中国实现基本公共服务均等化的启示"，《现代日本经济》2011 年第 1 期。

［13］赵强社：《城乡基本公共服务均等化制度创新研究》，西北农林科技大学学位论文，2012 年。

［14］刘涛："社会整合与基本公共服务均等化——迈向均衡发展的德国社会政策"，《社会政策研究》2017 年第 2 期。

第五篇

建设彰显优势、协调联动的城乡区域发展体系

区域比较优势视角下的生产力布局优化*

一、引言

建设彰显优势、协调联动的城乡区域发展体系，实现区域良性互动、城乡融合发展、陆海统筹整体优化，培育和发挥区域比较优势，加强区域优势互补，塑造区域协调发展新格局，是建设现代化经济体系在空间结构上的主要任务。这些年来，我国生产力布局的优化是通过推进一系列区域化的国家战略来实施的。其中，"西部大开发""东北老工业基地振兴"等，就是中国经济学界广泛关注的问题。虽然中央政府对西部和东北老工业基地的振兴给予了足够重视和支持，下发了一系列重要文件、安排了一大批投资项目、出台了一系列的区域优惠政策，这些区域经济不振现象仍然未能得到有效的控制，如东北地区甚至出现了急剧衰退的迹象。

区域生命周期理论可以较好地解释区域经济发展为何会出现衰退。地区经济的发展存在着一定的生命周期，在工业经济占据主导地位的时

---

* 本文作者为颜银根，南京审计大学政治与经济研究院。

代，区域的生命周期与地区的产业生命周期有着直接的关联（Thompson, 1966）。比如，经历了区域生命周期完整周期的英国利物浦，最初通过国际贸易海运事业的发展也从小渔村一跃成为国际大都市。但是，在20世纪70年代，随着集装箱的出现，利物浦的船坞和传统制造业急剧衰落，从成熟期进入到衰退期。在经历了产业转型后，利物浦经济在70年代得到了复苏，重新过渡到新的成长期。而东北地区的经济衰退与利物浦经济的衰退是相似的，在产业生命周期进入衰退期后，产业结构没有得到有效调整，过于单一的产业结构也加剧了地区经济全面进入衰退。如果进一步分析，我们不难发现东北地区经济衰退的大背景是沿海地区在改革开放后经济得到了快速的发展，东北地区外部条件发生了变化导致原有的产业逐渐衰落，而新的产业又未能及时发展起来，从而导致当地的经济发展陷入了困境。

地区的经济发展离不开产业的支撑，这也是为何各地在地区经济发展规划中始终将产业规划作为重中之重的主要原因。然而从现有地区发展和产业发展规划来看，有两个问题没有得到实质性的解决：第一，地区产业同构现象极为明显。随着我国经济的快速发展，对于高新技术产业的需求越来越高，这也促使众多地区同时选择了以电子信息、计算机、机械、材料等先进制造业作为本地的主导产业，并由此造成了严重的产业同构问题。产业同构不仅造成了地区之间的恶性竞争，更为关键的是引起资源的错配，并由此带来了产能的过剩和资源的极大浪费。第二，地区间产业缺乏关联布局。现有的地区产业规划中仅就本地的产业进行规划，在产业布局中完全不考虑产业在空间上的前后向关联问题，由此导致产业空间关联严重缺乏。空间经济学理论指出，经济活动在空间存在广泛的关联，包括要素如劳动力、资本等的流动，也包括商品在空间的贸易。缺乏空间关联思考的产业规划会引起产业成本增加，从而不利于地区经济长期高效的发展。而无论是区域间的产业空间同构问题，抑或是区域间产业缺乏关联，都将导致资源在空间上出现错配，从而与高质量发展的目标背道而驰。

本质上而言，地区的衰退如东北地区的经济严重衰退，是因为东北地区未能就外部环境的变化而及时对产业结构进行有效调整。换言之，东北地区并未观察到区域比较优势在近几十年所发生的巨大变化。随着沿海地区的经济发展和东北经济的衰退，大量的人力资本和劳动力从东北地区流出。2017 年黑龙江、吉林和辽宁三省常住人口分别比上年减少 10.5 万人、15.6 万人和 8.9 万人，东北三省一年内总人口减少 35 万人。东北地区的技术人才优势正在不断丧失，但东北地区大量制造业企业并未就这一变化作出快速反应。2017 年，林毅夫团队的《吉林省经济结构转型升级研究报告》一经公示即引起了广泛争议，而争议的聚焦点在于吉林省产业的"比较优势"。资源的空间错配的确会引起生产效率的低下，而区域比较优势又有着动态变化发展的过程，如何在区域比较优势的视角下实现生产力布局的优化则成为我国当前高质量发展的关键所在。

二、中国生产力布局的历程

生产力布局起源于苏联，是计划经济的重要组成部分，是政府对市场不足的有效干预。但随着我国市场经济的快速发展，生产力布局的内涵也发生了变化。市场经济条件下生产力布局的优化与区域协调发展是一致的，关键在于如何处理好政府与市场的关系，仍然表现为对市场不足的有效干预（国务院发展研究中心区域协调发展和优化全国生产力布局课题组等，2014）。

按照生产力布局的主体来划分，生产力布局包括以下三个方面的内容：第一，总体布局。总体布局属于宏观层面的布局，主要是对全国的资源进行布局。第二，部门和地区生产力布局。部门和地区生产力布局属于中观层面的布局，主要是对产业在空间分布进行布局。第三，企业区位布局。企业区位布局属于微观层面的布局，主要是对企业具体的区位进行布局。影响生产力布局的因素众多，包括自然因素、人口因素、技术因素、经济因素以及社会政治因素等。整体而言，1949年以来中国的生产力布局出现了从"微观"布局向"中观"布局，再由"中观"布局到"宏观"布局的演变；并且政府在生产力布局中也逐步从"主导"向"引导"的转变，再由"引导"到"参与"的转变。

（一）政府主导的生产力布局时期（1964—1978年）

中华人民共和国成立前夕，沿海地区工业产值占全国的70%以上（靖学青，1993）。为改变中国经济活动的空间分布，20世纪60年代中期开始，我国曾经有过大规模的生产力布局，即著名的"三线建设"生产力布局。从1964年至1980年，中央政府举全国之力，以铁路建设为先导、以国防科技工业为核心，在"三线地区"大力发展钢铁、煤炭、电力、有色金属、机械、石油、化工、轻工业和交通运输业，并由此形成了成渝工业区、川黔滇工业区、关中工业区、兰州天水工业区、武汉—大冶工业区、鄂西工业区、豫西工业区和湘中工业区八大工业区（周明长，2014）。

"三线建设"产业空间布局在当时具有积极的意义，在确保我国产业安全的同时也积极地推动了区域产业平衡发展，促进了我国中西部地区的工业和城市经济发展。改革开放前的布局主要集中在工业经济方面，中国的老工业基地多数是在这一时期布局形成。布局以"均衡"为主，主要目的是促进欠发达地区的经济发展，缩小地区间的经济差距。值得一提的是，由于历史的原因，"三线建设"产业空间布局更多地以安全和原材料为主导，因而未能充分发挥市场作用，其对地区乃至整个国民经济发展的作用并未发挥到极致。

（二）政府引导的生产力布局时期（1978—1998年）

改革开放至20世纪90年代末，中国的生产力布局出现了变化，布局以"非均衡"为主，以提高经济效益为中心，向沿海地区倾斜。这一时期生产力的布局以政府引导为主，通过优惠的税收、外汇、土地等吸引外资。从 1978 年开始，中央政府在沿海地区设立包括经济特区、沿海开放城市以及沿海经济开放区等实施了一系列开放高地，极大地促进了外商直接投资的流入。截至 20 世纪 90 年代末，沿海地区吸引了全国外商直接投资的 90% 以上（Amiti 和 Wen，2001）。外商直接投资的流入，一方面增加了沿海地区相关制造业的比重；另一方面通过溢出效应促进了制造业在中国沿海地区集聚（文玫，2004）。而经过数十年的发展，沿海城市多数已经成为本省经济的"领头羊"，部分沿海省份也形成了双中心的经济发展格局，如大连与沈阳、青岛与济南、宁波与杭州。

整体而言，这一时期中央政府除了对深圳地区有一定的直接投资外，更多地利用沿海地区的区位优势、劳动力成本优势等积极吸引外资企业进入，从而改变了中国生产力的空间布局。而随着沿海地区经济的快速发展，大量工业在沿海地区快速集聚，市场的力量不断促进生产力在空间的重新布局。

（三）政府参与的生产力布局时期（1999 年至今）

从 1999 年至今，中国的生产力布局则以"协调发展"为主，出台了西部大开发、东北老工业基地振兴以及中部地区崛起等系列区域发展战略。伴随着区域援助和区域协调政策的推行，中国的生产力布局发生了较大的变化。1999 年之后东部地区的工业增加值出现了先增加后下降再增加的过程，而中西部地区的工业增加值出现了先下降后上升的过程，东北地区的工业增加值则呈下降趋势。

从西部大开发的政策出台，再到东北老工业基地的振兴和中部崛起，中国的生产力布局出现了较大的变化。整体而言，这一时期的生产力布局以市场为主，政府更加偏向于宏观视角的生产力布局。随着沿海地区经济的快速发展，进入 21 世纪后沿海地区的土地成本、劳动力用工成本等都限制了沿海地区工业经济的进一步发展。与此同时，中西部地区和东北地区得到国家包括土地、财政等政策的支持，从而促进了中西部地区工业经济的快速发展。从 2005 年开始，沿海地区的工业企业大规模地向中西部地区迁移,彻底改变了中国的工业经济地理格局。

三、中国生产力布局的现状与困境

随着改革开放的深入,中国的经济地理发生了巨大的变化,经济重心也由沿海地区逐步向东南方向移动。尤其是 1992 年之后,大量外商直接投资以及劳动力的流动,加速了沿海地区工业经济的快速集聚,并吸引了金融等服务业或者生产性服务业的协同集聚(陈国亮等,2012)。2005 年后,随着沿海地区工业化与城市化发展,沿海地区的劳动力成本等不断上升,部分制造业逐步地向中西部地区转移。而 2012 年后沿海地区产业结构通过调整得到优化,工业经济重新得到复苏。

(一) 中西部地区工业增加值比重有回落迹象

从 1999 年的"西部大开发",到 2003 年的"振兴东北老工业基地",再到 2004 年的"中部崛起",中央政府在短短的 5 年时间内连续推出三个广覆盖的区域发展战略。从数据上看,三大区域战略的连续出台的确对东部沿海地区的工业经济发展产生了一定的冲击。图 1 给出了 1993 年到 2016 年中国四大区域的工业增加值占全国工业增加值的比重。[①]

从图 1 中可以看出,2005 年前后沿海地区、中部地区和西部地区这三大区域的工业增加值占全国工业增加值的比重有着明显的拐点,沿海地区工业增加值占全国工业增加值的比重不断下降,而中西部地区的工业增加值占全国的比重正在不断上升。值得一提的是,在 2005 年前后沿海地区的劳动力成本和土地成本比之前有了大幅度提升,导致产业

[①] 四大区域的划分方法采用中国区域发展战略的划分方法,中部地区包括安徽、江西、河南、山西、湖北、湖南六省份;西部地区包括陕西、四川、云南、贵州、广西、甘肃、青海、宁夏、西藏、新疆、内蒙古、重庆等十二个省、自治区和直辖市;东北地区包括黑龙江、吉林和辽宁三省。

大量向内陆地区以及东南亚国家转移。在产业转移的带动下,近些年来中西部地区经济出现了大幅增长,增长速度甚至远远超过沿海发达省份的增长速度。资源丰裕、要素成本低且市场潜力巨大的中西部地区建立了一批保税区、"飞地"工业园,承接东部地区转移的劳动密集型以及资源密集型等产业。

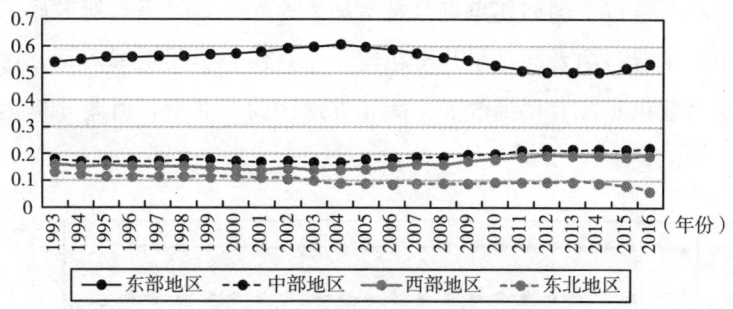

图1 1993—2016年中国四大区域工业增加值占全国比重

但是,从2012年开始,中西部地区的工业增长值占全国工业增加值的比重出现了小幅回落,而东北地区的工业增加值更是出现了大幅下滑。相对应的是,从宏观经济来看,这一时期内陆地区的经济增长幅度也出现明显的下滑。东部沿海地区的产业结构从2005年开始逐步调整,随着大批量的产业逐步向内陆地区转移,沿海地区的工业增加值比重也出现了下滑。但是,随着沿海地区产业转型调整的深入,沿海地区的工业结构更加优化,这也是为何沿海地区在2012年后的工业增加值比重再次开始提高的重要原因。

(二) 南北方生产力出现空间差异

随着中西部地区的经济发展,以及东北地区经济的不断衰退,中国生产力空间布局也出现了新的问题,即"南北问题"。中国区域的南北方差距问题只是近几年才出现的,目前尚未能够引起广泛关注。

图2中给出了1993—2016年期间中国南北方工业增加值占全国的比重。从图中可以看出,1993年以后中国南北方工业增长值占全国的

比重基本保持在60%：40%这一固定比例。但是，在2012年之后南方工业增加值占全国的比重出现了较大变动，北方的工业增加值占全国工业增加值的比重从2012年的40.06%快速下降到2016年的35.53%，仅仅5年时间下降了4.5个百分点。而从我国的"西部大开发"和"中部崛起"战略开始实施至2012年，经过10年的努力，中西部地区的工业总产值占全国的比重也只是增加了8.6个百分点。如果从工业增加值净值来看，两者甚至于几乎相同。尤其需要引起重视的是，这一趋势截至目前仍然没有得到改变，南北方地区的工业增长值差异仍然有进一步扩大的迹象。

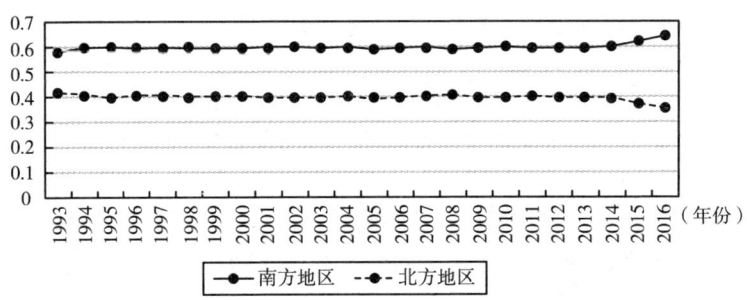

图2　1993—2016年中国南北方工业增加值占全国比重

毫无疑问，中国的区域援助战略"西部大开发"和"中部崛起"取得了一定的成功，包括重庆、四川、安徽等中西部地区在内的地方经济有着大幅度的增长。但是，从这一轮的增长来看，秦淮以南的中西部地区的经济增长更加明显。此外，山东、天津等北方沿海省份经济下滑也造成了南北方地区生产力空间的分异。

（三）产业同构现象日益凸显

从生产力优化的角度来看，生产力的布局需要结合地区特征，在不同的地区进行差异化的生产力布局。但是，从我国当前的产业布局来看，产业同构现象十分严重。产业同构现象越明显，地区之间的产业竞争也就越明显。同质化的产业不仅导致产业恶性竞争加剧，更会导致产能的大量过剩（国务院发展研究中心区域协调发展和优化全国生产力布局课题组等，2014）。

中国的产业同构现象日益凸显，主要表现在两个方面。第一，从空间维度来看，产业同构是普遍存在的。根据《中国统计年鉴（2015）》计算，中国31个省、市、自治区中有29个省份的产业结构相似系数超过0.95，有30个省份的产业结构相似系数超过0.9（中国式产业同构现状分析：产业结构构建视角）。从各省的产业规划中我们也可以看出，各省普遍将汽车、能源、医药、化工、机械、电子信息等作为本省的支柱产业，具有高度的相似性。而随着战略性新兴产业的发展，各省又普遍将相关的战略性新兴产业作为本省的支柱产业。第二，从时间维度来看，产业同构的程度日趋严重。自2003年以来，中国产业的结构相似系数不断攀升，从2003年的0.809上升到2010年的0.829，还有进一步上升的趋势（国务院发展研究中心区域协调发展和优化全国生产力布局课题组等，2014）。综观各省的产业规划，各省普遍存在着"大而全"的战略趋势，这也是为何随着时间的推移各省的产业结构同构日趋严重的重要原因。

整体而言，中国的产业同构问题愈演愈烈，形成了大量的内耗。地方政府"以邻为壑"和"大而全"的思维大大降低了中国资源的利用效率。如何来解决中国区域产业同构，是我国生产力布局优化亟待解决的问题。

四、区域比较优势的动态演变

比较优势对生产力的空间布局具有重要意义，能够让资源得到更加充分的利用。值得一提的是，随着区域一体化程度的提高，劳动力、资本等要素在空间上的流动加速，从而区域比较优势正在不断地发生变化。如果对区域比较优势的动态演化没有足够的认识，生产力布局将会导致资源在空间上发生错位，从而导致效率的降低。

(一) 四大区域比较优势的动态演变

图 3 给出了 2000—2015 年中国四大区域的相对"劳动力—资本"比值的变化。① 从图中可以看出,东部的劳动力—资本相对比始终在 1 以下,但是正在逐步增加。而中部地区和西部地区的劳动力—资本相对比值始终在 1 以上,也在不断下降。整体而言,东部、中部和西部地区在这一时期的劳动力—资本相对比值都在向平均水平接近。

需要指出的是,2000—2015 年期间东北地区的劳动力—资本相对比发生了较大的变化。这种变化不仅仅是数值上大小的变化,更是从劳动禀赋占据优势向资本禀赋占据优势的变化。从图 3 中我们可以看出,2000 年时东北地区的劳动—资本相对比值为 1.01,随后几年不断增加,2005 年达到了顶峰 1.10。但是,随着"振兴东北老工业基地"的推进,

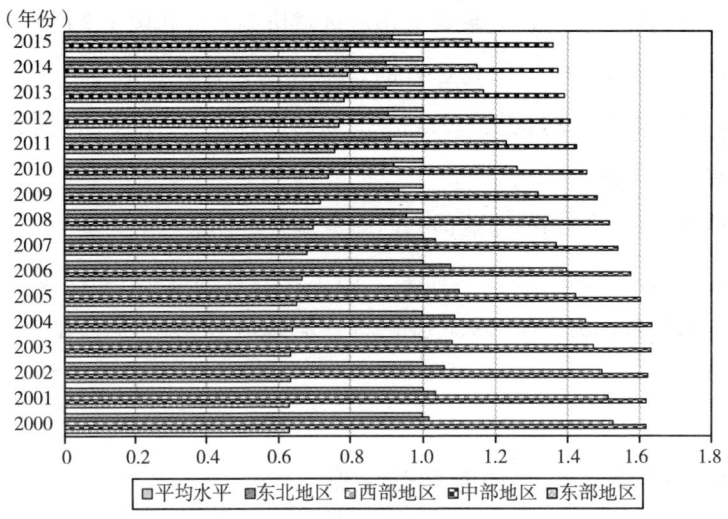

图 3 2000—2015 年中国四大区域劳动力—资本禀赋比的演变

---

① 这里采用地区的年末常住人口与资本存量比作为地区要素禀赋的代理变量,文中将地区的要素禀赋与全国平均的要素禀赋相比,从而得到相对劳动力—资本比。如果该比值大于 1,则表示地区的劳动力—资本要素禀赋超过了全国平均水平,因而地区的劳动力存在比较优势,反之则反是。

东北地区劳动力—资本禀赋出现了下降，甚至低于了 0.9。东北地区的"劳动力—资本"禀赋的变化趋势与东部地区、中部地区和西部地区是截然不同的，因而其在产业上相对其他地区应该有着完全颠覆性的改变。但是，东北地区的要素禀赋发生变化后，地区的产业结构并未得到有效调整，这也导致了东北地区经济持续发生衰退。

（二）南北方比较优势的动态演变

上文分析中指出，中国的生产力布局出现了新的困境，即南方与北方地区之间的工业增长值比重差距正在不断扩大。而从四大区域的劳动力—资本禀赋比的变化我们也可以看出，东北地区的衰退可能对地区的要素禀赋发生变化有着直接的关联。那么，南方和北方地区的生产力布局是否同样存在问题呢？

图 4 给出了 2000 年以来南北方劳动力—资本禀赋比的演变图。从图中可以明显发现北方的资本相对禀赋持续扩大，而南方的劳动力相对禀赋在不断地扩大。北方地区相对南方地区的劳动力—资本禀赋比从 2000 年的 0.95 下降到 2015 年的 0.86。如果使用地区的绝对值，南方地区在这一时期的劳动力—资本比从 2000 年的 1.22 下降到 0.18，下降了 85.22%；同一时期，北方地区从 1.17 下降到 0.15，下降了 86.85%。换言之，这一时期北方地区的下降幅度更大，也就意味着北

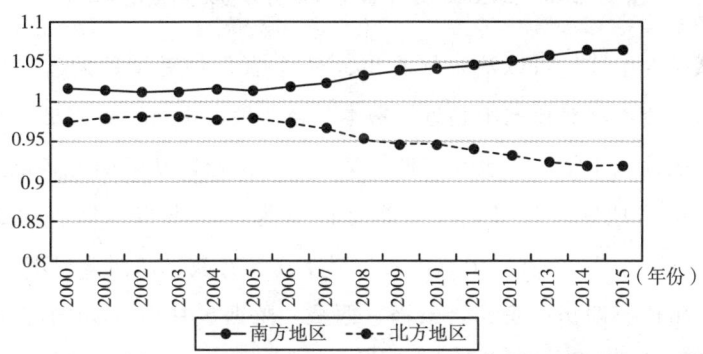

图 4　2000—2015 年南北方劳动力—资本禀赋比的演变

方地区应当有着更多的产业调整。但是，恰恰相反，这一时期南方地区大面积的对产业结构进行调整，北方地区的产业调整相对较为缓慢，这也导致北方地区在比较优势发生变化时并未能够及时进行调整，从而导致北方地区的经济衰退。

（三）省份比较优势的动态演变

上文中分析了中国四大区域和南北方的比较优势，无论是四大区域还是南北方的比较优势都有着较大的变化，尤其是东北地区出现了从劳动力禀赋占优到资本禀赋占优的巨大转变。相比较而言，省份的比较优势变化更加明显。图5给出了31个省份2000—2015年度劳动力—资本禀赋的动态演变。

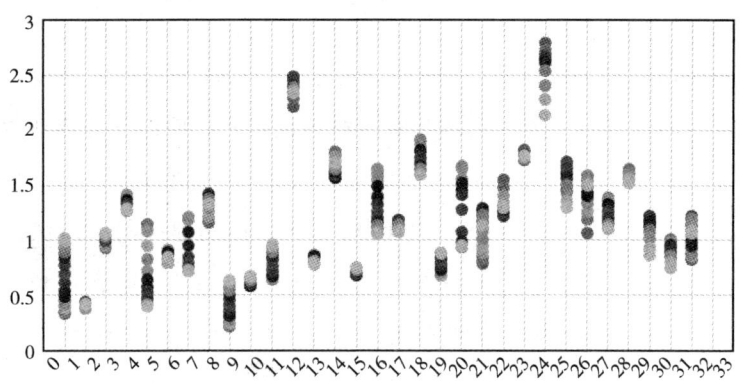

图5　2000—2015年31个省份劳动力—资本禀赋比的演变

从图5中我们可以清晰地看出，31个省份中有半数的省份出现了劳动力—资本禀赋比向1趋近。资本丰裕的地区丰裕程度降低，而劳动力丰裕的地区丰裕程度也在降低。甚至，一些地区从劳动力丰裕地区变为资本丰裕地区，或者资本丰裕地区变为资本丰裕地区。在2000—2015年期间，31个省份中有山西、黑龙江、安徽、江西、河南、湖北、湖南、重庆、四川、贵州、云南、西藏、陕西、甘肃等14个省市、区保持着劳动力占优，而天津、辽宁、上海、江苏、浙江、福建、山东、广东等8个省市、区保持着资本占优。此外，北京、宁夏、内蒙古、吉林、河北、新疆、广西、海南、青海等9个省市、区从劳动力相对占优转为资本相对占优,或从资本占优转变为劳动力占优。整体而言,从省份的比较优势来看,省份无论在变化程度还是在变化的数量上都是远超过地区的。换句话说,相对地区而言,省份这样更小的地理单元比较优势变化更加明显。因而,如果省份的产业结构没有进行及时调整,省份的经济发展将会受到较大的冲击,从而影响着中国整体经济水平的发展。

五、高质量发展体系下的生产力布局优化

从上文的分析中可以看出,无论是中国四大区域或者南北方的比较优势都出现了动态的演化,而对于这种比较优势没有足够的认识不仅导致地区的差距扩大,同时也会导致省份的产业同构的出现。因而,生产力的布局中更应当注重比较优势的动态演化,促进资源要素在空间上的有效流动,减少资源空间错配。基于地区的比较优势,高质量发展体系的生产力布局优化应当侧重在两个方面的权衡:(1)地理距离与规模经济的权衡;(2)产业政策与区域政策的权衡。

(一)地理距离与规模经济的权衡

高质量发展的微观基础是企业的支撑。如何在现有的环境下让企业获得更高的利润是保证高质量发展的前提。运输成本和规模经济都是企业选择区位的重要因素,企业需要在两者中寻求平衡,需要根据地区特征以及企业的特征来进行空间布局。尽管一些地区并不具有规模经济,但是由于产业有着一定的辐射范围,同样存在着比较优势,而这种比较优势就是地理距离的优势。在高质量经济发展中,生产力空间布局一定要考虑到企业运输成本与规模经济的权衡,以下三个方面值得引起重视:

第一,生产力布局应当考虑地理范围。不同产业由于运输成本等因

素的存在，辐射范围存在着较大的差异。因此，对于不同的产业而言，应当在不同的空间尺度上进行布局。但是，从现有的产业布局来看，相关产业布局完全没有考虑不同产业的特征，因而导致一些地区产业的缺失或者重复建设。

第二，生产力布局应当空间层级布局。从以往的生产力布局中来看，包括全国层面、省份层面或者地市层面进行布局。但是，生产力在不同层级的地理范围内的布局完全没有考虑到经济活动的层级关联，因而这种生产力的布局是缺乏层级空间布局的，最终导致生产力的效率低下，背离高质量的发展目标。

第三，生产力布局应当重估规模经济。规模经济对地区经济和产业的促进作用引起了广泛的关注，但是在生产力的布局中仅仅关注规模经济是不够的，还需要关注规模不经济。此外，如果刻意关注规模经济，势必导致地区的产业过于单一，从而导致地区的经济发展可能出现大起大落。因此，生产力的布局中需要重估规模经济的不足之处。

无论是生产环节或者销售环节，由地理距离所引起的企业运输成本都是企业成本中的重要组成部分。大量企业在空间的集聚所形成的规模经济，无疑会增加企业的经济利润，但是运输成本的支付又会缩小企业的利润。因此，企业需要在运输成本和规模经济中寻求平衡。从国家层面乃至到乡镇层面，生产力的布局中应当考虑产业的辐射范围。如果只是刻意去追求规模经济，那么最终将会导致运输成本浪费，从而背离高质量发展的目标。

（二）产业政策与区域政策的权衡

高质量发展对生产力空间布局有着一定的要求，需要兼顾效率与公平（刘志彪，2018）。现代产业体系要求资源得到优化配置，因而会选择生产率上升速度较高、需求收入弹性大的产业作为主导，注重效率。与此同时，中国当前的区域政策目标则要求区域协调发展，尤其是老少边穷地区需要一些政策倾斜，注重公平。因此，效率和公平的问题转变成产业政策与区域政策的权衡,其中同样需要在比较优势下进行生产力布局。高质量发展经济中,产业政策与区域政策的权衡同样有三个方面需要注意:

第一,生产力布局应当注重因地制宜。地区的资源禀赋存在较大的差异,因而在生产力布局中应当考虑地区的比较优势。对于老少边穷地区无论是资本还是技术,甚至劳动力方面都具备绝对的优势,而对于这些地区的发展仅仅从产业政策的角度是无法着手的,更加需要在全域范围内依据比较优势而进行生产力布局。

第二,生产力布局应当发展城市群经济。城乡差距目前仍然是我国区域差异的重要内容,并由此导致生产力空间布局上的重要差异。城乡的比较优势则更加明显,农村地区在土地等资源方面具有比较优势,但是农村的土地利用价值却没有得到充分利用。而城市群的发展缓解了城市资源不足的同时也促进了乡村经济的振兴,因而生产力布局需要考虑以城乡一体化的城市群经济。

第三,生产力布局应当空间联动高水平发展。现有的生产力布局之所以导致地区产业同质化,是因为在生产力的布局中并未考虑到经济活动空间的关联。类似于世界级先进制造业集群不仅可以模糊行政区的界线实行区域经济的一体化,更是可以实现产业内的分工发展,从而更好地利用比较优势。

总之,高质量的区域发展体系应当充分利用区域比较优势,这样不仅能够促进地区经济发展,更是能够实现区域联动的发展机制,从而能够减少资源错配而提高整个国家经济运行效率。

参考文献

[1] Amiti, M. and M. Wen, 2001, Spatial Distribution of Manufacturing in China, in Lloyd, P. J. and X. G. Zhang, *Modeling the Chinese Economy*, London: Edward Elgar.

[2] Thompson, J. H., 1966, Some Theoretical Considerations for Manufacturing Geography, *Economic Geography*, 42 (4), 356–365.

［3］陈国亮、陈建军："产业关联、空间地理与二三产业共同集聚——来自中国212个城市的经验考察",《管理世界》2012年第4期。

［4］靖学青："改革开放前30年中国生产力布局的客观评价",《开发研究》1993年第6期。

［5］文玫："中国工业在区域上的重新定位和聚集",《经济研究》2004年第2期。

［6］周明长："三线建设与中国内地城市发展（1964—1980年）",《中国经济史研究》2014年第1期。

［7］国务院发展研究中心区域协调发展和优化全国生产力布局课题组："生产力布局及中国生产力布局存在的问题",《中国经济报告》2014年第8期。

［8］刘志彪："建设现代化经济体系：基本框架、关键问题与理论创新",《南京大学学报》2018年第3期。

突破传统治理范式，推进高质有效的乡村振兴*

二元结构现代化的重点是要推进乡村振兴战略。无论从全面建成小康社会的"第一个百年目标"的重点难点，还是从当今社会发展"不平衡不充分"的突出矛盾方面看，农村都无疑是当今中国社会最大的短板和弱项。如何立足国情农情特别是本地的资源禀赋和发展特色，通过体系创新，制定和实施全新的乡村振兴战略，开拓一条从根本上解决长期悬而未决的"三农"问题的创新发展之路，真正建成得到人民认可、经得起历史检验的全面小康社会，就成为各级领导干部，尤其是市县乡各级干部必须完成的"答卷"。

党的十九大报告高度重视"三农"工作，强调农业、农村、农民问题是关系国计民生的根本性问题，必须始终把解决好"三农"问题作为全党工作重中之重；提出坚持农业、农村优先发展，实施乡村振兴战略。习近平在论述实施乡村振兴战略时指出，"要坚持乡村全面振兴，抓重点、补短板、强弱项，实现乡村产业振兴、人才振兴、文化振兴、生态振兴、组织振兴，推动农业全面升级、农村全面进步、农民全面发展"。

---

* 本文作者沈晓杰，政经专栏作家，新华日报资深记者，曾任中国新闻社江苏新闻网总编辑等。

显然,乡村振兴是一个综合性的大课题,限于篇幅和认识的局限,我们把讨论的重点放在农村改革和"三农"治理问题上,并以推进乡村田园养老模式为例,研究了乡村振兴的一条有效途径。省略其他问题这并不意味着它们不重要。

一、中国农村面临的主要问题

"三农"问题不是今天才有,中国的改革也是由农村而起。但40年来的改革,至今还并没有从根本上解决农村的问题,城乡差别甚至越来越大。这就需要思索背后深层次的原因。首先就是要对中国农村的现状有准确的把握和基本的认识。只有深刻了解中国农村的基本"农情",乡村振兴战略才不会走弯路。

中国农村"农情"最基本的问题,是劳动力流失问题。在史上最大规模的城市化发展过程中,随着数亿农村人口迁徙到城市尤其是主要劳动力的进城务工,带来了人类历史上规模最大的城乡人口迁徙,中国农村不仅遇到了前所未有的人口外流问题,而且劳动力流失和农民的资产被贬值的态势也愈发严重。

《人民日报》曾报道:"中国日均近百村庄消亡,城镇化催生空心村。"[1] 中国社科院社会学所一研究报告提供的数据更详实地指出:从1990年到2010年这20年的时间里,由于城镇化及村庄兼并等原因,我国的行政村数量从100多万个锐减到64万多个。相当于每年减少1.8万个村落,每天减少约50个。根据这份报告,乡村的空心化引发了中国农村的产业空、青年人空和住房空的几大皆空的现象,直接导致中国乡村的凋敝和衰落[2]。而来自住建部的全国村庄调查报告,也印证了这

---

[1] 参见"中国日均近百村庄消亡 城镇化催生空心村前路何在",《人民日报》,2014年6月13日。

[2] 参见中国社会科学院社会学研究所李培林文:"从'农民的终结'到'村落的终结'",《财经》2012年第5期。

点:"1978年至2012年,全国行政村总量从69万个减少到58.8万个,年均减少3152个;自然村数量从1984年的420万个减少至2012年的267万个,共减少153万个,年均减少约5.5万个。"①

劳动力的流失带来了农村常住人口的大量减少和农村土地的大量闲置。据统计,从1996年到2016年,中国农村人口已从20年前的85085万人,下降到2016年底的58973万人,大幅减少了2.61亿人,占过去农村总人口的三成以上。另据国家统计局2015年年报,全国农民工的总量在2015年达到了27747万人,全国人户分离人口高达2.94亿人,其中流动人口为2.47亿人。②

2012年中国科学院地理所发布的《中国农村空心化及其整治策略》报告指出,农村常住人口持续减少造成了农村"人走房空"现象,并由人口空心化逐渐转变为涉及人口、土地、产业和基础设施的农村地域空心化,产生了大量空心村。据推算,如果完善农村人口转移、宅基地退出与盘活机制,"全国空心村综合整治潜力可达1.14亿亩"。而随着近5年农村常住人口减少5300万人左右,以国土资源部公布的中国农村人均居民点用地317平方米推算,这5年仅农村居民用地被空置的土地面积,增加了2523万亩。全国农村可综合整治的土地,至少高达1.4亿亩,这还不算其他闲置的农村建设用地和抛荒土地。农村人口的大量流失,使本来就处在全面小康社会发展"下风"我国乡村显得更加凋敝。土地荒废、农舍闲置和公共服务弱化,使农村变得和现代社会愈发的脱节落伍。

传统观点认为,只要政府投入搞好新农村建设,把农村建成"美丽乡村",农村空心化的问题就会迎刃而解,而这也正是不少地方施展乡村振兴战略的主要套路。但事实证明这种观点和做法是错误的。新华社《经济参考报》记者曾在豫、赣、皖等省调研时发现,一些地方政府盲目开建新型农村社区,因农民没别的挣钱门路,集中居住后许多村民照

---

① 参见中国日报网文章"调查显示:传统村落3天消失1个",http://www.chinadaily.com.cn/hqcj/xfly/2014-11-03/content_12646902.html。
② 资料来源自国家统计局统计年鉴和公报。

样外出务工,导致"看起来很新的村子依然是空心的",甚至众多农村新社区宛如鬼楼,农民"上了楼却留不下来",最终造成农村的"二次空心化"现象。①

实践证明:农村会否出现"人去楼空"的空心村现象,无关是"老楼"还是"新楼",关键还在农村本身的发展环境和"人气"。而我国农村不断加剧的"人去楼空"的空心化和边缘化的基本农情,恰恰是实施乡村振兴国家战略所面临的最大难题所在。

人口流失进而导致的农村"空心化""边缘化"现象,是中国农村最基本的"农情",背后原因,则是城乡收入、财政投入、就业机会、公共设施服务水平不平衡等综合原因导致的结果。城乡收入差距持续扩大是导致农村"空心化""边缘化"的重要原因。城乡收入差别,常常被视为中国农村改革成功与否的主要指标之一。但恰恰就在这个极为重要的指标上,暴露出这几十年来以"农民致富"为主旨的我国农村改革及"三农"治理,不仅未能使农民的收入与中国改革的成果同步推进,而且城乡收入的差别越拉越大(图1)。

中国社科院城市发展与环境研究所发布的《中国城市发展报告No.4——聚焦民生》报告显示,在2010年,"我国城乡收入差距比为3.23∶1,成为世界上城乡收入差距最大的国家之一"。这份报告还揭示

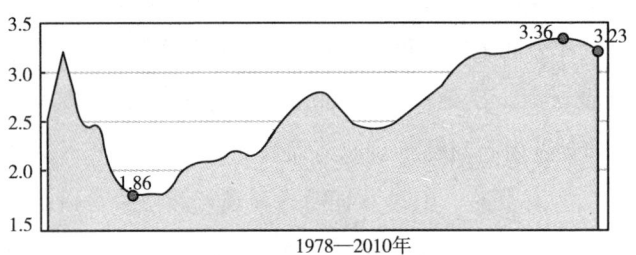

图1 改革开放以来城乡收入对比

注:据国家统计局农调队等公开信息整理。

---

① 参见"盲目建新区缺产业支撑 城镇化遭遇二次空心化",《经济参考报》,2014年2月24日。

了一个值得高度警惕的事实，就是在经历了最初农村改革的红利后，我国农民收入增长的幅度已远远低于社会平均增速。导致的结果，就是我国城乡居民的收入差距，经历了一个"U"字形发展路径。到了2010年，虽然城乡收入差距又有所收缩，但还是达到了3.23倍。

国家统计局对外发布的公开数据，也认同了以上的数据和"U"形变化的事实。国家统计局数据显示，从2002年到2010年，我国城乡收入比都在3倍以上，只有到2011年才回落到3倍以下（见表1）。

表1　　　　　　　　2002—2011年城乡收入对比

年份	农村居民纯收入（元）	城镇居民可支配收入（元）	城乡绝对差距（元）	城乡收入比
2001	2366	6860	4494	2.90∶1
2002	2476	7703	5227	3.11∶1
2003	2600	8472	5872	3.26∶1
2004	2936	9422	6486	3.21∶1
2005	3255	10493	7238	3.22∶1
2006	3587	11759	8172	3.28∶1
2007	4140	13786	9646	3.33∶1
2008	4761	15781	11020	3.31∶1
2009	5153	17175	12022	3.33∶1
2010	5919	19109	13190	3.23∶1
2011（一季度）	2187	5963	3776	2.73∶1
2011（二季度）	3706	11041	7335	2.99∶1
2011（三季度）	5875	16301	10426	2.77∶1

资料来源：各年的《中国统计年鉴》。

以上数据有着强烈的比较意义：

第一，中国的城乡居民收入差别，在经历了改革开放初期短暂的一段时期后，大都走在一个不断攀升爬高的态势之中。这标志着，尽管这几十年来几乎每年的"一号文件"都"姓农"，"三农"治理也列为"重中之重",但实际的结果却是中国农村的改革,远远落后于整体社会的发展。城乡收入差距的居高不下,已成为困扰我国经济发展的重要问题之一。

第二,根据国际劳工组织1995年发表的36个国家的资料,世界上绝大多数国家的城乡人均收入比都小于1.6倍,而美国、英国等西方发达国家的城乡收入差距一般是在1.5倍左右。甚至在日本,不少农村比城市还富,日本的农民比城里人还有钱。与此成鲜明对比的是,只有包括中国在内的3个国家,城乡收入比超过了2。而据业界专家估算,若将农民的实物收入、生产性投入和市民的隐性福利收入考虑在内,目前我国城乡收入差距实际高达6倍。① 这充分表明,我国的城乡居民收入差距还一直维系在比国际惯例要高得多的态势,中国的"三农"治理已到了必须"大修大改"的地步。

第三,尽管近年来一直强调"三农"优先,但城乡居民收入差别(城乡收入比)依旧保持在远高于国际水准的水平。从表1可看到,2011年三季度的城乡收入比是2.77。而根据国家统计局公布的年度统计数据,到了2016年,城乡收入比依旧维持在2.72的高位(见表2)。

表2 2013—2016年城乡收入对比情况

年份	居民可支配收入(元)	居民可支配收入同比增长(%)	城镇居民可支配收入(元)	城镇居民可支配收入同比增长(%)	农村居民可支配收入(元)	农村居民可支配收入同比增长(%)
2013	18310.76		26467.00		9429.59	
2014	20167.12	10.1	28843.85	9.0	10488.88	11.2
2015	21966.19	8.9	31194.83	8.2	11421.71	8.9
2016	23820.98	8.4	33616.25	7.8	12363.41	8.2

资料来源:各年的《中国统计年鉴》。

从20世纪90年代至今,中国农村的改革发展就一直落后于中国社会的整体发展步伐。在改革成果的分享上,最早改革的农民,享受到的

---

① 参见"收入分配体制改革:一场'静悄悄的'革命",《中国证券报》2006年9月12日。

改革成果最少。和国际惯例相比，城乡收入比高居全球前三的中国农村，已到了必须采取革命性的举措，使农村的发展和农民的收入实现倍增，才能从根本上解决好"三农"问题。

中国的乡村要想追赶上社会整体发展的步伐，要想把位居国际高位的城乡收入比拉回到相对合理的水平，要想使乡村振兴国家战略真正成为实现中国乡村复兴的伟大纲领，首先最需要的，就是思想的再次大解放，实践的再次大创新。

可以说，农村改革和"三农"治理的高质有效，比其他任何领域都显得尤为重要。而乡村振兴国家战略，也只有在顶层设计上把有效性、高质量作为立足之基，以"实践是检验真理的唯一标准"的唯物主义精神，全面审视这40年来农村改革的是是非非，以创新思路打造全新的、突破旧有农村改革范式束缚的、2.0版的中国农村新时代改革纲领，那时的乡村振兴战略，才能真正成为中国乡村改天换地的法宝。否则，还会继续在传统农村改革的旧有范式中曲曲折折、历经坎坷。

二、以全域创新推动乡村改革

要真正实现乡村振兴的高质量发展，我们就应该突破就农治农的改革套路，不拘泥于旧有的"三农"治理模式，下决心创造新的农村改革范式。这里，我们就高质有效地推进乡村振兴战略的发展，提出以下建议：

（一）打破城乡二元结构的樊笼，实行负面清单式的全面开放，真正让乡村成为国民自由流动、居住生活和创业工作的乐土

"城乡二元结构"是中国经济，尤其是农村社会发展的一个严重障碍。中共十七届三中全会作出了《中共中央关于推进农村改革发展若干重大问题的决定》。其中特别提出"城乡二元结构造成的深层次矛盾突出"，指出我国已"进入着力破除城乡二元结构、形成城乡经济社会发展一体化新格局的重要时期"。但在现实中，城乡二元结构的樊笼不仅没有消除，反而对农村的创新发展造成了严重的掣肘。在这样的结构下，城乡的资源，只有农村向城市的单向流动，而城市的市场资源要素要想流向农村的市场，就面临了各种政策"门槛"和红线。乡村长期不能振兴的一个根本原因，就是在这样的二元结构下，乡村被"严格保护"在中国城市化及现代化发展的各种红利的圈子之外，担心农民在市场化的大潮中根本的利益受损。但恰恰就在这样的保护下，农民的财产性收入和资源的变现升值被大大遏制。如在城乡二元结构体系下，按照长期以来对"农村用地"的政策上的严苛规定，城里人下乡无论是购买农民闲置住房还是租赁空置房产，都被视为"踩红线"行为。

党的十八届三中全会决定了要"建立城乡统一的建设用地市场""允许农村集体经营性建设用地出让、租赁、入股，实行与国有土地同等入市、同权同价"和"改革完善农村宅基地制度，选择若干试点，慎重稳妥推进农民住房财产权抵押、担保、转让，探索农民增加财产性收入渠道"等有关农村土地的一系列新政策。但是实践中很多人还是坚持对农村土地入市这个核心，划出了极为严苛的"前置条件和限制条件"。"入口"上，只有"农村集体经营性建设用地才可以"，而占农村集体建设用地大头、也是最有吸引力的宅基地和公益性公共设施用地，都被挡在了"入市"的"门槛"外；"出口"上，规定"只有符合规划和用途管制"才可上市，而且划出了"农地必须农用"的政策红线，一下子使农地继续僵缩在"姓农"上。党的文件中"城乡统一的建设用地市场"的表述，被阉割为只是"在机制、定价原则等方面的统一"，并重申在"用途、土地类型"上城乡建设用地市场要"泾渭分明"。这就是典型的"城乡二元结构思维体系"。虽然是"捍卫农民基本权益"的底线，实际上却在割裂城乡市场的情况下，使难以变现的农村和农民的资产大大贬值。一旦出现"国家征用土地"的需要，"乡村市场"下被严重压价的土地，就会三文不值两文的被开发商巧取豪夺。而农民的利益和财富，就在这样的"保护"下被损害。

以上不难看出，破除城乡二元结构和提升农民财富性收益之间，存在密不可分的正向性关系。只有破除这个城乡壁垒，农村和农民的资产才能在充分的市场中获取最大的利益。从这点来说，破除城乡二元结构，是实现乡村高质量高收益发展的立足之本。

其实，无论从国家纵向的历史比较，还是和国外发展的横向对照，乡村振兴的高质量发展，首要的条件就是有赖于在政策上对城乡二元结构的彻底放开。使代表先进生产力的各种先进的生产要素，能够通过没有壁垒的市场，自由而充分地流向乡村。只有这样，才能使农村的财富和农民的资产，在充分的流通中价值得到充分的体现，闲置的各种资源被市场利用。

这点，在中国乡村发展最好的地方也得以验证。无论是在中国乡村经济最发达的苏南乡镇，还是浙江一些新兴发展起来的乡村旅游景点，或是广东的沿海外资企业集聚的乡镇，往往是城乡二元结构壁垒越少、城乡之间融合越好的地方，乡村的发展就越顺畅。从居民个人来说，也可以感受到城乡二元结构壁垒消除后所可能带来的影响和威力。现在一些大中城市，买家庭住房动不动就要个人拿出几百万元。消除二元结构的壁垒后，就为他们提供了到乡村置业创业和生活居住的机会。如果他们拿出在城里买房的几分之一甚至是十分之一的投入，每户居民就可以拿出几十万元甚至上百万元，投入到乡村振兴的建设中来。如果有上亿人这样做，就会为乡村带来数十万亿元的巨额投入。有了这样的财富底气，乡村振兴很难不成功。

实际上，早在党的十七届三中全会上，就已指明我国已"进入着力破除城乡二元结构、形成城乡经济社会发展一体化新格局的重要时期"。而党的十九大报告，更是提出了"建立健全城乡融合发展体制机制和政策体系"的新思路。这些乡村治理政策顶层设计的变化，无疑为我们实施乡村振兴战略、推动高质量制度设计和发展，提供了最大的政策保障。有了顶层设计上的政策保障，我们在全面打破城乡二元结构壁垒、实现城乡之间真正融合上就应该有更大的作为。这里应特别强调：应该实行负面清单式的全面放开准入政策,让城市的资本、城市的居民和人才以及各种要素,就像农民自由到城市一样,允许城市人自由到农村创业、生活和工作。城市人口的回流,能够带来更多的、过去难以想象、政府难以出手的巨额资本,并真正反哺到乡村振兴之中。这也是城乡统一化下的市场新动能。

(二) 乡村振兴是全地域的振兴,要突破三农范畴的束缚,要在全域空间上创新布局

乡村振兴,不能等同于农村振兴,也不是像快速提升农民收入、迅速减小城乡收入比那么简单。中国960万平方千米的土地,至少95%以上是非城市的乡村。乡村振兴战略施展的舞台,应该是在除了城市以外所有有效国土上(除了戈壁荒滩)全面而系统的谋篇布局。另外,和欧美发达国家城市乡镇一体化的态势不同,我国城乡之间差别很大,二元化结构突出。这表明,我国乡村振兴的战略,将面临比发达国家更大的挑战。我国的乡村振兴战略要按照"产业兴旺、生态宜居、乡风文明、治理有效、生活富裕"的总要求,在制度设计和实施中,探寻全地域的实施乡村振兴战略的新载体、新平台、新模式,特别是新动能。

乡村人口不等于农业人口。人们常常把乡村人口等同于农业人口,似乎从乡村流向城市的人越多,城镇化率越高,中国的现代化就越强。其实,这里有两个不能混淆的概念。在保持农业生产稳定增长的基础上,农业人口减少是一种现代化的标志。但是如果结果是导致了乡村人口的急剧下降,那就有一个城市和乡镇人口与资源均衡分布的问题。如果听凭乡村空心化边缘化,那就意味着中国绝大多数国土上社会和经济发展的凋敝和破落。中国的乡村振兴,就只能是一句漂亮而空洞的口号。

所以要使中国的乡村振兴,就应该使过度密集的城市人口,按照市场和城乡发展的规律,自然而然地从城市自愿流动到乡村。同时,更必须对这些"新乡村人"的定位,有明确而清醒的认识。那么,从城市回归到乡村中的"新乡村人",绝大多数又不可能成为从事农业生产的"农业人口",他们在新乡村的又该有怎样的定位呢?本文第三部分的案例分析,为此提供了一个思考途径,它说的是可以通过创造乡村田园养老的环境和氛围,吸引近8000万以中等收入为主的城市退休养老一族到乡村养老,加上为此服务的产业链上的各类人群,总共可吸纳上亿人从城市到乡村的回归。

此外,乡村振兴的人才战略,还可以吸引大量的、特别是由乡村出去的大学毕业生、退伍军人和新型农民工回乡村发展和创业。尤其是可借助信息社会网络所带来的远程办公和电商等迅猛的发展,利用乡村生活和创业成本低、房价低和压力小、不拥挤的乡村优势,吸引四五千万的青年人和劳动者回归乡村。如果能把更多的城市休闲养老人群及产业群,如养老人群及产业链上的员工,以及可以实现远程办公的创业和工作人群吸引到乡村中来,至少可以为日益空心化的中国乡村吸引1.5亿左右的城市人回归乡村。这将使中国乡村的人口,重新回归到7.27亿人的正常水平。特别是上亿城市中产阶级的到来,必将使占据95%的国土,重现能带来根本性转变的巨大生机。

当前必须克服的最大问题,就是怎样才能创造城市居民逆向流动到农村的双向流动机制。只有这样,才能一改城乡人口流动上单向流动的状况,重新聚集乡村的人气,使乡村振兴战略得到最大的支撑。这需要我们破除原有的政策和旧规的樊笼,真正打通城市人口尤其是城市的中产阶级流向乡村的通路。实际上,乡村振兴战略要实现全域空间上创新布局,还有太多的文章可做。

(三)要实现高质量的乡村振兴战略,必须突破自我传承的惯性,大胆借鉴和吸收国外成功的经验

"三农"治理和农村改革,国外有很多成功的经验,值得我们深入学习和大胆借鉴。

日本乡村振兴过程中的经验值得借鉴。虽然目前日本的农业就业人口已跌破 200 万人，老龄化比较严重，但在 2013 年公布的"日本各职业年均收入"排名中，日本农民的年均收入已高达 756 万日元（约合 49 万元人民币），超过了公务员等诸多职业。所以日本农民是"生活在农村的市民"。据日本内阁府的一项调查显示，日本人均收入最高的地区，不是东京和大阪，而是岛根县和富山县这两个农业和海洋渔业县，这里农民和渔民的收入超过了大城市公司白领们的收入。连汽车拥有率最高的地方也是农村。此外，日本的城乡差距也"微乎其微"，在农村人们可享受和城市一样的基础设施、社会福利，孩子一样享受良好的教育和一流的学校设施。[①]

给人印象深刻、整洁而美丽、仿佛世外桃源一般的日本乡村，几十年前也是和中国农村一样脏乱差，大量人口涌入城市也使日本乡村愈加空心凋敝。日本的乡村能改变成今天这样"世外桃源"一般，日本的农民所以能成为"生活在农村的市民"，除了有政府的扶持和补贴政策以外，最主要的还是有赖于 20 世纪 70 年代末日本在全国推行的"造町运动"（造村运动）。并且，造町运动在内容上也逐步由产业振兴扩展到整个生活层面，包括乡村环境的改善、基础设施的投入以及健保和福利事业的发展等。"一村一品"是日本造町运动最成功的经验。它以开发农特产品为目标，培育各地各具优势的产业基地和产地名牌，为造町运动作出了巨大贡献。此外，日本政府通过财政转移支付补贴农业和各种各样的价格支持制度，对产业基地的发展提供了有力支撑。除此之外，合理的融资制度，低息的农业贷款，贴心的农协金融服务，以及政府对农民大规模的补贴等等，都是造町运动成功的原因所在。实际上，除了日本在乡村振兴上的成功经验以外，世界上还有很多国家在乡村振兴方面的经验和探索，也值得我们借鉴。比如说法国的生态农业、西班牙的创意观赏农业和美国规模化的农业生产等等。

---

① 内容引自 2016 年 8 月 9 日的日本经济新闻和旅日作家、亚洲通讯社社长徐静波的新浪博客"日本农民一年的收入到底有多少？"。

总之，中国的乡村振兴要实现高质量有效发展，绝不能只是在既有的模式上修修补补。不仅要在本国自身的"三农"治理的纵向历史上总结经验教训，更要在世界各国的横向比较上借鉴他山之石，多学习别人的成功经验，借人之长，克己所短。只有这样，中国的乡村振兴战略才能真正立于不败之地。

（四）要充分利用互联网信息时代带来的特殊红利，引导更多不受地域和空间限制的新型企业投入到乡村振兴大潮之中

在实施乡村振兴战略的过程中，尤其是要发展高质量的振兴之路，就必须充分运用时代最新技术的特点，在跨界的结合中寻找和发现新动能。

工业时代，工厂的集聚使越来越多的人离开乡村到城市谋生。而互联网信息时代，网络使很多人不必集聚在城市中工作和生活，一条网线就可以随时连接世界各地的你我他。如今网络已渗入人们的生活和工作的方方面面，并改造了传统的业态和生活方式。互联网＋乡村振兴可能带来的最大影响，还是大批新型产业员工，可以借助互联网到乡村落户安家，工作和生活。这将给中国的乡村，带来难以估量的巨变。

同样以日本的例子来诠释互联网给乡村振兴带来的影响。位于日本西南部德岛县有个人口只有5000多人，65岁以上的老人占到总人口一半以上的山间小镇——神山町。它和日本大部分偏远地区一样，面临着严重的产业空心化问题。但是作为山间小镇神山町，却通过吸引IT企业入驻当地，一举成为乡村版绿色硅谷，使小镇经济重新恢复活力。目前，这里已吸引了16家来自东京和大阪等大城市的IT企业入驻。在这里，抬头就能看到大自然的美景，也没有东京那样拥挤的生活和上下班长时间挤车的烦恼。由于IT技术类的工作不需要太多人际交流，只要有计算机和网络，即使深处乡间也能同样开展工作，这使IT企业的宅男宅女们对在山间小镇工作相当满意。对入住神山町的IT企业来说，不仅这里的房租只有东京的十分之一，而且当地政府还为入住的企业提供房屋改建费用补助和减税等优惠政策,大大降低了公司的运营成本。山间小镇的神山町,就这样通过引进 IT 企业的入住,既解决了当地大量空置房的问题,更带动了当地年轻人的就业,整个小镇重新焕发了朝气和活力。据该报道,日本政府早在 2015 年就制订了乡土远程办公计划,鼓励企业下乡开设公司和分支机构,并在日本全国各地选定了包括神山町在内的 15 个地区,作为示范和宣传的标兵。在神山町效应的带动下,目前德岛县的十几个小镇已有 60 多家 IT 企业分支机构入住,初步形成了人才和产业聚集效应,有效提振了当地经济。[①]

以上案例启示人们,哪怕就在偏远的山间小镇,"高大上"的 IT 企业一样可以入住运营。不仅可大大降低企业的运营成本,使员工在更惬意的环境中工作生活,更能为当地乡村带来新的活力和生机。不仅原有的闲置房产再次发挥作用,而且为之配套的产业链也为更多当地人提供了就业机会。作为互联网产业在全球数一数二、乡村空心化又极为严重的中国,日本神山町的经验,更能为我们的乡村振兴战略,提供一条难能可贵的经验。

(五)在实施乡村振兴战略中,要坚持效率和效益优先,防止政绩和面子工程使乡村振兴成为"烂尾工程"

在实施乡村振兴的战略中,目前已出现一些值得高度警惕的现象:一些县乡基层,为政绩或是争面子,往往不顾市场和乡村自身发展的规律,搞形象工程。不仅劳民伤财,而且也使本就捉襟见肘的乡村经济雪上加霜。

比如现在各地实施的乡村振兴战略,不少地方不顾自身的旅游资源贫乏,动辄投入巨大的县乡财政,搞华而不实的乡村旅游景点。虽然重金包装出了光鲜亮丽的乡村美景,但由于缺少吸引客源的基本旅游元素,加上产品同质化缺乏吸引力,乡村旅游砸下去的真金白银,已成了

---

① 内容引自 CCTV-2 财经频道 2018 年 6 月 11 日《国际财经报道》新闻。

一些地方政府债务清单上一笔"烂账"或"糊涂账"。一个稍有影响力的乡村旅游景点，至少要投入上亿元，有的甚至是数亿元。以人均日消费（主要是"农家乐"，绝大多数景点只能免费或象征性收费）100元、利润率20%来计算，至少要有近千万人次的客流才能收回成本。而乡村旅游景点在节假日和周末长假，日均旅游人数的峰值一般都不超过5000人，平时就更少得可怜。一些旅游景点非节假日时都是空空荡荡，工作人员比游客还多。而每年的法定假日加上周末双休，总共120天不到，再扣除寒冬和炎夏不宜出游的季节，乐观估计每年乡村旅游的正常有效天数也就100天。再以平均每天1500人（500个家庭左右）的游客量高估，每年平均每个乡村旅游型田园综合体的游客总量也只有15万人。如果仅靠乡村旅游来收回投资，至少要有五六十年的周期。这样的乡村旅游，与其说是带来乡村的振兴，不如说可能把乡村带进新的深渊。更何况，乡村旅游只有具备条件的个别地方才可上马，而大多数乡村并不具备这样的元素和条件。在这样的大背景下，乡村旅游又怎能成为大规模乡村振兴的"新动能"呢？

普遍开花的乡村旅游，还只是现在实施的乡村振兴战略中值得警惕和引导的一个方面。还有一些乡村不顾实际大搞的"双创示范基地"，也出现了类似的问题，有些县乡政府为此"缴足了学费"。中国的县乡经济，本身的公共财政基础就比较薄弱。大多数地方不像房地产高热不下的大中城市，上百亿元的土地出让金能为政府的政绩面子"烂尾工程"兜底。在实施乡村振兴战略的过程中，只有按照市场规律和城乡自身的发展规律谋篇布局，乡村的发展和振兴，才有希望。如果固执地搞政绩和面子工程，结果只能导致"乡村烂尾"。有的地方，政府不应该"缴学费"，大多数地方，政府也"缴不起学费"。

与此形成鲜明对比的是，下文中的田园型的乡村养老，就可以使上亿的市民"5+2"都生活居住在乡村，他们不再是"节假日的过客"，他们不仅使乡村有了难以想象的市场客户群和人流，而且还从城市带来了天量的资本、空前的人才和技术、先进的文化和理念，并还可促使政府投入更多的公共财政资金、公共设施和资源及公共服务。

三、乡村田园养老模式：乡村振兴的一条有效途径

使乡村振兴的国家战略突破传统"三农"治理思维和模式的俗套，是当前理论界所急需解决的一个重大现实问题。我们以"乡村田园养老"的方式为例，提出乡村振兴的一条有效的路径。未来几年，养老产业将取代房地产，成为中国第一消费产业。而乡村田园养老，正好可把未来中国最有发展潜力的第一大消费产业，融入在城市化大潮中被空心化边缘化、最需要新的经济动能注入的乡村之中，这是时代赐予的最大机遇，是中国乡村振兴的希望所在。

这里首先应该弄清几个基本的问题：首先，中国城镇退休养老的人口总量究竟有多大；其次，能够到乡村田园养老的比例有多少；最后，能给乡村振兴带来什么样的收益。

（一）中国城镇现有的退休和养老人群总量究竟有多大？

当前中国的退休年龄是从 50 岁开始（企业的女职工），加上就业方面出现的"4050"问题（女性 40 岁以上、男性 50 岁以上的下岗失业），实际从 50 岁开始退休的人群比例会更大。而以 60 岁为标准的社会老龄化程度和养老问题，在中国的现状和趋势又是怎样呢？根据国务院印发的《国家人口发展规划（2016—2030 年）》，目前我国 60 岁及以上老年人口占比达到 16.1%，到 2030 年占比将达到 25% 左右；联合国经济和社会事务部 2015 年 7 月发布的《世界人口展望：2015 年修订版》报告预测，到 2050 年，中国人口年龄的中位数（该指数通常也被用来衡量一个国家的人口老龄化程度）将高达 49.6 岁（2015 年为 37 岁），这比欧美一些国家将"更显老态"（届时瑞典、英国、美国等欧美国家预测数据为 40 岁出头）。尤其是 60 岁以上的人口，到 2050 年将占到中国全部人口的 36.5%。

而根据民政部发布的《2015年社会服务发展统计公报》，我国60岁以上的人口在全部人口中的比例，已出现加快上升势头。2008年至2010年，全国60岁以上人口的比重从12%提高到13.26%，年均增长0.42个百分点，2011年后，每年增幅都达到0.6百分点。2017年下半年公布的民政部《2016年社会服务发展统计公报》显示，到2016年年底，全国60岁及以上老年人口23086万人，占总人口的16.7%（其中65岁及以上人口15003万人，占总人口的10.8%，详见图2）。

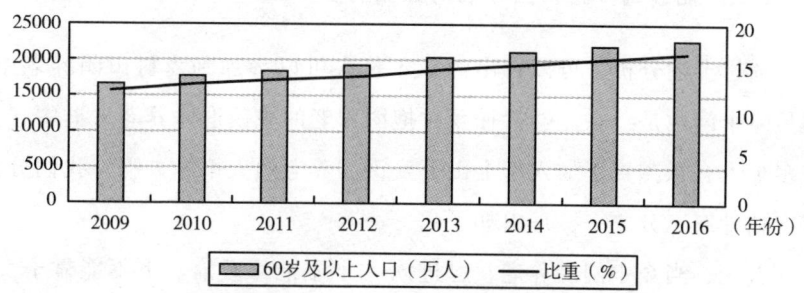

图2　60岁及以上老年人口占全国总人口比重近年的变化

比这个全国平均数更能反映城市养老问题严峻性的，还是在一些医疗卫生条件较好的大中城市，60岁以上人口的比重更是高出全国平均数10个百分点左右，而且还有逐步加快之势。即在全国医疗卫生条件较好的城市，60岁以上老年人口已快速上涨到城市总人口的25%—30%。如果再延伸到50岁以后的退休人群，中国城镇现有的退休养老者的总数，推算已近人口总数的三分之一左右，按照国家统计局最近公布的全国城镇人口总数（81347万人），大约有2.7亿人。

当然，这是全国城镇退休养老人口总数。其中，还有些生活不能自理、离不开医院或医疗护理的老人，他们参加不了到乡村以自助服务为主的抱团养老。估算他们的比例为15%的略多（4000万人左右），那么还将有2.3亿人可以参加到新上山下乡的田园抱团养老之中。而且随着医保的提高和卫生健康事业的发展，中国人的预期寿命也日益提高（如在医疗卫生条件发达的上海市，2015年60岁及以上人口比例已首次突破 30%），中国退休养老人群的规模将日益增大。

除了养老人口数量上的规模增长以外，中国养老人群的财富质量也进入到一个前所未有的新阶段。就在这几年，中国第一代的中产阶级已陆续进入退休年龄，特别是随着规模最大的高净值群体——"60 后""70 后"开始步入中老年，中国的养老产业必将出现井喷式的高速增长。

（二）能够到乡村田园养老的比例有多少？

通过上述分析，可以得出约 2.3 亿人可以参加到乡村田园养老中。但另一个问题是：在能够参加乡村抱团养老的城镇退休养老人群中，会有多少人有意愿真正加入新上山下乡田园养老的大军中去呢？我们分析保守估计有三分之一，理由如下：

首先，当今中国的养老，已进入"上不能靠政府、下不能靠子女"的极为严峻的"新常态"。与城市人口老龄化加速发展形成尖锐对比的是，无论是国家的公共财政支出，还是传统的养儿防老模式，都已经远远不能胜任日益突出和严峻的社会养老问题。从政府方面来说，根据民政部发布的"2015 年社会服务发展统计公报"，在 2015 年全国 2.2 亿 60 岁及以上老年人口中，能享受到高龄补贴的老年人只有 2155.1 万人，连全国 60 岁以上人口的十分之一还不到；享受护理补贴的老年人更是少到仅有 26.5 万人（1.19‰）；享受养老服务补贴的老年人为 257.9 万人（占比也只有 1.16%）。

事实说明，依靠政府及公共财政来解决社会养老问题，只能示范性的救急，根本不能解决整体性最基本的保障问题。还有一个更为严重的现象，从 2015 年开始，中国的城乡居民养老基金当期结余已首次出现缩水。据人社部发布的《2015 年人力资源社会保障统计快报数据》显示，2015 年在城乡居民基本养老保险分项上，当期结余共 721.4 亿元，比上年减少了 8.8 亿元。据介绍，这主要是由于领取养老金人数快速增多导致支出规模明显扩大所致。早在 2014 年，财政补助已占养老基金收入规模的64.9%，这意味着在现有公共财政政策的模式下，政府对养老方面的支出的增长空间已相当有限。

而作为中国传统养老基石的养儿防老模式，到了计划生育"独一代父母"，也变得难以继续支撑下去。这不仅在于独生子女不可能再像多子女分担那样，一个人独自支撑和承担起父母的养老问题（经济上的赡养和生活上的帮助），而且日益高涨的城市生活成本（高房价、高学费和高医药费等等），反而使这些独生子女相当一部分成为"啃老族"。此外，异地就业大势之下，独生子女和父母工作生活在不同城市现象越来越普遍，空巢老人越来越多。

一般人以为，空巢老人主要是农村的问题，其实远非如此。根据国家卫计委2015年发布的《中国家庭发展报告（2015年）》，我国目前空巢老人已占到老年人总数的一半（农村50岁以上的空巢家庭只有40.3%）。以2015年底全国城镇人口占总人口56.1%的比重来推算，意味着全国城镇老人的空巢率接近65%左右，城镇空巢老人的总数已高达7500万人上下。换句话说，中国城镇老人的空巢率不仅比农村还要高出15个百分点左右，而且三分之二属于空巢化。根据国家卫生和计划委员会的这份调研报告，在中国的空巢老人中，独居老人占老年人总数近10%，仅与配偶居住的老人占41.9%。在中国大中城市出现的这种老年人口占据三分之一的发展趋势，和近三分之二的老人空巢化的倾向，已经构成了重大的社会问题，影响到城市社会的全面小康及和谐发展。这一日益严峻突出的社会难题，已经成了社会各界迫切需要解决的重大课题。

以上还只是从政府财政养老和传统养儿防老模式的角度来剖析。在当今中国社会养老问题越来越严重的高压之下，中国城市的退休养老人群必须寻找新的养老模式，这才是乡村抱团养老的最大动因。在政府不能完全依靠、儿女又指望不上的大背景下，对绝大多数只能靠自我服务为主的老人养老群体来说，互帮互助型的抱团养老，也就成为他们主要可依赖和选择的养老模式。但对这些抱团养老一族来说，怎样才能找到生活最宜居、生活成本支出性价比最高、老年活动最丰富的"抱团之地"就成了大问题。

无论是现在极少的高价医养结合养老中心，还是开发商推出的各种养老地产，都不是抱团养老的最佳之地。坐等式枯燥单调的生活模式，价格高昂的费用支出，使这些养老方式难以被大多数老人问津，更不是抱团养老的择优之选。而中国农村大量闲置的空心化乡村农舍，特别是1.4亿亩可以通过整治盘活的空心村宅基地等闲置农村住房等建设用地，正好为中国城市日渐庞大的养老人群，提供了最适宜、成本最低和最可按需建设的抱团养老集聚地。对城市退休养老者个体来说，乡村山水田园的桃花源一般的养老休闲生活，更是为他们打好了高质量低成本的养老生活基础。

相比于高度紧张、环境污染和空间拥挤的钢筋混凝土森林般的城市，乡村无异可以为退休养老者提供更适宜的人居环境。乡村田园空气清新、环境优美、生活轻松，这样的养老生活，不仅只是环境上发生了巨大的变化，更为生活模式的返璞归真创造了条件。闻鸡而起，晨练养生，养花弄草，种菜饲禽，三五好友，交流趣好，等等。这种回归自然、随性本真、择群宜居、身心放空的养老生活，创新了比其他形式养老模式更有情趣、也更有人性和更有吸引力的养老模式，而且这种天地人合一的、梦寐以求的"桃花源"般养老生活，在打造全新的养老生活方式的同时，更大大提升了老年生活的品质和含金量。

除了养老生活的品质和含金量大大提升外，在家庭经济和养老支出上，乡村养老就会使他们有两笔可观的收益。

首先是生活成本的大幅降低。无论是吃的新鲜蔬菜瓜果，还是居住的生活成本，农村比城市的支出费用要低很多。城乡的"剪刀差"带来的一大好处，就是在同样的支出下，乡村的实际生活水平和养老质量都要高出不少。

其次，更大一笔的经济账还是在城市原有住房空闲后出租所带来的收益。在一般大城市，七八十岁老两口居住的房屋面积一般在七八十平方米左右；而五六十岁新近退休者，住房面积大都在100平方米以上。他们的住房，月出租的价格在3000—8000元。以5000元为平均数，他们拿这笔租金到乡村养老，不仅可使夫妻俩不再需要其他的收入来支付日常费用，实现"零费用养老"，而且还可年结余2.4万元左右。如果一对夫妇在乡村租赁和改造养老住房总共需要30万元，那么他们就可用12年半的结余抵销这笔乡村养老的最大支出，这是"零投入的养老"。如果这种互助抱团养老周期为20年（夫妻平均从57岁到77岁），相当于在剩下的8年左右（40%）的时间里，又可实现"零成本、有结余"的养老。老人的退休金和其他积蓄及收入，则可用在国内外旅游、养生保健和其他兴趣爱好上。这不仅极大地保障了乡村养老者的高质量的养老生活，还将大大减少对本身就"底气不足"的公共财政的依赖，为社会稳定加分。

所以，从养老模式的压力和动力两方面来分析，人们就不难发现，把愿意新上山下乡到乡村抱团养老的比例，推算为中国城镇可以到乡村生活的退休养老者总数的三分之一，约7710万人，是较为保守的估计。实际上，把城市里上亿的中产阶级退休养老者"搬"到乡村去，绝对不需要什么行政命令和动员。这样的"新上山下乡"，本身是市场要素之间的趋利吸引所致，这和50年前的上山下乡运动有着本质的不同。从世界潮流上来说，城市退休养老人群到乡村养老，在欧美和日韩等一些发达国家，早已成为一种惯例。

但目前从农民手上买下住房或宅基地还是踩着"政策红线"的"违规违法行为"，如果政府打破城乡二元结构和既有政策的壁垒，通过顶层的创新和具体的规制，如把"到乡下买地盖别墅"转变到"在乡村租地做养老"，为那些对乡村山水田园望眼欲穿的城市养老一族，打开一条到乡村田园养老的"阳关大道"，这不仅可极大释放城市中产阶级退休人群对乡村养老的空前巨大的市场需求，圆了他们"桃花源般的养老梦"，更可为在史上最大的城市化中日益凋敝的中国乡村，提供过去难以想象的发展空间。

(三) 田园养老能否成为解决乡村振兴问题的一把钥匙？

乡村田园养老可以解决农村上亿亩被闲置荒废的农村住宅和建设用地重新得到利用，为农村经济发展注入前所未有的强大活力。全国空心村及闲置可用的1.4亿亩、约为933.38万平方米的建设用地，意味着在不多占一亩耕地的情况下，靠原有荒废的建设用地的综合整治，就可为这近8000万的城市养老者，提供充裕的养老和发展新型农业的土地再利用空间，人均可使用1.8亩。这不仅一举从根本上解决了农村空心化和边缘化的问题，而且带来的还是高质量的人口群。

除此之外，由此还将带来为这七八千万老人服务的养老产业链，如工作在建筑、农舍装修、物业、家政、餐饮、休闲农业等上的两千多万农村劳动力人口的回归，实现上亿人从城市到农村的"逆城市化流动"。仅此一项，就可以弥补近10年来从农村转移到城市的"流出人口"总量，相当于我国农村的人口可再次回归到2009年的适度水平。根据国家统计局数据，2009年我国乡村人口为68938万人，到2016年底只有58973万人。这将使日渐空心化、边缘化的农村一下子人气倍增，更为乡村振兴战略的发展，提供了极为广阔的前景和空前巨大的市场。

乡村田园养老产业可以为农村发展带来巨大的资源和消费。随着城市退休中产阶级到田园养老，除了化解实施乡村振兴战略所遇到的最大难题——农村的空心化外，更为实施乡村振兴战略带来最稀缺的资本和财富。城市数以万亿计的民间资本，将随着乡村养老一起，大规模地投入到新农村建设之中，并每年给农村带来上万亿元的新增消费。

据推算，7700万以城市中产阶级为主的养老人群到乡村养老，将促使更多的政府和社会的公共资源向乡村倾斜，大大增加乡村公共服务的水平和质量。上亿人从城市回归乡村，尤其是7700多万城市中等收入退休群体的到来，带来了巨大的社会公共服务的需求，这将促使政府和社会的公共服务资源在乡村的投入，大大减缓城乡公共资源投入失衡的问题。就拿养老群体关联最大的医疗保健来说，养老人群市场的转移，将带来更多的医保健康公共资源的"上山下乡"。这不仅是政府的公共服务要求使然，更是市场趋利行为的必然。

如果把这7700万到乡村田园养老的城市退休人群，以具体的组织单元形式来看分析，可以更深刻地看到它对乡村振兴的重大影响。以康养型田园综合体或乡村养老特色小镇的形式，来作为承载这7700万乡村田园养老人群的平台，以每个单元平均承接1000名或500对中老年夫妇抱团养老者计算，全国就可建立77000个康养型田园综合体（或乡村养老小镇）。在全国大约2000个农村县级单位中，约有一半有条件打造这样的乡村养老单元。平均到每个县级单位，就可以打造近80个康养型的田园综合体或养老小镇，每个县至少吸纳城市养老资本投入120亿元；平摊到每个乡镇级单位，可拥有5个这样的养老单元，至少能吸纳7.5亿元的养老产业城市资本投入。从全国来看，以人均在养老住房上需要投入15万元计算（在发达地区这个投入会更高），7700万人就可为乡村振兴带来11.565万亿元的资金投入。而根据财政部公布的2015年中央和地方一般公共预算支出，从农林水到危房改造决算，再到生态保护和农村基础设施建设，政府相似涉农财政决算支出累加起来，也只有1857.57亿元，仅相当于上述11.565万亿元的1.6%。此外，七八千万城市中产阶级为主的退休人群的到来，以及与之相伴的2000多万养老及其他服务业产业链上农村劳动力人口的回归，也将使中国的农村发生改天换地的巨变。

农村养老休闲产业链的大规模发展，还可为在城市制造业和建筑业下降潮中下岗回乡的农民，提供新的就业和创业市场。初步推算，乡村养老带来的十多万亿元的巨额投入，一年就可为400万—500万返乡农村建筑工人带来新的就业。而7700万城市养老人群所带来的服务产业链，共可为1400万返乡打工者提供重新就业。而在消费带动上，城市抱团养老群体的到来，必将为农村的消费市场，增加新兴的万亿级的消费总量。

城市中等收入人群的流入，将极大地改变农村常住人口的结构，必将大大提高农村中产阶级的比例。城市 7700 万中产者的下乡，为农村新增了占现有近 6 亿农村人口 13% 的中等收入人群；而新增的强大市场需求，使农民家庭性财产市价升值和兑现能力大幅提高，农民的中等收入者比例随之大幅增长。此外，乡村养老及休闲农业产业链的发展，又将使农村中等收入人群有明显增加。以人均每月 1500 元、年均 1.8 万元的农村消费计算，7700 万人每年就可为农村新增 1.3878 万亿元的消费市场。中国农村这三股中等收入人群的会合，将使农村的人口结构发生从未有过的巨变。预计这将使农村的中产阶级人口比例的新增量，达到现有农村人口的四分之一。加上农村原有的中等收入人群，四成左右的农村人口可达到中产阶级水平。这不仅为农村全面小康社会的建设提供了最大的动力，而且必将使乡村振兴的国家战略，有了最现实可行和最强有力的支撑。

实际上，现在人们对新上山下乡抱团养老，最大的担心倒不是市民是否自愿，而是怕会不会踩到政府法律法规和政策的红线，政府的"门槛"是否已经拆除。应该承认，发展数以千万人级的大规模乡村田园养老产业，虽然在目前还没有什么红头文件禁止，但在实际操作中还是会遇到不少实实在在的政策屏障。所以说，这个可能为中国的城乡融合、特别是乡村剧变带来翻天覆地变化的思考，现在还只能是一个"灰色的设想"。

上述这个"灰色的案例"，也许对如何进行全面创新的 2.0 版的农村改革和"三农"治理的问题，具有全新的启迪意义和价值。

第六篇

建设资源节约、环境友好的绿色发展体系

现代化经济体系中的绿色循环低碳发展[*]

一、实现绿色发展的重大意义

"天人合一,道法自然"的中国古代哲学思想,虽然体现了绿色发展的实质性内涵,但是由于中国工业化起步较晚,生态环境问题反而更早地受到了西方专家的持续关注,并逐步形成了可持续发展理念。20世纪60—70年代,随着《寂静的春天》《增长的极限》等探讨经济发展和资源环境之间关系的著作出版,可持续发展理念应运而生。1980年出版的《世界自然保护策略:为了可持续发展的生存资源保护》一书,将"可持续发展"作为术语提出。而可持续发展理念能够得到当今世界的普遍追随,主要归因于1987年世界环境与发展委员会发布的报告《我们共同的未来》。该报告正式提出了可持续发展的概念,即"既满足当代人的需要又不危及后代人满足其需要的发展"。

改革开放40年来,我国经济建设与生态环境之间的矛盾日益突出,

---

[*] 本文作者为杨平宇,温州商学院;陈东,安徽工业大学商学院、安徽创新驱动发展研究院。本文受2017年国家社会科学规划课题一般项目(17JBY037)资助。

粗放式发展方式使中国在生态环境方面付出了不菲的代价,资源紧缺、环境污染、生态失衡等一系列问题已成为我国经济社会可持续发展的"瓶颈",制约了人民对美好生活日益增长要求的实现。

十八大以来,中国共产党在反思过去经济发展模式的基础上,基于新时代背景,正式提出绿色发展模式。这是一种基于人与自然和谐共存发展的模式,强调了"生态兴则文明兴,生态衰则文明衰""绿水青山就是金山银山"的理念,是对循环经济、低碳经济、绿色经济等理念综合归纳和高度概括,对可持续发展理念的延伸和升华。在新时代背景下,实施绿色发展变革的重要意义主要体现在以下几个方面:

第一,从资源供给和消耗之间的矛盾来看,实现绿色发展刻不容缓。一方面,我国是资源总量上的大国,人均上的贫国。人均淡水资源占有量仅为世界平均水平的1/4,人均耕地占有量不到世界平均水平的40%,石油、天然气人均占有储量为世界平均水平的11%和4.5%,铁矿石、铜和铝土矿储量分别为世界平均水平。另一方面,由于我国正处于工业化和城镇化快速发展阶段,资源消耗持续增加,资源短缺的矛盾不断加剧。中国一次能源消费占世界的比重由2000年的11%上升到2016年的23.0%,2000—2015年年均复合增长率在5%以上。其中,中国煤炭消耗占世界的比重从2000年的28%迅速上升到2016年的50.6%,是美国的5倍多;铁矿石的进口依赖度从2000年的35%上升到2016年的89.29%。因此,基于我国的资源供给约束和资源消耗不断增加的局面,实施绿色发展,刻不容缓。

第二,从人民对美好环境的日益增长需要和生态环境保护不足之间的矛盾来看,实现绿色发展任务紧迫。2017年我国338个地级以上城市中环境空气质量达标率仅为29%,部分区域水污染问题仍然较重,污染处理设施供给严重不足。我国产业结构偏重,能源结构中煤炭消费仍占60%,污染物排放总量仍居世界前列,持续挤压生态环境承载容量。从环境治理来看,地方政府部门,对绿色发展认识不高、能力不强、行动不实,重发展轻保护的现象依然存在。从企业和公众行为来看，企业环保守法意识不强，环境违法行为时有发生，公众自觉主动参与绿色行动意愿仍不够。因此，面对日益广泛和严重的生态环境问题，实施绿色发展，迫在眉睫。

第三，从构建人类命运共同体的角度看，绿色发展是发展中大国的责任担当。生态危机是全球性的，绿色发展关乎全球利益，需要全球合作的集体行动。构建人类命运共同体是习近平新时代中国特色社会主义思想的重要内容。习近平总书记指出，中国将"继续发挥负责任大国作用，积极参与全球治理体系改革和建设，不断贡献中国智慧和力量"，中国要"引导应对气候变化国际合作，成为全球生态文明建设的重要参与者、贡献者、引领者"。在推动"一带一路"倡议的过程中，中国主动关注了沿线国家的利益和关切，加强生态环境、生物多样性和应对气候变化的国际合作，优化生态条件保障，共建绿色丝绸之路。新时代构建人类命运共同体已成为中国为人类作贡献的目标模式，中国将主动适应生态全球化的趋势，积极推动绿色国际合作，促进全球生态治理体系的建立。

绿色发展是建设现代化经济体系的核心子系统之一。绿色发展体系是现代化经济体系的生态环境基础，也是国民财富的重要组成部分。实现绿色循环低碳发展是化解新时代社会主要矛盾的重要途径，建设现代化经济体系和提高发展质量的必由之路。

二、绿色发展的三个维度：绿色、循环和低碳

现代化经济体系中生态环境保护体系，至少应包含三个维度：循环发展、低碳发展和绿色发展。这些维度的内涵虽各有侧重，内容也有交叉，但本质相同。三者都强调人类在追求物质财富、社会福祉、社会公平的同时，要保护生态环境，在资源环境可承载、资源可更替再生的基础上，实现经济社会与资源环境的协调发展，三者都是符合可持续发展理念的经济社会发展方式。

（一）绿色发展

从狭义角度理解，绿色发展是以奉行环境友好型的生产方式和生活方式为特征的发展方式，通过推行清洁生产和绿色消费模式，加强环境保护和生态修复与建设，推动经济社会绿色发展的重点是解决发展中产生的环境污染和生态损坏等问题。当把绿色发展和循环发展、低碳发展作为平行词汇放在同一语境提出时，绿色发展一般做狭义理解，如中共党的十九大报告正文中"实现绿色循环低碳发展""建立健全绿色低碳循环发展的经济体系"。

从广义角度理解，绿色发展是作为一个体系概念提出的，不仅包括遵循环境友好型的生产方式和生活方式为特征的狭义绿色发展方式，还涵盖了循环发展和低碳发展，绿色发展、循环发展和低碳发展共同构成了绿色发展体系。在单独使用绿色发展概念时，更应从广义上理解，如十八届五中全会提出"创新、协调、绿色、开放、共享的发展理念"和十九大报告中"加快生态文明体制改革，建设美丽中国"部分中的"推进绿色发展"都应是广义上绿色发展概念。

（二）循环发展

循环发展即基于循环经济的发展模式，是一种建立在资源回收和循环再利用基础上的经济发展模式。1966年美国经济学家肯尼斯·鲍尔丁在其著名的"宇宙飞船理论"中指出，地球像一艘孤立无援的宇宙飞船，必将因能源的耗尽，走向毁灭，而避免毁灭过程的唯一方式是尽可能地循环使用现有资源。循环发展主张运用生态学规律把经济活动组织成一个"资源—产出—再生资源"的反馈式流程。循环发展的目的是实现资源的高效利用和循环利用，基本原则是"减量化、再利用、再循环、资源的再生性和资源的替代性"（即5R原则）。

循环发展从微观和宏观两个层面实施。微观层面的循环发展是指以供应链（包括企业内部供应链和外部供应链）各个环节的物质资源循环利用为对象，在各生产环节和流通环节融入循环发展理念，构建资源利用最大化和污染最小化的循环经济链条。其具体实现途径可以包括：推进企业资源节约与综合利用，推进清洁生产、促进工业园区生态化建设等。宏观层面的循环发展是以整个社会的物质循环为着眼点，把循环发展摆到整个社会经济可持续发展战略高度的一种理解，即要求从整个社会层面合理保护和利用现有资源，构建整个社会物质资源的大循环，把循环发展理念融入产业发展、城市和新农村建设的各个领域。其具体的实现途径包括：构建节约型的产业结构；构建节约型的城镇化模式；构建节约型的农业生产体系；构建节约型的消费方式等。

（三）低碳发展

低碳发展即基于"低碳经济"的发展模式。"低碳经济"概念最早可见于2003年英国能源白皮书《我们未来的能源——创建低碳经济》，即"通过更少的自然资源消耗和更少的环境污染物排放，获得更多的经济产出，低碳经济是创造更高生活水准和更好生活质量的途径。为发展、应用和输出先进技术创造机会，也创造新的商机和更多的商业机会"。低碳发展的产生背景主要来自两个方面：其一是工业化进程中温室气体排放增加所引起的全球气候变暖；其二是煤炭、石油等化石能源的不可再生所引起的人类对能源枯竭的担忧。新时代背景下，低碳发展的意义也更加重大，从内部来看，低碳发展既是满足人民对美好环境需要的重要途径，以实现低碳发展的技术创新也是我国经济发展新动能的形式；从外部看，低碳发展是我国履行国际公约，成为全球生态文明建设的重要参与者、贡献者、引领者，推动构建人类命运共同体的必然选择。

低碳发展是全方位地改造建立在化石燃料（能源）基础之上的现代工业文明，转向生态经济和生态文明，本质上是经济发展方式、能源消费方式和人类生活方式的一次系统性变革。因此，发展低碳经济需要从调整产业结构、建立碳交易市场和碳金融制度、创新低碳消费方式、推进低碳技术、构建低碳城市等方面进行政策创新与政策支持。

三、绿色发展体系建设的主要内容

构建绿色发展体系，应该包含构建促进绿色发展的产业体系和经济体制两个方面，并遵循协同发展产业体系的构建原则。

（一）构建现代化绿色产业体系

建立现代化经济体系中的绿色发展体系，应处理好实体经济、科技创新、现代金融和人力资源四个要素之间的关系，构建四要素协同支撑的绿色产业体系。

首先，要以培育和发展壮大绿色产业，实现实体经济的绿色转型升级。绿色产业可以从狭义和广义两个角度来理解。狭义的绿色产业是指以防治环境污染、改善生态环境、保护自然资源为目的，从事技术开发、产品开发、产品流通、资源利用、信息服务、工程承包等一系列活动的产业。广义的绿色产业是指注重产业绿色转型升级，生产、消费全过程都符合或力求符合绿色发展要求的"资源节约型"和"环境友好型"产业。因此，建立现代化绿色产业体系需要从狭义和广义两个角度共同思考，即一方面要发展从事技术开发、产品开发、产品流通、资源利用、信息服务、工程承包等一系列活动的狭义绿色产业，服务于整个社会的"资源节约型"和"环境友好型"发展；另一方面，要去除落后的生产工艺、流程和产能，实现经济体系中实体经济的绿色、循环、低碳发展，达到"资源节约型"和"环境友好型"产业要求。

其次，要发挥科技创新对绿色产业发展的驱动作用。加强科技进步和自主创新，是破解资源环境约束，转变增长方式，促进产业结构调整的根本之计和首要推动力量。传统粗犷式发展模式下，科技创新多以经济增长为导向，重点提高产量和效益，对环境指标和资源消耗指标考虑不足。因此，打开我国绿色可持续发展的绿色产业体系，首要前提就是要推动绿色科技创新。只有提升绿色创新能力，开展能源节约、资源循环利用、新能源开发、污染治理、生态修复核心技术和关键技术公关，才能破解资源和生态环境的制约，实现可持续发展。从实践角度来说，一方面，政府应将科技创新纳入到绿色发展的框架下，支持和引导企业提升绿色科技创新能力；另一方面，企业应重视绿色科技的自主创新，将绿色发展理念渗透到企业创新的过程中，加大绿色科技创新的投资力度，发展形成一批绿色科技创新力量，从而提升整个经济体系的绿色科技创新能力。

再次，要发挥绿色金融对绿色产业发展的助力作用。所谓绿色金融，是指为支持环境改善、应对气候变化和资源节约高效利用的经济活动，即对环保、节能、清洁能源、绿色交通、绿色建筑等领域的项目投融资、项目运营、风险管理等所提供的金融服务。绿色金融的功能主要体现在两个方面：其一，引导资金流向绿色产业。绿色产业本身具有较强的正外部性，会产生较大的社会效益。但传统产业向绿色产业转型通常会面临前期投入大，经营成本上升，短期收益不明显等问题，这些问题会严重挫伤企业绿色转型的积极性。因此，需要积极发展绿色金融支持绿色产业发展，对污染型产业采取"减杠杆"的限制，紧缩这类产业的生产空间，对绿色产业进行"加杠杆"的鼓励，扩大这类产业的市场空间，降低传统产业向绿色发展转型的风险，并使绿色产业能够达到或高于市场平均收益水平。其二，引导资金支持企业和科研机构进行绿色科技创新。绿色科技创新是带动传统产业向绿色发展转型升级，构建现代化绿色产业体系发展的首要动力。因此，应通过直接融资与间接融资体系的优化，特别是通过发展多层次的资本市场来加速社会创新资本的积累，为绿色科技创新提供风险和创业融资服务。由于科技创新的风险性，通过降低融资条件、放松风险准备的间接融资方式并不理性，应建立直接融资机制、多层次资本市场发展支持绿色科技创新的机制。

最后，要培育绿色管理和技术型人力资源，支撑绿色产业体系建设。现代化经济体系下的产业结构升级，必然会引起就业结构的深刻变化，对中国的人力资源培养提出了更高的要求。第一，实体经济的绿色转型发展，必须具备一批具有绿色理念、掌握绿色技术和绿色管理技能的人力资源。企业是产业转型升级的微观主体，只有拥有了具备绿色理念和技能的人才，企业才有绿色转型发展的意愿、能力和行动，才能建立绿色低碳循环发展的经济体系。第二，实现绿色科技创新，必须要具备一批绿色科技创新型人力资源。绿色科技创新是产业绿色发展的首要动力，绿色科技创新则离不开绿色创新人才的培育，建设现代化绿色产业体系，必须要形成一种能够培养和形成一批绿色科技人才的机制。第三，发展绿色金融业，还需培养一批绿色金融人才作为支撑。现代金融是现代化产业体系中的重要组成部分，建立现代化绿色产业体系离不开绿色金融的支持。随着绿色金融的不断深入，中国的绿色债券、绿色股票、绿色基金和绿色项目等领域将迎来新一轮爆发式增长，发展绿色金融必然面临绿色金融人才短缺的"瓶颈"。建立绿色产业发展体系不仅需要立足本土，培养一批具备绿色发展理念，拥有绿色金融业务技能和绿色金融产品开发能力的人才，还需要创造条件想办法把全球最优秀的绿色金融人才引进来、留下来。

（二）构建有利于绿色产业发展的经济体制

绿色发展着眼于人与自然的和谐发展，需要将自然系统、经济系统、生态系统有机地结合在一起，融入经济、政治、文化、社会建设的各方面和全过程。在全社会形成绿色发展方式，是社会经济领域的一次重大变革，不是简单地关停几家污染企业、制定几项环保政策，就能轻松实现的，需要消除阻碍绿色发展的障碍因素，构建适应绿色发展的经济体制。

环境问题的产生一般可以归结于外部性、公共物品、人类行为的短视等因素带来的市场失灵。建立适应绿色发展的经济体制就是要破解这三种因素带来的市场失灵，实现生态环境这种稀缺资源的有效配置。在该体制下，应当发挥政府调控、市场驱动、公众参与三种机制联动效应，统筹规划，形成三者合力共同推进绿色发展。

1. 实施以绿色发展为导向的政府宏观调控体制、机制创新。政府在构建绿色发展经济体系中起着关键作用，是推动绿色发展的重要主体，这主要表现在政府可以从行政管理体制、考核评价体系、全过程监管体系、区域协调机制等方面对绿色发展进行体制创新。

重构适应绿色发展的行政管理体制。过去我国生态环境保护发展过程中伴随着规划多、立法多、政策措施多、执法难、难执法等问题。这些问题的根源在于传统生态环境行政管理体制不完善，缺乏系统整体性思维，部门职能重叠和监管盲区同时存在。以绿色发展为导向的行政管理体制创新就需要整合分散的生态环境保护职责，统一行使生态和城乡各类污染排放监管与行政执法职责，统一负责生态环境监测和执法工作，统一监督管理污染防治、核与辐射安全。目前我国组建生态环保部和实施环保垂直管理制度改革就是破解原有生态环境行政管理体制弊端的重要手段。

建立以绿色发展为导向的发展评价体系。评价体系是地方政府和企业发展的指挥棒。传统的发展评价体系重GDP、固定资产投资、财政收入等经济指标，轻环境保护和资源节约等绿色发展指标，难以激发地方政府和企业绿色发展动力。建立适应绿色发展的经济体制应将资源消耗、环境损害、生态效益等绿色发展指标纳入地方政府和企业发展的考核评价体系，采用绿色GDP的核算方法。同时，要将考核结果作为各级领导班子和领导干部奖惩和提拔使用的重要依据，并制定环境损害责任问责制度，对损害生态环境的地方和单位的领导干部真追责、敢追责、严追责，终身追责。在新的评价体系下，要让整个社会认识到，我们的发展一定要以生态保护优先，要像保护眼睛一样保护生态环境，像对待生命一样对待生态环境，新的评价体系根本目的是要推动形成绿色发展方式和生活方式。

建立起全过程的环境管控体系。实践证明，问题导向式末端环境治理方式，并没有使我们的生态环境恶化趋势得到根本上的扭转。建立绿色发展的产业体系不应着眼于产业链的某个环节环境的改善，而是要全过程的环境管控体系。具体来说，建立全过程的环境管控体系就要从以下几个方面着手：在源头上，制定和落实环境准入负面清单，实施最严环境准入制度；在过程中，引导和支持企业实施清洁生产，加强企业污染物排放监管，对企业的环保违法行为"零容忍"。此外，还要加强环境风险防控，深化重点领域、重点行业环境风险防控，加快推进环境应急管理能力建设，做好突发环境事件预防应对的各项工作。

建立起绿色发展的跨区域协作机制。在自然系统中，河流、湖泊、海洋和地下水等共同构成全球水循环系统，各类水体污染具有传递和扩散效应。因此，治理水体污染和保护水环境必须坚持系统治理和系统管理的原理和方式。以行政区域为单元的环境治理模式难以实现生态环境问题的有效根治，因此，必须打破行政区域界线，从生态系统的整体性出发，建立起绿色发展的跨区域协作机制。具体来说，跨区域协作机制应包括动力机制、协调机制、利益分配机制、补偿机制和监管机制几个方面。动力机制是指要保证区域合作成员参与区域经济合作的可能性；协调机制是指对区域绿色发展合作中出现的问题进行沟通、交流和仲裁的机构和规则；利益分配机制和补偿机制是指通过规范的制度来分配区域合作的利益，还包括对于欠发达成员跨区生态环境保护，对接产业转移补贴等；监管机制是指通过确立监管主体、监管制度和设立监管机构，监督和控制地方政府间的合作失范行为，避免陷入出现"搭便车"和"集体惰化"现象。

2. 建立适应绿色发展的市场机制。生态环境是一种重要资源，同时也是公共产品，如何进行机制创新，发挥市场对环境资源配置起决定作用，是绿色发展体系建设的重要内容。建立适应绿色发展的市场机制可以从明晰生态资源产权、建立环境权益交易制度和构建绿色金融体系三个方面进行机制创新。

明晰生态资源产权。生态环境问题说到底还是市场产权界定不清，因此要明确生态资源的所有权、使用权和开发权，建立生态环境市场。

具体来说，需要明确用能权、用水权、碳排放权，建立初始分配制度、自然资源资产产权制度、环境产权制度、矿产资源国家权益金制度、资源有偿使用制度、生态价值评估制度、自然资源资产负债表制度等。

完善环境权益交易制度。自2007年起我国全面展开排污权交易首批试点工作以来，我国相继启动了碳排放权、用水权、节能量、用能权和绿色电力证书等环境权益交易制度的探索试点工作。经过多年的发展，我国在各类环境权益交易制度方面展开了丰富的理论研究和实践探索，积累了许多宝贵经验，对我国资源节约、污染物和温室气体减排工作起到了积极的推动作用。但与此同时，我国环境权益交易制度体系建设仍明显滞后于绿色发展及生态文明建设的需求，大部分环境权益交易制度仍然以区域性、行业性试点为主。因此，系统化推进环境权益交易制度体系建设，一方面要逐步规范化、标准化区域性交易市场环境权益交易产品，并将适宜于全国层面交易的产品过渡到全国交易市场；另一方面，要加快构建统一性履约体系、市场运行体系、监管体系等，最终形成全国统一的环境权益交易市场体系。

构建绿色金融体系。引导各类资源要素向绿色领域流入和企业在生产组织方式上体现生态理念，金融政策和金融工具发挥着重要的引导和结构调整作用。产业的绿色发展也带来了多元化的融资需求，需要在绿色金融产品和服务体系等供给端形成对接。因此，应构建绿色金融体系，发挥金融市场的功能，支持优质的生态环保企业和绿色项目利用资本市场做强做优做大，降低企业融资的杠杆率和债务负担，以此实现绿色金融资金的长期有效供给。包括扩大绿色债券试点、发展绿色基金等直接融资手段。此外，还应研究发展碳排放权期货、碳基金等碳金融产品和衍生工具，探索大气污染治理的市场化机制。

3. 构建多元参与的生态治理体系。党的十九大报告提出"构建以政府为主导、企业为主体、社会组织和公众共同参与的环境治理体系"，明确了政府、企业、社会组织和公众等不同主体在建立绿色发展体系过程中的职责定位，强调了应加强"不同主体之间的协同与合作，须充分发挥市场机制、政府机制、社会机制的作用,形成多元主体共建共治共享的环境治理格局"。之前本文已经对政府的治理功能进行了分析,这里将重点分析企业、社会组织和公众的治理功能。

第一,要让企业承担生态治理的主体责任,开展绿色生产活动。其一,企业应积极树立环保法制观念,建立环境管理体系,真正做到不破坏不污染环境;其二,企业主动构建或参与绿色供应链,提升供应链上的资源、能源效率,实施绿色采购,提供绿色产品;其三,企业大力引进绿色技术和开展绿色技术创新,重视生产全过程的污染防治,积极向绿色产业转移。

第二,要让社会公众承担环境监督责任,并形成绿色生活消费方式。生态文明建设同每个人息息相关,环境治理、改善环境质量是为了满足人民群众日益增长的优美生态环境需要,每个人都应该做践行者、推动者。公众参与生态治理可以通过三种形式实现:首先,应发挥公众对企业治污行为、政府履行环保职能行为的监督职能,鼓励其发现和举报破坏环境行为。其次,应倡导公众的绿色消费,通过市场体系影响企业生产行为,倒逼企业实行绿色生产。最后,公众在日常生活中也要主动承担起环保责任,主动采取垃圾分类、绿色出行等行为,从绿色生活的源头防治污染的产生。

第三,要提升环保社会组织的治理能力和治理地位,充分发挥社会组织的协同治理职能。环境治理涉及的问题具有公共性、复杂性和滞后性等特征,任何一种单独的社会力量都难以独自解决这一领域的问题,需要发挥全社会的积极性、能动性和创造性。环保社会组织在倡导绿色生活方式、提升公众环保意识、促进公众环保参与、开展环境社会监督、推动环境立法和公共决策、提供专业环保服务、维护公众环境权益、参与社区生态治理、促进环保国际交流与合作等方面发挥着重要作用。在国际上,无论是民间环保组织还是民间推进绿色发展的机构都积极作为,例如,美国有成千上万个绿色团体,他们组织严密,组成一个巨大的网络,分布全国甚至延伸至美国境外,拥有数百万的会员。但目前我国的环保社会组织建设还处于起步阶段，存在管理缺乏规范、质量参差不齐、作用发挥有待提高等问题，与绿色发展的要求相比还有较大差距。因此，既要推动我国环保社会组织自身的制度设计精细化，加强引导发展与规范管理；又要建立健全现代社会组织法人治理结构、治理规则和运行机制；还要推动职业化专业化建设，提高硬实力和软实力，开发和创新参与环境保护的模式和机制，不断提升参与环境治理的专业服务能力。

四、推进绿色发展体系建设的重点措施

新时代绿色发展体系构建不仅需要科学的顶层设计，还需要一些可操作性、可执行性的具体行动措施。按照十九大报告关于"推进绿色发展"的行动纲领，推进绿色发展体系建设应重点抓好以下几个方面工作：

第一，建立健全绿色发展相适应的法律制度，并实施最严格的监管措施。一方面要通过制度建设，告诉我们在绿色生产和绿色消费领域该做什么、不该做什么、能做什么、不能做什么，并设计相适应的财政政策、税收政策、金融政策等。另一方面要通过法律建设，提升破坏生态文明行为的违法成本，使企业和个人不敢违法，不想违法。在完善法律制度的同时，还要加强自然资源和生态环境监管，推进环境保护督察，严格落实生态环境损害赔偿制度，完善环境保护公众参与制度。

第二，调整优化能源结构，建设清洁低碳、安全高效的现代能源体系。首先，在传统能源消耗方面，严格控制煤炭消费增长，降低煤炭消费比重，大力推进煤炭清洁高效利用技术，积极拓展天然气消费市场，提高天然气消费比重。其次，要积极发展核电和可再生能源等非化石能源，有序发展气电，优化发展煤电，提高非化石能源消费比重。此外，要加强引导新能源消费的基础设施建设，如发展绿色交通体系，加大充电设施建设力度，尽可能为新能源汽车、电动汽车的发展创造条件。

第三，按照绿色发展要求，积极主动调整产业结构。从区域生态环境承载力的角度来看，要实现经济和生态环境的协同发展，必须从总量上对污染排放进行控制。因此，地方政府应积极推进产业结构调整，依法淘汰资源浪费、污染环境的落后工艺和设备、严格制定和落实环境准入负面清单制度，逐渐增加绿色产业比重。

第四，通过生态产业集群建设和改造，实现生态环境治理的规模效应。首先，要从城市绿色发展视角优化城市产业布局，把工业园区建设与发展产业集群、区域绿色发展结合起来，统筹规划，提高土地资源利用效率，形成整个区域的绿色生态系统。其次，引导区域内企业将生产过程中的污染严重的环节通过外包的形式进行剥离，并为污染严重环节生产的企业，提供专门的园区，进行污染的集中治理。

第五，建立绿色技术创新体系，推动绿色共性和关键技术创新。首先，充分发挥企业在绿色技术创新中的主体作用，深入挖掘企业内在创新能力。对于综合实力强的企业，政府要鼓励其积极开展绿色技术创新，发挥其骨干带头作用，引导区域绿色创新发展。其次，激发科技型企业的绿色创新活力，以多渠道的资金投入体系为保障，提高企业创新规格和投资效率。最后，加大绿色创新、绿色管理人才的培养，完善人才的评价、考核及管理机制，激发绿色创新人员的创新热情，为绿色技术创新提供人才保障。

第六，积极采取支持行为，使全社会形成绿色消费理念和绿色生活方式。生态文明建设同每个人息息相关，每个人都应该做践行者、推动者。首先，要加强生态文明宣传教育，强化公民环境意识，推动形成节约适度、绿色低碳、文明健康的生活方式和消费模式，形成全社会共同参与的良好风尚。其次，要深入实施节能减排全民行动、节俭养德全民节约行动，组织开展绿色家庭、绿色商场、绿色景区、绿色饭店、绿色食堂、节约型机关、节约型校园、节约型医院等创建活动。此外，还要用绿色产品补贴的方式完成民众生活中的高耗能设备更替，调整政府部门的采购政策，加大绿色环保产品采购额度，支持绿色产业发展。

参考文献

[1] 杨宜勇、吴香雪、杨泽坤:"绿色发展的国际先进经验及其对中国的启示",《新疆师范大学学报(哲学社会科学版)》2017年第2期。

[2] 李干杰:"以习近平新时代中国特色社会主义思想为指导奋力开创新时代生态环境保护新局面",《环境保护》2018年第5期。

[3] 刘德海:"绿色发展理念的科学内涵与价值取向",《江苏社会科学》2017年第3期。

[4] 刘志彪:"建设现代化经济体系:新时代经济建设总纲领",《山东大学学报》2018年第1期。

[5] 杨春平、罗峻:"推动绿色循环低碳发展加快国民经济绿色化进程",《环境保护》2015年第11期。

[6] 习近平:"大力发展循环经济,建设资源节约型、环境友好型社会",《管理世界》2005年第7期。

[7] 马凯:"发展循环经济 建设资源节约型和环境友好型社会",《求是》2005年第16期。

[8] 鲍健强、苗阳、陈锋:"低碳经济:人类经济发展方式的新变革",《中国工业经济》2008年第4期。

绿色产业政策：设计与执行 *

绿水青山就是金山银山，其实既是一种环保理念，也是一种外部经济内部化的绿色产业发展思想。在资源环境的双重约束下，绿色产业作为一种协调发展与环境关系的新兴产业逐渐走入人们的视野，发展绿色产业，不仅符合我国当代发展的现实情况，而且有助于突破环境资源的约束，加快我国产业结构调整，促进经济绿色转型，推动我国经济可持续发展。为此，建立有效的绿色产业政策是绿色产业发展的保障，是促进国民经济协调发展的根本保障，也是推动绿色生产和绿色消费的法律制度和政策导向，更是建立现代经济体系的生态环境基础。

一、绿色产业政策的内涵与特点

绿色产业政策是中央政府或地方政府为了促进经济快速协调发展，纠正和弥补市场机制失灵，对绿色产业进行引导的经济政策。可见，绿色产业政策的制定和实施是在充分发挥市场机制的基础上由政府采取的一些补救性措施的政策，来弥补市场机制的不足，实现市场的公平竞争，提高资源配置效率的同时，避免市场失灵。它具有以下特点：

---

* 本文作者为张小兰，西南民族大学经济学院。

(一) 系统性

绿色产业政策是一个完整的体系，无论目标和手段都是系统性的，既包括要实现经济较快发展的经济目标，又包括要实现社会稳定、生态良好、人民生活幸福的社会目标；既包括资源综合有效利用、环境保护的基本支撑政策，又包括财政、金融、管制等具体执行政策；既包括配额、许可证、审批等限制性、禁止性的直接干预手段，又包括通过税收减免、财政补贴、关税保护、出口退税、信息服务等引导性、激励性的间接引导手段。

(二) 可执行性

绿色产业政策不能仅仅停留在书面，要具有可执行性，绿色产业政策的制定在考虑国内外大环境的基础上，要充分考虑我国经济社会的现实情况，要具有针对性。政府制定的绿色产业政策，要能促进市场机制发育，能引导绿色产业发展，并且绿色产业政策还要与其他经济政策相配合，相辅相成地改善产业环境，有效配置资源，实现政府干预与市场机制的有效结合。

(三) 手段多样性

绿色产业政策实施手段多种多样，包括直接干预、间接诱导、信息指导和法律规制等。其中，直接干预手段是指通过政府的行政管制，借助配额、许可证、审批等方式直接干预产业的资源分配和运行。间接诱导是政府通过税收减免、财政补贴、关税保护、出口退税等财政、金融等经济杠杆，诱导企业的经济活动实现产业政策的目标。信息指导是政府利用所掌握的信息进行政策引导，使企业在实际生产经营决策和具体生产经营上与政府设定的长期发展目标相一致。法律规制指政府通过向企业提供发展绿色产业的信息，通过立法来严格规范企业行为，从而实现绿色产业政策目标。

（四）阶段性

绿色产业政策要随着经济与社会的发展，国内外大形势的变化而不断调整与完善，并且绿色产业政策还要考虑到政策的时效性，注重短期政策的制定与调整。另外社会经济绿色循环低碳转型是一个长期的过程，所以除了短期的绿色产业政策外，还需要有一个长远的规划。

二、绿色产业政策的分类

绿色产业政策根据它在现实经济生活中发挥的作用，可以分为三种类型。

（一）弥补市场失灵政策

政府制定的很大一部分绿色产业政策，都是由政府采取一些补救措施，来弥补市场机制失灵，实现市场的公平竞争。例如，污染物和污水处理回收政策；对绿色低碳技术研发环节实行严格的知识产权制度；将征收的环保等税收收入投入到公共资源能源开发、环保设施的更新购置；生产制造环节完善绿色产品和服务标准体系，建立完善的绿色产品认证制度。要注意的是弥补市场失灵政策的主要任务是针对市场失灵领域给出相应的弥补措施，在市场能发挥作用的领域政府就不要过多干预。

（二）产业引导政策

政府在绿色产业发展时，除了要积极宣传绿色观念，提高人们对绿色经济的认识，更要利用政府的财税政策，引导企业做强做大绿色产业。例如在产品生产环节，引导企业生产低污染、低消耗、附加值大的绿色产品；在研发环节，通过财税优惠或政策倾斜，引导企业进行绿色技术的研究与创新；在投融资环节，通过绿色金融支持政策，以及投资的税收、土地等优惠政策，支持重点骨干企业发展；在企业环境合作上，通过搭建企业交流合作平台，调整产业布局，建立绿色产业发展示范地区，形成生态产业集群。

（三）其他配套政策

通常情况下，绿色产业政策往往很难单独发挥作用，它需要其他政策的配合，方能付诸实践。所以，在发展绿色产业，实现经济与生态协调发展时，需要政府与市场结合起来，尤其是要完善市场机制，通过能源市场化改革，使价格能直接反映出能源的稀缺程度，利用市场机制推进节能减排。在发展绿色产业时，除了通过财税手段外，还要完善环境保护的法律法规体系，加强环境保护的立法，强化法律责任，从源头上控制污染。同时，强化法律执行力度，建立健全法律的实施体系，保证法规的贯彻执行。

三、我国绿色产业政策体系的构成

我国宏观绿色产业政策的思路与产业结构调整有关，主要思想是：不同的产业结构下，资源和能源消耗或者排放的总量是不同的，如在重化工为主的工业结构下，资源消耗或排放的总量肯定会高于轻工业为主的工业结构。因此产业政策如果能够有效地推动结构往轻型化调整，那么就意味着有效地实施了绿色产业政策。宏观绿色产业政策主要包括两个方面：一是加快第三产业发展，提高服务业在国民经济中的比重与地位，通过服务业的发展实现整体能耗与减排水平的降低；二是加快工业内部结构调整，大力发展战略性新兴产业，战略性新兴产业不仅能耗低排放少，而且也能提高我国国民经济和工业的竞争力。

（一）第三产业发展政策体系

第三产业单位增加值能耗要比工业、建筑业低得多，所以服务业的发展，可以降低我国能源消耗和污染排放水平，促进产业结构升级，加快第三产业发展。这也是绿色产业政策的重要内容。

1. 加快生产性服务业发展体系。生产性服务业又称中间投入服务业，主要是指面向企业的服务业。生产性服务业因为内涵丰富的人力资本和知识资本，所以其发展关系着我国制造业未来国际竞争力的提升。生产性服务业与制造业具有较强的连带关系，制造业的发展需要各种生产性服务业的投入，如保险、银行、金融、广告和市场研究、会计、法律服务、研发（R&D）、物流、电信、商业、电子商务等。（1）发展金融服务业。金融服务业在现代经济体系中居于关键地位，这是由产业自身的特殊性质和作用所决定的。所以，金融服务业要注意防范系统性风险，有序开发创新金融服务与产品，提升金融服务水平。通过证券、理财、租赁、担保、融资等各类金融服务功能发展，创新金融产品和服务模式，推动科技创新、发展绿色产业。在保险服务领域，积极发展责任保险、信用保险，探索巨灾保险，为绿色产业发展提供完善的保险服务体系。（2）壮大高技术服务业。以支持科技创新的专业化服务为重点，不断壮大高技术服务业，例如加强信息化服务，发展互联网增值服务、信息安全服务，为绿色产业开发创新提供及时完善的信息服务；发展科技成果、知识产权转化等科技支撑服务，培育发展一批绿色产业高技术水平的大企业和知名品牌。（3）发展现代物流业。在物流业流域，要整合和利用现有物流资源，提高物流效率、降低物流成本，推广现代物流管理，提高物流智能化和标准水平，建立专业化、信息化的现代物流服务体系。（4）规范商务服务业。商务服务业包括律师、公证、司法鉴定、经济仲裁等法律服务；项目策划、财务顾问等企业管理服务；人事代理、人员培训、劳务派遣等人力资源服务；会计、审计、认证、管理咨询、市场调查等专业服务。

2. 大力发展生活性服务业体系。（1）发展商贸服务业。推动现代流通方式和循环经济理念在商贸流通领域的广泛应用，发展特许经营、电子商务、网络营销、总代理等现代经营方式。统筹城乡贸易发展，支持城市商业企业向农村延伸开设商业网点，发展农资和日用工业品配送下乡服务，引导农产品进城直销。鼓励商贸企业兼并重组，支持发展具有国际竞争力的大型商贸流通企业。（2）完善文化产业。鼓励文化企业跨地域、跨行业、跨所有制经营和重组，建设一批产业特色鲜明、创新能力强、产业链完整、规模效应明显的特色文化产业基地，鼓励非公有制资本进入文化产业领域。健全文化技术创新体系，研究制定文化产业技术标准。加强文化市场监管，加快数字版权保护技术研发，推进国家版权监管平台建设，提高版权服务与保护水平。（3）发展旅游业。旅游业要走内涵式发展道路，实现速度、结构、质量、效益相统一。科学利用资源，坚持旅游资源保护与开发并重，加强旅游基础设施建设。提高观光旅游质量，大力发展休闲度假旅游和生态、文化、红色、乡村、森林、湿地、草原、海洋等专项旅游，提升旅游业发展的科技化、信息化水平。（4）家庭服务业。以家庭为服务对象，发展家政服务、养老服务和病患陪护等服务，整合家庭服务资源，实现人力资源、信息资源、公共服务资源的优化配置。鼓励各类人员到家庭服务业就业、创业，加强从业人员培训，提高职业素质、专业技能和服务水平。加快构建便利惠民的家庭服务体系，优化城市服务网点布局结构，积极推动家庭服务网点进社区。

（二）工业内部结构调整政策体系

从产业结构演变规律来看，我国处于工业化的中后期。这一产业结构状态仍将持续，真正进入后工业化社会还需要很长时期的艰苦努力。由于大国经济的特征所决定，工业尤其是重工业仍将是我国经济发展的重要支柱。在工业内部进行结构调整，通过发展战略性新兴产业，可以逐步达到我国绿色产业政策目标。具体来说，主要包括以下几个代表性产业：

1. 发展节能环保产业。近年来，我国通过财税、法律等政策引导，节能环保产业有了很大的发展。我国相关产业政策主要有以下几个方面：(1) 节能环保关键环节支持政策。国家通过政府投资、市场准入、金融、土地、税收、国际合作等政策对节能环保企业进行培育，针对发展节能环保产业发展的关键环节，有针对性进行引导和支持。例如在研发领域，支持关键共性技术攻关，科技计划向企业倾斜；在投融资领域，培育龙头企业和骨干企业，投资公共环保工程，推行 PPP 项目，推动绿色信贷，保障投资项目用地，实行生产环节税收优惠，引进技术和投资；在生产制造环节，建设制造基地，建立节能、环保产品认证、标志制度。(2) 重点领域针对性扶持政策。对节能环保和循环利用领域的重大技术、装备和产品的研发进行政策性扶持，具体做法是，分别从节能、环保、资源循环利用及节能环保服务四大领域中选取重点技术领域和发展方向进行扶持。以节能领域为例，选取的重点技术领域和发展方向有高效锅炉、高效电动机、蓄热式燃烧技术装备、半导体照明等先进节能环保设备开发。在环保领域，完善污水管网等城镇环境基础设施，开展绿色建筑行动等。(3) 提高节能环保技术创新能力政策。主要通过国家科技计划项目等向节能环保企业倾斜，加大共性关键技术攻关力度，提高自主创新能力等渠道培育国内企业和科研机构节能环保技术创新能力。通过政策支持推动高效锅炉、高效电动机等领域节能技术装备升级，以及加快大气、水、土壤等污染治理技术装备研发推广。(4) 节能环保服务体系建设政策。通过政府政策扶持和市场规范运作相结合，自主创新和引进消化吸收相结合，促进节能环保咨询服务业和环境服务贸易发展，发展壮大合同能源管理、生态效率评价服务、清洁生产审核、绿色产品认证评估服务、环境投资及风险评估服务等节能环保服务业发展。

2. 新能源产业。随着全球污染的加重，发展高效、清洁、可持续的新能源产业已经成为全世界的共识，我国构建绿色能源体系的政策有以下几个方面：(1) 重点领域支持政策。新能源产业重点支持的领域主要是太阳能、核能、风能、生物质能、储能电站、新能源汽车、智能电网等领域。所以对大型风电基地建设、海上风电建设、太阳能电站基地建设、生物质替代燃料、绿色能源示范县建设、新能源示范城市建设、新能源微电网示范建设等重点工程进行扶持。(2) 关键环节扶持政策。通过财政扶持、价格支持、税收优惠、强制性市场配额制度、保障性收购等政策，对关键环节支持。例如在投融资环节，发展建设重点工程（村村沼气、大型生物质气化供气），可再生能源发展基金（用于项目支持），项目投资奖励、贴息（分布式能源等），绿色信贷，税收优惠，绿色能源示范县建设，新能源示范城市建设等方式进行扶持。在生产环节，支持基地建设（风电、太阳能等），支持示范项目（海上风电、非粮生物液体燃料、新能源微电网），可再生能源产品设备标准体系、检测认证制度，天然气价格优惠（分布式能源）等进行扶持。(3) 支持核心技术研发政策。新能源研发技术提高是新能源产业发展的基础，所以我国把新能源产业发展纳入国家科技发展规划和高技术产业发展规划，对新能源技术不仅要消化吸收再创新，还要研发有自主知识产权的新能源技术，所以国家在财税政策上对新能源关键技术和设备支持力度加大。(4) 新能源消费领域政策支持。针对新能源产品存在的不稳定、季节性、高成本等问题，对于稳定市场需求，实现新能源产业稳定需求，政府通过全额购电、热力和燃料强制性接入、将新能源利用纳入建筑技术规范及实行政府目标责任制等，保障新能源产品市场需求的稳定和增长。

3. 新材料产业。我国新材料领域，与发达国家有很大差距，某些高技术、高品质、高性能材料还依赖进口，所以我国从以下几个方面促进新材料产业发展：(1) 重点领域支持政策。在超级结构材料、新一代功能材料、战略能源材料和特别功能材料、航空航天用高性能结构材料和光电子材料等重点领域加大技术创新和技术改造，对我国研发能力强、成果储备多、在关键性和前瞻性技术和产品研发上成效显著的重点领域通过贷款贴息、补助和奖励等方式进行财政和税收激励。(2) 新技术研发政策。通过财政和税收等政策支持我国具有领先水平、有自主知识产权、市场前景良好、能迅速实现产业化的新技术和新产品；支持制定和完善新材料产品标准体系，及时将新材料的创新优势转变为标准优势；支持鼓励公共设施建设积极采用新材料产品，在同等条件下，提倡优先选购和使用新材料产品，推动战略能源材料、电子信息材料、超级结构材料、纳米材料及器件、稀土和化工新材料等产业技术跻身世界前列。（3）产业集聚与资源融合政策。通过产业政策推进新材料产业与传统原材料工业实现融合发展，鼓励企业兼并重组，从而形成我国具有竞争力的大型新材料产业集团。

4. 新能源汽车。新能源汽车产业通常被作为节能环保产业的一部分，两者存在诸多共性，不同之处在于，新能源汽车具有特殊的重要性以至于需要更多更具针对性的扶持。发展新能源汽车是我国汽车行业可持续发展的必然选择。（1）对新能源汽车进行补贴。为促进新能源汽车产业发展，增强新能源汽车竞争力，克服新能源汽车产品在成本方面的劣势，对新能源汽车市场进行超前培育，中央财政安排专项资金，对私人购买新能源汽车进行补贴，对符合要求的纯电动汽车、插电式混合动力汽车和燃料电池汽车进行补贴，从而尽可能缩短产业化应用时间，争夺国内和全球市场竞争优势。（2）支持技术创新政策。对新能源汽车，坚持自主创新与开放合作相结合。加强创新发展，把技术创新作为推动我国节能与新能源汽车产业发展的主要驱动力，加快形成具有自主知识产权的技术和品牌，通过超前发展的技术创新战略寻求市场竞争优势，同时强调标准体系建设，为参与全球新能源汽车领域的技术和产业发展竞争做准备。这些充分体现了国家对新兴产业发展领域，争夺技术创新优势的战略决心。（3）完善配套设施政策。以整车为龙头，培育并带动力电池、电机、汽车电子、先进内燃机、高效变速器等产业链加快发展。加快充电设施建设，促进充电设施与智能电网、新能源产业协调发展，做好市场营销、售后服务及电池回收利用，以及分时段充电定价机制，停车费减免，充电费优惠，形成完备的产业配套体系。

5. 废弃物回收与循环利用政策。我国废弃物堆积量大，污染严重，而废弃物循环利用是正外部性行业，即企业投入的资金会大于获得的利益，所以只有政府参与，通过产业政策才能促进废弃物循环利用产业的发展。（1）建立系统性循环产业政策。企业层面，在企业生产中推广清洁生产及 ISO14000 国际环境管理标准体系，使产品从设计、制造、包装、运输和使用到报废处理的整个生命周期对环境负面影响最小，原料和能源循环利用率最高。在中循环层面，就要大力发展工业生态链和兴建工业生态园，通过生态工业园集中式的供热、污水处理和垃圾处置，促进企业间的物质集成、能量集成和信息集成，达到园区资源的最佳配置和利用，形成具有循环特点的产品链和废物链的生态工业园。在大循环层面，就要建设城市再生资源回收和再生产体系的循环经济，通过建立城市和农村生活垃圾分类回收体系、特种废旧物资回收系统和城市中水回用系统，实现产品消费过程中和消费过程后物质和能量的循环，提高社会再生资源利用率。（2）建立企业循环经济信用评价制度。通过"信用中国"和企业信用信息公示系统，依法公示企业行政许可、行政处罚、"黑名单"等信息。对信用记录良好的企业，在循环经济相关补贴、优惠政策等方面优先支持，对失信企业建立"黑名单"制度，依法依规采取联合惩戒措施。并建立以主要资源产出率、主要废弃物循环利用率为核心的循环经济评价指标体系，将循环经济主要指标完成情况作为对地方政府评价的内容。（3）完善相关循环经济的立法和监督。通过循环经济立法和推行强制技术标准，促进企业进行资源的循环利用，促进企业实施清洁生产，使循环经济的发展和运行有法可依。（4）重视循环经济科技创新。运用财税、金融等手段加大对环保产业技术创新的支持力度，加大清洁生产技术、信息技术、能源综合利用技术、回收和再循环技术、资源重复利用和替代技术、环境监测技术以及网络运输技术等的研究，培育具有国际竞争力的环保企业。

四、当前我国绿色产业政策存在的问题

我国绿色产业政策有效地推动了绿色产业的发展，不仅有助于污染

防治和生态保护,并且也成为实现清洁生产、资源综合利用、引领产业升级和各行业技术进步的重要物质手段。但目前众多的扶持政策也暴露了一些存在的急需纠偏的问题。

(一) 市场与政府干预边界不清

绿色产业政策是为了弥补市场失灵,或做大做强新兴绿色产业,但在这个过程中,很容易出现市场边界与政策干预边界不清的情况,我国很多绿色产业到目前为止,依然是政策驱动为主,但由于政府绿色产业的调控力度加大,也部分消解了国家和各级政府对绿色产业激励政策实施的实际效果。并且现有政策对节能、能源综合利用进行普遍性扶持,过于泛化的扶持政策可能存在保护落后,影响市场优胜劣汰机制的发挥。因此绿色产业政策在制定与推行时,一定要明确企业才是绿色产业发展的主体,政府只能通过产业政策引导或约束企业做什么或不做什么,不能充当绿色产业发展的主体。

(二) 绿色产业政策缺乏一致性

完整的绿色产业政策体系是支撑绿色产业发展的必要条件,虽然我国政府为实现绿色经济,出台了一系列众多的绿色产业政策来促进各领域的发展,但缺乏政策梳理机制,因而各种激励机制相互间缺乏政策逻辑的内在一致性论证。尚未形成一个系统,使得政策在中央与地方,生产、消费方面,和财政、金融、税收、土地等手段,相互之间的衔接和内在一致性不足,出现各自为政,缺少系统性、协调性和配套性。

(三) 激励机制缺少细化,存在普遍激励的问题

每一种产业都存在着分化,都有发展快慢之分,有技术先进与落后之分,有经营管理良莠之分,有技术路线好坏之分,绿色产业更是这样。但我国目前对绿色产业缺乏细化,区分不够,所以出现了部分企业和个人骗取国家政策优惠等较严重的问题,另外造成经济资源配置的低

水平重复和浪费,削弱了激励政策的作用。不过近年来有关部门已经注意到类似问题。

(四) 扶持政策使得财政负担较重

我国现有的绿色产业政策很多以政府扶持政策和产业保护政策为主,对财税政策支持的依赖性较大。虽然通过财政补贴、税收优惠等政策确实可以一定程度上刺激绿色产业发展,但财政和税收政策也使得有些企业缺乏竞争的压力,难以摆脱"幼稚"状态,出现企业规模小、产业集中度低、技术升级慢等问题,也给我国财政支出造成较重负担。

(五) 传统发展的思维惯性束缚

改革开放时,我国经济总量规模很小,综合国力不强,技术水平又较低。在这样的具体条件下,比较偏重于发展的速度,所以传统的发展模式成为一种必要的发展经济的手段。改革开放40年带来的成就有目共睹,但同时改革开放40年来形成的高投入、高消耗、低产出的传统发展模式也成为发展惯性,40年的发展惯性要想彻底扭转,并非一朝一夕之功,也不是高喊几句口号就可以转变了的,需要跳出原有的思维方式,需要全社会的思想解放,树立正确的科学发展观,激发全社会的发展智慧,才能实现。

五、完善我国绿色产业政策的若干建议

(一) 完善社会主义的市场经济体制

绿色产业的建立需要成熟完善的市场机制作为基础,我国市场经济不发达、市场机制不完善,在很大程度上阻碍了绿色产业的发展。因此发展绿色产业,必须要建立和完善市场经济,尤其是要建立和完善生态环境和基本资源作为生产要素进入市场"流通"的机制,建立和完善

生态环境和基本资源的产权关系及交易机制，完善涉及市场经济中各利益实体的权利与责任的问题、利益分配的问题、效率与公平问题，通过竞争性分配机制的确立确保政府扶持政策能高效地起到激励先进，强化市场竞争的作用，为绿色产业建立提供完善的市场体制基础。

（二）明确环境产权

若能明确环境产权界定，形成相应的制度安排，使环境资源的外部成本内部化，那么就会改变成本与收益不相符的局面，就会促使产权拥有人（指主权国家）和产权使用人（指购买环境产权的企业）愿意为绿色产业与生态保护投入改革成本。环境产权界定的范围既包括现有的自然资源和自然环境，又包括破坏生态环境与资源所造成的侵权和经济损失。对产权难以界定的自然资源和自然环境，如空气、河流，可以通过划分各地区一定的责任范围，如合理分摊环境治理费用和严格法制约束，制定出明确的奖惩规则。对无法避免的资源消耗和环境污染，可以通过政府作为维护生态环境的代表与污染者厂商之间进行环境产权与排污权的付费许可污染的交易，和通过排污权人之间排污权与排污权的产权交易，尽可能减少环境污染和无节制使用自然资源及由内部经济性行为导致的外部非经济性行为，这里就要求有一个完善的排污权市场，使排污权成为企业的一种生产要素，使企业能优化配置和节约使用排污权。

（三）加快财税政策改革

对财税体制进行"绿色化"改革。例如加快现有税制的完善。继续贯彻实施增值税全面改革方案，提高部分消费品的消费税率，引导公众绿色消费，体现国家限制污染性商品生产和消费的导向；开征如污染税等一些新的税种，对高耗能、高耗水、高污染和浪费资源的产业发挥约束作用，强化企业的节约意识；对战略性新兴产业、环保产业等资金投资与技术投入给予一定税收减免优惠，通过税收政策导向作用，更好地促进绿色产业政策效应的发挥。

(四) 发挥绿色金融政策作用

绿色金融是绿色经济发展的重要手段,绿色金融对绿色经济的发展有重要支持作用,绿色金融可以通过支持绿色产业、项目投融资的方式,引导金融资本流向污染小、资源利用率高的企业,优化绿色经济结构。例如可以通过鼓励商业银行在信贷审核和决策过程中,将环保因素作为发放贷款的重要参考指标之一,加大"绿色信贷"执行力度;允许绿色环保企业上市融资的优先政策,建立健全"环保审查机制",可以规定凡是未能通过"环评"的企业,不能上市发行股票。可以在不降低上市准入条件的前提下,在相同申请条件下给予环保较好企业高优惠;并引导国际投资、民间投资、风险投资、信托投资、融资租赁等的资金投资绿色产业。

(五) 绿色产业政策应细化、动态化

现有财政、金融在内的各类绿色产业政策实施上,应加强对企业绩效和市场表现的评价,避免"撒面粉"式的政策取向,而应真正激励市场领先企业,帮助受市场欢迎的产品和技术路线脱颖而出。并且由于绿色产业涉及的领域广阔,且政府扶持需求与产业发展的生命周期、技术进步等动态因素有关,所以有必要建立针对绿色产业的政府扶持政策的定期动态跟踪和评估机制,从而为绿色产业政府扶持政策的动态调整提供依据。

(六) 培育绿色产业意识形态

意识形态具有制度性作用,好的意识形态能降低社会运行的费用,一致的意识形态可以替代规范性规则,在很大程度上决定着制度创新的方向和进程,并能减少强制执行法律及其他制度的费用。意识形态是一个渐进的长期的非正式制度变迁过程,我们现阶段可以通过加大宣传力

度，使公民明确自己具有的环境权益，使公民在维护自身环境权益的实践中，彻底转变环境行为，并树立牢固的循环经济意识。还可以通过立法确立公众在生态保护中的法律主体地位，使公众对损害生态的行为能够运用法律手段加以制止。还可以建立有奖激励制度，对为循环经济提出合理建议，依据事实举报环境污染线索的公众，给予物质奖励，并健全监管机制。

参考文献

［1］丹尼·罗德里克："什么才是正确的绿色产业政策"，《南风窗》2013 年第 16 期。

［2］孙晓霞：《绿色产业政策》，中国环境出版社 2016 年版。

［3］王小平：《产业绿色转型与环保服务业发展》，人民出版社 2017 年版。

［4］张春宇、唐军："基于主要政策维度的我国绿色产业政策体系"，《开发研究》2016 年第 6 期。

［5］UNEP. Green Economy Initiative. （2008 - 07 - 11）［2016 - 09 - 01］. http：//www. unep. org/greeneconomy /index. asp.

［6］吴晓青："加快发展绿色经济的几点思考"，《环境经济》2009 年第 12 期。

第七篇

多元平衡、安全高效的全面开放体系

积极实施基于内需的经济全球化战略 *

一、基于内需的经济全球化：中国全球化战略的新选择

40年的改革开放，使深度融入经济全球化的中国成为"二战"后最大的赢家之一。全球化为中国的经济起飞创造了宝贵的机遇，使中国能够利用其廉价劳动力的优势迅速成为世界工厂。但是自从2008年以来，越来越多的人清醒地认识到，作为大国经济，中国需要与世界经济进行再平衡。过去那种以低端要素加入全球价值链、基于出口导向的第一波全球化发展的红利已经透支，不可能持续，中国的全球化战略亟须转型升级。

中国经济全球化战略转型，并不意味着中国应该回归自力更生的内向型经济，恰恰相反，我们需要进一步利用世界经济危机的机遇，在机会之窗稍纵即逝的千载难逢时刻，及时启动中国第二波经济全球化的发展战略，这就是要在扩大内需条件下实施深度全球化战略，或者发展基于内需的全球化经济。

从"十二五"规划开始，我国就提出要建设名列世界前茅的内需

---

* 本文作者为刘志彪，南京大学长江产业经济研究院。

市场。这个战略目标意味着中国要把扩大内需与实施新一轮的经济全球化战略有效地结合在一起，利用内需市场与全球市场之间的关联关系，最大限度地吸收和利用全球高级创新要素，服务我国经济转型升级进程，从而加速我国达到全面小康和基本实现现代化目标的宏伟任务。本章将对这一战略的基本背景、内涵以及政策取向等问题进行全面的剖析。

（一）中国必须尽快启动第二波全球化战略的基本背景

1992年以来，中国参与的第一波全球化具有以下几个重要的特征，这些特征既表现为中国与世界经济再平衡关系的变化，也是我们现在亟须转换全球化战略的主要理由：

第一，中国是资源最匮缺的国家之一，但同时却在全球价值链低端成为世界资源消耗的大国。在完整的商品和服务链条中，资源消耗和占用主要发生在加工/制造/装配/生产环节。中国在价值链底部的比较优势，决定了中国必然是接受和转移西方消耗的主要国家。即使中国原来的资源消耗总量不变，但是随着西方世界通过产品内分工的形式把那些高消耗、高占用的生产环节向发展中国家的转移，处于价值链低端的中国等发展中国家的消耗和占用的水平也会不断提升。西方发达国家解脱了高消耗和高占用环节后，专注于价值链高端的研发和设计、品牌和营销环节，而我国被锁定在卖劳力和拼消耗的生产加工环节，其贸易增长和经济发展进程，必然体现为主要依靠物质消耗和占用的粗放发展方式。

第二，中国是吸收外国直接投资最多的发展中国家，但同时却作为穷国在为富国进行大量的直接和间接的融资。如在2011年6月末，我国外汇储备余额就达31975亿美元，占对外金融资产的69%；外国来华投资15838亿美元，占对外金融负债的60%。这充分说明，我国对外金融资产和负债的结构分布较为集中，其中对外金融资产主要集中在政府部门，以外汇储备为主；而对外金融负债主要集中在私人部门的直接投资。这一格局的直接和间接的融资效应主要为：（1）通过吸收 FDI 在全球价值链底部进行国际代工，这种依据低端要素的竞争性出口不断地压低出口价格，降低了作为进口国企业尤其是高端制造业的投入成本；（2）中国接受富国的制造业外包，减少了富国对工厂设备等固定资本投资，降低了这些富国的资本形成率；（3）对富国低价消费品的出口，等于变相地提高了富国居民的收入水平，使其可以在维持高生活水平的基础上，把收入更多地投资于各金融资产；（4）富国制造业由此可获得更高盈利，并把其投入并购和分红等资本市场的虚拟经济活动；（5）中国出口的外汇所得没有用于购买原材料和机器设备，而是通过不断地购买富国发行的国债甚至风险更高的金融产品而回流富国。一方面过多的出口收汇引起国内高比率的人民币投放，从而导致国内处于严重的通胀压力之中；另一方面又变相助长了富国的金融泡沫，同时使自己的外汇形态的财富处于不断被贬值的危险境地中。

第三，中国作为"世界底层的操作工"，在全球劳动力市场中抢占了发达国家产业结构调整中腾出来的低端就业岗位，但是在高端劳动力市场，却为富国创造了大量的对外需求岗位。全球化其实是对各国就业岗位的争夺。中国在全球价值链低端地位使中国广大的"世界操作工"得到了充分就业，但是却丢失了对高端就业岗位的需求。与此同时，西方富裕国家却一味认为中国的出口毁坏了它们的产业基础和就业基础。如 Autor 等（2011）就认为，从中国进口商品对美国经济产生了以下的"副作用"：即从中国进口的商品，与美国同类商品的制造业就业、各地劳动力市场就业负相关，降低了相应岗位工资水平，导致了政府对失业、医疗保障支出上升。[①] 他们把其称之为美国得了"中国综合征"。其实，这种情况也可以反过来看：一方面，这种进口给美国产业结构带来了低成本的调整机会；另一方面也使中国失去了吸收产业升级所必需

---

① David H. Autor, David Dorn, Gordon H. Hanson, The China syndrome: Local labor market effects of import competition in the United States, 下载于 http://economics.mit.edu/files/6613.

的高级要素的机会。

第四，中国制造业是对西方技术最强烈的需求者之一，但却对本国的自主创新产生了挤出效应，使中国制造业长期缺少"心脏"和"脑袋"。长期以低端要素生产和出口导向的国际代工，使中国制造业企业无需投资于研发设计和品牌网络也能取得相对"满意"的利润率。这种"温水煮青蛙效应"一方面，中国自身的研发产业和重装备工业因缺少需求无法生存，被西方技术不断地挤出。另一方面，又使其逐步得了两种病，一是"心脏病"，缺少核心技术，核心技术大多掌握在发达国家跨国企业手中，中国制造只能引进和高代价地利用人家的技术，或称为"心脏移植"；二是"神经病"，指"中国制造"的智能化水平较低，软件开发和应用水平落后。

从总量平衡的角度看，可以预料的是，今后欧美在消费上的"去杠杆化"与中国在生产上的"去产能化"，可能是两个并行的、交互影响的必然趋势：前者要求欧美国家增加储蓄，降低过度的消费，后者要求我国压缩或消化过度的生产能力，尤其是传统低附加值产业的产能。因此中国与世界经济再平衡的核心问题，就中国政府可以掌控的政策工具而言，实施扩大内需策略是实现"去产能化"的最佳方略，由此必然要求中国走依靠扩大内需支撑经济发展的道路。但是问题远非这么简单。

第一，长期以来，我国经济中存在着"三个比重低"的不良格局，即民生性投入比重低，服务业比重低，中等收入者比重低，这是中国内需难以扩大的主要的需求方的原因和结果。由此导致投资驱动型增长模式的自我强化，不断形成和累积巨大的过剩产能，加强了增长对出口导向的依赖。当遇到外部危机时经济必然下行。不解决三个比重过低问题，上述简单恶性循环又会出现。解决此问题需要长期的努力。从短期来看，稳定外需还是保增长的最重要途径之一。

第二，目前中国面前的严峻问题不是要不要扩大内需，而是如何扩大内需、如何在扩大内需的过程中提升产业竞争力的问题。扩大内需表面上的决定因素在需求方,似乎我们解决了收入倍增、分配不均衡以及消费的软硬件基础设施问题,就自动解决了扩大内需问题。其实,真正的难题是在供给方。在中西方技术水平落差较大的前提下,对中国人需求能力的解决,其结果更多不是扩大了对中国产品的需求,而是扩大了对西方过剩产品的强劲的需求,甚至是对富国奢侈品的需求![1] 因此长期来看,如果不把扩大内需与产业转型升级结合起来,不提升中国文化自身的自觉和自信能力,不提高中国本土产业的国际竞争力,中国本土的过剩生产能力既无法在出口导向中消化,也无法在扩大内需中消化。

第三,从微观上说,没有疲软的市场,只有疲软的产品和技术。因此解决自主技术创新问题,才是中国扩大内需的长期的、根本的问题所在。过去我们通过技术购买和引进外资的"技术溢出"效应,以学习和模仿为主运用西方技术进行产业升级,但是"以市场换技术"换不来真正的高技术,以学习模仿为特征的技术发展道路存在严重的被阻止性。由此很多人主张政府要加大对中国本土企业的研发(R&D)投入和自主品牌的营销投入。其实,在经济全球化背景下,具有强烈封闭经济色彩的自主研发投入很难收到实际效果。还是必须遵循市场化的原则,在开放的全球竞争中,利用各种可以利用的高级要素,包括来自西方世界的可以利用的技术、知识和人才,在我方控制下逐步形成自己的国际竞争力。

(二) 基于内需的经济全球化战略的基本内容

扩大内需战略并不反全球化,更不会与参与经济全球化的行动相冲突。"扩大内需"指的是利用国内市场,它相对于出口导向而言,与是否参与全球经济的循环进程没有直接的关系,即对扩大内需来说,既可

---

[1] 如宾利高级轿车2011年的销量创下了有史以来的次佳水平。宾利在中国的销量几乎翻了一番,达到了1839辆的创纪录水平。中国首次超过英国,成为宾利第二大市场。

以开放的方式进行，如进口国外要素在国内加工并在国内外销售；也可以封闭的方式进行，如在国内完成产业链的整个价值增值过程，不与国际经济发生任何联系。"经济全球化"指的是全球范围内的市场经济趋势，是要素跨区域的、无经济疆界的流动，它只与自力更生经济中要素的封闭流动相对立。因此基于内需的经济全球化，其实就是强调利用全球优质要素发展自己。在开放条件下，因大国经济的内需潜力大，一般都属于"基于内需的全球经济"形态，而小的经济体，如新加坡、中国台湾、韩国等，因人口规模限制的内部市场容量无法消化达到规模经济产量点的供给量，因此一般都是属于"基于出口导向的全球经济"形态。

客观地说，像中国这样有着巨大市场潜力的大国经济，不可能长期实施基于出口导向的经济全球化战略，世界上也没有哪一个国家可以容纳中国这么巨大的生产能力的长期出口，更不可能放任本国的产业长期处于中国廉价产品的激烈竞争中。总的来看，第二波经济全球化，与第一波经济全球化之间，除了在市场需求方面不同外，在基本的战略内容上其根本性差异主要体现在：

第一，战略的前提不同。以出口导向为特征的全球化，主要的前提是低端要素的价格具有比较优势，是在国内收入水平较低、国内需求不足以支持高经济成长速度的要求下，我国的低廉的生产要素具有强大的国际竞争力。本土对低端要素需求强而对高端要素需求弱，这是中国成为世界廉价制造工厂、自主创新和生产者服务业发展不足的主因。而第二波经济全球化战略，其主要前提发生了根本性变化，主要表现在要素价格正在逐步上升，低端产业的比较优势正在逐步丧失。我们再也不能以牺牲劳动者利益、消耗和占用巨额的资本、破坏国内的生态环境等非均衡发展来补贴外国人。因争夺内需市场，本土企业会产生对高级要素的强大需求，同时要素价格不断上扬压缩低端产业的生存空间，就会出现创新驱动、生产率上升、服务业大发展趋势。因此第二波全球化的主要前提是提升要素的质量和生产率，而不是单单凭借要素价格低廉的比较优势。

第二，战略的目的不同。以出口导向为特征的全球化战略，更多是为了解决国内过剩的生产能力的出路。总的来说，其战略目的的特征可以概括为"利用别国的市场用足本国的低端生产要素"，国内市场的缺口通过出口解决。第二波基于内需的全球化战略的目的，可以概括为"利用本国的市场用足国外的高级生产要素，尤其是利用国外的创新要素加速发展在中国的创新型经济"[①]，国内技术的缺口通过内需吸引国外的要素流动来解决。这说明中国抓住第二波全球化机遇的目的，既是为了消除世界经济下行趋势下我国过剩产能的困境，更是为了利用国外经济危机给中国引进高级要素所带来的加速发展机遇。

第三，战略的核心内容不同。第一波经济全球化的核心内容，在最初时期是为了顺利实施"进口替代"战略。1992年以来，战略的核心内容逐步演化为"通过吸收FDI企业来增进出口"，以及"用市场换技术"。第二波全球化战略，其核心内容要在扩大内需条件下实施深度全球化战略，其深度主要体现在是为了更多地争取全球高级的创新要素，提高对创新要素的全球配置能力，加速发展我国的创新型经济。具体体现为至少以下几点：（1）利用大国经济内需市场规模庞大的"虹吸效应"，进一步吸收全球创新要素，为我国产业升级服务；（2）利用内需市场的规模效应，形成出口的差异化和低成本的竞争优势，提升出口的档次；（3）利用内需市场的规模效应，发展中国的巨型跨国公司，培育价值链"链主"，形成全球性垄断竞争格局。

第四，战略的路径不同。以低端要素加入全球价值链，是第一波以

---

① Krugman（1980）提出的"母国市场效应"理论（Home Market Effect），可以解释在一个存在报酬递增和贸易成本的世界中，那些拥有相对较大国内市场需求的国家将激励企业选择在该国家从事生产活动；一个较大的市场会吸引更多生产差异化产品的企业；并且由于规模报酬递增的缘故，一个国家会倾向于出口迎合本国需求的产品。参见：Krugman Paul R. Scale Economies, Product Differentiation, and the Pattern of Trade. *American Economic Review*, 1980（70）；以及 Amiti M. Inter‐industry Trade in Manufactures: Does Country Size Matter? *Journal of International Economics*, 1998（44）。

出口导向为特征的全球化的基本路径。处于全球价值链高端的治理者利用自己的研发设计优势和市场营销及网络品牌优势，向处于价值链低端中国企业发包。贴牌生产的中国企业为了满足外国消费者的需求和口味，经常采取进口国外机器设备和技术等方式扩大可供出口的生产能力。这是中国消费品出口激增而国内装备工业因缺乏市场需求而不断衰退的主要原因。在基于内需的经济全球化中，基本的路径则是要求企业加入或形成国内价值链①，或在此基础上进一步形成全球创新链，国内巨型企业或中国的跨国公司处于价值链高端的治理者位置，它们根据市场需求（包括国外市场需求）和自己主导的研发设计向国内外企业发包，使全球生产要素供给企业成为自己的供应商或形成全球供应链，然后把产出向全球销售。显然，形成和利用国内价值链或全球创新链是第二波经济全球化的主要路径。

第五，战略的实施方法不同。中国第一波以出口导向为特征的全球化，在对境外的经济要素的利用方式上，主要是招商引资和引进来，依靠低成本的劳动力、以高资源投入和环境损坏为代价，仅居于价值链底部利润最薄弱的加工制造环节。从发达国家角度看，是它们的低端加工制造环节向中国的发包，或中国对发达国家制造业外包订单的接包。在基于内需的经济全球化中，基本的利用境外经济要素的方式主要有这么几种：一是"走出去"，即通过海外设厂或者海外并购等方式，以资本的控制力为突破，有效提升对海外经济要素的整合能力和掌控高度，争夺利润丰厚的技术、品牌、渠道等价值链高端环节，实现发展方式转型②；二是利用国内市场的巨大吸引力和规模效应的支持，

---

① 关于国内价值链的论述，可参见刘志彪、张杰："全球代工体系下发展中国家俘获式网络的形成、突破与对策"，《中国工业经济》2007 年第 5 期。

② 基于内需可以获取高端技术和要素，我们可以举一个案例。2011 年初民营企业江苏金昇机械有限公司出资 1 亿欧元并购德国 EMAG50% 股权，后者具有 140 年历史，为欧洲第三大高端数控机床制造商，其产品 60% 服务于奔驰、宝马、保时捷制造商，有 200 多项国际专利。按计划，并购后双方将注册 6000 万欧元，在江苏省金坛市设立 EMAG（中国）公司，项目总投资 49 亿元人民币，直接引进 EMAG 全套的领先国内 30 年的技术和生产设备，建设产出 3000 万台高端机床的亚太制造中心。

发展逆向外包，吸收外国高级要素为我所用①；三是建设各种内需平台，如以事业平台吸收海外高科技人员加入我国产业高级化进程的研究开发等。

第六，战略所依据的产业内容不同。中国所参与的第一波全球化，因对低端生产要素拥有的比较优势，因而得以迅速成长的产业主要是可供出口的加工型劳动密集产业，依赖的主要是重化工业、房地产业的成长，加剧的是对投资拉动的依赖。在依靠内需的第二波全球化中，中国不仅要依靠创新要素促使制造业崛起，要成为世界先进的制造大国，也要使现代服务业崛起，尤其是知识、技术和人力资本密集的高级生产者服务业的崛起，形成以先进制造业和服务业为主导的现代产业体系。以制造业崛起为例，中国成为世界制造强国，一要靠汽车，二要靠高铁，三要靠飞机，四要靠重型机械，更要靠芯片。目前国产汽车处于爬坡阶段，飞机制造业还刚刚起步，重机只有个别领域走在世界前列，芯片全面依赖美国等西方国家。高铁则逐步超越了发达国家有登上珠峰的可能。如果这些产业在爬坡的过程中，可以得到国际先进技术和人才的支持，无疑将会大大缩短中国的赶超进程。为了让世界先进国家成为"中国制造"和"中国创造"的要素供应商或供应者，把中国市场规模首先发育成名列全球前茅的世界性市场，是最基本的条件之一。

综上所述，中国参与第二波全球化战略的重点，在于在转换需求结构的过程中，利用内需市场的吸引力促进企业从加入全球价值链（GVC）走向加入全球创新链（GIC），在开放经济条件下发展创新经济。GIC概念的提出是我们重要的创新点之一，但是仔细地描述和分析这个GIC，将在本章第二部分内容中介绍。

（三）中国参与第二波经济全球化的政策取向

一系列明显的证据表明，中国目前仍然纠结于第一波的出口导向的

---

① 这个概念的提出，可以参见刘丹鹭、岳中刚："逆向研发外包与中国企业成长——基于长江三角洲地区自主汽车品牌的案例研究"，《产业经济研究》2011年第4期。

全球化进程，并没有做好迎接基于内需的经济全球化的准备，而且适应新一轮的全球化的能力显得明显不足。我们可以从几个方面来看这个可能引起争论的问题：

撇开决定综合竞争力的政治、军事和文化等诸多方面不论（如必须拥有一套"与时俱进"的外交理念，以及文化上必须拥有自觉、自信和自主的、处于强势地位的价值观）[①]，仅就经济方面来说，中国要形成参与第二波经济全球化的竞争力，最起码必须拥有一个适应第二波经济全球化的新的全球化理念与为其服务的战略和政策；必须拥有强有力的处于创新价值链高端地位的跨国公司；必须拥有一大批具有高度国际化视野的高端人力资本。用这三个方面的标准来衡量，中国适应第二波经济全球化的能力显得明显不足。

首先，到现在为止，中国还没有形成一个适应第二波经济全球化的新的全球化理念与为其服务的战略和政策。长期以来，中国经济全球化的理念是"出口是驱动经济增长的发动机"。这一理念把世界看成一个发展中的人口大国为建立经济强国地位而残酷竞争的市场和战场，以国家整体实现出口规模最大化为最高目标取向，视低价格为国家竞争力主要来源。在这一理念指导下的全球化战略，避开了中国本土企业与跨国企业在技术上的差距，既有效地利用了国际市场和本国过剩的生产要素，也在某种程度上利用了西方提供的"技术和管理技能外溢效应"。但是现在这一战略已经无法保证中国在下一轮的国际竞争中与世界的平衡，因而可能无法获得属于自己的利益。由于西方国家提供市场的能力日益衰退，现有国际市场秩序已经无法容纳像中国这样一位超级的过剩产能的提供者，而且，由于西方经济地位的相对衰退，对高级生产要素的利用能力也在相对地降低。因此若中国不扩大自己的国内需求，为新一轮的全球化提供市场，不仅全球化不可能持续，而且中国也不可能抓

---

① 参阅裴敏欣："中国：一个缺乏全球化准备的世界大国"，http://www.ftchinese.com/story/001042590。

住机遇加速发展自己,就会失去从全球化中得到巨大利益的机会。因此,中国实施新一轮的全球化战略,最需要的是比第一轮全球化更加开阔的国际视野和更加开放的眼光,并以此指导自己制定独立的全球化政策措施。

其次,根据以往国际经验,一个国家要在世界经济中富有竞争力,必须拥有强有力的处于创新价值链高端地位的跨国公司,尤其是民营性质的跨国公司。跨国公司是经济全球化的主角,是全球化进程中的开拓者和主力军,也是全球化的国际规则制定者。目前中国虽然有许多国有企业经过重组后进入了世界一些行业的500强名单,但是并不能有效地改善中国在全球化中的被动地位,中国最缺乏还是大型的民营跨国公司。由各种国有性质的企业进行跨国经营或出面进行收购兼并时,不仅会受制于自身"软预算约束"的通病而缺少效率,而且更容易被西方国家的反垄断法制裁,甚至会因此而挑起西方民众对中国产业政策的敌视。过去中国并没有因为缺乏自己的民营跨国公司而错过第一波全球化的机遇。因为,中国在上次经济全球化的浪潮中,其利益与西方国家更多具有一致性,主要表现在中国扮演的是一个"世界操作工"角色,从事的是低端制造业外包和劳动密集型的加工作业,而全球价值链高端的研发和设计、市场营销和品牌网络等,都由美欧日本的跨国公司扮演,中国是替国际跨国公司打工,因此所从事的产业中国与西方具有互补性。在第二波全球化浪潮中,中国将与西方争夺高级生产要素,将与西方争夺创新中心地位,将在某些价值链的高端成为替代者,因此一定会遇到现有垄断者地位的极力抵制和抗衡。世界经济的游戏规则是实力说了算,如果中国缺乏可以参与游戏的民营跨国企业,我们就不可能真正抓住第二波经济全球化给中国崛起所带来的黄金机遇。

最后,一个能驾驭经济全球化的大国,必须拥有大批具有全球视野的高端人才。目前,中国一般的人才并不缺乏,真正缺的是能够带领中国企业走向世界的领军水平人才。这种高端的领军人物,是指那种他们的创业,能够影响世界产业格局的人才。今后的中国东部地区尤其是大城市，如果按照基于内需的全球化战略定位的要求，在未来若干年中建设成全球科技创新中心之一，建成为全球高端人才的聚集区之一，建成世界前沿技术研发和先进标准创制的引领区，成为具有全球影响力的高技术产业的辐射区，那么为了实现这一目标定位，我们就必须从现在开始，抓紧制定各类聚集培育高端领军人才的政策，聚集由战略科学家和高端领军科技创业人才领衔的研发团队和创业团队，建成具有世界一流水平的科学研究所和科技研发中心，聚集由高端领军科技创业投资家和科技中介人才领衔的创业服务团队。语言障碍是阻碍中国具有国际视野的高端人才成长的原因之一。但是除此之外，更重要的是中国的科技和教育环境使中国没有能力培养足够的、在各种领域里能"拿得出去"的高端人才。作为"补缺"的重要手段，吸引海外留学的华人回归，是中国高级人才市场化、国际化的重要载体。"海归"们大部分在国外的著名学府获得博士、硕士学位，他们既有国外科技前沿的实践经验，又有对市场经济和现代管理的深刻理解；有一些"海归"既拥有自主的知识产权和专利技术，又有与国外专家和公司业务的广泛联系，他们将是参与中国经济崛起的重要的力量。

基于上述分析，我们可以提出提升中国参与第二波经济全球化竞争力的政策取向，主要是与上述问题对应的三个方面：

第一，形成一个适应第二波经济全球化的新的全球化理念和为其服务的战略和政策，其中最为关键的政策目标是要搭建中国扩大内需的经济平台，并以此吸引全球高级要素。这个平台主要有：（1）制造业平台。强大的制造业是现代科技的受体和载体。中国在相当长的时期中将需要进一步发挥现代制造业的增长功能。因此中国构建现代制造业平台将成为扩大内需的主要先锋和主体力量。（2）城市化平台。根据国际经验，城市化的前期主要是投资驱动。一旦完成了基础设施的基本投资，城市化扩大内需的功能将转化为消费拉动。中国现在仍然有一半的人口需要城市化，因此刺激城市化过程加快，将有利于扩大以消费需求主导的内需市场。（3）"五外"平台。主要指吸收全球高级要素的"外贸、外资、外经、外智、外包"平台。(4)生产性服务平台。生产性服务业作为把高级技术、人力资本和智力资本引进商品生产过程的"飞轮",是决定现代产业国际竞争力的主要的投入因素。中国建设金融、商务、物流、设计、技术服务等在内的各类生产者服务业,将直接吸收国内外高级要素。(5)居民消费平台。

第二,为了构建强有力的处于创新价值链高端地位的跨国公司,尤其是民营性质的跨国公司,最为关键的是要鼓励民营企业进入行为,主要是通过收购兼并行为形成资产集中和集聚态势。一是要打破国有企业在行业上的垄断性,对外资、国资和民资,实施统一的国民待遇,放手让民营经济进入竞争性行业;二是要首先鼓励民营企业在国内市场进行兼并重组,使其形成具有一定市场控制力的巨型企业,以便为国内市场的充分开放做好准备;三是要鼓励民营企业联合"走出去",尤其是要鼓励民营企业利用西方目前的经济危机时机,联合收购其拥有技术、人才、品牌和渠道的企业,同时在走出去的过程中实现产权融合和资产重组。

第三,为了拥有一大批具有高度国际化视野的高端人力资本,最为关键的是利用、引进和培养相结合。其中,利用是指可以利用西方各国经济不景气的机遇,通过收购它们的企业尤其是原本有实力的上市公司,除了把它们的资产盘活外,主要是把它们的人才尤其是高级的紧缺人才资源运用起来,让他们为中国市场的发展或中国企业开拓全球市场进行研发和设计服务。

二、中国实施第二波经济全球化红利的战略理念和实现机制

上一部分提出了一个重要的观点,是认为在第一轮经济全球化中,中国的发展得益于"利用别国的市场充分利用了本国的低端生产要素",国内市场的缺口通过出口解决,而在第二波全球化中,中国要过渡到"开放和挖掘本国的市场,充分利用国外的高级生产要素,尤其是

国外的创新要素,以加速实现基本现代化。国内技术的缺口通过内需吸引国外的要素流动来解决"。①

2018年开始的中美贸易战,进一步向世界表明,现有国际市场秩序已经无法容纳像中国这样一位超级的过剩产能提供者,而且,由于在新一轮技术革命到来之前,西方经济都将会长期挣扎在经济底部区域,对高级生产要素的利用能力也很难恢复。中美贸易战的到来进一步说明了中国加速实施这一战略的紧迫性,也体现了我们所提出的战略的实践价值。

随着新技术革命的来临和生产制造范式的变革,以及国内要素成本的不断上升,中国在全球的低成本优势逐步削弱,中国制造面临两个重大的挑战。

1. 欧美制造业的回归和再工业化,具有第三次工业革命来临前的重要转折意义。由于今后制造业也许再也不需要运用工厂这种生产要素大规模集中化的生产方式,而是转变为一种以智能制造和3D打印机等为基础的,更加灵活、所需要投入更少的生产方式,因此中国传统制造业将面临第三次工业革命的严峻挑战。

2. 在目前和今后相当长的时期内,发展中经济如东盟、印度、中南美国家等将会以更加低廉的成本优势,逐步实现对中国制造的供给替代。"中国制造"可能会处于被夹在中间的尴尬状态。如果产业升级空间被发达经济封杀,而低成本竞争优势又受到欠发达经济的阻击,那么未来十年内中国经济社会将面临巨大的发展风险。

很显然,主动迎接这两个挑战的最佳办法是据此制定新一轮的发展战略和增长政策。

(一) 关于第二波经济全球化战略的几个基本问题

新一轮经济全球化战略必须认真考虑的第一个问题是,中国过去因

---

① 该论文在《南京大学学报》2012年第2期发表,引起了较大的反响。

为人均收入低、国内市场狭小才使增长依赖于国外市场。改革开放40年来，中国国内市场需求规模虽然得到了巨大的扩张，但是近10年来投资和消费比率发生了持续的恶化①，最严重的年份投资占GDP的54%、消费只占到37%。在这么低的消费水平且很难改变的条件下，我们提"基于内需的经济全球化战略"，在政策的操作性方面是否显得有些唐突和不靠谱？②

中国经济背景下的扩大内需，其实更多时候指的是扩大消费需求，而不是指让其他发展中国家头痛的投资需求不振问题。经济学家百思不解的是，中国经济一方面超高速增长；另一方面却出现"消费消失"现象。对"消费消失之谜"，我的看法是，中国的消费率水平确实要比作为参照系的国家低，但是并没有低到可以声称"消失"的程度。中国的收入分配结构的缺陷，中产阶级队伍不够强大，这些年公共品供给中不适当的市场化取向改革，都是解释中国消费需求不振的重要变量。但是中国经济中的"消费消失之谜"，其实是一个伪命题。

20世纪90年代中期以来，房改后的居民购房支出激增，以及统计方法这两个方面是导致"消费消失"主要原因。房改十年来，中国居民的消费重心转向了购房，房地产支出成为中国居民消费中最大的一块支出。为了说明这一点，我们不妨来算一个粗账。2011年，中国GDP总量47.16万亿元，社会消费品零售总额18.12万亿元，粗算消费仅占GDP的38.4%。③可当年城镇居民新房购置花了5.91万亿元，若算入

---

① 这一比例持续降低，是国际上唱衰唱空中国的最重要的理论依据之一。一般认为，世界上没有一个正常的经济体可以忍受这么长时期的、这么严重的投资消费比例失衡，因为如果长此以往，必定会导致无法消化的投资泡沫和严重的银行债务。

② 投资占GDP的比例低于50%的情况，美国在第二次世界大战的紧缩消费、扩大军工投资的特殊时期曾经出现过，但是只是个案。一般来说，发展中国家、发达国家的投资占GDP的比重分别会在20%—30%、15%—20%。

③ 这是粗略地算消费率。其实，整个社会的消费率指标计算，还要算入居民的服务消费额，以及社会和居民的财产（如房地产）折旧。如果考虑到这些年中国房地产价值连续翻番，每年应该计提的房地产折旧额没有计入社会消费，也可能是一笔极大地低估居民消费率的因素。

消费，共占 GDP 的 51%。因此，"消费消失"之谜分明是统计分类方法把居民的购建房支出归类为投资所导致的一种假象。① 所谓消费占 GDP 比例低，是没将居民买房花钱纳入消费，而列入了投资，所以出现了"投资占 54%、消费只占 37%"之类的数据。②

上述分析的政策含义是十分明确的。我国消费率水平确实是低，但是远未低到人们想象的程度。高房价的支出压力，是阻碍中国居民消费需求扩大的主要因素之一。要纠正中国投资消费水平与世界普遍趋势的偏离和扭曲，实现"十二五"规划提出的把中国市场建设成为名列世界前茅的内需市场的目标，除了要坚决地抑制房地产价格的持续上涨趋势外，关键是要解决中国民众消费的基础条件问题。为此必须以民生幸福为目标改善收入分配结构，发育中等收入群体队伍，政府承担公共产品支出并努力使民众享受均等化的社会福利。这些政策取向其实就是实现"基于内需的经济全球化战略"的基础条件。

第二个有关问题是扩大消费需求会不会变成扩大对国外产品的消费需求？回答是很有可能，但它与扩内需所讲的不是一回事情。"内需"这个概念现在至少被理解为两个方面，一是"对国内商品和劳务的需求"；二是"来自国内的对商品和劳务的需求"。在前一种理解下，重点在于"对谁的需求"，扩内需是指"扩大对国内企业产出的需求"，显然它涉及的是国内产出品与进口品之间的竞争和替代问题。在后一种理解下，重点在于"需求是从哪里产生的"，扩内需是指"扩大国内市场主体对来自国内外产出的需求"，显然它涉及的是有效需求来源于国内还是国外的问题。前一种理解不是本文分析的重点问题，但是从国家

---

① 按照西方国家统计方法，居民购建房支出也算是投资，而只有支付房租和房屋财产当年的折旧额计入当年的消费。从此意义上来说，中国居民的消费率水平确实低。但是必须注意的是，中国居民购房自住的比例要大大高于西方，西方人习惯于租房。这一文化差异可能使中国消费率偏低。关于这方面的差异对居民消费率的影响，需要更为精确的实证研究来提供证据。

② 房地产具有投资消费双重功能。中国政府一直把购置房地产行为称为消费。如朱镕基总理 1996 年要求：把住宅建设培育为"新的消费热点"；2008 年中央经济工作会议要求"稳定发展住房消费和汽车消费，不断增强最终消费能力"。

利益边界角度出发，却不能不指出。因为，在全球经济一体化的今天，如果国内产出品的性能价格比与国外产出品之间有差距，那么这种差距就会随着扩内需政策的推进，自动地转化成对国外产出的需求，这种竞争性的替代效应将使国内产业面临衰退的风险。因此如何扩大内需、如何在扩大内需的过程中，顺利地实现产业转型升级和提升国际竞争力，是新一轮全球化战略必须考虑的重要内容。

应当指出，当我们解决了收入倍增、分配不均衡以及消费的软硬件基础条件等问题后，并不意味着我们就自动地解决了扩大消费需求的问题。在中西方技术水平落差较大的前提下，对中国人有支付能力的需求问题的解决，其结果可能更多的不是扩大了对中国产品的需求，而是扩大了对西方过剩产品的强劲的需求，甚至是对富国奢侈品的需求！事实恰恰就是，如果我们不能把扩大内需与产业转型升级结合起来，不能有效地提升中国文化自身的自觉和自信能力，不能提高中国本土产业的国际竞争力，中国本土企业的过剩生产能力既无法在出口导向中消化，也无法在扩大内需中消化。

中国现在内需不振的问题，既是需求方的问题，更是供给方的技术水平问题。从企业层面上看，没有疲软的市场，只有疲软的产品和技术。例如，截至2011年底，中国粗钢产能已达9亿吨，创历史最高纪录，与6亿多吨的需求相比过剩三分之一。钢铁行业尽管存在严峻的产能过剩，但一些高端钢材依然严重依赖进口，这反映出目前我国钢铁企业大多在中低端产品上重复投资，整个钢铁行业的产品结构失衡，同样的情况在其他行业也屡见不鲜。企业应对产能过剩，要通过技术层面的研发和营销层面的创新，使产品向着产业链和价值链不断向高端攀升。这才是中国扩大内需的长期的、根本的问题所在。针对"以市场换技术"道路换不来真正的高技术、以学习模仿为特征的技术发展道路存在严重的被阻止性的现实，我国很多学者和官员主张国家要加大对中国本土企业的R&D投入和自主品牌的营销投入，坚决走"自力更生、自我创新"的道路。这本身没有错，但是一定要在开放和全球化中走这条路，否则就一定是死路。与中国绝大部分重化工业发展道路一样，单纯的"自力更生、自我创新"战略，很难收到像过去那种不计成本的军事工业发展中的那种实际效果。更多的竞争性的民用产业的发展，还是必须遵循市场化的原则，在开放的全球竞争中利用各种可以利用的高级要素，包括来自西方世界的可以利用的技术、知识和人才，在我方控制下逐步形成自己的国际竞争力。

第三个问题是扩大内需战略是不是与经济全球化战略相矛盾？扩大内需不仅不反全球化，不会与参与经济全球化的行动相冲突，恰恰相反，它是第一轮经济全球化形式在现阶段进行转型升级的一种高级发展形式。

"扩大内需"指的是利用国内市场，相对于扩大外需而言，与经济全球化战略并不矛盾而是高度的相容关系。其一，和出口导向主要利用别人的市场不同，扩内需是发育和扩展国内市场主体对国内外产出品的需求能力，是主动利用和扩张自己的市场。如果国内市场主体对进口需求较大，其实就是中国在对世界创造就业和税收的机会，是中国对世界全球化进程的新贡献。其二，扩大内需既可以用开放的方式进行，如可以大量地进口国外要素在国内加工生产，并在本国和全球其他市场销售。这样本国市场就成为全球"纵向专业化分工"环节中的重要组成部分。扩内需也可以用封闭的方式进行，如在大国经济内需市场规模的支持下，在国内各地区完成整个产业链的价值增值过程，而不与国际经济发生任何联系。这样本国市场就成为封闭经济体系。因此扩内需与是否实施经济全球化战略之间，并不存在直接的对应关系。其三，"经济全球化"指的是要素跨区域的、无经济疆界的流动，是全球范围内的市场经济趋势，与它对立的，是自力更生经济，是要素流动的封闭性。其四，从分析中可以综合出，基于内需的经济全球化，其含义就是要利用全球优质要素和自己的市场规模优势来加速发展自己。在开放条件下，只有如美国那样的大国经济，其优越的人口规模条件、市场容量条件、地域空间条件等，可以有利于这个国家形成"基于内需的全球经济"

形态。

（二）形成全球价值链向全球创新链的战略转换能力

中国所要发动的第二波全球化战略与第一波有很大的不同。以前是以低端要素的比较优势加入 GVC，接受其治理者即跨国企业的订单业务，尤其是制造业加工的外包订单。跨国企业把遵守其游戏规则的中国企业纳入到了全球产品内分工体系，成为其供应链的一个环节，被纳入到出口导向轨道中。在第二波全球化战略中，由于战略的核心是基于国内强大的内需吸纳全球先进的高级要素，因此我方将成为价值链的主角，成为发包方而站在国内价值链（NVC）的高端[①]。中国的跨国公司根据国内外市场需求，以及自己主导的研发设计向国内外企业发包，使全球要素所有者成为由我方控制的全球供应链体系的一部分，然后把经过国内产业链的循环而生产出来的产出，销往包括本国市场在内的全球市场。显然，能不能塑造出一大批站立在 NVC 高端、主要从事研发设计、网络营销、金融物流等现代生产者服务业活动的中国本土企业，并把被纳入全球供应链体系的中国代工企业逐步转化为全球创新链（GIC）体系中的重要一员，是实现第二波经济全球化战略的关键性所在。

综合来看，两种发展战略之间进行的切换、衔接和转型，可以转化为"如何从 GVC 转向 NVC，并在此基础上逐步成为 GIC 体系中的重要一员"这个问题。为此至少需要分析这么几个具体的问题：（1）宏观经济层面如何为第二波经济全球化战略提供实现的环境？（2）在转换角色的过程中，微观层面如何利用内需市场的吸引力，鼓励和促进企业从 GVC 中的国际代工者，升级为 NVC 中的"链主"或治理者，即在转换价值链的同时，也实现自身的功能升级？（3）中国本土企业如何基

[①] 关于国内价值链的论述，较早的文献可见刘志彪、张杰："全球代工体系下发展中国家俘获式网络的形成、突破与对策"，《中国工业经济》2007 年第 5 期。

于内需市场的虹吸能力,抓住世界金融危机的千载难逢的"黄金机遇"期,大力吸收国内外高级要素,逐步成为具有"创新环节全球分工、创新资源全球配置、创新能力全球协调、创新核心以我为主"等特征的 GIC 体系的重要一员?

关于上述第一个问题,根据发达国家尤其是美国建立和治理 GVC 的经验,欲成为 GVC 高端的治理者,其宏观经济条件最起码需要具备:第一,中产阶级崛起并成为社会购买力的主体。根据边际消费原理,中产阶级队伍的规模是决定最终需求规模的主要因素,而后者又是形成市场驱动型 GVC 以及处于其治理者地位的最主要条件。第二,创新资源积聚能力强。只有全球高级生产要素尤其是世界级优秀人才不断向本国聚集,投入的研发资源才能使本国公司能站在生产者驱动的 GVC 的高端地位,控制全球技术的生产和扩散。第三,强势货币地位。本币的国际化地位将诱使全球其他国家的出口活动,使本国可以长期获得低成本的要素和产出品。第四,上述条件叠加,可能会使本国的内需市场成为全球吸引力最强、成功机会众多的市场。如美国就是当今发达国家吸收 FDI 最多的国家,也是全球顶尖人才富集度最高的国家。显然对于中国来说,目前的宏观经济环境还远达不到让其企业成为 GVC 治理者的要求,由此决定了中国的企业将在较长的时期中仍然会处于 GVC 的底部区域。

上述第二个问题牵涉两种转换能力:一是改换价值链,即从基于出口导向的 GVC,转向基于内需的 NVC;二是功能升级,即从在 GVC 底部进行国际代工,转型为在 NVC 高端从事研发、设计、物流、金融等非实体的服务经济活动。这两个问题放在一起就是"在转换价值链的同时实现功能升级"。这要涉及两个难题:一是在过去的若干年中,中国代工企业往往为 GVC 中跨国公司所"俘获",如何让其有能力、有动力改换运作的价值链?二是要把原来依赖于别人的"外围"关系改造为以我为"中心"的控制关系,由在 GVC 中的"承包、接包"关系变成 NVC 中的"发包"关系,由"低端"关系变成"高端"地位,由"打工者"的关系变成"老板"的关系,由"制造"变成"设计和创造"的关系。显然,这种转变的难度决定了第二波经济全球化战略的成败。

我以前曾经从一些国家劳动密集型产业的发展的经验中,分析过一些企业转换价值链的同时实现自身功能升级的可能性和现实性。[①] 虽然中国企业目前或者在相当长的时期中,在转换价值链的同时实现功能升级还需要很多宏观经济条件的配合,但是作为可行的、必要的环节,中国企业能不能利用大国经济的优势,在自己的强大的内需支撑下,先升级到 NVC 中,充当 NVC 的"链主"或治理者,然后在开放的竞争中逐步形成 GIC?这是一个很有趣也是亟须案例研究补充的问题。就现实性来说,构建本土企业的 NVC,可以有三条路径:

一是依托国内市场出口加工企业转做自主品牌,然后一步一步地做成世界品牌。出口加工企业一般不拥有产品品牌,无论设计研发还是市场拓展能力都比较差,它们的优势就是低成本、调整快、可赚取稳定的较薄的利润,但是无法很快地自立山头。因此选择这条路径,企业的发展速度肯定要慢一些,但是步子扎实。这种渐进化的构建 NVC 的战略,与试图直接摆脱 GVC 而与发达国家的国际大买家进行面对面竞争的做法不同,可能不会立即遭到来自目前处于"链主"地位的国际大买家的围追堵截和坚决抵制。而且,实施这一战略的相对成本也是实力相对弱小的国内企业可以接受的,其相对熟悉的市场和文化背景,也决定了这一战略的可实施性。尤其是它还可以与加入 GVC 相结合,即一方面接受原有 GVC 中国际大买家的订单,在 GVC 中不断学习,不断积累资金、经验和技术;另一方面,又把学到的和自主研发的设计和技术,运用于创造本土品牌并主要在本国市场销售。[②] 应该指出的是,国际上还没有一个真正的世界著名品牌可以基于国际代工而产生。真正的世界著

[①] 可参阅刘志彪:"重构国家价值链:转变中国制造业发展方式的思考",《世界经济与政治论坛》2011 年第 4 期。

[②] 这方面成功的经典案例,可见文献:Gary Gereffi (1999). International trade and industrial upgrading in the apparel commodity chain, *Journal of International Economics* 48, 37 – 70。

名品牌都是依据于本国内需，在本国市场的激烈竞争中，在本国政府支持和社会环境培育中，慢慢地成长起来并被成功推向世界的。

二是依托若干条 GVC 做国际代工，如同时加入由欧美日企业分别主导的 GVC 进行国际代工，首先在 GVC 底部进行艰苦的学习，"当学徒工和操作工"，积累了一定的经验后，再把在某条价值链中学习到的东西，运用到另外一条价值链的某种升级活动中，从而实现低成本的产业升级。在当今中国的产业集群中，许多企业跨越几种价值链的治理进行运作，企业既可能融入欧洲跨国企业所主导的、较为注重品质的、具有明显市场交易型特征的 GVC 中，也可能加入到注重价格参数的美国跨国公司所主导的、具有纵向非一体化特征的 GVC 中，并被其实际上俘获，同时又有可能加入国内的 NVC 和区域价值链。由于每种价值链的治理方式存在重大的差异，中国企业就有可能利用这种差异加速学习和创新。这为中国企业摆脱国际大买家的控制，实现产业升级提供了现实条件。

三是在政府和社会中介机构如行业协会等的帮助支持下，加强加工贸易企业与国内零售商之间对接，逐步形成国内市场的龙头。中国很多加工贸易企业生产的优质商品都是国外的高价抢手货，但奇怪的是在国内却打不开销路。经过我们调研发现，主要是这些加工贸易企业与国内零售商之间存在很多对接的障碍，在品种与批量、结算方式、配送方式、市场开发维护等方面都有矛盾。如加工贸易企业大部分商品生产专业化且十分简单，它们大多为中小企业，无力独立发展自有销售渠道和品牌，作为国内的零售商就得一个个地对接数量繁多的加工制造厂，花很长时间就为一种商品，运作成本高。也就是说，在品种批量和配送方式上，零售企业要的是多品种小批量，加工贸易企业做的是少品种大批量。另外结算方式国内是定期结账，而做外贸是信用托付方式，加工贸易企业认为这影响自己的资金周转。因此，开拓内需市场需政府、行业协会搭建平台，如建高档博览会、培育批发市场、战略联盟等，以降低加工贸易企业和零售企业之间的交易成本。① 如降低供销双方交易成本的方法，可以由政府和行业协会出面解决拓展内需的外部性。再如，解决结算问题，可以由中介机构如金融部门介入，实行担保保障定期结账方式。这些都很有必要。另外，加工贸易企业独立发展自有品牌虽然是转型内销的一条途径，但它只适合实力强大的大型加工贸易企业。对于众多的实力弱小的加工贸易企业来说，由大型零售商用自己的品牌去向它们订制比较合适，即相当于向小加工贸易企业发出 OEM 订单生产。这样大型零售企业既可拓展自有品牌，又可控制质量，取得规模效益。

关于提出中国要从 GVC 的底部的制造者成为 GIC 体系中的重要成员，是本文一个比较重要的观点。

其一，如果说第一波全球化的基本特征是基于 GVC 底部进行国际代工，那么第二波全球化的重点就在于通过形成 NVC 来加入 GIC，形成"创新环节全球分工、创新资源全球配置、创新能力全球协调、创新核心以我为主"的全球区域创新中心，提升中国发展的控制和支配地位。显然这也是与中国构建创新型国家、走向基本现代化的目标和过程相一致的。

其二，从 GVC 走向 GIC，首先形成 NVC 可能是一个难以回避的中间阶段。在实践中，由于转型升级需要时间和经验，因此把第二波经济全球化的目标分为两个阶段来实现可能是一个比较妥当的战略考虑。在 GVC 底部的国际代工，只能被动地承接研发和设计占优势的发达国家的制造订单，做低端环节的"在中国制造"业务，无法做到"由中国创造"，更无法做到"为中国制造"。因为一方面，中国的比较优势在低端，对研发设计等高人力资本密集的环节缺少竞争优势；另一方面，

---

① 根据我们对出口型民营企业调研，就为什么偏好出口而非内销问题，企业家们向我们表达了其中一个有普遍性的观点：与国外企业做生意的方式相对于国内来说比较单纯。这说明国内交易成本高昂，急需改善交易环境尤其是信用环境和政府服务。另外，出口企业转内需市场，更多的是靠企业自身的转变，政府可以做得并不多。当然，在政府和行业协会解决"外转内"过程中，有大量的外部性问题要帮助企业解决，我们不是简单地否定政府和社会团体在其中的作用。

高端环节和业务又主要掌控在跨国企业手中，因此基于国际代工格局很难发展出真正自主品牌和自主创新技术。中国的高铁、一些重装备工业自主创新的实践证明，真正的自主创新必须在开放中基于内需而培育形成。在开放中发展 NVC，利用中国庞大的内需和纵深的产业转移基地，培育掌控 GVC 两端的中国跨国企业，才有可能进入全球区域创新体系并成为其重要的一环。

其三，本土企业必须依托于内需市场组建中国跨国公司，基于内需市场虹吸国内外高级要素的阶段，建立区域创新体系并重新构建中国在经济全球化新格局中的新秩序。一方面，内需规模对虹吸先进生产要素的力度起着关键的作用。[1] 在现代经济社会中，因信息技术革命和交通运输成本的大幅度降低，时空被大大压缩，生产要素的流动取决于国家间相对的市场规模。只有那些市场规模大的国家，才有更多的发展机会，才有可能为先进的高级生产要素提供更多的机会和盈利的可能，也即才具有巨大的吸收能力。另一方面，根据克鲁格曼（1980）新经济地理理论所揭示的本地市场效应（Home Market Effect）原理，在一个存在报酬递增和贸易成本的世界中，那些拥有相对较大国内市场需求的国家将成为净出口国。[2] 因此在第二波经济全球化中，如果中国真正形成了较大规模的内需市场，那么中国不仅不会成为一个内向循环国家，而会成为一个真正高水平的进出口规模都处于世界前列的中等发达国家。为此中国某些具有优势的区域，尤其是大城市中心，需要：（1）通过功能优化和城市再造建设扩大经济规模，为全球创新要素的流动提供更多的平台和发展机遇，在世界经济低谷时期吸收更多的国外优秀人才到中国工作；（2）中国企业可以利用扩大内需中占领的国内市场规模，积极主动地发展各种旨在吸收国外高级要素"逆向外包"形式，让一

---

[1] 来自牛顿万有引力定律所揭示的基本原理。牛顿万有引力定律指出，"自然界中任何两个物体都是相互吸引的，引力的大小与两物体的质量的乘积成正比，与两物体间距离的平方成反比。"现在很多研究国际贸易增长的数理模型和实证模型都据此展开。

[2] Krugman, P., 1980, Scale Economies, Product Differentiation, and the Pattern of Trade, *American Economic Review*, Vol. 70, No. 5, 950–959.

些国家剩余的高级要素为我所用；（3）中国企业也可以或可能"走出去"，在遵守其游戏规则的前提下，收购兼并或投资新办企业，雇用或吸收其技术人才为我服务，为中国开拓全球市场发掘和储备技术；①（4）大力发展中心城市的总部经济功能，吸收跨国企业集聚和驻扎，推动中心城市生产性服务业发展，培育全球创新链的链主。

（三）第二波经济全球化战略：结构性改革与支撑要素

观察表明，有很多时候政府似乎都更偏爱选择发展，偏爱出口导向型经济增长的便利性。这是因为从理论上讲，虽然改革和开放都是实现现代经济发展的主要动力，两者之间也应该是相互促进的有机关系，但在实践中，选择"通过开放促进发展"与选择"通过改革促进发展"，在很多时候其社会经济成本有很大的差异。主要表现在：实施出口导向的开放战略，只需要政府加快对发展性基础设施的投资，着力改善和优化投资环境，降低包括 FDI 在内的投资者的营商成本，就可以通过 FDI 的增长和代工订单的增加来推动加工贸易的扩张。我国第一波经济全球化战略，就是在 20 世纪 90 年代初和 2000 年加入 WTO 以后得到了迅速有效的实施，开放带动发展的效应十分明显，FDI 和进出口贸易呈现"爆炸式"增长，而改革的进程则步履艰难。

选择"通过改革促进发展"，需要触动既得利益阶层，会遭到利益集团的抵制和反对。因此推动经济超越出口导向型增长模式，利用内需拉动经济成长，中国政府必须进一步的结构改革。这包括：打破国内利益集团尤其是各种垄断利益团体的阻挠，以民生和公共福利均等化为核心，实施收入分配改革和培育中等收入阶层等。结构性改革是扩大内需的基本前提，因为它决定了中国现实市场的规模和潜力，从而决定了中

---

① 关于中国要转向基于内需的全球化战略，用庞大内需虹吸外国高级要素，这只是一个理论假设，在实践中，我们发现除内需扩大难外，还遇到其他问题。如中企收购外企阻力大，往往收购了资产但是难以获取核心技术；请外国专家到国内指导工作，专家回国后被叫去审查，有的还被判了刑；在外国公司工作的留学生回国创办企业，可能面临再也回不去的风险。这说明全球技术竞争的残酷性和自主创新的重要性。

国吸收全球高级生产要素战略的具体实现。结构性改革也是进一步开放的前提，是深度全球化的主要推进力量。结构性改革的难度由既得利益阶层针对社会民众抗争的妥协程度所决定，由此也决定了实施全球化战略转换的难度。

一系列的综合因素的作用，正在推动中国终结第一波经济全球化战略，要求加速启动基于内需的经济全球化战略。全球经济放缓可能绞杀中国出口导向型的经济增长模式，由此成为加速启动第二波经济全球化战略的外在压力；国内生产要素成本的急速上升使中国快速地丧失制造业国际代工的比较优势，而建立新的动态比较优势则必须基于国内市场的支持，否则中国经济将随着制造大国地位的下降而衰退，这是中国必须尽早终结出口导向经济的内在动力；"十二五"规划提出建立创新驱动型国家的战略目标以及后续的一系列政策措施，是中国迈向新的全球化战略的重要引力。

支撑第二波经济全球化的关键要素究竟是什么？在转换价值链的过程中，处于强势地位的中国政府应该为此做些什么呢？我觉得可以概括地表达为：基础是全球性城市，主体为全球化企业，分工是全球性产业，中心是全球化人才。由这些要素所支撑的新一轮开放局面，将使我国的全球竞争力、要素配置力、对外影响力在新时期得到大幅度的提升。具体论述如下：

第一，全球性城市。城市是跨国企业开拓全球化的载体和重要节点。只有全球性城市才能具备足够的内需规模去虹吸全球创新要素。全球性城市不仅是指城市的规模，而且是指城市高度开放的形象和内涵，指城市高度发达的承载和容纳能力，指城市彰显的个性和特色。它不仅要求城市拥有全球化功能的基础设施，而且要求拥有全球水准的城市管理能力、高品质的创业环境和最适宜人类居住的环境。具备这类特性的城市功能，在生产要素的跨境流动、集聚和集中的过程中，往往可以发挥特殊的重要的作用。中国如能把一些条件较好的特大城市建设成为像纽约、东京、巴黎那样具有较强综合功能和辐射力的全球性城市，或像中国香港、新加坡、法兰克福那样拥有突出的金融、交通、会展功能的全球性城市，或者像日内瓦、洛桑那样以优美的环境和一流的服务吸引众多的国际组织和机构的全球性城市，那么我们就真正具备了依托全球性城市实施第二波全球化战略的所有基础。另外也应指出，我国以北上广为代表的特大城市，在基础设施发展水平方面与发达国家的大城市相比仍有很大差距。例如北京、上海和广州的地铁密度不到香港特区的一半，仅有新加坡、纽约和伦敦的四分之一左右；公路密度除了与香港特区水平接近之外，密度最高的上海仅有新加坡的一半，也不到其余大城市的四分之一的水平。这充分说明中国全球性城市的建设，自身也会释放出巨大的内需市场。

第二，全球性产业。按比较优势原则在全球配置产业活动环节，形成全球产品内分工格局，进行价值链的全球协调的产业，才能称得上是全球性产业。全球性产业的这一特征，使中国第二波全球化战略可以充分地利用全球分工，而没有必要像封闭条件下那样追求产业门类的完整性，也没有必要以形成"全产业"的国际竞争优势为战略目标，从而可以充分地降低新一轮全球化的战略成本。因为，在产品内分工的格局下，产业升级的形式不再表现为产业的整体升级和完整的产品价值链升级，而是对某一具体环节、生产流程和工序等的专业化和精细化，因此产业升级就表现为某一产品价值链的某一功能环节、生产阶段、工艺流程、技术特征的升级。因此在第二波经济全球化下，中国政府和企业推进产业升级的努力，就不能像过去那样要求整体的价值链升级，而是对某一产品价值链的某一功能环节、生产阶段、工艺流程、技术特征的逐步推进，从某个零部件和中间产品做起，通过干中学效应，最终实现中国在某一价值链高端环节的升级。同样，中国产业政策的目标，就是要追求在全球专业化基础上的规模经济和高度的差别化，即在细分的全球市场内的培育"小巨人"和世界品牌。

第三，全球化企业。全球化企业是经济全球化舞台的主角。全球化企业的核心特质是全球化的理念和经营能力。这种能力既可以用海外销售比重、外包的比重、资本的跨国经营比例、人才的国际化程度反映，也可以用企业的全球化视野和思维能力、国际化规则、国际化品牌等反映。为使中国企业全方位开拓和利用国际市场，变在 GVC 中的"被俘获者"为 NVC 的"控制者"，或作为 GIC 中掌握产业技术链高端的一员，根据国际经验，中国企业需要在产业政策的支持下，通过竞争淘汰和效率竞争，首先在国内完成行业内的大规模收购兼并等重组活动，尤其是必须放手让民营企业进行市场的"进入/退出"活动，从而逐步诞生民营性质的巨型跨国公司。这是形成中国跨国公司所必须走出的第一步。其次才是进入国际市场的竞争和收购兼并活动。只有经历了这两个过程，中国才可能真正拥有具有全球地位的跨国企业。正如诺贝尔经济学奖得主乔治·斯蒂格勒在其论文《通向垄断和寡占之路——兼并》中指出："一个企业通过兼并其竞争对手的途径成为巨型企业是现代经济史上一个突出现象""没有一个美国大公司不是通过某种程度、某种方式的兼并而成长起来，几乎没有一家大公司主要是靠内部扩张成长起来。"①

第四，全球化人才。全球化人才是经济全球化的第一和核心资源。这些高层次人才应该具有全球化视野和强烈的创新意识，掌握本专业的国际范围内最新知识，熟悉国际惯例，具有较强的跨文化沟通能力以及具备较健康的心理素质。这也是全球化人才的几个基本特征。如果说第一轮全球化在要素结构上，是以引进资本、机器设备、技术为焦点，那么第二波经济全球化就是要以人力资本投资和人才制度创新为焦点；在工作抓手上，前者重点是对基础设施、出口导向的开发区等的建设，而后者则要以建设创新平台和创新环境为主；在政府政策上，前者主要是针对物质资本的引进实施各种优惠政策，而后者则是针对人力资本创新进行物质和精神、文化的鼓励和诱导。为此要把引进和培育具有上述特

---

① 参阅乔治·斯蒂格勒：《产业组织和政府管制》，上海三联书店、上海人民出版社 1996 年版。

征的高端人才作为实施第二轮经济全球化战略的主要手段。尤其是现在，我们应该趁西方经济长期陷入衰退的极佳机遇，吸纳一大批具有国际前沿水平的科学家和工程师。同时要把提升本土人才的全球化素质作为根本之策，推进教育国际化。

以高水平开放推动现代经济体系建设[*]

1978年到2017年,中国国内生产总值(GDP)翻了225倍,已经成为世界第一大货物贸易进出口国,第一大外汇储备国(刘红霞等,2018)。中国已经建立世界最完整的工业体系,谷物、肉类、花生、钢铁、汽车等多种工农业产品产量居世界首位。

如何保持中国在改革开放40年后经济持续增长,提高国际竞争力,改变我国国际分工地位低的状况,是摆在我们面前的重要课题。习近平同志指出,国家强,经济体系必须强。只有建成现代化经济体系,才能更好顺应现代化潮流、赢得国际竞争主动,也才能为其他领域现代化提供有力支撑(张宇,2018)。当今,中国已经到了一个经济增长的十字路口,前有发达国家不愿意看到他们被赶超而对中国进行堵截,后有其他发展中国家对中国进行的加速追赶。中国可以学习、借鉴、利用的环境与条件已越来越少,必须靠自己去探索,中国正面临十分严酷的国际环境。打造现代经济体系,就如同自我强身健体,去适应外部的环境,

---

[*] 本文作者林学军,暨南大学国际商学院;谭蓉娟,广东工业大学经济与贸易学院。本文受国家社科基金课题"从全球价值链迈向全球创新链:提升中国国际分工地位战略研究",以及广州市社会科学十三五规划课题"基于全球创新链与全球价值链的双重螺旋模型提升广州产业在全球分工地位的研究"资助。

去应对全球竞争。对外开放，推动了中国的经济发展，也建立了中国特有的经济体系。本文拟总结中国对外开放的进程，研究对外开放对建立现代经济体系的影响和作用，分析当前中国经济体系的主要问题，探讨以对外开放促进建立中国现代经济体系的策略。

一、开放发展与现代化经济体系的关系

Adam Smith（1776）的绝对优势理论、David Ricardo（1817）的比较优势理论都认为，社会各经济体按自己的特长实行分工，进行专业化生产，然后通过市场进行交易，就会在总体上实现社会福利最大化。这个理论反映了当时工业化率先发展、国家利益强大起来的英帝国对世界市场的渴望和自由贸易的追求。

EF Heckscher（1919）和 Ohlin（1933）阐述了要素资源禀赋理论。因为各国拥有不同的生产要素禀赋，每个国家最终都会出口利用其丰裕的生产要素所生产的商品，进口那些需要使用其稀缺生产要素进行生产的商品。这样才能实现全球各国的最优发展。这是现当代国家需要开放发展、加入经济全球化的重要理论依据。

以上理论都说明了经济开放，利用本国的比较优势，丰富的资源禀赋，开展国际分工，建立本国的经济体系，提高本国的经济发展水平的重要性。

开放对发展中国家、小国都十分重要。对于发展中国家而言，由于缺少资金、技术，或者面临某些资源的短缺，无法建立本国独立自主的工业体系，经济发展缓慢，民众生活贫困。通过开放，引进外国资本、技术、经验等等，有助于建立本国的工农业生产体系，增加经济供给的数量，提高经济发展的质量，改善人民生活。对于小国而言，除了需要国外资本和技术之外，由于国内的经济规模难以达到规模经济的要求，因此开放小国可以利用通过加入国际分工，最大限度地利用国外的市场，扩大生产规模，降低成本，提高本国工业体系的竞争力。综上所

述，开放对一国建立自己的经济体系具有十分重要的战略意义。

二、中国开放 40 年对建设现代经济体系的影响和贡献

20 世纪 70 年代末 80 年代初，社会主义传统的经济体制与生产力发展之间的矛盾日趋加剧。国际上，苏联国民经济中的农、轻、重比例严重失调，经济发展速度急剧下降，人民生活必需品的供应严重不足。东欧许多国家债台高筑，经济发展停滞不前，通货膨胀严重，人民生活水平大幅度下降，民族关系日趋紧张。东欧国家先后发生了"波兰事件"和"匈牙利事件""布拉格之春"为标志的改革浪潮。我国国内，随着社会主义"三大改造"的基本完成和经济发展规模的扩大，经济体系管得过死的弊端逐渐显现出来。原有计划经济体系的主要弊端集中表现为：政企职责不分，以党代政、以政代企；条块分割，地方保护主义盛行；国家对企业管得过多过死，企业无人事权、经营权、定价权；忽视甚至否定商品生产、价值规律和市场的作用，长官意志，瞎指挥；分配中的平均主义十分严重，严重压抑了企业和职工的生产积极性。改革开放前，我国商品严重匮乏，人民生活水平低下，国民经济到了崩溃的边缘（罗清和、许新华，2014）。

（一）中国开放 40 年的进程

1978 年，党的十一届三中全会确定以经济建设为中心，以试办深圳、珠海、厦门、汕头四个经济特区为标志，我国开始向世界开放。后来，进一步开放沿海城市，扩大沿海开放区域，开发开放上海浦东新区，大力吸引外资和引进国外先进技术，快速发展中国经济，提高人民的生活水平。1992 年，邓小平南方谈话进一步确定了中国开放的大方向。

1992 年后，中国为加入 WTO，全面开放沿边、沿江及内陆省会城市，形成了沿海、沿江、沿边和内陆地区多层次、全方位的开放新格

局。同时开放试点金融保险、旅游和房地产等原来禁止或限制外商投资的行业。在这期间，中国按照"入世"的要求，降低了3371种进口产品的关税，取消了进口调节税，促进了对外贸易的发展。

2001年，经过艰苦的谈判，中国加入了WTO。按照WTO的要求，中国开始了更深层次、更宽领域的对外开放和经济体制改革，促进贸易投资便利化。放开外贸经营权，大幅降低关税，取消进口配额等非关税措施，金融、商业和电信等服务业开放不断扩大，利用外资的质量进一步提高，进出口商品结构逐步优化（张宇燕、卢锋，2011）。

2013年，习近平主席提出"一带一路"倡议，中国开始全面对外开放，深化国内改革，加快完成国内经济与国际经济的对接，深度融入全球经济，主动加入全球竞争，积极参与全球治理，建设人类命运共同体。

（二）开放对中国现代经济体系的影响和贡献

第一，开放形成中国特色的国际分工体系。在开放初期，全球冷战结束，世界局势相对稳定，各国集中精力，改善民生，发展经济。此时西方国家正面临产业结构调整，一大批劳动密集型产业需要转移，中国以丰富、廉价劳动力的国际比较优势，给西方各国提供了投资的洼地，形成一段吸引外资，发展外贸的增长期。这段时期，中国积极发展劳动密集型的产业，"三来一补，两头在外"是当时主要的开放模式，也就是原材料、设计、订单，都是来自国外，甚至连生产的设备也来自国外，中国只负责加工、组装、生产，然后销售到海外市场。充分利用了海外的资金、技术、设备、市场，扩大就业，发展对外贸易，推动了经济高速增长（如图1所示）。中国由闭关锁国迈向扩大开放，逐步融入世界分工体系，嵌入全球价值链。

第二，开放促成中国成功地从计划经济体制转型到社会主义市场经济体制。为了吸引外资，就必须按照市场机制办事，如生产要素按市场需求配置，商品按等价交换。企业从政府的附庸变为市场的主体，逐渐拥有自主权、经营权。员工没了"铁饭碗",分配不再是平均主义。市场竞争逼迫企业提高生产效率,讲求经济效益,按照市场机制运行,员工的积极性、创造性大幅度提升,原先死气沉沉的国民经济恢复了生机与活力。

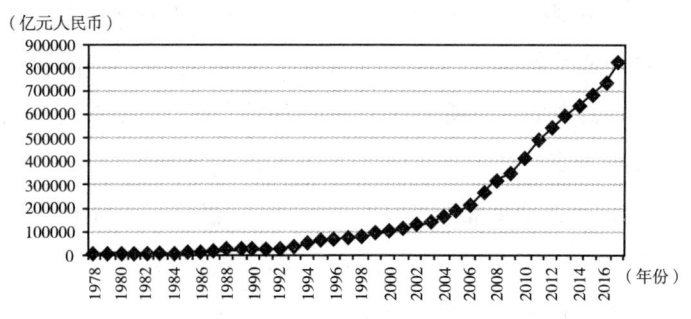

图1 中国国内生产总值：1978—2016年

资料来源：中国国家统计局。

第三,开放形成了我国完整的工业体系。在经济全球化进程中,我国坚持政府主导,有序地利用外资发展经济,建立自主的工业体系。在全球化进程中,首先试办了4个经济特区,取得经验后,再进一步开放了14个沿海城市,然后到进一步扩大沿海开放区域,接着开放上海浦东新区,最后进入沿边、沿江和内陆地区的全面开放。循序渐进,逐步扩大开放,有序吸引外资。中国的有序开放,避免了外资对本国市场和产业的冲击,在引进外资的同时,国家始终控制经济命脉,掌握经济发展的主导权,努力培育了民族工业,发展壮大了本国的工业体系。例如,改革开放初期,中国的工业基础薄弱,只能出口原材料等初级产品,1980年初级产品出口额为91.14亿美元,占出口总额的比重高达50.3%,工业制成品出口额为90.05亿美元,占出口总额的比重为49.7%,各占半壁江山,平分秋色。到2014年,初级产品出口比重大幅度下降,只占出口额的4.81%,而工业制成品出口比重大幅度上升,占出口额的95.19%（见图2）。

第四,开放形成中国自主创新体系。中国在引进外资的过程中,坚持引进技术，努力学习、吸收先进技术和管理经验，并大力培养各类创新人才，提高创新能力，走一条引进、学习、吸收、创新的道路，形成官产学相结合的自主创新体系，创新能力不断增强，为进一步开放，融入全球经济体系打下了良好的基础。例如，在中国出口的工业制成品中，机电产品和高新技术产品出口比重总体呈上升趋势。2016年，我国高新技术产品出口大幅增长，机电产品出口达到8.0万亿元，占出口总值的57.7%。其中，航空航天器、光通信设备出口增长超过10%，医疗仪器及器械和大型成套设备出口增长超过5%。工程机械、汽车、家电、机床、发电机出口均实现正增长（商务部综合司，2017）。从中国高附加值产品的出口比例越来越大，高新技术产品出口越来越多，可以看出中国创新能力不断提高（见图2）。

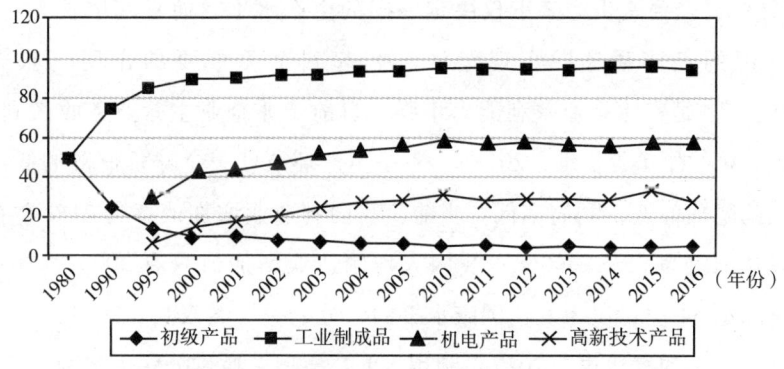

图2 我国出口产品结构占出口总额的比重（%）

资料来源：根据《中国统计年鉴》1980—2016年自行整理。

三、开放给建立现代经济体系提出的新课题

从人均GDP的特征看，我国现今经济发展阶段大致相当于日本20世纪70年代水平，是一个经济发展的拐点。中国在经历30多年的高速增长后，从2012年起经济转为中高速增长，其中2016年增速降至6.7%，但维持在6.5%以上的增速，进入降速换挡期，与日本从60年

代的高速增长期（1960—1969 年平均增长 10.4%）进入 70 年代的平稳增长期（1970—1979 年平均增长 4.6%）较为类似（张辉，2018）。当前，我国纺织服装等劳动密集型产品和水泥、钢铁等资本密集型产品产能基本都已经接近全球分工中的极限。

中国在开放中其经济体系面临的问题很多，经济高速发展后带来工业化的后遗症，如环境污染严重，资源消耗过大；地区发展不平衡，贫富悬殊较大；金融体系不够稳健，存在较大资产泡沫和风险等等。其中，与国际竞争最关键的问题是工业体系大而不强。

过去几年来，我国在制造业取得了长足的进展，一些领域的技术水平达到世界前列。但整体上还面临大而不强的挑战。主要表现，一是我国的全要素生产率（TFP）不高，2014 年中国的 TFP 水平只有美国的 43.25%，全要素生产率不仅决定一国的生产水平，而且其增长率对提升一国的经济质量，实现经济赶超起到至关重要的作用（张辉，2018）。二是实体企业盈利能力不强，目前工业企业主营业务收入利润率仅 6% 左右（裴长洪，2018）。三是生产环节处于全球价值链的低端，产品的附加值低，利润率低。当前，我国制造业增加值率为 21% 左右，而发达国家为 35%—40%；我国人均制造业增加值只有 3000 多美元，居全球第 54 位，仅为发达国家水平的三分之一（黄汉权，2017）。

刘志彪和董也琳（2017）利用 KWW 模型，通过分解中美两国出口数据后发现，2011 年被国外吸收的增加值出口（VAX），中国 VAX 比重为 75%，美国 VAX 比重为 79%，说明两国融入 GVC 深度很接近。但来自国外的增加值出口（FVA）及回流国内的增加值出口（RDV），美国总出口中 FVA 比重为 11.38%、RDV 比重为 5.36%，而中国总出口中 FVA 比重高达 17.05%、RDV 比重仅 1.95%。这一结构性差异，其实反映的是中美两国嵌入全球价值链（GVC）的不同位置，美国处于全球价值链 GVC 的高端环节，他们主要是出口高附加值的关键技术、设备、零部件、品牌等等，中国处于 GVC 的低端，主要进口美国的高附加值的设备、零部件，使用美国的技术和品牌进行组装生产，最后又将产品返销美国，因此，美国获得的附加值高，中国获得的附加值低。

当前我国处于全球价值链的低端，升级阻力重重，主要问题一是来自其他新兴国家的竞争；二是发达国家的阻挠；三是低端价值链的固化、锁定；四是发展的路径依赖。

首先，我国周边国家，如东南亚等国以更低的劳动力成本与中国竞争。改革开放40年后，我国人口红利逐渐消失，土地等生产资源成本上升，因此，我国以前的"两头在外"，利用国际分工的发展模式是不可持续的。现在已经有一些外资的加工企业，迁移到东南亚等劳动力更便宜的地区发展。如世界500强之一的日本日东电工公司，宣布关闭苏州工厂，撤离中国。过去几年，已经有15家世界500强企业离开苏州这一块曾经让他们感到无比自豪的中国新兴的工业都城，而日东电工是第16家。如果这个趋势再持续下去，中国的国际竞争优势将损失殆尽。

其次，美国等发达国家，为维护其垄断地位，担心失去"链主"的霸权，禁止向中国输出高新技术，极力阻止中国的产业升级。2018年的中兴事件，美国对中国高新技术产品发起的301调查，都是剑指中国的高新技术产业发展。同时，由于产业转移，出现发达国家国内产业的空心化，特朗普上台后，美国大幅度减税，正在努力吸引制造业回流。

再次，跨国企业利用国际分工，对中国企业进行严格的控制，专业分工把中国企业俘获在价值链的低端，从事低技术、低附加值的工作。中国企业离开上游公司的技术、设计、关键的零部件等，全球价值链就会被斩断，生产难以为继。典型的事例是2018年4月美国商务部诉中兴通讯案。中兴约30%—40%的核心芯片和器件依赖美国，前十大供应商中有4家来自美国。其中，英特尔排第一位、美国存储器厂商美光排第三位（马梅若，2018）。

最后，中国企业的路径依赖。由于长期接受上游公司的技术、关键的零部件，按照上游企业订单、技术标准生产，产品由发包者或者上游公司销售，中国企业就会形成一种路径依赖，不愿意投入资金、人才搞科技创新，而没有人才、技术的长期积累，创新就难于实现，而且，企业创新也面临巨大的技术风险和市场风险，一些企业不愿意承担风险，更加助长了安于现状，满足于国际打工，赚点微利的日子，因此，产业升级充满了惰性。

刘志彪（2018）认为当前我国开放中有三个重大的问题：（1）如果我们不改变经济增长方式，仍然满足于按照国际分工，专业化生产劳动密集型产品，当前就会面临劳动成本更低的东南亚、非洲等国家和地区的竞争，会抑制中国经济的持续增长，让中国陷入"中等收入陷阱"甚至是"贫困化增长"的不良格局；（2）如果中国不主动进行产业升级，发达国家很容易利用非对称、非均衡的市场势力把中国锁定在全球价值链（GVC）的低端，永远做发达国家的打工者；（3）中国如果不主动控制全球价值链，就会被处于"链主"的发达国家所讹诈，轻则缴纳高额的费用，重则危及国家经济安全，发达国家掌控 GVC 的开关，随时可以让中国断供，甚至停止生产。

综上所述，中国在新一轮开放中，如果要在国际竞争中取胜，必须首先壮大本国的工业体系，这是建立现代经济体系的重中之重。

四、高水平开放助推现代经济体系建设的策略

建立现代经济体系，必须建立中国的工业 4.0 体系，建立中国高端产业集群，以本地市场培养有全球竞争力的中国国际化的企业，加速完善中国的科技市场建设，构筑中国的全球创新链，利用全球创新资源，提高创新能力，以科技推动产业升级，同时要构筑中国的全球价值链，形成合理的全球经济布局。

（一）以工业 4.0 建设中国工业体系，提高其竞争力

十九大报告强调："着力加快建设实体经济、科技创新、现代金融、人力资源协同发展的产业体系""加快建设制造强国，加快发展先进制

造业，推动互联网、大数据、人工智能和实体经济深度融合""促进我国产业迈向全球价值链中高端，培育若干世界级先进制造业集群"等（习近平，2017）。报告明确指出了现代化产业体系建设的方向和路径。

学术界依次将机械化、电气化、信息化等前几次重大发明分别定义为工业1.0、工业2.0、工业3.0，将信息技术与传统制造业相融合的工业重大变革定义为工业4.0。工业4.0战略是以智能制造为主导的第四次工业革命，或者说革命性的生产方法，旨在通过充分利用信息通信技术和网络物理系统等手段，将制造业向智能化转型。长期以来，德国非常注重信息产业与制造业的融合，这是德国制造业在世界上保持竞争力的一个重要原因。Voudouris等（2012）指出，在新一轮产业革命和信息技术得到迅速发展的环境下，德国积极将先进适用的信息技术应用于机械和装备制造业，在嵌入式系统和自动化工程领域获得了显著成效。Gruber（2013）指出，工业4.0是工业生产方式的新一轮革新，是继第一个自动纺织机、第一条流水线和第一个可编程逻辑控制器（PLC）诞生之后，互联网、大数据、云计算、物联网等新技术给工业生产带来的革命性变化。杜传忠和杨志坤（2015）认为，德国信息技术与传统制造业相融合的具体措施概括起来就是智能工厂、智能生产、智能网络、智能服务。因此，中国应当扩大开放，学习德国工业4.0的经验，以工业4.0提升中国工业体系生产效率、服务效率，提高中国工业体系的整体竞争力。

（二）建设中国高端产业集群

产业集群是产业升级发展的重要基地，在产业集群内，各企业在地理上相邻，形成一个产业内的价值链，形成很强的正的外部效应。集群内众多企业相互支持，相互影响，共享技术、信息，同时也相互竞争，相互促进，推动产业升级的不断发展。例如，在深圳，集中了大批优秀的大企业，它们在全国乃至世界都是名列前茅，如新能源汽车的比亚迪、通信的华为和中兴、制药的华润、三九医药股份有限公司等。深圳的现代产业、战略性新兴产业、未来产业扎堆发展,成长迅速(见表1)。

表1　　　　　　　　　2016年深圳制造业的发展概况

类别	产业	增加值(亿元)	增长率(%)
现代产业	现代服务业	8278.31	11.6
	先进制造业	5428.39	8.5
	高技术制造业	4762.87	9.8
战略性新兴产业	新一代信息技术	4052.33	9.6
	互联网	767.50	15.3
	新材料	373.40	19.6
	生物	222.36	13.4
	新能源	592.25	29.3
	节能环保	401.73	8.2
	文化创意	1949.70	11.0
未来产业	海洋	382.83	-9.0
	航空航天	84.68	5.8
	机器人、可穿戴设备和智能装备	846.42	20.2
	生命健康	72.35	17.9

资料来源:张玉阁:"深港'4+4',打造粤港澳大湾区引擎",中国(深圳)综合开发研究院综研国策(39),2017年7月5日。

因此要利用粤港澳大湾区、长三角、京津冀城市群培育若干产业集聚区和重点骨干企业,要形成高端产业基地,通过构建公共服务平台,完善生产配套,吸引全球500强、中央企业以及行业十强企业及其关联产业,把云计算、大数据、LED、新能源、造船、航空制造、生物医药等一批重大项目落户相应的产业集群中,形成产业配套与集群化发展的新局面。政府应当制订相应的产业发展规划,有目的地进行产业引导,形成各城市有特色的高端产业集群,企业要大力引进人才、技术,加速创新,推动产业升级发展。

(三) 以本地市场培育有实力的国际化中国企业

20世纪90年代,竞争战略之父Porter(1990)认为,一国产业的竞争力来源于其生产要素、需求条件、相关产业和支持产业的配套发展、企业的战略、结构与竞争状态。此外，政府和机遇作为另外两个辅助因素也影响着上述四个因素，对一国产业国际竞争力产生影响。这四个核心因素和两个辅助因素决定了一国在某个特定产业的国际竞争中是否能够获得成功，这就是著名的钻石模型。在钻石模型所说的要素中，中国有一个十分有利的要素，那就是中国拥有一个庞大的市场。据快资讯（2018）显示，2016年中国经济规模已达到74万多亿元人民币，这11万亿美元的经济体量和13.8亿人口代表了巨大的消费市场。2016年全年，中国的社会消费品零售总额达33.2万亿元人民币。因此，中国应当利用这个庞大的内需市场培育具有国际竞争力的企业。例如，可以通过政府采购本国生产的民用飞机，推动航空业的发展；可以推广使用国产芯片，推动电子工业的发展等等。

（四）以培育科技市场加速科技成果产业化，提高中国的产业竞争力

改革开放以来，中国成功地从计划经济转向市场经济，但是中国的市场化程度仍然不高，主要表现在，一是营商环境较差。有数据显示，2013—2016年，在全球190个经济体中，我国营商环境排名由第96位上升为第78位，在G20中排倒数第5位（迟福林，2017）。二是生产要素的市场化率比较低，特别是劳动力、土地和金融市场等方面。根据王小鲁等（2017）的研究，2008—2010年中国要素市场的发育程度从4.01分降到3.83分，此后逐步上升，到2014年上升到5.93分，要素市场化程度虽然有一定的提升，但仍然存在较大的改进空间。三是在所有市场中，最落后的是中国科技市场。2016年我国国家创新竞争力世界排名22位，专利授权175万件，但科技成果转化率只有10%（黄汉权b，2017），这说明中国的科技市场还很不发达。

当前，中国的科技人员、科研经费大多集中在政府，科研人员的流动性差，科研项目多数由政府确定，经费由政府拨款，科研人员的研发大多是为了完成政府下达的任务，通常情况下项目研究完成，评奖、评

职称,然后成果就束之高阁,因此成果虽然很多,真正转化为生产力的较少,还会造成重大项目的重点浪费。要改善这种现象,应当努力培育科技市场,特别是科技成果的应用与转化市场,让科技人才、研发资金、科技成果市场化,并真正按照市场机制运行,实现科技人才、资金的最优配置,调动科研人员的积极性与创造性,发挥最大的科研效益,推动中国的产业升级。

(五)构筑全球创新链,提高中国创新能力

我国的创新能力比较弱,根据国家统计局《2014年全国企业创新调查统计资料》,在我国企业授权专利中,发明专利仅占11.9%,实用新型和外观设计分别占64.6%、23.5%,表明我国企业实用性技术创新多,原创性、颠覆性技术创新少(黄汉权,2017)。在经济全球化的今天,企业已经发展到全球创新链(GIC)。马琳和吴金希(2011)认为所谓全球创新链是指企业在全球范围内搜索可利用的知识资源、关注资源使用权并且具备高度开放性的价值网络创新模式。利用全球创新链企业可以整合全球的创新资源,提高创新的速度,降低创新的成本,减少创新的风险,因此,要提高中国的创新能力,就必须扩大开放,构建全球创新链。党的十九大报告提出围绕科技强国、质量强国、航天强国、网络强国、交通强国、数字中国、智慧社会等国家重大战略需求,加强应用研究(习近平,2017)。因此,应当制订国家的科技创新合作计划,突出重点领域,聚集国家战略需求,开展与世界各国的创新合作。

中国的C919大飞机的研发堪称全球合作的典范。中国商飞负责大飞机制造的核心——总体集成,而其发动机、航电、飞控系统等来自多个欧美合资或独资公司,供应商包括美国通用电气公司和霍尼韦尔公司等,可谓遍布全球。其中,一级供应商中的国际供应商有十几个,二级和三级供应商有数百家。事实上波音和空客正争相与中国商飞合作,利用中国公司的人才和条件,发展中国市场,国际合作伙伴公司,也从中

国大飞机的发展中受益（郭爽，2017）。当然，2018年的中兴事件也给中国提了个醒，那就是关键技术是学不来，买不到的，必须在国际创新合作中以我为主，掌握自主创新的主动权。

（六）建设"一带一路"，构筑全球价值链，形成中国合理的全球经济布局

十九大报告提出要创新对外投资方式，促进国际产能合作，加快培育国际经济合作和竞争新优势（习近平，2017）。近年来，习近平主席提出的"一带一路"是建设人类命运共同体的具体实践，已经赢得国际社会的广泛认同。"一带一路"沿线有65个国家（地区），占全球经济总量的30%，80%左右的国家处于工业化发展中后期阶段，有41个经济体属于中高等收入以上的国家，占比63%，只有8%属于低收入国家，经济合作的前景广阔。据商务部报告，我国重视与"一带一路"国家和地区发展经贸关系，2016年，我国向"一带一路"沿线国家出口占总出口的比重为27.7%（中国商务部综合司，2017）。建设"一带一路"对于扩大中国的经贸合作伙伴，维护国家的经济安全，推动人民币国际化都有重大的意义。

要做好"一带一路"，其一，我们要制订长远的发展战略，要做好中国的经济全球化布局，疏通中国的能源、重要的生产原材料供应渠道，开拓中国的海外市场，构筑中国的全球价值链。其二，我们要抓住基础设施建设的关键，打通道路、桥梁，建好一路，带动一片。其三，优先发展边境地区，扩大沿边开放与经济合作，以边境的发展带动周围的发展。其四，要以大企业带动小企业，以大工程带动小项目，以商品贸易带动服务贸易，稳步扩大经济合作的规模，提高经济合作的层次。其五，以工业园、经贸区为平台，开展对外投资，兴办独资、合资企业，带动中国企业"走出去"。据报道，2016年我国企业已在"一带一路"沿线20个国家建设了50多个境外经贸合作区，累计投资超过180亿美元，为东道国创造了超过10亿美元的税收和超过16万个就业岗位。中国—白俄罗斯工业园、中国—马来西亚关丹产业园等一批重点园区正在加快推进建设，越来越多的中外企业到这些园区投资设厂（冯其予，2017）。

参考文献

［1］刘红霞、郁琼源、陈炜伟："2017 年十大权威数据透露中国经济哪些脉动？"，新华社，http：//media.china.com.cn/cmyw/2018 – 01 – 19/1210613.html。

［2］张宇："以新发展理念引领现代化经济体系建设"，《人民日报》2018 年 4 月 12 日。

［3］Adam Smith，1776，*An Inquiry into the Nature and Causes of the Wealth of Nations*，B. IV. Ch：1 – 3.

［4］David Ricardo，1817，*On the Principles of Political Economy and Taxation*，John Murray. London.

［5］EF Heckscher，1919，*The Effect of Foreign Trade on the Distribution of National Income*，Ekonomisk Tidskrift. 21：497 – 512.

［6］Ohlin，1933，*Interregional and International Trade*，Harvard University Press，Cambridge.

［7］罗清和、许新华："经济特区转型与中国模式研究"，《中国经济特区研究》2014 年第 1 期。

［8］张宇燕、卢锋："中国入世十周年：总结与展望"，《国际经济评论》2011 年第 5 期。

［9］中国商务部综合司. 中国对外贸易形势报告（2017 年秋季），商务部官网，http：//zhs.mofcom.gov.cn/article/cbw/201711/20171102666142.shtml，2017 – 11 – 06。

［10］张辉："建设现代化经济体系的理论与路径初步研究"，《北京大学学报（哲学社会科学版）》2018 年第 1 期。

［11］裴长洪："建设现代化经济体系的新目标和新任务"，中国社会科学网，http：//www.china.com.cn/opinion/theory/2018 – 01/26/content_50308836.htm，2018 – 01 – 26。

第八篇

支撑现代化经济体系的体制基础

以完善产权制度为重点推进体制机制改革*

习近平总书记在党的十九大报告中指出:"必须以完善产权制度和要素市场化配置为重点,实现产权有效激励、要素自由流动、价格反应灵活、竞争公平有序、企业优胜劣汰。"① 产权制度的完善是当前改革的重要内容,不仅仅要强调对产权的保护,而且还需要特别强调产权的激励制度。在一定意义上说,抓住产权制度改革这个重点,就抓住了高质量发展的微观基础和改革的关键环节。

一、产权制度改革的历史逻辑

改革开放 40 年来,中国经济持续高速增长的奥秘是什么?这是一个"中国之谜"。新制度经济学派张五常认为,是政府之间的竞争,促

---

* 本文作者陈东,安徽工业大学商学院、安徽创新驱动发展研究院;杨平宇,温州商学院。本文得到安徽省哲学社会科学基金一般项目"'亲''清'新型政商关系促进民营企业投资研究"(AHSKYG2017D132)、安徽省自然科学基金面上项目"职能跨界视角下民营制造企业党组织对投资'脱实向虚'影响研究"(1808085MG211)、安徽省高校人文社会科学研究重大项目"安徽高新技术产业创新能力提升研究"(SK2018ZD003)的资助。

① 参见《决胜全面建成小康社会夺取新时代中国特色社会主义伟大胜利》,人民出版社2017 年版。

成了中国经济高速发展；新结构经济学派林毅夫认为，中国的后发优势和廉价资源禀赋，使得中国奇迹得以实现；史学家吴思则认为，改革开放给了人民创造财富的自由，所以创造了发展奇迹。产权经济学派代表人物周其仁、黄少安、常修泽等认为，中国的成功在于其产权改革的成功。不管是发端于农村的包产到户，还是放开民营经济、引进外资，国有企业股份制和混合所有制改造，都是市场经济的推进，前提都是产权的有效界定，明确了"权责利"，降低了制度交易成本。同时现在正在进行的城乡统筹、土地制度、自然资源等改革，正是中国正在进行的另一次更深层次的产权制度改革，也必将会为未来的经济发展带来重大而深远的影响[①]。

改革开放以前，我国基本是全民与集体这两种基本的公有产权形式，产权不能自由转让，产权主体单一，结果导致资源配置不合理，资源使用效率低下，整个经济总体上处于"高投入、低效率、低产出"的恶性循环之中。因此，对产权制度的改革就成为改革开放后经济体制改革的重中之重。20世纪80年代，中国的改革首先从农村开始，在家庭联产承包责任制这一新型的产权实现形式下，农村集体土地的所有权与使用权产生分离，农民获得了土地的使用权和一定的土地收益权，大大刺激了生产积极性，城乡收入差距在最初几年也迅速收窄。90年代，国有企业开始积极探索产权实现形式，并向"产权清晰、权责分明、政企分开、管理科学"方向转型。21世纪头十年，我国借加入WTO的契机，全面融入国际生产贸易体系，外经贸体制进入了以WTO规则为基础的全面改革阶段，相关法律法规也逐步配套。2004年党的十六届三中全会的《中共中央关于完善社会主义市场经济体制若干问题的决定》对现代产权制度进行了进一步完善，即"归属清晰、权责明确、保护严格、流转顺畅"[②]。同年第十届全国人大二次会议审议通过"宪法修正案"，一个重大内容是把原《宪法》的第十三条"国家保护公民的合法

---

① 本节所提到的观点，为综合相关专家学者的思想综述而成。
② 参见《改革开放以来历届三中全会文件汇编》，人民出版社2013年版。

的收入、储蓄、房屋和其他合法财产的所有权"改为"公民的合法的私有财产不受侵犯",历史上财产权首次被写入《宪法》,以国家根本大法的形式确立的产权的重要地位,对于通过提高立法来提升产权保护的力度,具有划时代的意义,在一定程度上也改善了产权保护的状况①。随着2007年《物权法》的出台,我国产权保护的法律体系初步建立②。

党的十八大以来,中共中央把加强产权制度建设和维护企业家合法权益置于前所未有的高度。通过解放思想,在推动产权制度改革上又有了新的进步。党的十八届三中全会指出,深化经济体制改革,需要发挥市场在资源配置中的决定性作用。赋予农民对承包地占有、使用、收益、流转及承包经营权抵押、担保功能。同时,不断推进土地征用制度及农村建设用地制度改革,逐步建立城乡统一的建设用地市场③。在中央全面深化改革领导小组成立后,深改组会议通过多项落实制度的文件,其中包括第五次会议通过的《关于引导农村土地承包经营权有序流转发展农业适度规模经营的意见》《积极发展农民股份合作赋予集体资产股份权能改革试点方案》,第十六次会议通过的《关于实行市场准入负面清单制度的意见》,都是解放思想推动产权制度改革带来的重大成果。尤其是2016年11月4日深改组第二十七次会议通过的《中共中央 国务院关于完善产权保护制度依法保护产权的意见》,对于我国完善产权制度改革具有里程碑式的意义。该意见重在"保护",是对已有法律体系的强调和完善,也是对《宪法》产权保护的具体落实,充分回应了多年来中国社会在运行中遇到的一些实际问题。比如,"住宅70年产权到期后怎么办?""土地、房屋等财产被征收征用后如何补偿?""企业资产被违规查封扣押冻结怎样应对?"等等。由于《宪法》中提到的是保护"合法产权",而不是"非法产权",这就为在现实中以

---

① 参见《中华人民共和国宪法历次修正对照表》,中国法制出版社2004年版。
② 参见《中华人民共和国物权法实用版》,中国法制出版社2016年版。
③ 参见《中央关于全面深化改革若干重大问题的决定》,人民出版社2013年版。

"非法产权"的名义破坏产权制度提供了可乘之机。该意见旨在扫清实践中产权保护存在的各种障碍,为产权制度这一现代社会的"必备软件"良性运行打好"补丁"、做好系统维护①。

2016年年底的中央经济工作会议,对产权制度改革和产权保护进行了安排。针对国企国资改革,指出要加快形成有效制衡的公司法人治理结构、灵活高效的市场化经营机制。对农村产权制度改革,强调要明晰农村集体产权归属,赋予农民更加充分的财产权利。细化和落实承包土地"三权分置"办法,培育新型农业经营主体和服务主体。在产权保护上,提出要加强制度建设,编纂《民法典》,并甄别纠正一批侵害企业产权的错案冤案。② 以上不难看出,中央高度重视产权制度的进一步改革。随后,2016年12月,中共中央国务院印发了《关于稳步推进农村集体产权制度改革的意见》,统筹推进农村集体产权制度改革,以明晰农村集体产权归属、维护农村集体经济组织成员权利为目的,以推进集体经营性资产改革为重点任务,以发展股份合作等多种形式的合作与联合为导向,探索集体经济新的实现形式和运行机制。这是继农村土地"三权分置"探索后,党中央国务院又一项重大制度性改革,事关农村长治久安③。2017年9月,中共中央国务院发布了《关于营造企业家健康成长环境 弘扬优秀企业家精神 更好发挥企业家作用的意见》,不仅提出要依法保护企业家财产权,还指出要解决涉及产权保护方面存在的突出问题,及时甄别纠正社会反映强烈的产权纠纷案件,剖析侵害产权案例。这对营造依法保护产权和企业家合法权益的法治环境,全面推进依法治国具有重大而深远的意义④。2017年12月28日,最高人民

---

① 参见《中共中央国务院关于完善产权保护制度依法保护产权的意见》,人民出版社2016年版。

② 参见《中央经济工作会议在北京举行 习近平李克强作重要讲话》,人民网2016年12月16日,http://finance.people.com.cn/n1/2016/1216/c1004-28956355.html。

③ 参见《〈中共中央国务院关于稳步推进农村集体产权制度改革的意见〉学习手册》,人民出版社2017年版。

④ 参见《中共中央国务院关于营造企业家健康成长环境 弘扬优秀企业家精神 更好发挥企业家作用的意见》,人民出版社2017年版。

法院发布消息：人民法院将依法再审三起重大涉产权案件。张文中一案由最高人民法院直接提审，顾雏军一案由最高人民法院第一巡回法庭提审，李美兰一案则由最高人民法院指定江苏省南京市中级人民法院重审。2018年5月31日写下了新的一页，物美集团创始人张文中迎来了迟到十几年的正义，传递出一个明确信号——坚决纠正涉及产权冤错案件，平等保护各类市场主体合法权益，依法保护企业家人身和财产安全，这也成为我国产权保护的一个划时代起点。

产权制度改革之所以在改革开放以来逐渐成为社会高度关注的焦点，在于伴随中国社会发展变迁，产权观念逐步发育和成熟，并与社会发展和人民生活水平提高息息相关。随着社会的发展，产权内涵也在逐步丰富和扩展。美国经济学家科斯指出，在产权明晰的前提下，如果交易成本趋向于零，市场均衡的最终结果将会是有效率的，可以实现资源配置的帕累托最优。这实际上表明，产权越明确，交易费用越低，经济的发展就越通畅。而我国经济体制改革重要特质和内涵起点，就是明确各类产权，保护各类产权、依法保障权利的行使，降低交易费用。可以说，产权制度改革在新时代中国各项改革中处于基础性地位。事实上，产权制度的完善，其作用不仅仅是降低交易费用，从过去的40年改革历史来看，产权的重要作用还体现在三大方面：一是保障市场秩序。为微观经济主体参与市场经济活动提供激励和约束，减少不确定性，各种所有制经济和各种类型的产权得到清晰界定、顺畅流转和严格保护，为规范市场主体生产经营行为、优化资源配置、形成良好市场秩序提供了重要保障。通过将外部不确定性内部化，为社会主义市场经济体制有效运行夯实了坚实基础。二是保障市场主体活力。增强了各类经济主体创业创新的积极性，特别是企业家创业创新、投资兴业的积极性、主动性、创造性，促进了劳动、知识、技术、管理和资本的活力竞相迸发，稳定社会预期，推动经济保持持久发展动力。三是保障市场预期。改革开放40年，产权概念得到大大扩展，不仅包括公有制经济财产权，也包括非公有制经济财产权；产权保护的对象不仅包括物权、债权、股权,也包括知识产权、人力资本产权和其他无形产权。各种产权的流动和融合,造就了多元动态的市场图景,保护了市场预期,形成鼓励人们通过自我奋斗、诚实劳动、合法经营创造财富、实现人生价值的良好氛围。

邓小平同志在南方谈话中指出,要用30年的时间,在各方面形成一整套更加成熟、更加定型的制度。习近平总书记也曾指出:"今天,摆在我们面前一项重大历史任务,就是推动中国特色社会主义制度更加成熟更加定型。"① 完善产权制度,不仅是打牢社会主义市场经济体制的基石,也是夯实包括经济、社会、文化和资源环境体制等"各方面形成一整套更加成熟、更加定型的制度"的基石。没有一套完善的产权制度,中国这个制度就难以建立起来。

二、产权制度改革的战略地位

改革开放40年来,以公有制为主体、多种所有制经济共同发展的格局基本形成,单一的公有产权制度也已被包括国有产权、集体产权、个私产权、外资产权、混合所有制产权等在内的多元化的产权制度取代。面对这种态势,党的十九大报告指出,"必须坚持和完善我国社会主义基本经济制度和分配制度,毫不动摇巩固和发展公有制经济,毫不动摇鼓励、支持、引导非公有制经济发展"。当前经济进入高质量发展阶段,进一步完善对各类产权的权属界定、依法保护等制度安排十分迫切。完善现代产权制度,有利于维护公有产权,巩固公有制经济的主体地位;有利于保护私有产权,促进非公有制经济发展;有利于各类资本的流动重组、交叉持股,推动混合所有制经济发展;有利于满足人民对美好生活的向往。②

---

① 参照《完善和发展中国特色社会主义制度 推进国家治理体系和治理能力现代化党员干部读本》,红旗出版社2014年版。

② 陈东:"科学认识新时代两个毫不动摇的内涵与要求",《安徽日报》2017年11月21日。

（一）完善产权制度是推动经济高质量发展的需要

产权制度建设，是推动高质量发展的基础性工作。推动经济高质量发展，需要坚持依靠市场化、法制化手段，从体制机制的完善上入手，不断优化政府和市场的关系，促进供给体系质量持续提高。

一是明晰"责权利"，推动经济高质量发展。当市场需求对供给质量的要求不断提高时，经济体制内"责权利"等方面不够配套的问题就会凸显出来。如何加强责任监督、责任追究，是体制机制改革的重点。传统的国有企业，所有人虚位，责任无人担当，内部人控制严重，"责权利"难以明晰，供给质量难以责任至人。而当前市场上各种假冒伪劣、投机取巧、逃废债等逃避责任行为遍布，产品质量逆淘汰现象，资本市场上各种欺骗性行为，却难以追责，已为社会各方面广泛诟病，批评声音日益强烈，体制机制的完善迫在眉睫。如果缺少制约经济主体认真负责做事的制度约束，就难以通过规范生产者、管理者的行为，推动经济发展从"有没有"转向"好不好"的高质量标准。因此，完善产权制度建设，是明晰"责权利"制度，推动产品和服务高质量供给的基础性工作。

二是加强供给侧结构性改革，推动经济高质量发展。高质量发展，需要通过供给侧结构性改革，淘汰各类落后产能，释放占用的社会宝贵资源，提高社会生产效率。产权制度不完善，产权激励约束不到位，是产生过剩产能和"僵尸"企业，制约市场竞争优胜劣汰能力发挥的制度短板。通过抓住"僵尸"企业这个牛鼻子，抓好"三去一降一补"等五大任务的落实，解决企业僵而不死的现象，通过对过剩产能和资源无效使用的问责和追责落实去产能任务，实现高质量发展，必须深化改革，完善相关的产权机制，把责任落实到具体的企业和微观经济主体。在改革过程中，要以完善产权制度和要素市场化配置为重点，避免行政手段对产能进行选择，对"质量"进行排查。要坚持以改革为引领，以产权有效激励、要素自由流动、价格反应灵活、竞争公平有序、企业优胜劣汰为方向,调整和优化供给结构,推动供给体系质量的全面提高。

三是加强产权保护,推动经济高质量发展。技术创新决定了企业的核心竞争力,进而也决定了国家的核心竞争力。创新需要巨大的投资,并承担着很大的失败风险。如果企业因担心产权无法保护,无法实现创新回报,不愿意投入更多经费在技术创新领域,国家宏观层面上的竞争力提升就难以持续,国际上就会失去竞争力。新时代中国的高质量发展,更多的是要通过创新投入,加强产品高质量供给,满足人民对美好生活的追求。这就要想办法进一步增强中国企业产品的核心技术能力,全面提升其品牌信誉度,在市场上形成竞争优势,提升在全球价值链中的地位。其中一个重要突破口和着力点,就是进一步完善知识产权保护制度,消除企业技术创新的后顾之忧。这不仅是国内企业创新投入的需要,也是消除跨国公司来我国设立研发中心的顾虑,知识产权的有效保护可以让这些企业大胆投入,并享受技术创新带来的市场回报。对我国政府来说,从重新组建国家知识产权局,到正在修订的《专利法》中引入惩罚性赔偿措施,再到建立多个知识产权保护中心,我国在知识产权保护上措施不断加码,力度不断加大,释放着保护知识产权的决心与信心,也赋予创新发展更强大的前进动力。

(二) 完善产权制度是巩固和发展公有制经济的主体地位的需要

习近平总书记在不同场合曾强调:"深化国企改革是大文章,国有企业不仅不能削弱,而且还要加强"①"国有企业特别是中央管理企业,在关系国家安全和国民经济命脉的主要行业和关键领域占据支配地位,是国民经济的重要支柱,在我们党执政和我国社会主义国家政权的经济基础中也是起支柱作用的,必须搞好"②"要完善各类国有资产管理体制,改革国有资本授权经营体制,加快国有经济布局优化、结构调整、

---

① 2014 年 3 月份习近平总书记在参加"两会"上海代表团审议时的讲话。
② 2014 年 8 月 18 日习近平总书记主持召开中央全面深化改革领导小组第四次会议时的讲话。

战略性重组，促进国有资产保值增值，推动国有资本做强做优做大，有效防止国有资产流失"①。经过多年发展，国有企业主要经济技术指标已居国内一流，并可与世界一流企业比肩。2017 年美国《财富》杂志公布的世界 500 强中，中国企业占据 115 家，仅次于美国的 132 家，其中大部分是公有制企业，不乏处于完全竞争性领域的企业。同时，公有制企业通过兼顾区域经济、自然环境、社会进步协调发展，逐步树立起负责任的社会形象。在中国特色社会主义进入新时代后，需要进一步考虑巩固和发展公有制经济的问题。

巩固和发展公有制经济的主体地位，必须要进一步落实在产权制度建设方面的薄弱环节。虽然说公有制企业的产权性质是明晰的，但具体的代理人又是模糊的，在实际运行过程中存在的问题有：由于所有权虚位并由此导致的经营权缺少监督，国有企业长期存在着内部人控制，以及种种关联交易等失范行为，国有资产很容易流失。国有企业中的决策很容易成为一把手的"一言堂"、分管领导的"自留地"。对国有资产管理者"婆婆"很多，但又没有人真正管理，部分国有资产成了少数人眼中的"唐僧肉"。国有企业公司治理制度上存在漏洞，有人借重组改制之机浑水摸鱼，捞取个人利益。时下，混合所有制改革已广泛铺开，供给侧层面的国有企业兼并重组与退出也风生水起，这一切都涉及国有产权的保护问题，是否能达到做强做优做大的目标？如果没有完善的产权制度改革加以配套，那么，不仅国有企业改革难以推进，长此以往公有制的基础也会发生动摇。

（三）完善产权制度是鼓励、支持、引导非公有制经济发展的需要

过去，在党的历次重要会议和文件中，都用"非公有制经济"和"民营经济"来表述，党的十九大第一次使用"民营企业"的概念，既表明党对民营企业认识的逐步深化，又对民营企业的社会贡献给予充分

---

① 习近平总书记所做的党的十九大报告。

肯定。

截至2017年年底,我国民营企业数量达2726.3万家,个体工商户6579.3万户,注册资本超过165万亿元,民营经济对国家财政收入的贡献占比超过50%;GDP、固定资产投资和对外直接投资占比均超过60%;技术创新和新产品占比超过70%;吸纳城镇就业超过了80%;对新增就业贡献的占比超过90%。2017年中国民间投资超过38万亿元,增长6.0%,比上年加快2.8个百分点,占全部投资的比重达到60.4%。民营经济已名副其实是社会主义市场经济的重要组成部分和我国经济社会发展的重要基础[①]。

但非公有制经济在发展过程中,依然面临着一些较为严重的问题,特别是在产权保护方面存在问题。一是不同产权发展机会上的不平等。各种行政性垄断和妨碍统一市场和公平竞争的规定和做法较多,如市场准入中的"玻璃门""旋转门""弹簧门"的"三门"现象,在要素获取上,存在"融资难""用工难""用地难"等"三难"现象。二是产权保护制度的不连续,存在政府违约和政策不稳定,一张蓝图难以绘到底,"新官不理旧账",侵害企业特别是民营企业以及个人的合法产权和权益的现象。三是不同所有制产权保护力度存在事实上的不平等,对非公有产权的保护弱于对公有特别是国有产权的保护。实践中,民营企业产权保护面临的问题较为复杂,既有在发展新阶段出现的一些产权新案件,也有一些过去改革历史进程中形成的产权案件。例如,由于过去司法不规范导致民营企业产权被侵犯的案件较多,一些案件负面影响较大。当然也有长期以来企业在经营过程中自身不规范甚至违法的问题。此外,还有现实中由于执法不够规范或公务人员腐败,出现刑事介入一些本应限定在民事领域的经济纠纷问题,等等。对此,都需要高度重视,认识和解决问题不能简单化、片面化、肤浅化。只有为社会中一切

---

① 数据来源参照新华网《我国民企2700万家 民营经济财政收入占比超50%》,见http://www.xinhuanet.com/2018-05/01/c_1122767077.htm。

合法财产提供切实有效的保护,才能形成高效运作的市场竞争环境,才能坚定民营经济长期发展的信心,才能为我国经济的高质量发展提供持久的动力源泉。

(四) 完善产权制度是发展混合所有制经济的需要

20世纪90年代以来,在国有企业股份制改革的基础上,提出了混合所有制改革的重要方案并逐步推行。党的十八届三中全会首次提出,国有资本、集体资本、非公有资本等交叉持股、相互融合的混合所有制经济,是基本经济制度的重要实现形式。不仅有利于国有资本放大功能、保值增值、提高竞争力,也有利于各种所有制资本取长补短、相互促进、共同发展,更好地适应现代经济体系发展的要求。[①] 这必将进一步促进不同所有制性质的产权要素进行流转、兼并、重组和合作,其实质就是产权制度改革。2016年12月召开的中央经济工作会议指出,混合所有制改革是国企改革的重要突破口。党的十九大进一步指出,"深化国有企业改革,发展混合所有制经济,培育具有全球竞争力的世界一流企业"[②]。然而在实践中,各相关主体都存在不同方面的担忧:国有企业负责人担心在改革过程中出现国有资产的流失而导致对自己的责任追究;民营企业出资人担心混合之后被排挤,股权和话语权不能划等号,在以后处于被动的局面;而企业员工担心政策多变,失去工作机会。这些担忧都需要通过产权制度改革来解决。通过完善产权制度,可以使国有企业产权结构多元化,进一步改善国有企业的治理结构,加快不同投资主体之间在发展目标、经营理念、运作方式、决策程序等方面的磨合,确立企业的市场主体地位,实行有效的市场化激励约束机制,充分释放企业活力。要把"两个毫不动摇"有机融入发展混合所有制经济全过程,使各种所有制经济在相互融合与竞争中实现共同发展。

---

① 参见《中共中央关于全面深化改革若干重大问题的决定》,人民出版社2013年版。
② 参见《决胜全面建成小康社会 夺取新时代中国特色社会主义伟大胜利》,人民出版社2017年版。

当前，混合所有制经济改革应重视三个方面：一是要注重国有企业混合所有制改革在产权上的有效监督。重视发展包括国有资本在内的公有资本控股的混合所有制，但不是单向地出售国企股权，进行变相的私有化，造成国有资产流失。改革要将各类资产置于有效严格的监督之下，做到公开透明，而不是暗箱操作。为了实现政府相关部门对于国有企业的实质性监督，可以通过组建国有资本运营公司、国有资本投资公司，明确国资委作为出资人股权，实现国家（全民）的投资收益。由于明确了国资委的出资人股权，可以强化对目标企业的财务监督、治理监督和市场行为监督，从而在股权多元化中减少国有资产流失，推动国有资产的保值增值。二是要推动在混合所有制改制过程中合理采用产权交易方式。结合我国的实际，通过横向兼并重组，加强主业，剥离辅业，从质量上做强做优做大国有企业。同时，加大内部资源整合力度，进一步优化管理架构，压缩产业链条和管理层级，通过专业化整合，形成扁平、高效的体制架构。通过产权交易平台，建立规范的交易规则和运作制度，规范产权交易行为，使各类资本在此平台上能够进行合理定价、公开交易，实现资产置换与产权重组。三是非公有制经济要以积极态度参与混合所有制改革。混合所有制改革可以为民营企业带来投资准入的机遇、低成本扩张的机遇、新动能培育的机遇，通过融合发展，变得更优更强，实现发展质量的飞跃。

三、产权制度改革的主要环节

改革开放40年来，我国已初步搭建了现代产权制度的基础性框架结构，但在分支和细节上仍存在一些不完善、不成熟的方面。笔者认为，未来我们要发展和完善产权制度，可以从以下四个主要环节入手：

（一）产权界定

产权界定实质就是给出产权的边界，这种边界既可以是物理边界，也可以是价值形态边界。产权"归属清晰"是现代产权制度的第一要义,产权体系中内涵的各类权利,需要在归属上作出明确界定。从逻辑上说,完善产权制度的各类活动如产权保护必须以法律为准绳,前提就是从法律上对产权作出清晰界定,这样产权主体才可以有效参与到社会交易过程。正如改革开放前的公有制企业,产权虽然属"全民所有"或"集体所有",但事实上所有者是虚位的,产权定义上的清晰和主体运行上的模糊并列,并带来一系列的问题。产权只有具有主体清晰性,才可以作为真正意义上的独立主体参与市场活动。产权只有具有排他性,才可以在规则和法律允许的范围内支配、使用、处理产权,享受产权带来的收益,承担产权运行的成本,杜绝各种权益享受上的"搭便车"和成本分担上的"偷懒"行为。如果产权界定不清晰,就没有主体去独立承担产权的使用后果,必然会导致产权上的滥用、保护上的不力、资产上的流失。传统意义上产权界定一般指有形边界界定,以可测度的度量衡为标准。随着社会的发展,一些无物理形态的新型产权业态出现,如知识产权,使标准的度量衡难以对其进行界定。因此,未来需要进一步对此类产权的特点进行研究,探寻科学的界定标准和方法。当然,产权的界定是为更好的交易创造条件,而不是导向产权的分割和封闭,因此一切界定方法和标准的创新,都要以是否有利于转让与交易为目标。产权的边界确定和他人的合法占有、使用并不冲突,通过货币、有价证券等形式,在价值边界上对产权进行界定,可以增加产权的流动便利性,提升产权资源的交易效率提升。

(二)产权配置

清晰的产权界定是为了更有效率的产权配置。交易成本经济学目前已经广泛应用于公共选择、产业组织、企业形成、公司治理等各个方面,展示了强大的理论生命力。因为交易成本的存在,需要通过法律上的产权界定和组织上的行为选择来降低产权交易成本,提高产权资源配置效率,增加社会福利。可以说,产权配置才是所有制改革的核心。改革开放以来,我国的产权配置制度取得了长足的进步,但仍然存在一些需要改进的地方:一是国有产权配置结构问题。如有限的资源很多配置在非关系国计民生领域,甚至很多中央企业也热衷于房地产业。因此,党的十九大报告提出要"加快国有经济布局优化、结构调整、战略性重组",坚持"有进有退",优化国有资产布局。发挥市场在配置资源中的决定性作用,建立与市场经济相适应的资产委托代理制度。① 总的方向是减少代理环节,提高代理效率。二是国有产权配置效率问题。很多国有资产配置在非效率行业,造成大量的"僵尸"企业,不仅不产生效益,还大量吞噬着社会的宝贵资源。因此,党的十九大报告的相关表述有了重大变化,从"国有企业做强做优做大"转化为"国有资本做强做优做大",今后,国有经济的基本存在形式将从国有企业转变为国有资本,国有资产的基本形态也将由实物形态转变为价值形态,相应地,国有资产管理体制的主要任务也必须由现在的管理国有企业转变为管理国有资本,这也是现阶段我国经济体制改革的关键。三是不同所有制产权融合问题。从党的十八届三中全会到十九大,均明确了混合所有制经济是国有企业改革的重要方向,但如何做好不同所有制产权交叉融合,提升配置水平,则是一个重要的探索方向。混合所有制改革,不仅仅是推动不同所有制资本的交叉融合问题,民营企业也可以通过员工持股,引入国有及外资战略投资者,来提升自己的发展潜能。

(三) 产权交易

"流转顺畅"的产权交易制度,就是以符合法律的规则和程序进行产权交易。这种交易一般会使产权主体获得合法的收益,也能促使产权价值评价的增值,产生社会福利的帕累托有效改进。产权交易既可以是所有权的交易,也可以是使用权的交易。既可以是完整产权的交易,也

---

① 参见《决胜全面建成小康社会 夺取新时代中国特色社会主义伟大胜利》,人民出版社2017年版。

可以是拆分后部分产权的交易。产权的转让要以法律对产权的保护为前提，包括前面所说的产权的清晰界定，以及对自由转让的有效法律保障。在健全的社会主义市场经济环境下，产权的交易、价值的增值，应该在有效的法制环境中实现，法制环境是产权流动、交易、重组和融合的前提和必然保障。从微观角度看，产权的顺畅流转是经济主体实现经济效益、扩展产权的重要途径。从宏观角度看，则可以推动资源在全社会优化配置。产权界定明确是前提，但如果不能实现自由交易，则难以实现全社会资源配置的有效改进，社会福利必然会受损。要素自由流动在党的文件中多次出现，而产权流动就属于要素自由流动的重要内容。完善产权交易制度，要把握和解决几个重点环节问题——交易前资产准确评估、交易过程公开透明、交易价格公道合理、交易后资金及时到位等问题。产权交易目前的薄弱环节在农村集体资产和国土空间的自然资源上。要进一步探索自然资源的有偿使用、农村产权交易流转机制的建立与规范。产权交易要发挥市场在资源配置中的决定性作用，防止行政手段过多干预。发达和健全的资本市场是完善产权交易制度的有效渠道，通过资本市场建立和完善产权交易平台，产权的价值评估和交易在公平性、便利性、合法性上均可得到有效保证，可以实现各类产权在全国范围内充分竞争和自由流动，实现产权资源的优化配置。

（四）产权保护

产权保护是产权制度改革中的核心，也是当前最受关注的。德国哲学家黑格尔说过，财产权给人的意志自由提供了外部展示的空间。我国的古语"有恒产者有恒心，无恒产者无恒心"也是对产权保护的生动描述。改革开放40年来，我国社会主义市场经济体制逐步建立和完善，产权制度改革大力向前推进，全社会产权保护意识不断增强，保护力度不断加大。但不可否认与高质量发展的要求还有相当大的距离。产权保护中存在的问题，不仅仅发生在社会比较关注的民营产权保护上，国有产权的保护同样存在。由于委托代理中的所有者缺位，国有产权的内部人控制和资产流失情况依然较为普遍。产权保护一定程度上存在不平等现象，相关法律法规对非公有产权的保护弱于公有特别是国有产权的保护，司法实践中对国有企业和民营企业未完全同等对待，司法不公、不规范导致民营企业产权受到侵害的现象时有发生。供给侧结构性改革和金融"去杠杆"，民营企业受到的影响更大。一些民营企业家对其产权保护现状感到担忧，影响了进一步扩大投资的积极性，这也是近年来民间投资增速下滑的重要原因。此外，在改革开放早期阶段，受制于法律的不完善和出资人能力的欠缺，部分民营企业存在"灰色"的成长过程，民营企业家担心一旦现在涉案，容易新账旧账一起算，这也造成一些人心思不定、投资意愿不强的现象。另外，我国在知识产权保护上仍存在较多不足，侵犯知识产权的现象一定程度上存在。如果法律对于知识产权不能给予充分保障，不能让产权所有者获取其智力成果所带来的收益，那么就会严重打击创新主体的积极性，产业升级和价值链攀升的目标就会落空。从某种意义上来说，产权保护不力，已经成为制约中国社会发展的主要"短板"之一。

四、进一步改革的原则和重点

产权制度改革不可能一蹴而就，而是要在取得既有成果的基础上继续发力。在范围上，产权制度改革要做到所有领域全覆盖；在深度上，产权制度内涵要进一步深化完善。具体来说，进一步改革的原则和重点如下：

（一）原则

进一步完善产权制度，笔者认为应遵循以下三个原则：

一是共享原则。共享发展是五大发展理念的重要内容之一，是推动社会发展的出发点和落脚点，体现了习近平新时代中国特色社会主义思想的重要价值取向。中国共产党的执政理念，就是要让每一个中国人都能享受到改革开放的成果。完善产权制度建设，正是全社会都能享受改革开放成果的重要保障。党的十八届四中全会《中共中央关于全面推进依法治理若干重大问题的决定》指出，健全以公平为核心原则的产权保护制度，加强对各种所有制经济组织和自然人财产权的保护①。党的十八届五中全会提出的增加公共服务供给、实施脱贫攻坚工程、提高教育质量、促进就业创业、缩小收入差距、建立更加公平更可持续的社会保障制度、推进健康中国建设、促进人口均衡发展等八个方面的部署，是共享发展的主要着力点，蕴涵了一系列关涉共享发展的制度建构与完善的内容。其中具体强调了推进产权保护法治化，依法保护各种所有制经济权益。这些都是党和政府以产权制度改革推动社会共享发展的具体体现②。社会主义初级阶段基本经济制度的坚持和巩固，新时代我国社会主要矛盾的解决，公平正义的具体制度建构和完善，是实现共享发展的关键着力点。在不同所有制的关系上，国有产权、民营产权和外资产权均不可侵犯。在产权主体上，无论是法人产权还是自然人产权都同样保护。而且，要实现产权改革的公平性，就要在权利平等、机会平等、规则平等方面全面发力，对各类违反上述原则的不合理规定要坚决清除，让人民群众都能真正享受到社会发展带来的实实在在的生活改善和财富的增值。

二是问题导向。和世界先进国家相比，我国产权制度建设仍然存在一些薄弱环节。如政府的公共服务角色有待改进，产权制度的政策法规实践落实仍然存在不到位的地方。政府的自我监督意识存在薄弱环节，自身违约和政策不稳定，难以做到"一张蓝图绘到底""新官不理旧账"时有发生。不同所有制产权保护存在事实上的不平等，如在现实中"去产能"往往变成"去民营企业产能"，"去杠杆"变成"去民营企

---

① 参见《中共中央关于全面推进依法治国若干重大问题的决定》，人民出版社 2014 年版。

② 参见《中国共产党第十八届中央委员会第五次全体会议文件汇编》，人民出版社 2015 年版。

业标杆"。而民营产权的保护上也有历史欠账，存在一批冤假错案有待纠正。即使是对公有产权保护制度，也有不完善的地方，国有企业内部人控制一直未得到很好的解决，国有资产流失问题仍然存在。农村集体产权在界定、流转、保护等方面仍有不足，很多政策虽然目标导向是"保护"，但事实上起到了阻碍产权流转、交易和升值的渠道。知识产权保护所受诟病最多，侵权违法成本低，维权成本高。资本市场法制建设不完善，违法违规和掏空上市公司，损害中小投资者权益的现象比比皆是，但却得不到有效赔偿等等。产权制度建设中出现的各类问题，有新阶段改革发展现实中的新现象，也有一些是历史的积淀。例如，民营企业产权保护中存在的问题，有制度不完善的原因，也有企业出资人自身素质问题。转轨经济中，由于产权保护的不完善，很多企业必然会寻求与政府的政商关系来进行制度替代，这必须会带来腐败问题，反过来会影响产权保护的执法公正性。未来随着实践的发展，产权制度建设同样会出现各类新情况新问题，需要在依法治国的原则下加强研究，不断丰富和完善。

三是标本兼治。完善产权制度既要治标，解决历史产权制度欠账和现实中的急切问题，更要治本，完善法律法规和政策体系，建立长效产权制度。为什么当前产权问题有的地方较为突出，有的地方相对缓和，这主要与当地的政治生态有着较大的关联。有的地方政治生态不太好，政府作用的"越位""错位"甚至执法不公的现象较为突出，这些与构建"亲""清"新型政商关系有着较大的距离，净化政治生态的任务较为迫切。因此在治标上，首先要进一步定位好政府的角色，在产权制度建设中做好"裁判员"而不是"运动员"，当好"守护神"而不是"破坏者"。将完善产权制度与构建"亲""清"新型政商关系、净化政治生态结合起来，可将"尊重产权、保护产权"纳入各级政府的执政标准和理念体系，有条件的地方可探索侵犯产权"一票否决"。从长远来说，要想真正在产权制度改革问题上"治本"，还需要从完善法律角度入手，全面落实依法治国的根本原则，把推进产权制度建设法治化作为主要方向。在事关完善产权制度建设的立法、执法、司法、守法等各领域、各环节，均严格贯彻法治理念，实施联合保障制度，加强执法和司法保护联动。在落实产权制度建设法治化轨道上，既要有宏观上的法律法规，也需要有具体可操作性的细分法律和政策法规。同时，因为产权制度建设涉及面广，既涉及中央政府，也涉及地方政府；既涉及司法行政部门，也涉及各类非政府组织和监督平台；既涉及各类企业法人，也涉及产权自然人。因此，加强党的领导是推行标本兼治的重要保障。各级党委政府要在中央的统一部署和要求下，加强产权制度的协同性建设，营造全社会重视和支持产权制度建设的良好氛围。

（二）重点

结合当前中国产权制度改革的现状及存在的不足，下一步应重点从以下几个方面完善：

一是补齐产权制度中的"短板"。加强产权制度建设，涉及的不仅包括物权、股权、债权等社会所熟悉的经济领域，而且包括超越经济领域的，分布在社会领域、文化领域的各类非传统意义上的产权，如知识产权、人力资本产权等。要形成覆盖各类产权界定、配置、交易、保护等一系列体制机制，完善与高质量发展和现代化经济体系建设相适应的制度安排。要体现主体对客体拥有的法定的、排他专属的所有权、占有权、使用权、收益权和处置权。要根据新时代我国经济社会发展的特点，加速完善与之相适应的物权、债权、股权、知识产权、人力资源产权等各类产权的法律法规制度，补充相关法案，形成所有、占有、配置、使用、交易、收益、处置等产权权能的完整制度安排，确保各类产权界定清晰、权责分明、配置科学、交易顺畅、保护严格，更好发挥产权制度对推动经济高质量发展，解决新时代社会基本矛盾的作用。

二是完善自然资源产权制度。落实国务院《关于全民所有自然资源资产有偿使用制度改革的指导意见》，在产权界定上，对中华人民共和国国土空间自然资源（包括土地、水、矿产、森林、草原、海域海岛等

6类)的产权主体进行明确,保护自然资源的所有者权益,公平分享自然资源的各类收益。针对自然资源市场配置的作用发挥不充分、所有权虚位、所有权权益难以落实等突出问题,推动自然资源产权内涵中的所有权和使用权分离,明确自然资源所有权、使用权等产权背后的责权利。适应自然资源产权的独特特点,以产权交易便利化为导向,适度扩大自然资源产权在分割、出让、使用、转让、出租、担保、入股等方面的权能。最终目标是建立规则完善、产权明晰、权能丰富、流转顺畅、监管有效、权益落实的全民所有自然资源资产有偿使用制度。

三是完善国有资产产权制度。下一步国企改革的方向,不是强调国有经济数量增减,而是以做强做优为最先考虑的方向。要改善国有经济产权的使用效率,使它更好地与市场经济接轨。国有经济如何进一步向高质量发展的改革目标靠拢?党的十八届三中全会明确指出,要使得国有经济管理部门从管企业为主转到管资本为主。那么,管资本为主的体制怎么建?国有经济公司制改革仅仅实现了公司法人财产权的独立,这显然不够,还必须解决公司法人财产权与国有股份资本所有权分开后,后者的权益到底谁来行使?国有股的股东代表由谁来承担?这就要进一步明晰国有资产产权所有者和代理人关系,通过产权改革依法界定国有资本的产权归属,保障国有产权收益权和企业经营自主权。

四是完善农村集体产权制度。党的十九大报告提出:"深化农村集体产权制度改革,保障农民财产权益,壮大集体经济。"① 农村集体产权制度改革是深化农村改革的重要内容,关乎农民群众的切身利益。以《中共中央 国务院关于稳步推进农村集体产权制度改革的意见》为指导,通过对集体所有的各类资产进行全面清产核资,摸清集体家底,健全管理制度,防止资产流失。重点清查核实未承包到户的资源性资产、集体经营性资产,以及现金、债权债务等。全面完成农村宅基地、承包

---

① 参见《决胜全面建成小康社会夺取新时代中国特色社会主义伟大胜利》,人民出版社2017年版。

责任地、集体建设用地、农屋的确权登记颁证，完善农村集体经济组织成员（集体产权共有者）认定办法，探索集体资产产权实现形式，有序推进经营性资产股权改革，通过集中开发、合作开发或者公开招投标等方式，探索发展集体经济有效途径，健全农村集体资产产权配置、交易、流转和退出机制。

五是完善知识产权制度。贯彻落实中央全面深化改革领导小组第三十次会议审议通过的《关于开展知识产权综合管理改革试点总体方案》，和国务院《关于新形势下加快知识产权强国建设的若干意见》为指导，以激励创新为导向，完善知识产权界定和归属制度，建设知识产权运营交易和服务平台，完善知识产权保护制度，保护发明人的产权权益。与此同时，随着知识产权各类新业态、新模式、新产品不断涌现，以大数据、云计算、人工智能、网络虚拟财产等为代表的新的财产类型开始占据重要地位，这些也都需要创新产权制度予以明确和规范。在政府管理上，要探索从以往的知识产权分散管理，走向"三合一"或"二合一"的集中管理体制的规律，界定政府知识产权在公共服务上的职责，整合政府公共服务的知识产权资源，优化知识产权公共服务供给，实现知识产权信息等各类服务的便利化、集约化、高效化。同步引导市场治理，加强统筹规划和行业管理。扶持社会治理，发挥社会组织、企业和公民作用，完善知识产权维权援助机制。

六是完善居民产权制度。遵守《中共中央国务院关于完善产权保护制度依法保护产权的意见》，完善城市居民土地、房屋等产权征收征用法律制度，合理界定征收征用适用的范围，包括直接关系到社会全体成员的共同利益，也包括不特定多数人的经济、文化、教育等方面的利益，但要严格界定公共利益范围，避免不合理扩大化，这样才使公共利益具有合法性。细化规范征收征用法定权限和程序，杜绝个人私利塞进公共利益中，防止政府以公共利益为名损害居民的产权权益。在农村土地征收方面，要缩小征地范围、规范征地程序、完善对产权被征的农民合理规范多元保障。在集体经营性建设用地入市方面，要建设城乡统一的建设用地市场,落实集体经营性建设用地与国有建设用地同权同价、同等入市的改革要求。在农村宅基地产权制度建设方面,要从依法公平取得、节约集约使用、资源有效配租方面体现改革要求,涉及对其征用要给予公平合理补偿。抓紧出台住宅建设用地使用权到期后续期的可操作性的法律安排,形成全社会对产权长期受保护的良好稳定预期。在相关法律安排出台前,少数地方遇到的土地使用权到期的问题,可以结合实际情况出台过渡性解决方案,但目标导向是私有产权能够更好地得到法律的有效保障。

参考文献

[1] 道格拉斯·C.诺思、张五常:《制度变革的经验研究》,经济科学出版社2003年版。

[2] 林毅夫、蔡昉、李周:"比较优势与发展战略——对'东亚奇迹'的再解释",《中国社会科学》1999年第5期。

[3] 周其仁:《产权与制度变迁——中国改革的经验研究》,社会科学文献出版社2002年版。

[4] 黄少安:"中国经济体制改革的核心是产权制度改革",《中国经济问题》2004年第1期。

[5] 常修泽:"紧紧抓住完善产权制度这个重点",《人民日报》2018年1月26日。

[6] 杨瑞龙:"所有制·所有权·产权",《人民日报》2004年11月9日。

[7] 陈东:"科学认识新时代'两个毫不动摇'的内涵与要求",《安徽日报》2017年11月21日。

为高质量发展而竞争：新时代地方政府制度建设*

中国经济奇迹是市场取向改革的重大胜利。市场取向改革的一个重要经验，就是在计划经济转轨的过程中，除了中央政府在纵向方面向地方政府分权外，还不断地在横向方面塑造有力的竞争主体，这样就培育出了中国经济增长与发展的强大动力。这是中国特色社会主义市场经济体制的重要特点。

从转轨中地方政府间的竞争关系来解释中国经济的超高速增长，一直是经济学人努力探索的目标。研究者一般认为，一方面，地方政府竞争是中国语境中经济增长和发展的独特现象，是有别于其他国家的强大的增长引擎；另一方面，它也是引发中国经济结构发生重大失衡问题的重要原因，如房地产泡沫、市场非一体化、债务风险、发展粗放等问题，可能都与地方政府过度介入市场运行有直接或间接的相关关系。

鉴于为增长而竞争的地方政府竞争体制在过去发展中的一些副作用，一些研究者认为，中国必须逐步扬弃"地方政府主导经济增长"的竞争模式，把"中央政府—地方政府—市场"这种三维纵向治理结构模式，改造成为标准化的市场经济体制模式，即"中央政府—市场"

---

* 本文作者为刘志彪，南京大学长江产业经济研究院；董也琳，中共南京市委党校。

这种二维纵向的治理结构模式。这一观点的核心是要在市场取向的改革中，逐步"去地方政府化"，让其减少经济权力和责任，专司区域性公共事务和对市场的监督与仲裁活动。其主要依据是：地方政府作为三维纵向治理结构模式中的中间层，目前其功能几乎等同于在市场中追求经济利益的主体，地方政府领导则犹如公司的董事长和总经理，其"政绩"主要表现为公司领导的升迁，从而实现行政集团的利益最大化，这就忽略了政府本来应该承担的社会责任（张占斌，2006）；以追求经济增长特别是财政收入为最高动力的地方政府逐利化或公司化，在社会治理方面无章无法，更多带来的是灾难（邓聿文，2009）。

与这些观点不同，我们认为落实十九大提出的贯彻新发展理念建设现代化经济体系目标，需要给中国经济持续不断地塑造新发展动力。未来我们可以在新型发展理念指导下，继续保持地方政府竞争模式的内在固有优势，通过改革和完善中国特有的竞争体制，通过全面深化改革继续强化中国经济增长的动力，同时防止其可能出现的一些副作用。

我们对地方政府竞争变化的背景分析也表明，在建立中国特色的社会主义市场经济体制的实践中，尤其是近年来的地方经济实践中，我国地方政府间的竞争不仅没有退出运行或被虚置，而且以一种崭新的形式，正在启动一场席卷全国的竞争浪潮。从为高速度而竞争转向为高质量发展而竞争，是体制机制转轨的最重要表现之一，它必将对未来我国区域发展格局和宏观经济运行产生不可估量的巨大的作用。

本章将对这个新一轮地方政府竞争的背景、动因、特点、效应等问题展开初步的分析，并在此基础上展望它的发展演化及需要进一步解决的问题。

一、为增长而竞争转向为高质量发展而竞争：背景和动力

众所周知，我国中央命令型计划经济体制在放权让利的改革中，出于种种复杂的原因，一方面把很多经济决策权下放到地方政府、部门政

府和大型国有企业，没有实质性地全部下放给一般企业和居民个人；另一方面，又设计了地方政府间就经济业绩进行分散化竞争的规则和制度框架，以 GDP、财政收入等考核指标作为评价标准决定官员晋升或是否留任的基本依据，把这些指标的完成与当地官员的晋升、收入、福利紧密联系起来。结果在这种经济利益与政治利益的双重"刺激—反应"机制的作用下，地方政府官员便具有了类似于企业的行为动机和一部分不完整的公司功能，而其官员便具有了作为"企业家"的决策权力和动机（刘志彪，2013）。

地方政府官员"企业家化"，对于经济增长和发展来说，一方面克服了计划体制中发展动力来源于单一的中央政府推动的局限性，一条腿走路变成了两条腿走路，地方政府官员更具有信息优势和决策效率；另一方面，给地方政府放权让利，让其具有强大的竞争压力，也会在塑造新的"准市场主体"的同时，培育出真正的具有强大竞争动力的民营企业，因为民营企业具有天然的适应市场竞争的特点（张维迎、栗树和，1998）。实践也证明，20 世纪 90 年代中后期后，民营企业如雨后春笋般的蓬勃发展，支撑了中国经济增长的大半壁江山。

党的十八大之后，过去一直延续的地方政府就 GDP、财政收入等标准进行为增长而竞争的制度模式发生了重大的变化。党的十八届三中全会报告指出，要完善发展成果考核评价体系，纠正单纯以经济增长速度评定政绩的偏向，加大资源消耗、环境损害、生态效益、产能过剩、科技创新、安全生产、新增债务等指标的权重，更加重视劳动就业、居民收入、社会保障、人民健康状况。显然，至此过去单一为增长而竞争的机制，成为为增长和均衡发展而竞争的机制。

2012 年年底以来中央指向的竞争规则改变，极大地影响了地方政府官员参与地区竞争和干预市场活动的预期、动力结构和行为方式，叠加上此期间国家掀起的严厉的反腐败斗争，地方政府官员选择"不作为"，成为经济社会运行中比较普遍的一种现象，追逐经济增长的竞争热情随之趋降。这是经济增长率不断降低的一个直接原因。随着中国发展的内外环境复杂化和不确定性的增加，经济增长速度连续下了几个大平台，"L"形增长轨迹和格局既定。一时中国经济增长还需不需要地方政府竞争机制来推动的问题，成为各方面关注的焦点。

2017年年底召开的中央经济工作会议，明确地指出必须加快形成推动高质量发展的指标体系、政策体系、标准体系、统计体系、绩效评价、政绩考核，创建和完善制度环境，推动我国经济在实现高质量发展上不断取得新进展。显然竞争规则的彻底改变已经是工作议程，为增长而竞争的机制将彻底转化为高质量发展而竞争的机制。

2018年1月26日，中共中央修宪建议，设区的市的人民代表大会和它们的常务委员会，在不同宪法、法律、行政法规和本省、自治区的地方性法规相抵触的前提下，可以依照法律规定制定地方性法规，报本省、自治区人民代表大会常务委员会批准后实施。这意味着什么呢？很明显的是，这等于说是要赋予设区的市立法权，相当于中央政府在向地方政府进一步放权、扩权。目的也是很明显，就是要在改善新的考评政绩机制的同时，通过进一步扩大地方政府的自主权，为全国掀起新一轮的为高质量发展而竞争的体制奠定法治的坚实基础。

因此可以总结的是，党的十八大之后，尤其是2017年以来，地区间竞争的浪潮迭起，与这三个因素或者动力有直接的关系：一是我国经济增长减速的现实背景，国家需要重塑发展的新动能；二是从高速度经济阶段向高质量经济阶段转型，需要竞争规则的彻底改变；三是中央政府层面在推进全面深化改革中，不断地推动地方政府自主权的扩大。

从实践上看，中国地方政府竞争的形式一直在变化，内容丰富多彩。如2000年以来，"中国地方政府创新奖"已举办七届，至2010年有1500多个省、市、县、乡镇等各级地方政府申报奖项，覆盖了中国大陆所有省、直辖市和自治区；至2013年，这一内容主要是侧重社会管理的第六届"中国地方政府创新奖"，申报项目超过1800余项，入围项目达到139项（何艳玲、李妮，2017）。当前，地方政府就经济高质量发展的新一轮的竞争态势，也正在如火如荼地迅速展开。如2018年新年春节刚过，山东省委书记刘家义就召开全省大会对比广东、浙江、江苏等省，主动揭示山东自身存在的不足和问题，为山东获国家新批准的旧动能转换综合试点作战前动员；济南市提出了向郑州市、合肥市、杭州市学习；西安市围绕"大西安"大在哪里的问题，思考大西安在"一带一路"建设中的地位与作用，正式提出要将西安建成国家中心城市；杭州市委书记赵一德一连发出六问：杭州离一流城市还有多远？武汉等城市提出冲击国家级中心城市的目标；南京 2017 年提出要对标杭州等城市比学赶超，等等。这其中，南京市委、市政府用对标方式学习其他先进城市的方式，让我们最为典型地看到了新一轮风起云涌的地方政府竞争态势：

创新要争一流城市，对标的城市是深圳。产业对标要攀高端，对标的城市是广州、苏州。营商环境对标要做最优，对标的城市是北京、上海、广州、深圳等。城建对标要提品质，对标的城市是杭州、上海。民生对标要优化供给，对标的城市是上海。开放对标要国际化，对标的城市是广州。改革对标要抓突破，对标的城市是上海、深圳。生态对标要补"短板"，对标的城市是杭州（毛庆，2018）。

显而易见的是，这种地方政府就高质量发展竞争的机制和模式，跟以前一样，具有强烈的模仿学习的特征。在建设社会主义现代化强国的要求和背景下，这种标杆式学习，会加速地区间、城市间发展差距的缩小，发展趋向的同质性，意味着竞争将会更加激烈，地方政府介入经济的动力也会更强烈。

二、新时代需要建立和完善为高质量发展而竞争的制度安排

美国学者 Oi 和 Jean C（1989）在研究当代中国乡镇政府的政治经济问题时首次提出了"地方性国家统合主义"（local state corporatism）这个概念，用于解释在中国地方政权、金融机构以及企业之间所形成的统合关系。"地方政府公司化"概念可能是对上述重要概念的本土化延

伸，可以比较准确地描述地方政府的行为动机和行为方式，以及可能的发展效应。

经过改革开放 40 年的实践，我们很容易发现，过去的"地方政府公司化"倾向，虽然有一些重要的优点和特性，但是也确实存有许多的弊端。十八大和十九大提出的修正考核评价体系和机制，就是为了在继续发挥地方政府积极性、扩大地方自主权的条件下，纠偏地方政府的发展偏好与中央意欲的全社会目标之间的差距，给地方政府竞争的目标函数中输入新的发展理念，以矫正其竞争行为。

值得思考的问题是，为什么进入新时代，我们不把高质量发展的任务全部交给市场和企业，而仍然需要通过政府改革，去建立和完善一种新的地方政府竞争模式和制度的安排？

第一，为了实现新时代建设现代化强国的目标，仍然需要一定的经济增长速度。取得这种速度需要持续的、强大的增长引擎，它不是仅仅通过纯粹的市场调节和企业交易行为就可以达到的。GDP 增速仍将是中国一些重大政治经济问题的逻辑基石，是经济政策的最重要的量化指标。2035 年要实现基本现代化，人均 GDP 按现在的币值要达到 2 万多美元。这意味着从 2020 年开始接下来的 15 年中，或者在 2016 年 8260 美元的基础上，经济增长得保持 5% 左右的速度，才能保证届时按战略规划要求进入高收入国家行列。从 20 世纪 50 年代到 80 年代，全球只有日本一个国家持续保持了 30 年的中高速增长。中国改革开放以来已经高速成长了 40 年，但如果把 5% 左右的增长速度持续到 2035 年，那么就意味着中国要保持近 60 年的中高速增长。这是全球以市场规则调节的经济增长的历史上从未有过的现象。根据中国过去的经验，这必须通过发挥市场的决定性作用和更好地发挥政府的作用来达到，以保持经济增长的巨大动力。

第二，新时代我国社会主要矛盾已经转化为人民日益增长的美好生活需要和不平衡不充分的发展之间的矛盾，有效地缓解这一矛盾，也需要在发挥市场的决定性作用的基础上，更好地发挥政府的能动作用。不平衡是供给的结构有问题，不充分是供给的程度有问题，它们都是供求结构的失衡。导致这种失衡的内在原因究竟是什么？是长期积累的一些结构性、体制性、素质性的突出矛盾和问题[①]。显然，解决这些矛盾和问题的方法，需要以推进供给侧结构性改革为主线，推动经济发展质量变革、效率变革、动力变革，即要从提高供给质量出发，用改革的办法推进结构调整，矫正要素配置扭曲，扩大有效供给，提高供给结构对需求变化的适应性和灵活性。在实践中，我们可以按照结构性改革的方向和要求，通过鼓励地方政府采取为高质量发展而竞争的方式，来引导企业实现这些任务。如对供给数量不充分的问题，我们可以简单地鼓励地方政府进行产量竞争；而对于供给质量不充分的问题，我们可以通过把质量参数输入到地方政府的竞争目标或者考核标准中，使其引导企业在市场竞争中间接地实现。

第三，过去，为增长而竞争的制度安排所留下的一些重要和隐患的问题，不可能全部丢给市场和企业去解决，而必须继续由政府去消化和承担。供给侧结构性改革就是要在充分发挥市场在资源配置中的决定作用的同时，矫正以前过多依靠行政配置资源带来的要素配置扭曲，同时实施精准的地方性产业政策进行结构调节。如现在的绝大多数的落后过剩产能和"僵尸"企业，都是过去在地区竞争中依靠政府投资和靠高杠杆维持的。对现在列入国家竞争政策需要淘汰的落后产能，尤其是"僵尸"企业，"解铃还须系铃人"，还是需要政府出手，该"断奶"的就"断奶"，该断贷的就断贷，坚决拔掉"输液管"和"呼吸机"。这些事务的解决，完全靠市场是不可能的，也是不可信的。其实，以企业和市场为基础进行结构的自调节，与提倡地方政府高质量竞争、发挥地方性产业政策的引导作用之间，并不是矛盾和冲突的。产业政策是利益诱导性的，而不是由地方政府去确定具体项目，或选择把资源投向哪一

[①] 参见《人民日报》独家专访："七问供给侧结构性改革——权威人士谈当前经济怎么看怎么干"，人民出版社2016年版。

家企业，具体的投资机会还是要由企业家来摸索和把握。因此实现高质量发展，完全可以通过改变对地方政府的竞争规则和激励机制来实现，完全可以通过用新发展理念升级功能性地方产业政策来实现。如果竞争规则和产业政策能够更多地强调生态环境、创新发展、人民幸福生活等等竞争标准，则化解社会主要矛盾、提高发展质量就不是空中楼阁。在中国的政治结构和制度约束下，完全可以在你追我赶的竞赛中，看谁能够更多、更好地为市场活动提供更多的"外部经济性"，从而间接助推发展质量的加速提升。

第四，以鼓励地方政府为高质量发展而竞争的方法，来实现新时期国家经济建设总纲领的目的，当然也会有各种各样的新的经济和社会成本。如可能要比过去更多地强调通过做强国有资本的方式来实现，从而可能在一定程度上牺牲局部效率。再如，有可能要授予地方政府更多的社会经济职能，如补"短板"就需要地方政府承担更多的基础设施、科技创新、生态环境等方面的投资功能，因此在一定程度上可能会抑制社会经济组织的自我发育和成长，在一定程度上替代市场主体的某些功能，等等。应该看到，这是发展中大国经济处于转型阶段时，所必须付出的一些社会成本。此外，我们还不能忘记，中国具有悠久的政府控制文化传统，其现实基础又十分深厚。在转向社会主义市场经济的过程中，减少行政干预离不开政府自我革命，离不开政府职能的有效发挥。比如在消灭无效企业、安排职工离岗转岗等事务的过程中，不靠行政命令、单靠市场机制也是绝对不行的。当然，不管用哪种手段，最终都是为了有效发挥市场在资源配置中的决定性作用和更好发挥政府作用，这是未来现代化经济体制建设，也是推进供给侧结构性改革必须把握好的关键点。

三、为高质量发展而竞争的体制可能具有的特点

重塑新一轮为高质量发展而竞争的地方政府制度和总体态势，是全面深化改革内容的一项极其重要的选择。总体来看，过去是为 GDP 和

财政收入增长而竞争；现在要以人民为中心，为缓解新时期主要社会经济矛盾而竞争，贯彻创新、协调、绿色、开放、共享的发展理念，是这一轮地方政府竞争的主要标准，也是我们推崇和鼓励新一轮地方政府竞争的主要理由。具体来看，新一轮地方政府为高质量发展而竞争的制度安排，可能具有如下几个重要的特点：

第一，从经济发展阶段上看，过去的为增长而竞争的机制，是以短缺经济的总态势为基本背景，因此地方政府竞争的目的，是要最大限度地推进物质财富的超高速增长，以满足短缺经济中民众需求的巨大缺口；现在的竞争基准的提出，是以过剩经济为基本前提和趋势，因此为高质量发展而竞争的制度安排，会更加重视实体经济中的产能过剩、新增债务等问题，会更加重视虚拟经济中出现的资产短缺、资产泡沫问题，会更加重视劳动就业、居民收入、社会保障、人民健康等状况，而不仅仅是GDP增长和财政收入。

第二，从实现目的的手段看，过去的竞争基准决定了实现目的手段比较简单，只要在收入既定的条件下，千方百计地增加储蓄、加大投资规模、扩大生产能力，即可提供满足市场需求的物质产品；而在现在的竞争基准下，人民日益增长的美好生活需要日益高质量化、口味多元化、需求服务化，为此必须按照市场需求进行供给侧的结构调整，利用技术进步提高劳动生产率，提高供给质量和投资效率，这就需要转向以创新驱动发展为主的竞争模式，创新因素在新的竞争评价中将会占据重要的权重（陈国权、黄振威，2010）。

第三，从化解新时期社会主要矛盾看，过去的竞争基准在资源稀缺的条件下要求突出重点和非均衡发展，为了争取更快的速度，往往要求把有限的资源重点倾斜发展某些产业、某些地区，以期通过重点发展来带动一般、通过局部带动整体，通过先富带动后富，等等。而现在的竞争基准则要求协调均衡增长，不仅是总量均衡，而且结构均衡；不仅是产业结构发展均衡，如一、二、三次产业之间、三大产业内部之间的协调发展，而且是空间发展结构上动态发展均衡；不仅实体经济内部要均衡，而且要实现实体经济与现代金融、房地产业之间的均衡；不仅要快，而且要好，要高质量发展；不仅讲效率，还要讲平等，等等。

第四，从建设环境友好型社会的要求看，过去的竞争基准是在贫困走向小康的道路上实施的，物资的匮缺使人顾不上对环境的保护和利用，绿水青山、绿色发展是放在次要位置的，增长往往以资源高额消耗、环境严重破坏为代价。现在的竞争基准要求在高涨的环保压力下，要求发展始终贯彻资源节约、环境友好，实现绿色循环低碳发展、人与自然和谐共生。

第五，从发展的手段和成果分配看，过去的竞争基准体现的是一部人参与、少部分人有获得感的发展理念。一部分人先富起来并没有逻辑地带动绝大部分人富裕；GDP上去了，干部得到了晋升，但是GDP中工资福利的含量并不高，大部分民众并没有多少真正的获得感。现在的竞争基准体现的是共享发展的理念，关注的是人民的获得感、幸福感和舒适度，更能激发人民群众参与建设的热情。让人人参与、人人尽力，最终实现人人享有。如实践中以共用、互换、租借代替占有的共享经济模式，涉及诸如工具、设备、汽车、住房、信息等广大的服务领域，不仅引发了商品服务消费的变革，而且在互联网的帮助下达到可与传统模式匹敌的经济规模。

第六，从中国与外部世界的联系机制看，过去的竞争基准是出口增加外汇储备，增加社会总需求从而提升国家的经济增长速度，因此开放战略和开放政策鼓励的是单一的出口导向，鼓励的是利用别国的市场，鼓励的是利用廉价的生产要素加入全球价值链低端进行国际代工。现在的竞争基准是要建设高水平的开放型经济体系，是发展深度加入全球分工体系、与世界经济之间有着良性循环关系的经济，不仅可以输出商品和要素，而且也可以利用内需不断扩大的优势吸收先进的高级生产要素；不仅可以引进来，而且可以走出去；不仅可以对东开放，而且可以沿"一带一路"向西向南开放。

显然，新一轮地方政府就高质量发展所进行的竞争，其实就是全面进入了发展高质量经济阶段,就是建设现代化经济体系的具体行动机制。

四、为高质量发展而竞争:吸取旧体制的教训争取有新作为

地方政府公司化倾向是我国过去地方政府间竞争制度安排的产物。由此引发的某些问题,也是我们在设计新一轮地方政府竞争规则时必须认真考虑的问题。为高质量发展而竞争的制度设计,必须把地方政府公司化的倾向,改造为非盈利公司化的倾向,也即要更多地剥离地方政府追求自身经济利益的职能,让其更多地考虑基于公共利益的发展,以及辖区内的社会治理问题。

根据过去的经验,无论强调什么内容的竞争,地方政府都必然会逻辑地动用其行政权力来参与竞争或竞赛,由此引发的负面效应主要有过多干预经济主体的决策、导致经济碎片化倾向、不愿意充分履行公共事务责任、债务负担过重等等。这些问题本身并不是地方政府竞争制度带来的,而是由旧的地方政府职能和旧的竞争规则不适应新时代发展要求所引发的现实问题。其实,在新一轮地方政府竞争规则的设计中,可以通过地方政府机构改革,通过事先修改规则,认真地执行新规则,完善考核评价体系,来有效地避免上述这些副作用。

如何避免地方政府过多干预经济主体自主决策?在为增长而竞争的机制设计下,追求 GDP 和财政收入的增长,最有效的手段是增加投资。为此地方政府就可能直接干预企业的投资决策,或者倾向于膨胀自己的投资职能,替代经济主体的市场化决策。当我们在追求高质量发展的指标体系、标准体系、绩效评价、政绩考核中,放低这些增长标准的权重后,地方政府干预或者代替企业决策的动机就会大大降低。同理,增加地方政府进行社会治理方面的考核评价指标和相应的权重,自然可以有效地避免其不愿意充分履行公共事务责任的弊端。

如何避免地方政府竞争导致经济碎片化倾向?地方政府公司化倾向

是经济碎片化的起因，破除公司化倾向，把其改造为具有非盈利化倾向的经济主体，是一个基本的方向。但是与营利性或非营利性公司不同的是，地方政府具有完整的行政权力体系，我们在倡导地方政府竞争制度时，必须高度重视有效制度的设计问题，避免其可能的反专业化分工合作、逆区域经济一体化趋势的弊端。基本的办法，就是要破除把地方政府官员的政治经济利益，与辖区边界内的市场利益挂钩的不良制度。如在经济区内，要把推进经济一体化的努力列入考核评价指标，减弱财政收入与个人福利、政治晋升之间的联系，等等。

如何避免日趋严重的地方政府债务危机问题？傅勇和张晏（2007）认为中国经济目前面临的风险确实与地方政府参与竞争的制度安排有直接的关系，但是这种风险是在财权、事权和调控权不对称的中央地方关系中发生的，是在土地财政的大背景下发生的，是在所形成的特殊举债融资机制下发生的。严格上说，这种债务风险的发生与地方政府间竞争的制度安排之间并没有逻辑的、必然的对应联系。未来我们完全可以通过中央与地方财权事权关系的改革，通过财政金融体制改革的配套，来降低其高负债的可能性，防止其可能出现的金融风险。

除了要吸取旧体制的经验教训外，在新时代为了实现为高质量发展而竞争，我们还需要引导地方政府有新的作为。以新政绩考核机制为依据，地方政府应从经济领域的直接参与者转型为社会公共事务的治理者，更好地而不是更多地发挥政府的作用，一方面把"放手"当作最大的"抓手"，在行政领域多做减法，把政府不该管的交给市场，激发市场活力；另一方面要"放手"而不是"甩手"，在依法行政的基础上，地方政府应管好那些市场管不了或管不好的事情，如加强优化公共服务，保障公平竞争，加强市场监管，推动可持续发展，促进共同富裕，弥补市场失灵。具体地，在为高质量而竞争的新激励环境中，应引导地方政府在以下方面有所新作为：

（一）对应高质量发展的竞争动力，对表考核体系的营商环境指标

地方政府应加强职能机构的"刀刃向内"改革，以深化行政体制

改革为抓手,创新行政管理方式,加强对不正当市场行为的监管。高质量发展需要地方政府自我改革,需要从过去给补贴、给政策的非均衡市场干预转变为培育公平竞争市场环境,提供市场外部性的服务角色。积极建立便利化、自由化的商事制度,通过"放管服"降低市场准入"门槛",着力加强事中事后的市场监管,还要依托互联网、大数据、人工智能等新技术,以政府各部门的"多网合一"信息化工程为着力点,理顺部门间权责交叠区,打通部门间信息壁垒,提高政府对公共数据资源的搜集、分析和处理能力,第一时间对市场主体不正当市场行为给予反馈、监管和惩戒。市场环境像空气一样影响一个地区经济活力和发展后劲,良好地方环境一旦成为市场共识,将像磁铁一样虹吸各类优质生产要素,企业将在被激活的市场环境中优胜劣汰,从而实现政府制度建设和经济发展互相促进的良性循环。

(二) 对应高质量发展的创新动力,对表考核体系的创新驱动指标

地方政府应立足差异化竞争,以更长远、更创新的制度建设实现经济高质量发展蓝图。面对当下激烈的城市人口和产业竞争局面,同质化产业选择和定位将使地方政府间竞争表现为单一的要素价格竞争。什么都想做,往往意味着什么都做不好,地方政府应从历史传承、文化脉络、区位优势、产业基础等深层次角度出发,优化产业战略布局,优先选择与其比较优势一致、与区域产业关联强的产业链上环节深耕细作、久久为功,在跨地区产业链、价值链、创新链深度协同中找定位、在动态竞争中找空间,避免一哄而上的单维度竞争。这要求地方政府从市场主体关切的痛点和难点入手,以提高制度创新性、灵活性为立足点,打造城市良好的营商环境、产业品牌和文化名片。从创新增量引入到创新存量激活,从高端人才引进到产业工人队伍建设,从财政补贴、税收减免到地方产业基金入股创新主体,多层次、多视角、多样性的创新性制度建设是地方政府实现差异化竞争的关键,是实现地方经济高质量发展的重要保证。

（三）对应高质量发展的融合动力，对表考核体系的区域一体化指标

地方政府应拆除行政壁垒、竞相开放，以负面清单和降"门槛"为主要内容的放松管制竞争，取代过去给政策、给资金的优惠政策竞争，使地方经济在对内对外开放中广泛参与竞争、谋求发展，加速区域经济一体化发展。如建设现代化经济体系是宏观概念，并不是每个市、县都要构建"四位协同"的要素体系。地方政府应从最大可能发挥自身比较优势的视角，精益求精地更好发挥"长板"优势，从扩大对内开放、促进地区协同视角，与其他地区互通有无地弥补发展"短板"劣势，促进跨地区产业分工有序、要素市场化配置的抱团式发展。相反，各自为政、割裂发展的行政区域划分不利于统一市场的形成，不利于各地方发挥比较优势，不利于建立产业链上下游协同的区域现代产业体系。以具体项目为推动、以基础设施建设为纽带、以产业关联为牵引、以企业跨区域经营为微观机制、以统一市场建设为目标是实现区域经济一体化发展的重要机制。中央提出的长江经济带、粤港澳大湾区、长江三角洲一体化等区域规划，就是为了打通地区发展封闭化、碎片化的制度通道，串联起各司其职、优势互补的城市群落和经济生态走廊，最终构建有效协同、高效互动的国家价值链体系。

（四）对应高质量发展的均衡目标，对表考核体系的金融风险指标

高质量发展要求地方政府坚持底线思维，尽快把杠杆降下来，"解铃还须系铃人"，地方金融风险还要靠地方政府以市场化机制化解，第一，应以中央和地方财税改革为契机，跳脱过去"土地价格上涨—财政收入增加—基础设施建设—房地产价格上涨"的土地财政陷阱，平衡缓解房价上涨和新增人口下降的矛盾，抑制房地产的泡沫化倾向，理顺地方财政收支结构，建立地方债务会计准则和信息披露制度；第二，以资本市场为主要平台实现地方国企混合所有制改革，鼓励国有企业以兼并收购方式的实现资产重组，扭转财政资金、低成本银行资金持续流入

"僵尸"企业趋势；第三，建立地方金融办、人民银行、财政部等多主体金融风险监管的协调机制，明确金融风险防范化解责任制的属地性、终身性。目前地方金融风险监管主体监管职能交错重叠，如地方金融办承担了监管地方金融风险防控的任务，地方人民银行、银监会承担了监管坏账、不良贷款等银行系统风险，财政部承担了监管地方债务风险，地方部门间的金融监管协调机制亟须厘清和建立。

（五）对应高质量发展的和谐目标，对表考核体系的生态文明指标

地方政府作为国家生态文明的保护者、监督者、执法者和责任人，应切实扭转发展理念，把生态文明建设作为最普惠的民生福祉，让绿色发展成为地方经济高质量发展的新方式，让绿色发展成为地方产业转型升级和空间合理布局的新机遇。在地方政府和市场主体之间，地方政府一方面作为生态环境治理者，应运用互联网、大数据、人工智能等新技术，加强环境保护的事中事后监管，充分利用市场化手段，依靠资源环境价格机制完善市场主体间补偿机制，严格执法、切实解决生态环境污染带来的负外部性问题，认真履行生态环境监管职责和自然资源保护职责；另一方面应引导全社会树立生态文明意识，协同发挥政府主导和企业主体作用，以多种方式启动政府和社会资本合作项目，攻关绿色产业发展的技术"瓶颈"、打通资源循环使用的体系梗阻，努力实现产业生态化和生态产业化，即在构建低投入、低消耗、高产出的地方产业体系的同时，将绿色生产生活方式实现的地方优质生态资源转化为产业新空间和物质新财富，让优质生态文明成为地方集聚高端要素的新优势、城市发展的新名片。

（六）对应高质量发展的均衡目标，对表考核体系的共同富裕指标

第一，地方政府应以缩小收入分配差距为重要竞争目标，这表现为一方面平衡政府财政收入与当地居民可支配收入的增长速度，更大程度上"让利于民、藏富于民"；另一方面缩小居民内部的收入差距，在提高劳动生产率基础上增加居民生产性收入，在此基础上政府转移分配性收入给低收入贫困人口，从而实现收入分配合理、社会公平正义、全体人民共同富裕。第二，地方政府应以提高基本公共服务水平为重要竞争目标，完善大病医疗保险制度、提高义务教育供给数量质量、建立租售并举的住房改革制度等等，这是解决群众安居乐业的先决条件，也是消除人才发展后顾之忧的关键。推进基本公共服务均等化，既能缓解地方存量人口享受不平衡公共服务的内部矛盾，又能提高地方对流量人口吸引力；既能为已发展的城市低收入人群提供发展权益基本保障，也能满足后发展地区贫困人口脱贫致富、基本生活提供兜底保障。第三，地方政府应以精准脱贫为主要竞争目标，通过扎实推进精准脱贫，深入推进产业、教育、健康、生态和文化等扶贫，建立健全稳定脱贫、防止返贫的长效机制。这既能从供给侧为地方发展获得新增产业工人，又能从需求侧增加居民收入、扩大内需规模，为地方经济发展拓展新优势和新空间。

五、结语：要努力建设中国特色的地方政府纵横治理体系

通过全面深化改革驱使中国经济进入高质量发展阶段，要对具有中国特色和竞争力的地方政府竞争制度进行修正和改造，建立和完善为高质量发展而竞争的制度体系就是一种现实的选择。我们不能把过去为中国发展做过重要贡献的"为增长而竞争"的制度体系，"像倒洗澡水一样把婴儿也一起倒掉了"。

"中央政府—地方政府—市场"这种三维主体的纵向治理结构模式，适应我国集中统一、幅员辽阔、人口众多、区域发展高度不平衡、情况千差万别的国情。改革开放40年来的经验告诉我们，在建设现代化经济体系的伟大事业中，如果不充分发挥这三个层次的积极性，尤其是基层干部群众的积极性，仅仅具有高层某个层面的积极性，这个经济建设的总纲领就无法落地和落实。因此如何再次让地方政府在经济发展

和国家治理中强大起来，发挥其应有的作用，重新构建一个高效的"纵向治理体系"，是未来新时期社会主义经济建设的重要任务。经过多年的发展，我国已经在区县一级形成了一个高效且极具执行力的基层政府组织。随着中央会进一步对地方政府进行放权，应以绩效考核改革为抓手，通过鼓励区域发展竞争来提高地方政府的治理能力，便于提高经济发展活力。

区域之间政府的发展竞争，属于"横向治理体系"的一部分。地方政府之间既可以有发展竞争，也可以有发展的合作。竞争与合作是一体两面的机制。在这个经济全球化、分工日益细化的时代，各地方政府撤除行政壁垒，竞相开放自己的市场，既有竞争又有合作，是大势所趋，是区域市场一体化的发展含义。习近平同志2014年2月就推进京津冀协同发展所提出的要求，首次界定了政府在区域发展一体化方面的基本职责和基本工作内容，也是未来地方政府在高质量发展竞争与合作中，必须遵循的基本职能。概括起来就是七个方面：一要负责一体化发展的相关规划的顶层设计。二要打破自家"一亩三分地"的思维定式，发挥合作发展协调机制的作用。三要理顺产业发展链条，形成区域间产业合理分布和上下游联动机制。四要调整优化城市布局和空间结构，促进城市分工协作和一体化。五要加强生态环境保护方面的合作。六要把交通一体化作为先行领域，构建现代化互联互通综合交通网络。七要推进市场一体化进程，破除限制生产要素自由流动和优化配置的体制机制障碍。

在新发展理念指导下，新一轮地方政府间的竞争和合作，必然对我国区域经济发展格局产生时空压缩、增加密度、减少分割的经济地理重组效应，从而实现国土资源利用效率较高、要素密集程度较大、城市群落连绵、区域发展差距较小的现代化经济体系的空间结构。

参考文献

［1］张占斌："地方政府公司化反思"，《决策》2006年第11期。

［2］邓聿文："地方政府公司化削弱社会信任感"，《领导科学》2009年第

14期。

　　[3] 刘志彪："我国地方政府公司化倾向与债务风险：形成机制与化解策略"，《南京大学学报（哲学社会科学版）》2013年第5期。

　　[4] 张维迎、栗树和："地区间竞争与中国国有企业的民营化"，《经济研究》1998年第12期。

　　[5] 何艳玲、李妮："为创新而竞争：一种新的地方政府竞争机制，《武汉大学学报（哲学社会科学版）》2017年第1期。

　　[6] 毛庆："聚焦1+8 推动对标找差取得实质突破"，《南京日报》2018年2月23日。

　　[7] Oi, Jean C, 1989, *States and Peasants in Contemporary China: The Political Economy of Village Government*, Berkeley and Los Angeles: The University of California Press.

　　[8] 陈国权、黄振威："地方政府创新研究的热点主题与理论前瞻"，《浙江大学学报（哲学社会科学版）》2010年第4期。

　　[9] 傅勇、张晏："中国式分权与财政支出结构偏向：为增长而竞争的代价"，《管理世界》2007年第3期。

　　[10] 刘志彪："深化经济改革的一个逻辑框架——以政府改革推进供给侧结构性改革"，《探索与争鸣》2017年第6期。

　　[11] 刘志彪："建设现代化经济体系：基本框架路径和方略"，《经济理论与经济管理》2008年第2期。

　　[12] 刘志彪："为高质量发展而竞争：地方政府竞争问题的新解析"，《河海大学学报（哲学社会科学版）》2018年第2期。

新时代中国特色的社会主义宏观调控*

宏观调控是改革开放40年来中国迎接世界经济波动、推动自身持续稳定发展的重要法宝。近年来,在世界经济整体低迷、国际贸易冲突此起彼伏的大背景下,中国经济之所以能够在稳增长、促转型、调结构中稳中有进,根源在于党的十八大以来,通过一系列的重大改革,保障了中央政府在宏观调控上的权威性与有效性,实现了政令畅通,让宏观调控政策在传导的机制上不走样、不跑偏,并通过不断创新和完善宏观调控,增强了宏观调控的前瞻性与科学性,推动了经济平稳运行和结构转型升级。

一、新时代中国特色社会主义宏观调控实践的新变化

自党的十八大以来,中国特色社会主义宏观调控正在呈现出一系列全新的行动逻辑、实践形态与外部特征。

(一) 从弱政府强市场到强政府强市场

作为后发赶超型现代化国家,中国的宏观调控具有典型的阶段性、

---

* 本文作者为何雨,江苏省社会科学院。本研究系江苏省社会科学规划办公室社会科学基金基地项目(15JD009)阶段性成果。

探索性与创造性特征。其中，至关重要的是对政府与市场关系的认识、理解与实践，这在相当程度上影响甚至决定了不同阶段宏观调控呈现出来的具体形态。大致来说，政府与市场的关系有四种可能模式：一是强政府弱市场模式；二是强政府强市场模式；三是强市场弱政府模式；四是弱市场弱政府模式。

上述每一种模式都有自身的历史或现实对照物。最为常见的或主流性模式为强市场弱政府模式。这一模式源自于资本主义的早期实践，贯穿于人类现代化历史的整个过程，不仅有着悠久的实践基础，而且也有着深厚的学理基础。在资本主义发轫期，由于民族国家的结构与功能尚不完整，古典自由主义经济理论中的"守夜人"成为当时政府角色的理论依据。亚当·斯密认为，政府以守夜为天职，其所承担的职能应该被限定在：保护本国社会的安全，使之不受其他独立社会的暴行与侵略；不使社会中任何人受其他人的欺负或压迫，换言之，就是设立一个严正的司法行政机构。这一限定的政策取向就是，采取自由放任主义经济政策，政府不干预直接的经济活动，只为经济活动提供必要的公共产品——秩序：对外，保障本国不受他国侵犯；对内，保障公民合法的经济活动。斯密的这一主张，成为全球资本主义的圭臬。时至今日，强市场弱政府依然是西方资本主义的理论基石与政策原点，不仅主要资本主义国家，如美国、英国、日本、德国、法国等都坚守自由放任资本主义的内核，而且在华盛顿共识的驱动下，大量后发国家也进行了模仿性跟随。

如果说强市场弱政府是资本主义国家处理市场与政府关系的基本模式，那么强政府弱市场则在相当程度上成为社会主义国家的主流模式。包括苏联、东欧和亚非拉在内的历史的或现实的社会主义国家，在自身的现代化实践中，面对自由放任资本主义带来的灾难性后果，受苏联模式的影响或启发，相继采取了以政府驱动为核心的现代化道路。历史地看，这一模式在取得了巨大成绩的同时，也付出了惨痛代价，并随着苏联解体、东欧剧变，社会主义运动陷入低潮而遭到沉重打击。

强市场弱政府模式和强政府弱市场模式，分别代表了资本主义与社会主义国家在现代化实践上的两极。除此之外，另一种较为普遍的现象就是弱市场弱政府模式。这一模式主要集中在亚非拉后发国家身上。出现这一现象的原因在于，处于现代化入口处的广大亚非拉发展中国家，由于经济社会发展程度偏低，在实施模仿式现代化时，往往形是神非、南橘北枳，既没有汲取资本主义国家强市场的好处，又没有获得社会主义国家强政府的经验，相反，却把两者的弱点与劣势接收了。

如果说，前三种模式都有具体的现实对照物的话，那么在相当程度上可以说，强政府强市场模式是一种全新的尝试，几乎没有任何成功的先例。在此之前的模式，要么以市场为主，要么以政府为主，要么两者都弱。强政府强市场模式，不是抽象理论的衍生物，而是中国后发赶超型现代化实践的逻辑必然。纵观中华人民共和国成立以来的近70年时间，在政府与市场关系上，中国大致经历了三个阶段：改革开放前的强政府弱市场模式，即，计划经济模式；改革开放40年来的弱政府强市场模式，即市场经济模式；以及全面深化改革阶段的强政府强市场模式，即中国特色社会主义市场经济。

强政府强市场模式是党的十八大以来中国在社会主义现代化新征程上的一个实践与理论创造，但也并非一蹴而就。2013年7月23日习近平同志在武汉召开部分省市负责人座谈会时强调："进一步提高宏观调控水平，提高政府效率和效能。以加快转变政府职能为抓手，处理好政府和市场的关系。"这一表述，基本上还是延续此前政府与市场关系的基调。但是，到了2014年5月26日，习近平主持中央政治局第15次集体学习时强调："使市场在资源配置中起决定性作用、更好发挥政府作用，既是一个重大理论命题，又是一个重大实践命题。在市场作用和政府作用的问题上，要讲辩证法、两点论，'看不见的手'和'看得见的手'都要用好，努力形成市场作用和政府作用有机统一、相互补充、相互协调、相互促进的格局，推动经济社会持续健康发展。"坚持辩证法、两点论意义上的"都要用好"，意味着新时代中国特色宏观调控思想的一次飞跃,从以往的非此即彼模式,进入到两者相辅相成、协同互动的阶段,强政府与强市场共存,成为宏观调控的新信号。2017年10月的党的十九大报告进一步明确了强政府与强市场的内涵,即,"着力构建市场机制有效、微观主体有活力、宏观调控有度的经济体制"。其核心是,明确市场经济与宏观调控各自的适用边界,让市场经济在资源配置中发挥决定性作用,让有为政府提供高质量的发展环境、公共产品与服务,推动两者在各自的边界范围内各就其位、各尽其职,让形成合力,共同推动中国迈向高质量发展的新征程。

(二) 从目标管理到区间管理

党的十八大后,中国经济最大的变化就是增长速度的"L"形变化,从2010年的10.6%下降到2013年的7.8%,并继续探底至2016年的6.7%。对于中国经济大幅下行的现象,习近平总书记用"新常态"进行了解释:"我国发展仍处于重要战略机遇期,我们要增强信心,从当前我国经济发展的阶段性特征出发,适应"新常态",保持战略上的平常心态。"在2014年11月的亚太经合组织工商领导人峰会上,他指出经济"新常态"有几个主要特点:速度——"从高速增长转为中高速增长",结构——"经济结构不断优化升级",动力——"从要素驱动、投资驱动转向创新驱动"。

在"新常态"的总体判读下,"三期叠加"是对当时和今后中国经济发展阶段性的特征所进行的具体而形象的描述,即增长速度换挡期、结构调整阵痛期、前期刺激政策消化期是中国经济发展的阶段性特征。其中,经济增速换挡期指的是经济增速呈现逐级放缓的态势,从两位数增长进入到个位数增长阶段,这一判断针对的是经济发展的总量、数量问题。结构调整阵痛期指的是经济发展方式的转变,针对的是经济发展的质量、效益问题。前期刺激政策消化期指的是应对2008年经济危机时的刺激政策累积效应和溢出效应,针对的是宏观调控的方向、手段。

以"三期叠加"为主要特征的经济"新常态",也带来了宏观调控的巨大变化。其中，最为典型的是宏观调控目标变化。面对"新常态"下经济下行的巨大压力，新一届政府在开局之年，沿用的依然是此前经济社会发展的目标管理模式。真正的变化发生在3年之后。李克强总理在2016年的政府工作报告中提出，当年中国经济增长目标为6.5%至7%。这是20年来中国政府首次将经济增长目标设定为一个区间范围。在稍早前召开的地方"两会"中，经济增长目标的区间管理苗头已经集中涌现。江苏在省政府工作报告中提出，当年GDP增长预期目标为7.5%—8%；浙江全省经济社会发展的主要预期目标为GDP增长7%—7.5%；上海建议全市GDP增长6.5%—7%；广西壮族自治区地区生产总值预期增长7.5%—8%。

事实上，稳增长的区间管理新理念要远远走在实践前面。早在2013年7月，李克强在广西自治区主持召开经济形势座谈会时说："宏观调控要立足当前、着眼长远，使经济运行处于'合理区间'。"即只要经济增长率、就业水平等核心指标不滑出"下限"，物价涨幅等指标不超出"上限"，政府就不刺激干预，专心调结构、促改革。这是对"合理区间"作出的首次具体阐释。在当年10月的一次国务院常务会议上，李克强总理再次强调，要创新调控方式，明确经济增长合理区间的上下限，有效缓解经济下行压力，稳定社会预期。次年，"合理区间"首次写入政府工作报告，指出2014年中国经济增速稳、就业稳、物价稳，经济运行处于"合理区间"。

区间管理是一种新的管理理念和管理模式，不再单纯盯住管理的终极目标，而是关注管理目标在合理区间内的变动，只要管理目标的变动不超过设定的区间，就已达到了管理的目的。当经济运行接近区间下限时，调控的主要着力点是稳增长；当经济运行接近区间上限时，调控的主要着力点是防通胀；当经济运行处于中间状态时，则专注于深化改革和调整经济结构。区间调控意味着，只要经济运行处于合理区间，宏观调控政策就不需要有大动作。只有当经济偏离合理区间时，才需要实施刺激或紧缩政策。按照区间调控的思路来调控经济，就能够在保持经济平稳增长的同时，有效推进制度创新和结构调整。与传统的稳增长目标管理方式相比，区间管理不仅能够增加经济发展的弹性和可操作性，有益于稳定和引导市场预期，而且也能够更好地满足推进结构性改革的需要，在经济下行压力增大情况下为改革和转型留出足够空间。

迈向区间管理的宏观调控，展现了"新常态"下中国经济发展的定力与能力。保持经济运行在合理区间，是适应经济"新常态"的新思路，也是我国经济平稳发展的现实表现。2015年10月21日，习近平总书记在和英国首相卡梅伦共同出席金融城中英工商峰会时指出："当前，中国经济运行总体平稳，稳增长、促改革、调结构、惠民生、防风险都稳中有进，主要指标处于合理区间和预期目标之内。"他强调："经过30多年快速发展，中国中等收入群体不断扩大，全要素生产力持续提高，经济发展方式加快转变，中国经济将保持强大动力，释放出更大发展潜力。中国经济运行将始终保持在合理区间，不会硬着陆。"在同年11月举行的亚太经合组织工商领导人峰会上，习近平总书记再次指出："在世界经济增长放缓的背景下，中国积极应对各种困难和挑战，经济运行在合理区间，保持平稳较快发展。"

（三）从需求侧调控到供给侧调控

以需求侧管理为重点的凯恩斯主义，一直是改革开放以来中国宏观调控的分析框架与政策框架。在需求决定增长的假定下，紧盯需求总量进行对冲性的逆向调节，当总供给大于总需求时，着眼于扩大需求；当总需求大于总供给时，着眼于压缩需求。通过实施扩张性的宏观经济政策，依靠投资驱动，把经济增长率锁定在目标值上，成为中国应对危机屡试不爽的经验。然而，这一立足于需求侧的宏观调控政策主线，却在党的十八大后遭遇了巨大挑战。需求侧宏观调控的致命缺陷在于，对于后发赶超型国家来说，存在低水平循环陷阱，无法及时从粗放型发展中超越出来。特别是，基于需求侧管理的凯恩斯主义宏观调控，面临着投资报酬递减规律的刚性约束。事实上，早在"九五"计划时，中央政府就提出了改变经济增长方式的要求,但历经20年,转变经济增长方式依然在路上。相当程度上,问题就出在了需求侧管理的凯恩斯主义的宏观调控上。

必须从以"三驾马车"为主体内容的凯恩斯主义宏观调控中走出来,才能真正推动中国经济结构的调整、经济发展方式的转变。正是在此意义上,以供给侧结构性改革为核心的宏观调控内容,才成为时代关键词。供给侧结构性改革是在国际经济环境发生重大变化的背景下,针对中国经济发展新阶段出现的新情况,为解决现实问题而提出来的重大理论创新。根据2016年中央经济工作会议精神,供给侧结构性改革的基本要义可以归结为以下四条:一是供给侧结构性改革应当以满足市场需求、实现供求关系新的动态均衡为最终目的;二是厘清政府与市场的边界,重构制度框架与监管框架,完善市场在资源配置中起决定性作用的体制机制,增强微观主体内生动力;三是扩大有效供给,减少无效供给,提高供给结构对需求变化的适应性和灵活性;四是促进经济增长新机制的形成来实现提高全要素生产率、更好满足广大人民群众的需要、促进经济社会持续健康发展。

自2015年11月以来,习近平同志多次提及推进供给侧结构性改革。"十三五"规划纲要提出,"在适度扩大总需求的同时,着力推进供给侧结构性改革"。当前供给侧结构性矛盾,突出表现为部分行业产能严重过剩、部分地区房地产库存高企、企业杠杆率偏高、实体经济成本过高、经济社会发展领域一些"短板"突出。自党的十八大以来,虽然煤炭、钢铁行业去产能取得了初步进展,但产能过剩的问题仍很突出;总体杠杆率上升速度有所放缓,但仍处高位;房地产整体库存水平有所下降,一、二线城市去库存取得重要进展,但三、四线城市库存消化周期仍然较长;2016年,全年企业成本降低1万亿元以上,规模上比工业企业每百元主营业务收入成本下降0.14元,但企业成本仍然偏高,与美国等发达国家的差距依然不小。2016年全年脱贫1000万人,但脱贫攻坚等补"短板"任务依然十分艰巨。

供给侧结构性改革，立足于结构调整，而非总量调节，瞄准的是提高供给质量，优化供给结构。推动供给侧结构性改革的根本途径在于全面深化改革。与以往需求侧管理不同的是，自党的十八大特别是十八届三中全会以来，推动供给侧结构性改革的重心在于推进各种基础性的改革。传统的政策工具也因时而变、顺势而为。如同样是积极的财政政策，已经从过去的致力于需求总量扩张转变为推动结构性调整；以总量刺激为主要目标的投资，重心也转移到优化结构、提高质量；减税减费从增加企业和居民的需求转移到降低实体经济的运行成本。

党的十九大报告提出，深化供给侧结构性改革，推动经济发展质量变革、效率变革、动力变革，提高全要素生产率。在此意义上，供给侧结构性改革战略的实施标志着中国经济的转型与发展正在迈向新境界、新阶段。

（四）从大水漫灌到精准施策

党的十八大以来，我国宏观调控开始强调财政政策和货币政策在宏观调控中的主体地位。如十八届三中全会指出，健全"以财政政策和货币政策为主要手段的宏观调控体系"；"十三五"规划纲要也要求，"完善以财政政策、货币政策为主，产业政策、区域政策、投资政策、消费政策、价格政策协调配合的政策体系"。更加强调财政政策和货币政策的主体地位，符合宏观调控对短期经济波动进行逆周期调节的主要定位。实现对短期波动的逆周期调节，要求调控工具具有灵活有效、时滞较短等特点。更加强调财政政策和货币政策的主体地位，有助于提高宏观调控的效率。

2016年2月22日召开的中共中央政治局会议指出："实现今年经济社会发展目标任务，要稳定和完善宏观经济政策，继续实施积极的财政政策和稳健的货币政策，创新宏观调控方式，加强区间调控、定向调控、相机调控，为经济发展和结构性改革营造稳定环境。"如果说，区间管理增加了宏观调控的弹性，那么，定向调控、相机调控则增加了宏观调控的精准性、针对性与灵活性。这意味着，中国宏观调控也从大水漫灌的粗放式阶段进入到了精细化的因地制宜、量体裁衣的精准施策阶段。

宏观调控上的精准施策，是新一届政府区别于此前政府的显著特征之一。与应对 2008 年美国次贷危机的强刺激不同，党的十八大以来，中国政府宏观调控呈现出预调、微调、适时适度调节的特点。例如，2014 年第一季度，我国经济增速下行到 7.4%。这时就出台了多项微刺激政策，包括增加中西部铁路建设投资、加快棚户区改造、加大对小微企业减税力度等，取得了良好效果，2014 年第二季度经济增速恢复到 7.5%，防止了经济进一步下滑。

为更加有效地"激活力、补短板、强实体"，财政政策和货币政策不断增加精准性与针对性：在 2014 年，央行就于 4 月和 6 月两次实施针对小微企业和"三农"的定向降准操作，并于 3 月和 8 月各增加支农再贷款 200 亿元。在定向货币政策的支持下，2014 年面向小微企业和"三农"的贷款增速比各项贷款平均增速分别高出 4.2 个和 0.7 个百分点，补"短板"成效显著。就财政政策而言，财政部多次实行定向减税，拓宽小微企业税收优惠范围，为小微企业减负。据估算，2014 年通过定向减税政策为小微企业减税的规模达到 1000 亿元左右。

精准化、微刺激式的新宏观调控举措，不仅能有效应对经济下行压力，对经济运行中的痛点与难点对症下药，补齐经济运行"短板"，优化经济结构，而且还能为未来宏观政策预留空间，增强政策的可持续性。

二、新时代中国特色社会主义宏观调控的内涵规定性

"宏观调控"这一概念本身是由英国经济学家凯恩斯提出的，就是指国家综合运用各种手段（行政、法律、经济手段）对国民经济进行的一种调节与控制的行为。当然，这是一般意义上的宏观调控意义，而新时代中国特色社会主义宏观调控则有自身丰富而具体的内涵规定性。

（一）社会主义的内涵规定性

作为一种历史现象与干预形态的宏观调控，源自于凯恩斯主义。其在中国的实践，也呈现出对经济调节的全球共性规律的遵循，但是毋庸置疑，中国的现代化实践有着自身的历史、现实与价值取向，并在宏观调控上打上了这一烙印。其中，最为鲜明的烙印就是对宏观调控性质的限定，即这一调控是社会主义属性的。

社会主义，规定了宏观调控的属性。在资本主义国家，宏观调控承担的主要使命是对经济运行实施需求管理，目的是熨平经济发展中的波动，在不同群体中进行利益再平衡，维护资本主义体系的良性运行。对于中国来说，除了承担对冲、熨平经济发展波动外，宏观调控还有着自身的特殊使命，那就是要承担起作为后发国家赶超型现代化中的"弯道超车"使命，最大限度发挥社会主义制度优越性，解放社会生产力，改善人民生活，最终实现全体人民的共同富裕。根据党的十九大的表述，新时代的总任务就是要在"决胜全面建成小康社会"基础上，"夺取新时代中国特色社会主义伟大胜利"和"实现中华民族伟大复兴的中国梦"。为此，采取的策略是两个"十五年"的两步走战略：到2035年，基本实现社会主义现代化，全体人民共同富裕迈出坚实步伐；到2050年，建成社会主义现代化强国，全体人民共同富裕基本实现。

社会主义，影响了宏观调控的方式。尽管中国的宏观调控是在改革开放的探索中逐渐形成并不断完善的，但是宏观调控赖以实现的基础，却是建立在中华人民共和国成立以来的社会主义建设上。实施宏观调控的物质基础来自于社会主义革命与建设的成果。在重点领域、关键行业中占据支配性地位的国有企业，是实施宏观调控的重大抓手，如金融领域中的四大行、能源领域中的三桶油等。正是借助于一大批国有企业，才让宏观调控不会成为无源之水、无本之木。除此之外，实施宏观调控的体制机制也来自于社会主义革命与建设成果。并不是所有国家的宏观调控都是有效的，能达到预期目的的。历史经验表明，相当多的发展中国家，实施宏观调控往往功败垂成，如亚洲金融危机时东南亚各国政府、南美经济危机时相关国家等。从实践上看，对宏观调控的最大威胁来自于中央政府权威性不足。中央政府实施的宏观调控政策遭遇各地区各部门的抵制。对于中国来说，经过社会主义革命与建设的洗礼，在央地之间基本形成了较为畅通的令行禁止格局。受益于集中力量办大事的集体主义传统，国家层面的宏观调控基本上都能够得到总体性落实。

宏观调控的社会主义属性，不仅限定了宏观调控的目的与方向，而且也限定了宏观调控的手段与载体。随着中国特色社会主义开启新征程、取得新成就，宏观调控的这一社会主义优越性有望得到进一步的体现。

（二）中国特色的内涵规定性

中国特色，体现了宏观调控的历史性、民族性与地域性。作为一个大空间尺度的后发独立主权国家，中国的宏观调控有着自身的个性与特色。这种个性与特色表现在：

一是情境性。经验地看，在改革开放 40 年中，中国的宏观调控，除了因应危机，如东南亚金融危机、美国次贷危机外，在经济常态的情况下，主要职责就是推动赶超型现代化战略。其中，最为典型的就是在产业政策上的宏观调控。通过各种引导性、扶持性政策，孵化、壮大相关产业。在 40 年改革开放历史进程中，宏观调控为中国经济的高速增长发挥了保驾护航作用，经历了从稚嫩到成熟的演进过程：一是 1979 年至 1981 年间计划经济色彩仍然浓厚的宏观调控；二是 1985 年至 1986 年间财政货币政策"双紧式"的短暂宏观调控；三是 1987 年至 1991 年间基于治理整顿目标的宏观调控；四是 1993 年至 1996 年间实现"软着陆"的宏观调控；五是 1998 年至 2002 年间应对亚洲金融危机的宏观调控；六是 2003 年至 2008 年间社会主义市场经济体制基本形成后的第一轮宏观调控；七是 2008 年至 2013 年间应对世界金融危机的宏观调控；八是 2014 年至今的引领经济"新常态"的宏观调控。

二是规划性。实施赶超型战略的一个典型就是经济发展的目的性、计划性非常强。自1953年到1957年实施第一个五年计划以来，中国已经完成了十二个五年计划，现在处于第十三个五年计划承上启下的一年。当然，从名称上看，已经由计划改变为规划，但这依然不改中国经济社会发展的目标性与条理性本质。常态化下的宏观调控，基本上也是围绕着年度计划或规划展开。这在某种程度上也赋予了中国宏观调控的一个特色，即前瞻性。与被动的危机响应式宏观调控不同，中国的宏观调控大多是前瞻性的，是对年度工作的提前响应与卡位。

三是整体性。集中力量办大事，是中国的制度优势，也体现在国家的宏观调控上。作为后发国家，宽领域、全方位推进现代化，基本上是不可能的。为此，从中华人民共和国成立后起，非均衡发展就成为中国现代化的基本战略，即通过部分地区、部分领域的率先发展，以点带面，最终实现宽领域、全方位的现代化。无论是中华人民共和国成立初期的优先发展重化工业，还是改革开放后的东部地区率先发展，都是非均衡发展战略的体现。这也是大尺度空间主权国家迈向现代化的必由之路，但是，却在启动之初需要大多地区、领域作出配合性牺牲。任何牺牲都是艰难的，这个时候需要国家层面的宏观调控进行安排。如改革前以农业支持工业、改革后的以中西部地区支持东部地区，都是国家层面宏观调控的结果。通过发展序列、利益在空间与时间上的错配，走出总体性低水平发展陷阱，最终实现共同发展、共同富裕。

（三）新时代的内涵规定性

宏观调控，既是连续的，也是具体的。在不同阶段，宏观调控的背景、目标、内容、方式、手段等都有显著区别。自党的十八大特别是十九大后，随着一系列新论述、新判断、新部署、新安排的次第落地，宏观调控也开始肩负起自身的时代使命，呈现出自身的时代特色。

对于宏观调控来说，作为宏观背景的新时代具有极其丰富的内涵规定性，影响着宏观调控的方向、内容与方法。其中，社会矛盾的新变化，是宏观调控的新前提。党的十九大明确指出："我国社会主要矛盾已经转化为人民日益增长的美好生活需要和不平衡不充分的发展之间的矛盾。"这是自1981年以来，有关社会主要矛盾表述的首次改变。新的判断，源自于新的变化。正如报告所言："经过长期努力，中国特色社会主义进入了新时代，这是我国发展新的历史方位。"

对社会主要矛盾新变化的科学判断，不仅是确定党的工作重点任务和奋斗目标的基础，也是实施宏观调控的前提。世情、国情、党情、社情、民情的新变化，对宏观调控提出了新的要求。社会矛盾新变化，对宏观调控的影响，既是抽象的，也是具体的。2018年中央经济工作会议明确提出："坚持适应我国经济发展主要矛盾变化完善宏观调控，相机抉择，开准药方，把推进供给侧结构性改革作为经济工作的主线。"显然，对于当前和今后一个阶段来说，宏观调控要服从服务于社会矛盾的新变化。那么，从近期看，宏观调控的中心任务又是什么呢？

对于这一问题，2017年年底的中央经济工作会议给出了答案。那就是推动高质量发展是当前和今后一个时期确定发展思路、制定经济政策、实施宏观调控的根本要求。新时代的基本特征就是中国经济已由高速增长阶段转向高质量发展阶段。推动高质量发展，是保持经济持续健康发展的必然要求，是适应社会主要矛盾变化和全面建成小康社会、全面建设社会主义现代化国家的必然要求，是遵循经济规律发展的必然要求，也是宏观调控的根本使命。要围绕推动高质量发展，创新和完善宏观调控，推动质量变革、效率变革、动力变革，在打好防范化解重大风险、精准脱贫、污染防治的攻坚战方面取得扎实进展，引导和稳定预期，加强和改善民生，促进经济社会持续健康发展。

（四）市场经济的内涵规定性

党的十九大报告提出了"宏观调控有度"。何谓"宏观调控有度"？如何才能做到"宏观调控有度"？理解这一判断，必须要将其放在与市场经济的联系与对比中。市场不是万能的，会出现失灵情况。同样，政府也不是万能的，也会出现失灵情况。在此意义上，强调"宏观调控有度"，就是要求政府在实施宏观调控时，要有分寸。宏观调控，不是取代市场，更不是否定市场，而是对市场失灵的矫正与修补。

改革开放 40 年来，中国本质上是在市场取向的改革才取得了辉煌成就。就目前看，市场依然是推动生产力发展、满足人民群众对美好生活需要的最有效手段。也正是基于对这一点的清醒认识，党的十九大报告指出："构建现代化经济体系，就是要发挥市场在资源配置中的决定性作用和更好地发挥政府作用。"从表述看，关于市场的决定性作用前置于政府作用，市场具有相对优先性的地位。"有为政府"的前提或目标，建立在"有效市场"的基础上。政府的宏观调控，要以不影响、干扰、破坏市场在资源配置中的决定性作用为前提。

面对新时代的社会主要矛盾，必须继续坚定不移地坚持市场化改革的方向。通过重新界定政府与市场之间的领域与权力边界，让政府与市场在各自的边界内发挥各自的作用。对于市场来说，宏观调控的重点就是要妥善处理市场不足或市场过度带来的困扰。市场取向改革过渡的地方，把它收回来；市场取向改革不足的地方，就进一步推进改革。"宏观调控有度"，就是要求政府在宏观调控时既要有节制，又要有作为，动态把握好两者的关系与平衡。有节制，意味着政府在矫正市场失灵时不能滥权、越权；有作为，意味着政府在矫正市场失灵时不能缺位、失位。

三、创新与完善中国特色社会主义宏观调控

在探索社会主义现代化事业的征程中，一个成功的关键性经验就是较好地发挥了宏观调控的作用。改革开放 40 年来，中国宏观调控的演进历程，既是创新宏观经济调控思路和方式的过程，也是驾驭市场经济能力不断提升的过程。在以习近平新时代中国特色社会主义经济思想为指导的新时代，按照两个"十五年"的战略部署，开启社会主义现代

化新征程，同样需要宏观调控的与时俱进，紧扣社会主要矛盾变化，按照高质量发展的要求，继续创新和完善中国特色社会主义宏观调控。

（一）坚决维护宏观调控的权威性与严肃性

党的十八届三中全会明确提出，宏观调控权配置在中央政府，要"加强中央政府宏观调控职责和能力"。通常来说，宏观调控具有全局性、整体性特征，是党中央、国务院面对世情、国情的变化作出的安排与部署，理应成为各地区、各部门不折不扣完成的任务。但是，当宏观调控引发了当前利益与长远利益、局部利益与整体利益的冲突时，往往会引发各种形式的消极作为甚至变相抵制。如以生态文明建设为例，尽管党中央与国务院三令五申要求保护环境，推动经济的可持续发展，但是在部门利益、地区利益、短期利益的驱使下，环境保护面临的阻力重重。当前生态环境问题已经成为人民群众对美好生活需要中的"短板"。再比如，多年前党中央、国务院就反复指出产能过剩问题，并实施多轮宏观调控，然而实际效果却并不尽如人意，包括钢铁、煤炭、化工等在内的行业的去产能，不仅没有收缩，反而继续扩张。如果无法从部门、地区与短期利益中超脱出来，那么宏观调控的效果就必然会打折扣。值得庆幸的是，自党的十八大后，随着一系列重大改革的深入推进，特别是随着"四个意识"的不断深入，中央政府的权威性与严肃性得到大幅提高，令行禁止、政令畅通成为新时代的新气象，也极大地提高了新时代宏观调控的效度。如以"三降一去一补"为核心的供给侧结构性改革，之所以能够在较短时间内取得显著进展，就根源于宏观调控权威性与严肃性的提高。当前，以高质量为目标的发展新理念正在成为全民性共识，但是要想最终开花结果，同样离不开宏观调控权威性与严肃性的保驾护航。

（二）深刻认识宏观调控的规律性与科学性

中国特色社会主义宏观调控有着自身的规律性。这种规律性，既有一般市场经济条件下宏观调控规律的普遍性，又有中国实践情境下的特殊性。单纯强调宏观调控规律的普遍性，可能会导致本本主义，脱离中国现代化事业的具体实践；而片面强调宏观调控的特殊性，可能会陷入经验主义的迷思中。只有把宏观调控的一般规律性与中国实践的情境特殊性有机结合起来，才能真正做到宏观调控的科学性。从现状看，对宏观调控规律性的认识，无论是在深度上还是在高度上都与实践需要存在距离。特别是学术界与政策界存在较大的分歧：前者接受过良好的、规范的学术训练，更倾向于宏观调控规律普遍性；而后者具有丰富的实践经验，在现实生活中有更为具象的发言权，往往倾向于宏观调控的特殊性。如何站在中国道路、中国模式的高度上，对中国特色宏观调控的规律性作出理论上的抽象与解释，不仅是重大的理论问题，也是重大的实践问题。

（三）准确把握宏观调控的时代性与政策性

虽然宏观调控的主要工具与手段是相对稳定的，但是，宏观调控的目的与方向却是因时而变、因势而动的。现实地看，宏观调控都是源于问题，也是为了解决问题的。不同时代有着不同的问题，赋予了宏观调控的时代性。当前，随着社会主要矛盾转变为人民群众对美好生活的需要，宏观调控的时代主题也发生了变化，即各种宏观调控工具的运用，都要服从服务于高质量发展。从实践形态上看，几乎所有的宏观调控工具，最终都要转变为国家政策。以高质量发展为时代主题的宏观调控，同样是一系列相关政策的组合：财政政策要调整优化财政支出结构，确保对高质量发展的重点领域和项目的支持力度，压缩一般性支出，切实加强地方政府债务管理；货币政策要守住不发生系统性金融风险的底线，为实体经济服务；结构性政策要强化创新驱动，发挥好消费的基础性作用，促进有效投资特别是民间投资合理增长；社会政策要加强基本公共服务，加强基本民生保障，及时化解社会矛盾；深化改革要以完善产权制度和要素市场化配置为重点，推进基础性关键领域改革取得新的突破；扩大对外开放，要大幅放宽市场准入，加快形成全面开放新格局。

（四）全面增强宏观调控的体系性与协调性

宏观调控的手段和方式多种多样，除了传统的财政政策、金融政策、投资政策、消费政策等，还有宏观规划、收入分配、社会游说、行业自律、技术标准等。围绕着高质量发展的时代主题，必须全面梳理宏观调控的体系化思维，不断提高宏观调控的协调性。推动高质量发展，仅仅依靠单一的宏观调控手段必然是无法实现的，必须构建起涵盖财政、货币、消费、投资、产业、区域等各种工具在内的政策体系。与此同时，不断提高宏观调控政策间的协调性，促进多重目标、多种政策、多项改革平衡协调联动。一是部门层面的协调，加强对宏观经济政策时序、边界、方向、目标的协调，实现财政、货币、产业、区域、投资等政策的优化组合，形成调控合力。二是中央和地方层面的协调。中央层面在顶层设计时要充分考虑地方实际，最大限度调动地方积极性；地方层面要强化对宏观经济政策的理解、执行和传导，引导市场主体积极响应和实现宏观政策意图。三是国际层面的沟通协调。以更加宽广的全球视野，积极主动参与国际宏观经济政策沟通协调及国际经济规则调整和构建，努力营造良好的外部经济环境。

（五）正确处理宏观调控的管制性与市场性

宏观调控，本质上是一种政府干预行为，是一种经济管制行为，目的是为了弥补市场失灵带来的经济运行困境。但是目前有一些苗头值得注意，某些宏观调控政策在实施过程中出现了某些违背市场原则的迹象或表现，并且已经引发了不良后果。常态化下的产业政策，对推动中国经济结构优化、转型升级，确实是必要的，但是如果不注意尺度与分寸，反而会引发不必要的麻烦。如以"中国制造2025"为目标的宏观产业政策，已经成为中美贸易争端的核心议题。再如，以限价限购为核心内容的房地产调控政策，取得的实际效果，并不尽如人意。党的十九大报告已经明确了政府与市场各自作用，即发挥市场在资源配置中的决定性作用,更好地发挥政府作用。在政府与市场的关系中,政府的主要角色,应该是"店小二",要服务好市场这个主顾,做好宏观调控的管制性与市场性平衡,充分发挥市场在资源配置中的长期性、基础性优势,充分发挥政府在矫正失灵时的灵活性、针对性优势。

参考文献

[1] 中共中央文献研究室:《十八大以来重要文献选编(上)》,中央文献出版社 2014 年版。

[2] 亚当·斯密著,郭大力、王亚南译:《国民财富的性质和原因的研究》,商务印书馆 1972 年版。

[3] 韩学广、高亮:"宏观调控管理思路嬗变:从目标管理到区间管理",《中国行政管理》2013 年 11 期。

[4] 刘伟、陈彦斌:"十八大以来宏观调控的六大新思路",《人民日报》2017 年 3 月 1 日。

[5] 刘瑞:"宏观调控的定位、依据、主客体关系及法理基础",《经济理论与经济管理》2006 年第 5 期。

[6] 中共中央文献研究室:《十三大以来重要文献选编(上)》,人民出版社 1991 年版。

[7] 中共中央文献研究室:《十二大以来重要文献选编(上)》,人民出版社 1986 年版。

[8] 中共中央文献研究室:《十八大以来重要文献选编(上)》,中央文献出版社 2014 年版。

[9] 中共中央文献研究室:《十四大以来重要文献选编(上)》,人民出版社 1996 年版。

[10] 张勇:"宏观调控:中国社会主义经济学的重要概念",《甘肃社会科学》2017 年第 6 期。

[11] 刘志彪:"坚持市场取向的改革方向",《人民政协报》2018 年 5 月 24 日。

[12] 徐绍史:"创新和完善宏观调控",《人民日报》2017 年 12 月 19 日。

第九篇

现代化经济体系建设的案例研究

区域高质量发展的典型：昆山市*

有关高质量发展的理论研究，有三位经济学领域的学者做了深入探究。一是中国社科院金碚研究员发表了"关于高质量发展的经济学研究"，梳理了有关高质量发展的经济学的基础理论。二是北京大学张辉教授，提出了"要建设的现代化经济体系是贯彻新发展理念，以现代化产业体系和社会主义市场经济体制为基础的经济体系，以现代科技进步为驱动、资源配置效率高效、产业结构和产品质量不断升级的可持续发展的经济体系"。三是南京大学刘志彪教授，其研究成果之一是从区域发展与竞争的角度，提出了为高质量发展而竞争的地方政府竞争新体制，二是从实体经济发展的视角，提出高质量发展的问题与路径。

受以上文献的启发，我们尝试基于经济地理学理论，以昆山高质量发展的描述为例，提出新的分析视角、模型和政策建议。

一、"S-Glocalization"理论框架的构建

当前高质量发展的分析框架，与经济地理学的相关理论有很多契合。我们尝试在此基础上建立了一个分析框架，即 S-Glocalization 模型。

---

* 本文作者为包卿，江阴市发展和改革委员会、江南大学金融研究所。

现代经济体系由实体经济、现代金融、科技创新、人力资源和制度所构成。金融、人才和科技等都具有流动性、全球化和本地化特点，区域高质量发展必然涉及多尺度空间的融合互动，即"全球—地方化"，并需要"全球通道"与"本地互动"，这些特点是我们构建分析模型时所考虑的重要方面。

除了"全球化"与"地方化"两大战略性方向特征之外，我们提出区域高质量发展系统也是"三元主体互动"即"政府、市场和社会"互动协同的系统，这一点把原先现代经济体系中"三有体制"概念进行了拓展。再有，我们总结全球发展成功的区域都具有四方面的特征：关系转向中网络资本的丰富丰厚、文化转向中城市与区域活力的提升提高、制度转向中制度创新与制度厚度的塑造创造、发展演化中抢抓新经济机遇的敏锐敏捷。因此，我们提出"区域高质量发展"需要有"四大动力转向"维度的分析。

围绕"1—2—3—4"，即一个"全球—地方化"的现代经济体系、"两大战略维度""三元主体互动"和"四种动力转向"分析之外，我们将"五种邻近"融入分析框架。这是对上述四种分析的再丰富，是保障和实施路径。五种邻近，即地理邻近、认知邻近、社会邻近、组织邻近和制度邻近，是实现"全球—地方化"多尺度融合互动的需要、是实现两大战略维度的需要，也是"三元主体互动"和"四种动力转向"的需要。

综合以上，我们提出的区域高质量发展理论框架，可以归结为"1—2—3—4—5"框架。"1"是指涉及多维空间尺度的"全球—地方化"的现代经济体系；"2"是两大战略维度："全球通道"与"地方蜂鸣"；"3"是三元主体互动："政府、市场、社会"互动提升；"4"是四种动力转向：面向全球与地方网络的关系建构、文化软实力的提升、制度创新和抢抓新技术新组织的演化发展动力；"5"是五种邻近：地理邻近、认知邻近、社会邻近、组织邻近和制度邻近。我们把这个分析框架又命名为"S-Glocalization 模型"，"S"即"System"，是指"体系";"Glocalization"即"全球—地方化",把两大战略维度、三元主体、四种转向、五种邻近涵盖在一起。这一框架既综合了现代经济地理学所聚焦的区域发展相关理论,又契合了当前高质量发展与现代经济体系的论述,呼应了区域性实践层面的问题。

为竞争而高质量发展,新经济地理学认为区域竞争力主要表现为"本地性(本地规模经济与集聚经济)"与"空间性(外部关联)"两大维度。本地集聚经济越大,城市与区域竞争力越强,而在全球化和互联网时代,"空间性(外部关联)"的重要性显著提高。这正是我们所提及的"全球—地方化""全球通道"与"本地互动"问题。需要指出的是,当代经济地理学对"本地性"的认识,不仅仅是"本地集聚经济和规模经济",还要考虑与经济相关的政治、制度与历史文化要素,这些要素与"经济"一同构成了区域发展差异的根源。"空间性(外部关联)"是指区域在全球与地方网络中所产生的外部影响力,主要是通过"流动"和"网络"实现的,所依赖的是空间中介包括企业、产业、政府和人才等,主要流的形式是金融、信息/知识、人才和劳动力。区域竞争力是通过资源要素所依托的社会互动网络而产生的,城市与区域竞争力取决于这些流的汇聚以及所形成的区域生态系统,也即要处理好"流动"和"固定"的关系。所谓流动就是要加速融入各种流的运行网络,同时要通过各种手段尽量使这些流固定在本地。这是一个多尺度融合互动的"全球—地方化"过程。

综上,我们提出的"S-Glocalization 模型"既与当前主流论述具有一致性,又深化了理论认识,尤其对区域实践具有丰富的诠释与引导力量。

二、昆山市高质量发展的"S-Glocalization"实证分析

(一)评价指标分析

以"三有体制"和"四位一体"现代经济体系为中心,以"S-Glocalization 模型"为分析框架,我们制定了区域高质量发展分析指标体系。这些指标的选取尽量遵循可比较、可采集、客观性强的原则。现代金融,主要考虑采用上市公司和新三板企业数、Wind 数据库中风险投资股权投资数、本地注册股权投资公司数、市场化产业引导基金数;科技创新方面,选取和收集"国家级实验室、技术中心、工程中心、孵化器、火炬基地数""万人拥有发明专利数""高新技术企业数""本地与全国合作授权发明专利数""PCT 国际专利申请数";人力资源和人才方面,选取"千人计划人数""户籍人口增速(大数据分析采用腾讯和百度数据库数据)""诺奖实验室数"和"院士工作站数"等数据。在产业经济、实体经济方面,我们选取规模以上工业增加值率、高新技术产业产值占规模以上工业产值比例、财政收入与地区生产总值的比值、每万人拥有市场主体数、国家级火炬基地数、国家级产业集群地域品牌数和创新型产业集群试点数以及国家级特色小镇数等等。

在全球通道、全球链接方面,我们聚焦于领先企业的研发生产投资网络、各类专业园区的国际化、首位产业集群的国际化、国际化社区、国际化人才、离岸研发平台等,在地方蜂鸣、地方互动方面,我们关注各类登记注册社会组织数、产学研平台和载体、各类制度化的产业、科技、人才、市场、企业家的展会和论坛活动等。在三大主体互动、四种动力转向、五种邻近场域效应分析,我们主要着力于定性的评价分析。

(二)"S-Glocalization"框架下昆山发展的维度

1. 昆山产业经济与金融、人才、科技创新的协同发展分析。"四位一体"的现代经济体系是区域高质量发展的核心。第一,现代金融方面,昆山拥有国内 A 股上市公司 10 家,各类挂牌企业有 103 家(截至 2018 年 3 月)。Wind 数据库的数据显示,2012 年至 2017 年,昆山共有 7 个项目吸引了来自上海和苏州的风险投资与股权投资,投资金额一般在 2000 万元以上,投资行业集中于电子设备和仪器和电子元件产业领域。第二,在人才和人力资源方面,数据显示昆山拥有国家千人计划人才数是108人（截至2017年，其中自主申报入选人数为27人），2017年户籍人口增幅为4.6%。第三，在科技创新方面，2017年万人拥有授权发明专利数是51.67件，全社会研发投入占地区生产总值比重达3.2%，高新技术产业产值占规模以上工业比重达46%，科技进步贡献率达63.3%。拥有高新技术企业1003家，2013年至2016年与国内城市的合作创新成果——授权发明专利数共有139件，国际专利申请数达193项，数量远远超过国内同类城市水平。

昆山产业经济的主体是制造业，昆山IT产业形成了千亿级产业集群，有国家创新型产业集群试点"昆山小核酸产业集群（高新区）"和"智能装备产业集群（周市镇）"；有国家级产业集群地域品牌"周市镇智能装备产业"；有国家级火炬基地"张浦精密机械特色产业基地""小核酸及生物医药产业基地"和"电路板特色产业基地"。从分行业工业产值来看，前五位行业及占比分别是：计算机、通信和其他电子设备制造业，占58.77%；通用设备制造业，占6.52%；汽车制造业，占5.2%；化学原料和化学制品制造业，占3.86%；电气机械和器材制造业，占3.58%。从出口值来看，前五位行业及占比分别是：计算机、通信和其他电子设备制造业，占81.28%；通用设备制造业，占4.32%；汽车制造业，占2.16%；电气机械和器材制造业，占1.59%；橡胶和塑料制品业，占1.59%。从空间结构来看，2016年地区生产总值的占比，昆山开发区37.65%、高新区20.57%、花桥开发区7.27%、周市镇6.91%、张浦镇6.74%、千灯镇5.37%、巴城镇4.74%、陆家镇4.46%、淀山湖镇2.73%、锦溪镇2.07%、周庄镇1.43%。经济总量主要集中于中心城区一带，南北差异较大。从新兴产业发展来看，昆山目前已经形成了光电和半导体、小核酸及生物医药、机器人及智能装备三大创新型产业集群。在光电和半导体产业领域，引入了日月光、中科曙光、澜起科技和华天科技等一批龙头项目，初步形成了"设计—制造—封装测试—材料及配套设备"产业链。2017年，全市半导体产值超190亿元。机器人及智能装备产业集聚了一批有竞争力的机器人高新技术企业、研发机构和专业人才,与中科院沈阳自动化研究所进行合作,成立智能装备研究院,有7万平方米的专业孵化器及加速器,引进了德国库卡、意大利柯昆和上海博信等机器人产业项目,2017年完成产值达331亿元。

总之,昆山抢抓金融领域的改革试点机遇,积极推进科技金融、产业金融的发展。在招才引智方面,加大政策力度和实施专业分类政策,先后制定出台"人才新政33条",配套出台双创人才(团队)外专人才、高技能人才,以及社会化招才、柔性引才等20多项实施细则,全面构建起"1+X"的人才新政体系。2017年通过了《关于加快推进人才强市建设的若干措施》,2018年制定了《昆山市产业人才计划实施办法》。人才指数在福布斯中国大陆最佳商业城市排行榜中连续4年位居县级市第一,人才综合竞争力连续5年位列江苏省县(市)第一。在科技创新方面,昆山的协同创新成效卓越,最典型的是"昆山工研院"的成立与运作,目前已经在光电、半导体、小核酸与生物医药、机器人与智能装备四大新兴产业领域形成了一批科研和产业化成果。

2. 昆山高质量发展的"全球通道"与"本地互动"分析。"全球通道"与"本地互动"最初是多伦多大学Harald Bathelt教授在研究产业集群中提出来的分析模型,用以说明集群的发展依赖于内生性的网络联系,这被定义为"本地互动",以及外部知识和市场联系,被定义为"全球通道"。在新近文献中,越来越多的研究指出踏入外部市场和加入跨地区的乃至全球性互动的重要性。尽管知晓这一规律,但对于其交流互动的结构、建立和维持这种联系的方式依然很少有专门的研究。"本地互动"更多的是建立在具有相同的认知和分享相同的解释性框架的行动者之间的联系,而跨区域通道的建立需要大量成本和投资的长周期创造新信任的过程。

昆山的"全球通道"具有四个方面特点:一是邻近"全球性城市"上海,充分发挥"临沪"优势,实现全方位战略性对接;二是"对台"优势,已经在产业、金融、人才、文化等领域形成了系统化、制度化的互动交流安排,"对台"优势之外,昆山还正在通过新的产业集聚所形成的力量加以培育和引导国际化通道;三是产业集群优势,塑造形成了以"电子信息"为龙头,以新兴产业中"小核酸与生物医药"和"机器人与智能装备"为支撑的全球性产业联系的节点和枢纽;四是围绕"一带一路"开展的拓展与布局,目前主要体现为与乌克兰、白俄罗斯所建立的国际科技合作,以及在埃塞俄比亚设立产业园区的合作。这四个方面,推动了昆山国际化进程以及产业与城市升级进程。

分析研究昆山的"本地互动",我们归纳为三个方面的特征:一是公共政策的引领。如何在引入外资企业的同时推动昆山本土企业的发展?昆山市政府着力于推动外企与民企的配套合作,在此过程中促进民企向价值链高端提升。此外大力推进外资企业的"本土化"。2017年5月,昆山有18家企业获得跨国公司总部及功能性机构扶持资金,资金总额2269.2万元,占全省的27%,由此可见昆山在外资企业本地化过程中所取得的成绩。二是推动创新型产业集群发展,促进产学研战略联盟。昆山创新型产业集群的发展主要集中于电子信息、模具精密机械、小核酸和生物医药、机器人和智能装备等领域,现有国家特色火炬基地5个、国家级产业集群3个。政府大力推进"政府—产业—大学"的三螺旋生态系统建设,推进产学研战略联盟,先后成功建立了昆山工研院、南京大学昆山研究院、西安电子科技大学昆山研究院和清华大学昆山科技园等400多家产学研联合体。三是推进社会组织建设,重视发挥第三方组织功能。2017年,通过中国台湾电机电子商会和德国商会,分别在日本和德国举办城市推介与引资引智活动。

3. 昆山高质量发展中的四种动力转向。新旧动能转换是新时期高质量发展的重要内容。根据国际上新区域主义理论,区域发展研究存在四种转向——文化转向、关系转向、制度转向和演化转向。这四种转向,不仅是理论研究的新视角,也是分析区域发展实践的四个重要维度。

文化对经济个性的构建具有基础作用,规定和引导着社会行为,包含了规范的、审美的和道德—政治的原则或判断。昆山的发展过程中重视了四种文化的形塑,一是形塑"昆山之路"主动进取精神;二是推动城市形成开放包容、多元融合文化;三是丰富形成创新创业的地方氛围;四是推动形成学习型和创新型城市文化。关系与网络资源的整合提升。首先,昆山重视产学研各类平台组织建设,重视台资企业与内资民营企业的对接配套和互动,一定的机构密度与效能的提升,以及重视内部的互动,从而丰富了区域内部网络连接,提升了区域内部关系资产。其次,"昆山之路"就是打破地方藩篱,主动实现与更广更大尺度空间的关系联结。在改革开放之初,昆山选择的是"东依上海,西托'三线',内联乡镇,面向全国,走向世界"的发展战略。21 世纪以来,进一步推动建立省部联系机制,推动昆山试验区建设,不断丰富和打开国际化通道。根据中国人民大学杨瑞龙教授的分析,"昆山之路"的核心在于体制创新、机制创新和环境创新等。"昆山之路"起步于自主创办开发区,这离不开国内经济转型的制度背景,在这个制度框架下,体制创新使昆山率先获得制度的优先进入权,机制创新使地方政府得益于进行创新性的制度安排,而环境创新则通过制度环境的改善为昆山的发展注入了新的活力。演化创新方面,突出地体现为抢抓新兴产业的发展机遇,在半导体、机器人、小核酸和人工智能等新兴产业领域发展机遇,进行战略投资和发展战略引导。

4. "多维邻近"与昆山高质量发展。邻近性理论已经成为国内外学者研究全球化时代地方如何实现跨区域协同创新的重要理论指导。20 世纪 90 年代法国邻近动力学派提出邻近应该覆盖一系列维度。荷兰学者 Boschma 从 5 个维度对邻近性进行了定义,即认知邻近、组织邻近、社会邻近、制度邻近以及地理邻近,认为多维度的邻近性为地方跨区域学习和整合创新资源提供了便利。Asheim 和 Isaksen 强调了社会文化和制度维度的邻近性在跨区域协同创新中的重要性,认为研究机构和高等教育机构、负责技术转移的组织、职业培训机构以及商业协会等扮演了重要角色。Marianne Steinmo 等认为,地理、认知、组织和社会维度的邻近性是跨地区间企业和公共研发机构维持合作的重要推动因素。本文沿用荷兰学者 Boschma 教授对于邻近性 5 个维度的划分（地理邻近性、制度邻近性、认知邻近性、社会邻近性以及组织邻近性），分别阐释其对昆山跨区域协同创新的影响机理。

昆山实现多维邻近的举措有：一是推进对接上海和长三角深度一体化，昆山市委、市政府十分重视全面对接上海，目前着力推动形成昆嘉太战略联盟。二是紧密与科研院所对接联系，与清华大学台湾研究院合作连续多届举办"两岸产业合作论坛"，推动形成高校科研院所在昆山设立研究机构，先后成立了南京大学昆山研究院、浙江大学昆山创新中心、西安电子科技大学昆山研究院、沈阳自动研究所昆山智能装备研究院和中科院微电子所昆山分所等，这些机构的成立与运作大大促进了昆山产业创新，形成了密集的合作创新成果——合作专利和高新技术产品。三是全面推进台资企业扎根发展，在文化、教育、卫生、企业家组织、社团组织等方面扶持和引导发展完善。四是全力推动"两岸合作试验区"建设，在科技、文化、创业、金融、教育等领域加大改革和制度创新，促进昆山对接全球，接轨世界。

三、区域比较：昆山与杭州高新区（滨江区）和深圳南山区

分析区域高质量发展，需要系统思考，也需要参照比较的坐标。国外而言，美国的波特兰、奥斯汀和盐湖城可以列为昆山的对标城市；国内而言，可以学习借鉴深圳南山区、杭州高新区、上海张江高新区和北京中关村等。以下，我们主要突出与杭州高新区和深圳南山区的比较。

（一）主要指标比较

2017 年，深圳南山区实现地区生产总值 4601.5 亿元，增长 9.1%；一般公共预算收入 237.8 亿元，增长 27.6%；万人授权发明专利数达到 320 件/人，授权发明专利量为 7551 件，PCT 国际专利数达到 1 万件以上。上市公司总数 144 家，高新技术企业达 3000 家。其中 2017 年新增

739家,有大疆等"独角兽"企业11家,占全国总数的十二分之一。"千人计划"人才数达230人。

2017年,杭州高新区(滨江区)实现地区生产总值1088.9亿元,增长13.2%;一般公共预算收入142.8亿元,增长19.4%;出口额398.8亿元,增长10.7%。万人授权发明专利数达到47.5件/人,授权发明专利量为1893件。上市公司总数41家,全年新挂牌"新三板"企业24家,累计103家。高新技术企业700家,其中2017年新增141家,"千人计划"人才数达84人。高新技术产业占规模以上工业总产值比例为95.7%,工业增加值率为29.8%(详见表1)。

表1　区域高质量发展主要经济指标比较

指标名称	昆山	杭州高新区	深圳南山区
人均地区生产总值(万元/人)	21.2	26.8	30.6
研发投入占GDP比重(%)	3	12	6
一般公共预算收入与GDP比值(%)	10.01	13.6	5.29
每万人拥有授权发明专利(件/万人)	51.7	47.5	310
千人计划人才数(人)	111	84	—
外贸依存度(%)	99.87	36.6	41.2
高新技术企业数(家)	1003	700	3000
高新产业占规模以上工业产值比重(%)	46	95.7	—
规模以上工业增加值率(%)	17.7	29.8	33.7
到位注册外资(亿美元)	7.53	4.41	19.7
投资驱动系数(%)	21.57	20.8	23.8
年末户籍人口增幅(%)	4.6	8.49	8.02
PCT国际专利数(件)	193	—	10000
上市公司数(家)	23	41	144

注:以上数据作者根据相关统计报表和报告整理而成,时间截至2017年。

根据上述数据的比较,我们注意到昆山与以上两个地区存在的差距。与杭州滨江区在人均地区生产总值、一般公共预算收入占GDP比重、外贸依存度、投资驱动系数、规模以上工业增加值率、人口流入、上市公司等数据存在一定差距。而与深圳南山区在人均地区生产总值、每万人拥有授权发明专利数、国际专利数、外贸依存度、高新技术企业数、到位外资数、规模以上工业增加值率、人口流入和上市公司数量等方面存在一定差距。

三个区域，三种不同的区位，深圳南山区是大都市核心区，杭州滨江区是新城区，而昆山是上海大都市边缘的县域城市。三者各有特色，杭州滨江区信息技术产业发展强劲，2017年该产业收入增速达33%，高新技术产业增加值占规模以上工业增加值比重达95.7%，人口流入和地区生产总值增幅在三个区域中最高。深圳南山区科技创新活跃、国际化水平高（PCT国际专利数量深圳占全国40%左右，南山区是主体）、上市公司多、独角兽企业多、金融业占GDP比重高（达8%）。三个区域都是国内创新驱动发展的高地，只是在创新主体、发展机制等方面存在一定差异。

（二）发展战略比较——深圳南山区基于 S-Glocalization 框架的分析

基于S-Glocalization分析框架，第一，南山区的发展在科技创新、金融资本、人才集聚和产业经济方面形成了现代经济体系高地。第二，在全球通道和地方互动方面，南山区既有本土企业的全球化发展，又同时吸引了全球化的"跨国公司"进入，积极推动大学、各类联盟以及社会组织建设，推动学习型政府和城市建设。第三，政府的战略引领、市场化力量的发挥和社会力的培育提升都有充分的表现。第四，在创新网络、城市文化、制度创新和抢抓新技术、新组织、新产业方面的卓越表现，体现为创新网络的全球化布局与资源集聚、城市文化的开放包容，制度创新上与国际接轨，以及在新兴产业、未来产业发展方面的敏锐跟进、规划推进和政策激励。第五，推动区域多维邻近，通过组织国际活动和文体节庆赛事，引入国际化文教卫生资源，建设国际化的社区与样板街区，打造国际化交流平台，实现区域发展的国际化和全球化，南山区的战略目标是成为"宜居宜业的国际化创新型滨海中心城区"。

四、对昆山进一步提升高质量发展的建议

围绕本文所提出的 S-Glocalization 分析框架，提出以下五点对策建议：

（一）更大力度地推进"全球—地方化"现代经济体系建设

推动贸易、投资、文化、人才、教育和研发网络的"全球化"水平提升提高，以全球化的视野审视自身的产业与城市"全球化网络"现状与潜力。着力丰富政府的战略网络与自身的产业网络、社会网络与城市网络的融合互动，以全球的、区域的、国家的、长三角的和地方的多尺度空间来审视自身的战略定位、资源整合与互动融合。推动全球与地方之间多主体多网络的互动。积极响应全球化浪潮，丰富城市"朋友圈"的内涵，在科技、金融、生态、文化等多领域形成地方化的行动方案，争取多层面的领先示范。推动地方特色化发展，提升世界级先进制造业集群和特色小镇的发展和美誉度。总之围绕"全球—地方化"的现代经济体系，丰富和提升区域竞争力。

（二）更大力度地推进"全球通道"与"地方互动"建设

"全球通道"的水平决定了区域发展动能的提升水平。昆山的"全球通道"建设有三个思路：一是政府战略引领的网络通道，主要是"融沪联台"战略路径以及近年来所重视的各类城市节庆与平台载体建设，这包括"昆博会""品牌产品进口交易会""昆山杜克大学""留学生创业园"、国际化社区和国际化论坛与赛事活动等。二是企业与产业网络通道，昆山拥有世界 500 强投资的企业达 100 多家，具有电子信息"世界先进制造业产业集群"、一批创新型产业集群和示范性国际科技合作基地，通过对企业与产业网络需求的响应、对其潜能的挖掘，达

到提升城市与区域在全球网络中资源吸附性、集聚中心度以及辐射扩散影响力。三是重视社会网络的全球化通道，这其中最为显著的有昆山台协会和台湾电子电机行业公会以及其他的国际商会与社团。

地方互动，最根本的是重视社会治理创新，重视学习型城市和创新型城市建设中政府、企业、高校院所、社团组织、市场中介组织新闻媒介等的互动提升。在聚焦各类产业集群、特色小镇、产业园区建设中，落实多主体互动成效，推动区域创新生态系统建设。

（三）更大力度地推进"三元主体互动"中强政府、强市场和强社会建设

强政府，就是要更大力度地加强战略引领和政府服务，推动法制建设、制度创新和改革开放，实现更广泛空间尺度的资源整合与全球互动。通过战略规划的制定与宣介，推动集体共识的形成与丰富，提升集体行动的自发性，从而形塑区域发展共同体和生命共同体。强市场，就是要积极推进市场化改革的发展路径，丰富区域市场化的内涵，要大力发挥各类市场主体的作用，要推动实现法治、公平、自由和平等的市场化发展，重点之一是切实发挥企业和企业家发展主体作用，推动各类具有创新创业企业家精神的组织发展。强社会，就是要加强各类社会组织建设和提升社会治理水平。

（四）更大力度地推进四种动力的提升

四种动力提升是分析高质量发展的四个方向。第一是网络关系动力，城市与区域的发展建立于各种"流"体之上，各种"流"体又通过"网络"来实现流动。提升网络关系，就是要进一步实现全球与地方两极之间多尺度网络的灵活性，增强网络吸附力、链接度和联通性，实现网络绩效的提升。第二是文化动力，进一步发挥文化的黏性和穿透性功能，扩展与世界联系的开放包容文化，积极放大跨国公司与本土跨区域发展企业的先进公司文化，塑造包容性多元化的城市文化，不断拓

展文化资本内涵，在生态、科技和人文社科等领域塑造富有地方特色的文化品牌与节庆活动。第三是制度动力，按照广义的制度概念扩展在惯例、习俗、管理和体制机制等领域的创新，对标与接轨世界先进地区，提升区域制度厚度。第四是演化创新动力，就是抢抓新技术、新组织、新模式和新机遇，提升自身的弹性与韧性，对自身的路径要有反思，能够打破路径锁定，实现路径创新。

（五）更大力度地推进多维邻近与发展创新

重视地理邻近依然发挥的重要作用，放大区域内部一体化与先进典型的溢出效应，积极融入长三角一体化。在组织邻近方面，积极借力于区域内部跨国公司、台资总部型企业实现与全球的学习与对接。在社会邻近方面，积极发挥各类社团组织功能，扩展昆山的全球链接。在认知邻近方面，积极消除认知隔离，加强自身智库建设的同时，推动与全球性多领域的对话交流，推动智能化、绿色化和高端化的发展。突出科技转化与实践，推动专业化的各类团体发展，鼓励企业和产业组织的各类学习链接和创新联盟。在制度邻近方面，对标国内外先进地区，进一步丰富"临沪对台"和"昆山之路"的制度创新内涵。进一步加强对接自贸区、提升自主创新示范区的制度创新要求。

参考文献

［1］刘志彪："建设现代化经济体系：新时代经济建设的总纲领"，《山东大学学报（哲学社会科学版）》2018年第1期。

［2］高玉伟："高质量发展是未来中国经济的关键"，《证券日报之声》2018年2月3日。

［3］张辉："建设现代化经济体系的理论与路径初步研究"，《北京大学学报（哲学社会科学版）》2018年第1期。

［4］金碚："关于'高质量发展'的经济学研究"，《中国工业经济》2018年第4期。

［5］刘志彪："为高质量发展而竞争：地方政府竞争问题的新解析"，《河海大

学学报（哲学社会科学版）》2018 年第 2 期。

［6］刘志彪："强化实体经济 推动高质量发展"，《产业经济评论》2018 年第 2 期。

［7］王晓阳："全球化与信息化时代，如何较为全面地考察一个城市的经济竞争力？"，微信公众号"牛津小裁缝"2017 年 12 月 8 日。

［8］吕拉昌等：《新地理学》，科学出版社 2017 年版。

［9］贺灿飞、郭琪、马妍："西方经济地理学研究进展"，《地理学报》2014 年第 8 期。

［10］苗长虹、魏也华、吕拉昌：《新经济地理学》，科学出版社 2011 年版。

［11］杨瑞龙："'昆山之路'的制度创新意义——评《探索·创新——昆山经济技术开发区的实践》"，《现代经济探讨》2005 年第 4 期。

［12］胡杨、李郇："多维邻近性对产学研合作创新的影响——广州市高新技术企业的案例分析"，《地理研究》2017 年第 4 期。

［13］李琳、雒道政："多维邻近性与创新：西方研究回顾与展望"，《经济地理》2013 年第 6 期。

珠江三角洲地区建设现代经济体系的案例研究*

40年前,改革开放的第一声春雷在祖国的南粤大地响起。广东省特别是珠江三角洲地区作为当年改革开放的"排头兵",也是改革开放40年来发展和变化最大的省市之一。40年来以珠江三角洲为核心区域的广东经济社会发展发生了翻天覆地的变化。1978年至今,广东GDP年均增长12.60%,比同期全国平均增速快3.1个百分点,比世界平均增速快9.7个百分点,经济总量连续29年位居全国第一。相比1978年,2017年广东GDP增长了482.6倍,位居全国第二位。广东经济总量先后在1998年超越新加坡、2003年超越中国香港特区、2007年超越中国台湾地区。若按照2016年的平均汇率计算,2017年广东GDP折合美元达到13312亿美元,人均GDP达12010美元,已经接近了高收入经济体的标准。据预测,到2035年,广东GDP将陆续赶超西班牙、澳大利亚、韩国、俄罗斯、加拿大、意大利、巴西、法国、英国等9个国家,提升至相当于全球第六位经济体。

---

* 本文作者为谭蓉娟,广东工业大学经济与贸易学院;林学军,暨南大学国际商学院。国家社会科学基金重点项目"供给侧改革背景下中国先进制造业集聚区全球影响力培育路径研究"(15AZD073),国家社会科学基金青年项目"发达国家再工业化与中国的应对策略研究"(13CJL029)。

建设现代化经济体系，推动经济高质量发展，需要不断扩大对外开放。2018年"两会"期间，习近平总书记参加广东省代表团审议时强调："要以更宽广的视野、更高的目标要求、更有力的举措推动全面开放，加快发展更高层次的开放型经济，加快培育贸易新业态新模式，积极参与'一带一路'建设，加强创新能力开放合作。"显然，研究广东建设现代化经济体系，对于中国现代化战略的实施机制具有重要的现实意义和理论价值。

一、珠江三角洲建设现代经济体系的概况

近年来，广东省把创新驱动发展作为核心战略和总抓手，启动并扎实推进国家科技产业创新中心和珠三角国家自主创新示范区建设，区域创新综合能力排名跃居全国第一，全省研发经费支出居全国第一，全省国家级高新技术企业跃居全国第一。

（一）"新常态"下广东经济发展的新变化

经过改革开放40年的发展，广东省经济发展已进入"新常态"，经济社会发展的很多条件已经或即将发生根本性变化，必须更加注重改革的系统性、整体性和协同性，更加注重"五位一体"的全面推进和协同。广东经济发展的这种阶段性变化主要体现在供给结构及需求结构的变化上。

1. 供给结构和需求结构发生变化。从供给结构来看，传统低成本劳动力、资金、土地、能源、环境等要素供给逐渐成为历史。人口红利枯竭导致劳动力由"无限供给"变为"常态性短缺"，劳动力成本加快上升。如广东城镇单位就业人员平均货币工资由2002年的13859元/年增加到2015年的65788元/年，剔除价格因素，增长了375.00%。同时，产品供给结构失衡，制造业低端产能明显过剩，不能满足国内外对高端制造品日益增长的需求。从需求结构来看，在经济发展转向高收入

阶段的重要关口,广东面临的国内外需求结构发生了趋势性变化。国内外宏观环境的变化,导致过去依赖投资和出口拉动经济增长的发展模式难以为继。基础设施、制造业和房地产投资是拉动广东投资增长的重要板块,未来投资空间都将有所缩小,投资高速增长态势难以持续。且近年来国际贸易保护主义抬头,广东出口高速增长缺乏基础。同时,消费结构加快升级,信息、旅游、教育、医疗卫生、健康、体育、娱乐等消费新热点、新业态不断涌现,消费升级趋势日益明显。

2. 增长速度由高速增长转为中高速增长。1979—2007年,广东省GDP年均增长13.80%,处于高速增长阶段。自2008年国际金融危机以来,国内外形势发生根本变化,广东经济增速回落态势明显,2009—2017年分别增长9.70%、12.40%、10.00%、8.20%、8.50%、7.80%、8.00%、7.80%、7.70%,2012年以来,基本在8.00%左右徘徊。经济增长减速换挡,标志着广东进入经济发展"新常态"(图1)。

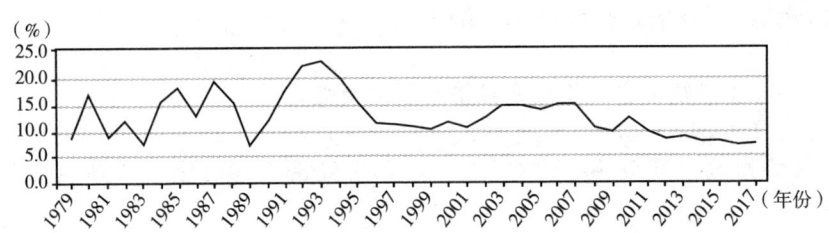

图1 改革开放以来广东GDP增速变化趋势(1979—2017年)

资料来源:1979—2017年的《广东统计年鉴》。

3. 经济结构正在经历深刻变化。2013年,第三产业增加值比重再次超过第二产业,这一结构变化预示着广东省增长的动力来源、就业贡献来源、价值创造和收入分配方式等也将随之发生变化。从工业内部行业看,随着市场环境、技术进步、要素条件等情况的变化,广东工业发展出现了分化的趋势。2012—2015年,从规模以上工业增加值年均增速看,在制造业31个大类行业中,计算机、通信等9个大类行业呈高速增长态势,电气机械和器材制造业等14个大类行业保持中速增长态势,石油加工等8个大类行业呈低速增长态势,分别占全省规模以上工业增加值的 38.30%、40.40% 和 10.90%。广东经济结构总体上呈现高技术制造业和战略新兴产业逐步发展壮大、传统行业趋于衰落的特征，产业分化趋势更趋明显，新旧动能加快更替。

4. 发展动力加快向创新驱动转换。2014 年以来，广东省把创新驱动发展作为经济社会发展的核心战略和经济结构调整的总抓手，在全国率先出台《关于全面深化科技体制改革加快创新驱动发展的决定》，启动珠三角国家自主创新示范区和全面创新改革试验试点省建设，着力打造国家科技产业创新中心以及广深科创走廊，发展动力加快向创新驱动转换。广东研究与开发经费（R&D 经费）支出占国内生产总值（GDP）的比重从 2012 年的 2.17% 上升至 2016 年的 2.52%，远高于全国平均水平。国家级高新技术企业增至 19857 家，跃居全国首位。2012—2016年，广东高技术制造业增加值和先进制造业增加值年均分别增长 10.70% 和 9.50%，占规模以上工业比重分别上升 3.50 个和 1.20 个百分点，成为经济增长的重要新动能。2015 年，科技进步对经济增长贡献率达 57.00%（表1）。

表 1　广东规模以上高技术制造业和先进制造业发展（2012—2016 年）

年份	高技术制造业增加值（亿元）	增速（%）	占规模以上工业比重（%）	先进制造业增加值（亿元）	增速（%）	占规模以上工业比重（%）
2012	5478.80	10.7	24.10	10923.69	8.30	48.10
2013	6654.38	9.8	25.10	12714.98	9.30	47.90
2014	7083.66	11.4	25.10	13419.81	9.20	47.60
2015	7529.02	9.8	25.60	14712.70	10.00	50.00
2016	8817.68	11.7	27.60	15739.78	9.50	49.30

数据来源：2013—2016 年的《广东统计年鉴》及《2016 年广东省国民经济和社会发展统计公报》。

（二）广东全面深化体制机制改革的探索

党的十八届三中全会以来，广东省按照中央决策部署，结合自身实际，以重点领域改革牵引带动全面深化改革，对重塑广东发展新优势起到了积极的推动作用。

1. 市场经济体制机制改革概况。市场体制改革是全面深化改革的重点，核心问题是处理好政府和市场的关系，使市场在资源配置中起决定性作用和更好地发挥政府作用。2012年以来，广东省紧紧抓住经济体制改革这个核心，在商事制度改革、投融资体制改革、财税体制改革等重点环节和关键领域持续发力。

在商事制度改革领域，广东2012年以来先后出台了《广东省商事登记制度改革方案》《广东省商事登记条例》等地方性法规和规范性文件，在全国率先推行商事制度改革，进一步优化营商环境，激发市场活力（表2）。

表2　　　　　　　　广东省商事制度改革政策及成效一览

商事改革领域	商事改革措施	改革成效
降低准入"门槛"	全面推行注册资本登记改革，变"实缴"为"认缴"，探索"一址多照""一照多址"等，支持试行住所申报制和电商集群注册托管	截至2016年底，全省实有各类市场主体896.63万户，占全国市场主体总量的1/10，2012—2016年年均增长13.00%，企业351.31万户，2012—2016年年均增长20.50%，每千人拥有企业32户，已超过中等发达经济体最高水平。市场主体数、内资企业数、外资企业数、私营企业数和个体工商户数均稳居全国第一。2016年新设私营企业和个体工商户创造就业岗位超过743.5万个，商事制度改革服务"双创"作用日益明显
促进简政放权	在全国率先开展"先照后证"改革，实现"五证合一、一照一码"，探索实施统一社会信用代码	
提升行政效能	推行网上注册大厅，开发全程电子化登记管理系统，对接全省各级网上办事大厅扩大全程电子化登记试点范围	
转变监管方式	加强事中和事后监管，全面推广企业信息公示，实施市场主体经营异常名录制度，强化"黑名单"应用	

在投融资体制改革领域，广东省先后印发《广东省企业投资管理体制改革方案》《广东省企业投资项目管理分类改革目录（暂行）》《广东省企业投资项目实行清单管理的意见（试行）》等文件，取消省管权限内企业投资项目核准，发布企业投资项目准入负面清单、行政审批清

单、政府监管清单。加大政府投融资体制改革创新力度,具有典型意义的是充分利用创投引导、股权投资等方式发挥财政资金杠杆作用,吸引保险资金、银行资金进入基础设施等领域,放大政府投资的带动效应。2014年广东设立规模达121亿元的"粤东西北振兴发展股权投资基金",主要投资于省政府批准规划的粤东西北12市及肇庆市共13个地级市新区起步区及中心城区扩容提质中的一级土地开发及基础设施项目建设。该基金按照10年左右的存续期,预计省财政资金杠杆效应预计可放大到30倍以上,总计撬动1 200多亿元资金投入。

在财税体制改革领域,广东省2014年出台了《广东省深化财税体制改革率先基本建立现代财政制度总体方案》,开始以改进预算管理、明晰事权和支出责任、构建地方税收体系、公平配置政府公共资源为重点,推动率先基本建立现代财政制度,初步形成了地方各级财政事权和支出责任划分的体系框架(见表3)。

表3　　　广东省财税体制改革政策措施一览

财税改革领域	财税改革措施
预算管理制度改革	2015年,印发实施《广东省人民政府关于深化预算管理制度改革的实施意见》,提出开展零基预算、项目库改革,建立跨年度预算平衡机制等,推进零基预算改革、推进项目库管理改革、建立跨年度预算平衡机制、规范专项资金管理
财政事权和支出责任划分改革	2014年开始试编省以下财政事权和支出责任"两个清单",探索在部分领域进行省以下财政事权和支出责任置换调整等,印发《广东省省级与市县财政事权和支出责任划分改革实施方案》,明确了省级与市县财政事权和支出责任划分改革的目标任务及实施路径
税收体制改革	围绕优化税制结构、完善地方税体系、改进税收征管体制等重点领域推进税收制度改革,全面推开营改增试点,改进税收征管体制,以共建办税服务厅、互设办税窗口和共驻政务中心三种形式,推进联合办税服务厅建设,创新纳税信用评价应用
财政投入和资源配置方式改革	突出经营性领域财政政策的杠杆性,通过实施股权投资、设立政策性引导基金等方式,提高财政资金使用效益。加快在公共服务领域推广运用PPP(即公共私营合作制)模式,在国内首创巨灾指数保险模式。在韶关、湛江、梅州等地开展巨灾保险试点

2. 科技体制机制改革概况。2012年以来，广东省大力实施创新驱动发展战略，先后出台了《广东省自主创新促进条例》《广东省促进科技成果转化条例》《关于全面深化科技体制改革加快创新驱动发展的决定》《关于加快科技创新的若干政策意见》《关于加快建设创新驱动发展先行省的意见》《珠三角国家自主创新示范区建设实施方案（2016—2020年）》《广东省系统推进全面创新改革试验行动计划》等文件，大力推进珠三角国家自主创新示范区和全面创新改革试验省建设，向科技体制改革要红利，有力促进了广东创新型经济建设。2012—2016年，全省研发经费支出占GDP的比重从2.20%提升到2.52%。2016年，专利申请受理量首次突破50万件，发明专利申请量突破15万件，国际专利申请量2.36万件，占全国总量的56.00%，均居全国首位。技术自给率达71.00%，科技进步贡献率超过57.00%，基本达到创新型国家和地区水平（见表4）。

表4　　　　　　广东省科技体制改革政策措施及成效一览

科技体制改革领域	科技体制改革措施
深化科技管理体制改革	实施科技业务管理阳光再造行动，着力构建新型科技业务体系，以新机制、新模式组织实施新一批重大科技专项
建立科技创新的市场导向机制	在国内率先探索实施企业研发准备金补助、科技创新券、创新产品与服务远期约定政府购买等普惠性政策措施，构建科技企业孵化育成体系，大力发展新型研发机构，率先建立孵化器风险补偿机制
深化高校和科研院所体制改革	以深化改革为抓手，推进高水平大学和高水平理工科大学建设；推进科研院所体制改革
完善科技成果转化激励机制	加快下放科技成果使用、处置和收益权；提高科研人员成果转化收益比例；开展经营性领域技术入股改革试点
知识产权体制改革	探索开展知识产权综合改革试点；建立完善司法保护机制；健全知识产权维权援助体系和纠纷解决机制；建立完善知识产权运营机制

3. 金融体制机制改革概况。在金融体制改革领域，广东省贯彻落实中央关于金融体制改革的决策部署，围绕实施创新驱动发展战略和粤

东西北振兴发展战略、产业转型升级、开放发展等核心工作,加快推进金融改革创新,有力支撑了广东经济社会持续健康发展。

2016年,全省金融业实现增加值6502亿元,比2012年增长了123.00%,占GDP的8.20%。截至2016年底,全省金融机构总资产达24.30万亿元,比2012年底增长了94.00%;本外币存款余额和贷款余额分别达18万亿元和11万亿元,分别比2012年底增长95.00%和88.00%;累计办理跨境人民币结算业务量突破10万亿元,直接融资额突破1万亿元,保险资金累计运用余额突破5000亿元,网贷成交量突破5000亿元。本外币存贷款余额、直接融资额、跨境人民币结算业务量等多项指标居全国第一。

广东省在全国率先出台金融服务创新驱动发展一揽子政策,从拓宽多元化融资渠道、建设金融平台和机构体系、完善金融保障机制三方面,提出具体的政策措施。在10个国家级高新区开展金融、科技、产业融合创新发展工作试点,建设广州、深圳前海、佛山南海金融高新区三大区域股权交易中心,设立科技银行、开展知识产权质押融资,探索投贷联动的创新服务。大力发展创业投资,广州、深圳、佛山、东莞、中山、珠海、江门等珠三角城市创新创业引导基金整体总规模已达500亿元;加快发展风险投资,目前已有近5万家VC/PE机构集聚深圳,注册资本约3万亿元。

2012年珠江三角洲9市和梅州、湛江2市获批珠江三角洲金融改革创新综合试验区;2014年广州南沙获批开展深化粤港澳台金融合作改革创新;2015年4月广东自贸区挂牌,开展跨境金融等系列金融改革创新。江门、梅州分别获批全国小微企业信用体系建设试验区和全国农村信用体系建设试验区;汕头获批华侨经济文化合作试验区。创建全国首个互联网众创金融示范区,建设国内首条民间金融街,设立全国首家民营银行暨互联网银行。推出粤港电子支票联合结算、金融IC卡跨境支付等金融服务创新。组建广东省粤科科技金融集团,打造科技金融综合服务平台,加强中小微企业征信体系建设,推动农村普惠金融发展。

4. 人力资源体制机制改革概况。广东省围绕建设人才强省和实施创新驱动发展战略，出台了《广东省人民政府关于加快科技创新的若干政策意见》《广东省人力资源和社会保障厅 广东省科学技术厅关于进一步改革科技人员职称评价的若干意见》等一系列政策，完善人才引进、培养、使用、评价、流动等体制机制。积极改革人才评价机制，加大高层次人才引进培养力度，完善人才激励保障机制，实施"珠江人才计划""广东特支计划""扬帆计划"等重点人才工程；建立更加灵活、便利的高层次人才服务机制，改革外国人来华工作管理体制机制，建立"统一管理、互联共享、协同监管、公众参与、便捷高效"的外国人工作管理体系。制定出台支持广东自贸区建设及创新驱动发展16项出入境政策措施，为海外人才提供便捷、开放的出入境和停居留环境。开设高层次人才服务专区，为12大类高层次人才提供出入境、特殊医疗、物品进境、子女入学等25项"一站式"服务。

（三）现代产业体系建设概况

1. 现代产业体系初步建成。改革开放40年来，广东省先后发布了《珠江三角洲地区改革发展规划纲要（2008—2020年）》和《广东省现代产业体系建设总体规划（2010—2015年）》，将现代产业500强项目建设和战略性新兴产业的培育工作作为现代产业体系建设的两大工作抓手。现代产业500强项目覆盖面广，涉及战略性新兴产业、先进制造业、现代服务业、优势传统产业和现代农业，在具体工作过程中各有侧重。战略性新兴产业百强项目以自主创新和产业化为重点，重点发展新电子、新能源汽车、新光源"三新"产业，力争在规划期内形成3—5个产值超千亿元的战略性新兴产业集群。先进制造业百强项目以资金技术密集型产业为重点，突出发展低能耗、高附加值产业，建设世界级先进制造业基地。现代服务业百强项目以生产性服务业为重点，突出发展高端服务业，建设世界现代服务业基地。优势传统产业百强项目突出信息化、品牌、质量和自主技术的提升作用，着重塑造"粤家电、珠江水、广东粮"的国际知名度和新优势。现代农业百强项目以生态质量效益为重点，重点支持农业自主创新和科技推广，提高农业科技水平。

2. 三次产业结构比例及劳动力流向发生根本变化。改革开放40年，广东三次产业结构发生明显变动，第三产业占比持续提高，在2013年实现产业结构由"二三一"到"三二一"的转变，在2017年达到4.6∶44.8∶50.6。产业结构升级带来就业结构不断改善，劳动力不断从第一产业向第二、第三产业转移。第二产业就业人员在2011年发生转折，占比由不断增加转向逐渐减少，就业贡献力相对减弱但同期劳动生产率提高，第三产业就业人员比重不断提高。劳动力不断从传统部门流向现代部门并持续向较高劳动生产率的产业转移，促进整体劳动生产率的提高。剔除价格因素，2016年劳动生产率比2006年大幅增长106.30%。2017年，广东劳动生产率达到了22.20万元/人。

3. 第二产业向资本和技术密集型转变。第二产业中，工业所占比重不断提高并于近年趋于稳定，2016年所占比重达到92.80%。工业内部分行业看，占比最大的行业仍为计算机通信和其他电子设备制造业，约占规模以上工业增加值的23.00%，工业行业结构基本稳定在以高加工度制造业为重心的重工业化后期，以电子通信设备制造为中心的技术密集型产业格局仍未改变，并逐步向资本和技术密集型工业升级。

4. 服务业发展效益大幅提升。2016年，广东第三产业占GDP比重在东部地区中排在北京、上海、天津和海南后列第五位，对GDP增长的贡献率和拉动率分别为61.40%和4.60%。占GDP比重前三位的服务业行业门类分别是批发零售业、房地产业和金融业。2016年，服务业贡献率最高的批发零售业、房地产业、信息传输软件和信息技术服务业、金融业四个行业，贡献率分别为9.70%、9.50%、8.40%和6.60%，合计达34.20%，已基本接近工业的贡献率。

（四）供给侧结构性改革概况

广东省近年来从供给侧入手抓经济发展，大力推进实施创新驱动发展战略、珠江西岸先进装备制造产业带建设、工业转型升级、"互联网+"行动计划等，取得了良好的成效。2016年2月，广东出台了《广东省供给侧结构性改革总体方案（2016—2018年）》及五个行动计划，明确了供给侧结构性改革的总体思路、目标、任务及措施。

广东省重点从分类处置"僵尸"企业、淘汰落后产能和化解严重过剩产能等方面，扎实推进去产能工作。2016年，实现国有关停类"僵尸"企业市场出清2394户，国有特困企业脱困427户。2016年压减钢铁落后和过剩产能307万吨、造纸落后产能9.66万吨，均超额完成年度任务。通过对口帮扶、产业共建等方式，推动珠三角地区部分产业有序转移到粤东西北地区。2016年，粤东西北地区承接珠三角地区转移项目534个，全省53个省产业转移工业园和30个产业集聚地实现规模以上工业增加值超2200亿元。

广东省认真落实国家房地产市场调控政策，完善土地供应方式，合理控制商品房供应规模，划分为"五类"城市进行分目标调控，努力保持房地产市场平稳运行。截至2016年年底，全省商品房库存面积1.4亿平方米，化解库存2358万平方米，其中化解商品住房库存2333万平方米、化解非商品住房库存25万平方米。

加强金融监管和监测预警，积极防范和稳妥处理各类金融风险，金融业平稳健康发展。截至2016年年底，全省金融机构不良率为1.56%，低于全国平均水平。全省证券期货机构、保险公司、小额贷款公司、融资担保公司的杠杆率均符合相关监管要求。

（五）绿色发展改革概况

2013年以来，广东省划定并严守耕地红线和生态保护红线，在全国率先建立实施生态严格控制区空间管制政策。在推进粤东西北地区振兴发展中，从严控制"两高一资"和产能过剩项目，守住生态环境安全底线；在珠三角地区实行最严格的环境准入制度，倒逼转型升级。2016年制定出台了《广东省生态控制线管理条例》（草案），划定了全省生态控制线、林业生态红线、海洋生态保护红线,并制定了相应的管控措施。

广东在全国率先开展碳交易试点。2013年12月,广东排污权有偿使用和交易试点在广州启动,选取电力、水泥、钢铁、石化四个行业约200家企业纳入首批碳排放管理和交易范围。2016年,再次将航空和造纸两大行业纳入排控范围,现有六大行业排控覆盖244家企业,占全省碳排放量的60.00%以上。

广东先后印发了《广东省生态保护补偿办法》《广东省人民政府办公厅关于健全生态保护补偿机制的实施意见》和《广东省水权交易管理试行办法》,探索推进省内横向生态保护补偿机制,并出台了《广东省党政领导干部生态环境损害责任追究实施细则》,对损害生态环境的党政领导干部实行终身追责。

(六) 高水平对外开放概况

对外开放的40年,广东省迅速融入世界经济体系。广东积极对接国家战略,结合自身实际,加大先行先试力度,着力推动新一轮对外开放取得突破。

1. 积极参与"一带一路"建设。2015年6月广东在全国率先出台《广东省参与建设"一带一路"的实施方案》,认真落实国家政策沟通、设施联通、贸易畅通、资金融通、民心相通的部署要求,以基础设施的互联互通、经贸投资合作等为重点,务实推进与"一带一路"沿线国家合作,取得显著成效。

截至2016年年底,广东省港口开通国际集装箱班轮航线291条,其中挂靠"一带一路"国家的航线234条。2016年,白云机场国际航班起降10.1万架次,国际及地区旅客吞吐量1358万人次。广州大田、东莞石龙铁路集装箱中心站的建设,畅通了与沿线国家的陆路大通道,"粤满俄""粤新欧""中韩快线""中欧班列"等国际班列相继开通。

通过产业园区建设带动国际产能合作,稳步推进中俄贸易产业园、广东—马六甲皇京港及临海工业园、沙特（吉赞）—中国产业集聚区、伊朗格什姆自贸区、埃塞俄比亚—广东工业园、中白工业园广东光电科技产业园等重点产业合作园区建设。支持广东企业赴沿线国家投资，在现代农业、先进制造业、现代服务业和跨国经营等方面开展深度合作。华为、中兴、美的等企业在沿线国家初步完成战略布局和品牌输出；中广核、粤电、广晟等参与沿线国家基础设施建设和资源开发取得初步成效。

加快推进三个自贸片区、中新（广州）知识城、佛山中德工业服务区、汕头华侨经济文化合作试验区等建设，着力打造"一带一路"重大合作平台。加快推进广州南沙、深圳前海和珠海横琴三个自贸片区建设，借助港澳紧密联系国际市场的优势，打造与欧美发达国家、葡语系国家对接的高端合作平台，致力于将自贸试验区打造成为高水平的对外开放门户枢纽。

广东着力促进与沿线国家的资金融通，设立首期规模 200 亿元的广东丝路基金及其他专项资金，支持企业到重点国别开展产业园区、重大基础设施、农渔业等领域项目合作。

2. 着力建设自由贸易试验区。2014 年年底，中央决定设立中国（广东）自由贸易试验区。广东认真落实国务院印发的《中国（广东）自由贸易试验区总体方案》，扎实推进广州南沙、深圳前海和珠海横琴三个自贸试验片区建设，形成了多项可复制、可推广的制度创新经验，并在对接国际高标准经贸投资规则体系方面加大探索力度。

广州南沙新区片区重点发展航运物流、特色金融、国际商贸、高端制造等产业，建设以生产性服务业为主导的现代产业新高地和具有世界先进水平的综合服务枢纽。深圳前海蛇口片区重点发展金融、现代物流、信息服务、科技服务等战略性新兴服务业，建设我国金融业对外开放试验示范窗口、世界服务贸易重要基地和国际性枢纽港。珠海横琴新区片区重点发展旅游休闲健康、商务金融服务、文化科教和高新技术等产业，建设文化教育开放先导区和国际商务服务休闲旅游基地，打造促进澳门经济适度多元发展新载体。自挂牌以来，广东自贸试验区在国际化市场化法治化营商环境、粤港澳合作、金融创新等重点领域进行了多项政策创新和改革探索，先后推出 2 批共 66 项改革创新经验在全省复制推广，跨境电商、智能化监管 2 项制度创新案例入选全国最佳实践案例，在商务部提出的 21 项可复制改革试验经验中，有一半来自广东。

3. 大力推动外经贸转型发展。广东大力调整优化外贸结构，加快壮大一般贸易和服务贸易，支持民营企业开拓国际市场，推动外贸格局加快从以外资企业和加工贸易为主向以一般贸易和民营企业为主转变。加强外贸转型升级示范基地、科技兴贸创新基地、机电和高新技术产品出口基地建设，不断扩大民营企业一般贸易规模。2016 年，民营企业进出口额为 2.74 万亿元，增长 10.50%。大力发展服务贸易，推进广州、深圳服务贸易创新发展试点，支持企业扩大技术、文化、中医药、运输等领域服务进出口，规范建设服务贸易示范园区和特色服务出口基地，深入推进粤港澳服务贸易自由化，大力发展服务外包。2016 年，广东服务贸易进出口额约为 1 万亿元，占全省外贸总额的比重为 13.80%。着力从供给侧入手增进外贸效益，支持出口生产企业加大研发投入、发展自主品牌，形成以技术、品牌、质量、服务为核心的综合竞争新优势。大力培育发展跨境电子商务、外贸综合服务、市场采购贸易等新业态，新的贸易增长点不断涌现。2016 年，广东跨境电子商务进出口额为 228 亿元，增长 53.80%，规模居全国首位。

4. 促进贸易和投资便利化。继 2015 年 4 月发布《中国（广东）自由贸易试验区管理试行办法》和 2016 年 6 月发布《中国（广东）自由贸易试验区条例》以来，广东自贸区已发布两批可复制改革创新经验，大部分涉及贸易便利化。南沙片区率先推动实施海关登记备案"一照一码"改革，率先制定保税监管领域"负面清单、权力清单、责任清单"，率先启动"互联网+易通关"改革。横琴片区推进"三互"大通关建设，积极开展口岸查验机制创新和口岸综合部门联合执法试点。三个片区海关均加大 AEO 互认、企业协调员实施力度，引导企业用好国际贸易便利规则。

二、珠江三角洲高质量经济体系建设的经验与挑战

以高质量实现立国兴国,以高品质求生存求发展,是一个国家迈向全面强大的必由之路。20世纪50年代的德国通过实施"以质量推动品牌建设,以品牌助推产品出口"质量政策,使得德国制造业在战后再一次迅速崛起。"二战"后的日本,则掀起了"质量救国"的热潮,其产品一度赶超欧美。从国内区域发展质量上看,以广州、深圳为核心城市的珠江三角洲具有高质量发展的样板意义。

(一) 珠江三角洲高质量经济体系建设的经验

1. 敢为人先,勇于改革。20世纪80年代初,珠江三角洲的深圳成为全国第一个特区,自此依靠政策优势和区位优势,解放思想,敢为人先,先行先试,创机立制,大胆实践。经过40年的努力,以广州、深圳为核心的珠三角经济建设取得巨大成就,各项社会事业全面进步。珠江三角洲也是当前供给侧结构性改革的排头兵。广东率先出台了《广东省供给侧结构性改革总体方案》及5个行动计划,打响了供给侧结构性改革的3年攻坚战。

2. 质量引领,效率优先。在40年的改革开放实践中,珠江三角洲最大限度地发挥了市场在资源配置中的决定性作用,促进要素、商品与服务自由的跨界流动,推动资源配置依据市场规则、市场价格、市场竞争,实现效率最大化和最优化。特别是深圳企业为代表的珠江三角洲民营经济作为具有高度活力的市场主体,培育出华为、平安、腾讯、正威集团、比亚迪等产业巨头,大疆、华大基因、光启、优比选等细分行业的领跑龙头。

3. 创新驱动,五链融合。作为我国改革开放的前沿和经济大省,党的十八大以来,广东坚定不移地把创新驱动发展作为经济社会发展的

核心战略和经济结构调整的总抓手，着力打造以创新为主要引领和支撑的经济体系和发展模式。特别是广东着力优化创新资源配置，推进创新链、产业链、资金链、政策链、人才链等"五链融合"，通过创新驱动引领的产业转型升级牵引新旧发展动能转换取得了显著成效。

4. 筑巢引凤，凝聚人才。广东省高度重视人才工作，围绕创新驱动，着力集聚国际一流团队和人才；坚持引育并重，着力构建本土人才培养体系；突出改革创新，着力建设全国人才管理改革试验区；注重区域协调，着力帮扶粤东西北地区人才发展；优化人才环境，着力构建人才综合服务体系。以粤港澳人才深度合作为特色，力争率先建立具有国际竞争力的人才制度优势，吸引集聚海内外优秀人才来粤创新创业。这一系列人才引育措施成为广东实现创新驱动发展模式的坚实基础。

5. 全面开放，梯度发展。国家的开放政策基本上是在广东试验的基础上总结经验向全国推广的，是一种自下而上的制度变迁过程。在这一过程中，广东的开放具有显著的示范意义。自1985年珠江三角洲被开辟为沿海经济开发区，1988年国务院批准广东为改革开放综合试验区以来，广东全省已经形成多层次的改革开放格局，拥有深圳、珠海、汕头3个经济特区，广州、湛江2个开放城市及其经济技术开发区，有珠江三角洲的经济开放区，还有大片山区市、县，形成改革开放梯级推进的格局，这是广东改革开放的一大特色。广东省还将制定出台《广东省加快构建开放型经济新体制行动方案》，通过深度参与"一带一路"建设、加快粤港澳大湾区建设、建设贸易强省、加强创新能力开放合作、深化广东自贸试验区制度创新和深化营商环境综合改革，发展更高层次的开放型经济，广东将在形成全面开放新格局上走在全国前列。

6. 绿色经济，和谐发展。广东是全国经济大省和人口大省，也是能源消耗大省和资源环境约束严重的份，率先实现绿色发展的责任更加重大、需求也更为迫切。从历史变化来看，广东社会福利的创造总体上远大于环境损害。过去40年间，广东GDP增长约20倍，而主要污染物（包括二氧化硫、氮氧化物、化学需氧量和氨氮）排放总量增幅均在10倍以内，单位GDP能耗水平位居全国第二，污染物排放总量的增长速度远低于人均GDP的增长，绿色发展主要指标位居全国先进水平。结构优化初步塑造了产业和能源的绿色发展格局。能源利用绿色化趋势日益明显，非化石能源的消费占比从2010年的14.00%提升为2016年的20.00%。以大气环境为代表的环境质量初步改善，全国城市空气质量排名前十的城市中广东省城市接近占据半壁江山，"广东蓝"享誉全国。

（二）珠江三角洲高质量经济体系建设面临的问题

当前，广东省高质量经济体系建设也面临着一些问题，比较突出的是区域发展不平衡、科技创新能力不平衡、实体经济结构性失衡等。2017年，广州、深圳两城GDP双双超过2万亿元，和上海、北京一起进入2万亿俱乐部。广州、深圳两城GDP合计4.35万亿元，接近广东全省一半，而其人口和土地面积分别仅占了全省的23.60%和5.30%。广大的粤东、粤西和粤北的经济水平和全国平均水平相比，并未显示出领先水平。

1. 区域经济发展不平衡不充分的问题突出。粤东西北的面积占全省69.50%、人口占全省45.50%，但GDP仅占全省20.70%，粤东西北12个市人均GDP均低于全国平均水平，人才储备和技术支撑缺口较大，经济发展的新动能培育缓慢。而城乡发展差距更为明显，农村发展严重滞后。

2. 科技创新能力存在薄弱环节。2016年，广东全省R&D经费投入达2035亿元，珠三角（约1931亿元）占全省近95.00%，深圳（842.97亿元）约占珠三角的44.00%，若去除深圳的贡献，全省R&D经费投入降为1192.17亿元，低于江苏、山东和北京等省、市。基础研究投入占研发投入比重仅3.00%，低于全国5.00%的平均水平。关键核心技术受制于人，装备制造业关键零部件90.00%以上依赖进口。高层次创新人才缺乏，全职两院院士仅38人，低于北京、上海、江苏。

对基础研究方面重视不够，投入经费不多，吸引全球高端人才力度较北京、江苏、浙江等省、市弱。

3. 实体经济结构性供需失衡。当前广东制造业在吸引资本和价格竞争方面面临着双重挤压。发达国家"高端回流"和发展中国家"中低端分流"，对广东吸引资本发展制造业形成双重挤压。广东制造业在工人工资、用人资金、用地资金等均高于越南、泰国等东南亚国家，且税费成本、融资成本、物流成本明显高于美国、日本、韩国等，实体经济的利润空间微薄。目前，广东制造业实际平均工资约为3000元，越南约2330元，泰国1600元；2015年广东的工业电价甚至超过美国、韩国、法国、瑞典等发达国家，广东在制造业领域早已不具备成本竞争优势。同时，广东又面临着产品供需失衡、技术市场供需失衡、实体经济和金融失衡以及实体经济和房地产失衡等供需失衡的现状。

4. 开放型经济发展质量不高。广东已成为总额达万亿美元的外贸大省，但对外贸易"大而不强"，出口产业仍然大多以加工和组装为主。2016年，加工贸易仍占全省进出口的38.80%，同期，上海、浙江占比为24.00%和10.40%。对外经济发展的区域对外依存度和科技对外依存度都很高。2016年，广东对香港实际投资额、实际利用港资金额、进出口额分别占全省的62.00%、74.60%和19.40%。2016年，广东科技对外依存度为29.00%，虽低于国内平均水平（超过50.00%），但与美国、德国、日本等发达国家科技对外依存度长期稳定在5.00%以下相比仍然明显较高。"引进来"和"走出去"不协调，截至2016年年底，广东实际吸收外资累计金额突破4000亿美元，而实际对外投资仅800多亿美元，广东企业"走出去"仍处于起步阶段，"走出去"的层次和质量不高。

5. 资源环境约束更加突出。随着工业化、城镇化进程的加快及经济的转型升级，广东资源环境约束趋紧的形势更加严峻。广东是全国经济第一大省，也是资源能源消耗大省，人均拥有常规能源储量不足全国的1/20，约100.00%的煤炭、70.00%的木材、82.00%的石油、

40.00%的钢材、68.00%的粮食都需要从外省调入或通过进口渠道来解决。"十一五"以来,广东单位GDP能耗累计下降35.00%,能耗和碳排放强度一直处于全国先进行列,淘汰落后产能余量和企业节能降碳技术改造空间均逐步缩小,要完成"十三五"时期能源消费总量控制在3.38亿吨以内、能耗强度累计下降17.00%的目标任务,仍然任重道远。

三、珠江三角洲高质量建设现代化经济体系的策略

新的历史条件下,广东省要实现习近平总书记提出的"四个走在全国前列"的要求,实现高质量发展。

(一)以实施创新驱动为引领,着力培育高质量发展新动能

破解广东发展深层次结构性问题,最根本的是要转换发展动力,实现从要素驱动向创新驱动、从跟随式发展向引领型发展的转变。广东应充分利用国家赋予的建设国家科技产业创新中心的总定位,发挥市场体系发达、科技成果转化能力强的优势,把各类创新平台和联盟、高新技术企业、科技企业孵化器、新型研发机构等打造成为科技创新和科技成果转化的载体,加强科技金融、知识产权运营和服务平台等建设,推动科技与产业、市场、资本实现高效对接。同时,强化源头创新能力,持续推进高水平大学、高水平理工科大学和科研院所建设,争取国家实验室、综合性国家科学中心等高水平创新平台和重大科技基础设施落户,聚焦产业发展方向实施重大科技专项,加快在创新领域实施"走出去"和"引进来",解决源头创新供给不足的问题。构建以深圳、广州为龙头,珠三角各市分工互补的"1+1+7"创新发展格局,形成全国领先、带动力强的创新发展极。

(二)以谋求质量效率为目标,着力优化高质量实体经济供给

要在实体经济的产业结构调整和转型升级上取得实质性突破,一是

要建立以实体经济为发展目标的现代产业体系。加快发展先进制造、数字信息、高端研发、商务服务等高生产率行业，加快建设实体经济、科技创新、现代金融、人力资源"四位一体"协同发展的产业体系，实现整个国民经济行业效率提升。二是创新政府质量治理，提升产品、工程与服务品质，持续推进智能制造和中国品牌国际化进程；建立现代质量管理制度，注重增品种、提品质、创品牌，培育发展中高端消费、绿色低碳、共享经济、现代供应链、人力资本服务等新业态、新动能。三是打造共生共荣的产业生态圈。系统构建产业生态圈政策体系，形成企业、产业、产业体系相互支撑、相互融合的产业生态圈。四是提高资源配置效率。要提升各类市场组织的管理水平，提高市场组织效率，化解低端和严重过剩产能释放资源要素，支持企业在全球范围内优化配置资源。五是培育壮大能够提供新的和更高质量供给的企业主体。尤其要巩固提升民营经济发展优势，培育一批根植性强的本土大型民营企业。瞄准欧美等发达国家及产业细分领域的"隐形冠军"，引进高质量外资，改善供给结构和供给体系。六是坚持制造业立省不动摇，强化综合制造能力优势，避免制造业过快向外转移。大力实施广东智能制造发展规划和"互联网+"行动计划，提升珠江东岸电子信息产业带，壮大珠江西岸先进装备制造产业带，积极培育发展新一代信息技术、生物医药、数字创意、新材料等战略性新兴产业。

（三）以完善体制机制为抓手，着力夯实高质量发展的制度基础

高质量发展的体制机制是能够激励要素与资源流向高质量部门和领域的体制机制，是能够使市场在资源配置中起决定性作用和更好发挥政府作用的体制机制，是能够提高资源配置的效率效能的体制机制。要建立决定供给或资源配置、影响供给成本、推动创新、实施考核评价等方面的体制机制，建立高效科学的宏观调控机制；强化发展规划的战略引导，形成健全的财政、货币、产业、区域等经济政策协调机制；建立与提高供给体系质量要求相一致的资源配置机制，增强供给结构对需求变

动的适应性和灵活性；健全完善的市场机制，建立推动包括技术、业态、模式、组织等方面创新的体制机制，形成产权有效激励、要素自由流动、价格反应灵活、竞争公平有序、企业优胜劣汰的制度环境；要健全知识产权制度，健全自然资源资产产权制度，探索建立非传统资源资产产权制度；要建立健全要素市场制度，创新完善和充分利用资本市场，推进要素市场和土地管理制度改革。

（四）以实现全面开放为支撑，着力营造高质量发展的有利环境

高水平的开放型经济体系是深度加入全球分工体系、与世界经济之间有着良性循环关系的经济。未来广东应充分发挥广东对泛珠三角区域乃至全国的辐射带动作用，面向全国、面向世界，深度参与"一带一路"建设，推进粤港澳大湾区建设，在形成陆海内外联动、东西双向互济的开放格局上率先取得突破。要积极利用已形成的规模优势，努力打造世界领先的综合交通枢纽、国际航运中心、贸易中心、金融中心和国际科技创新中心。广东和港澳要充分发挥区位优势和制度优势，加强粤港澳大湾区"9+2"城市间的紧密合作，共同打造中国"引进来"和"走出去"双向投资重要平台，携手迈上新台阶，实现共同发展繁荣。

（五）以优化劳动力供给为核心，创造高质量发展的新人口红利

传统的人口红利正在减弱和消失，并不必然对未来发展带来决定性的不利影响，人口结构转变过程中会形成一些新的人口红利，则可能孕育出新的发展机会和发展模式，并可能有着更大的推动经济社会发展的能力。一是应大力推动以劳动力为依托的经济发展模式向以人力资本的充分利用为动力的发展模式转变，通过人力资本的不断投资和充分利用来提高劳动生产率，使得单位劳动者能够创造出更大的物质和社会财富，获得"人力资本红利"。二是积极应对人口结构转变带来的老年人口比重提高而衍生的消费需求和服务需求，形成以服务为导向的、以福利幸福为追求的经济社会模式，获得"消费人口红利"。三是正视老年

人口预期寿命延长和健康预期寿命延长的现实，积极挖掘可以利用的老年人力资源和老年人力资本的存量，挖掘老年劳动力资源潜力，获得"老年人口红利"。

参考文献

[1] 蔡兵：《改革开放先行区》，广东人民出版社 2016 年版。

[2] 陈岸明：《广东法制史》，法律出版社 2017 年版。

[3] 傅高义：《先行一步——改革中的广东》，广东人民出版社 2008 年版。

[4] 刘志彪："关于建立四位协同的现代产业体系问题"，第二届江苏智库峰会，2017 年。

[5] 刘志彪："强化实体经济吸引力和竞争力"，《中国科技产业》2018 年第 3 期。

[6] 马经："广东金融发展：历程回顾与横向比较"，《南方金融》2007 年第 1 期。

[7] 师春苗："从'放权让利'到'两权分离'——浅谈广东改革开放初期的企业改革（1978—1992）"，《红广角》2015 年第 6 期。

[8] 舒元：《广东发展模式——广东经济发展 30 年》，广东人民出版社 2008 年版。

[9] "习仲勋主政广东"编委会：《习仲勋主政广东》，中共党史出版社 2007 年版。

[10] 谢涛："20 世纪 90 年代广东经济发展战略抉择及总体评价"，《红广角》2017 年第 2 期。

[11] 王珺、赵祥：《先行者的探索：广东改革开放 40 年》，广东经济出版社有限公司 2018 年版。

[12] 易振求、周林生：《亲历广东改革》，广东人民出版社 2015 年版。

高质量发展的成都样本：特色内涵、开局态势与发展路径*

作为《西部大开发"十三五"规划》确立的内陆开放高地和《成渝城市群发展规划》所确立的国家中心城市，成都承载着国家新一轮西部大开发、成渝经济群建设的历史使命，同时也肩负着"一带一路"建设和长江经济带发展的战略重任。当前，成都的城市定位正从区域中心城市向国家中心城市迈进、发展定位正从要素驱动向创新驱动转换、产业体系正从传统产业主导向现代产业引领转型、城市治理正从传统管理向现代治理转变。

2018年2月，习近平总书记来川视察时提出要求，"要夯实实体经济，深化供给侧结构性改革，强化创新驱动，推动城乡区域协调发展，优化现代化经济体系的空间布局。要抓好生态文明建设，让天更蓝、地更绿、水更清，美丽城镇和美丽乡村交相辉映、美丽山川和美丽人居有机融合。要增强改革动力，形成产业结构优化、创新活力旺盛、区域布局协调、城乡发展融合、生态环境优美、人民生活幸福的发展新格局"。这些重要论述为成都市谋求高质量发展指明了方向。

---

* 本文作者霍伟东，北京吉利学院、西南财经大学；陈若愚，安徽财经大学；贺静姝，成都市人民政府。

成都经济发展与处在东部发达地区的核心城市相比有一定差距，仍然面临着"追赶标兵"的压力。在经济高速增长向高质量发展转型过程中，地处内陆的成都如何通过有效路径的选择，以实现对东部发达地区经济发展追赶上的"换道超车"，这对我国内陆地区探索新发展率先实现高质量转型具有重要的借鉴意义。为此，本文将以成都为案例，讨论经济高质量发展的成都样本，在深刻把握其特色内涵和开局态势的现实基础上，提出相应的发展路径，从而为成都经济率先实现高速增长向高质量发展转型提供重要支撑，为内陆地区探索经济高质量发展路径提供可借鉴经验。

一、成都经济高质量发展的开局态势

早在2011年，成都市委、市政府便发布了《关于加快科技创新促进经济发展方式转变的意见》作为成都市"十二五"时期科技创新发展的纲领性文件。创新驱动，转变经济发展方式早已成为成都实现经济新突破的共识。经过多年积累，成都经济已经站在了由高速增长转向高质量发展的新起点上，并形成了良好的开局态势。

（一）经济增速在筑底中开始反弹

以阿瑟·刘易斯提出的经济周期划分方法为依据，我们发现自改革开放以来，成都经济运行共经历了五轮较为完整的经济周期（如表1所示）。在这五轮经济周期中，成都经济平均年增长率均达到9%以上。在20世纪末到2008年金融危机爆发的10年间（1999—2008年），成都经济年均增长率也高达12.96%，这意味着成都经济长期处于以高速增长为主要特征的发展阶段，这与同时期全国经济整体均处于高速增长相一致。

受2008年全球金融危机的影响，国内经济结构性矛盾激化，成都经济增长速度出现滑坡。但之后我国政府采取及时的扩张性宏观经济政策,成都经济也很快地出现反弹。随着短期政策红利的消失以及支撑前期高速增长动力的减弱,成都经济再次进入增速下滑期,2016年成都地区生产总值增长率仅为7.7%,为25年来该统计指标的最低值。2017年,成都地区生产总值增长率开始反弹,成都经济将进入新一轮经济周期,值得注意的是,新经济周期中成都将不再可能延续以往经济周期中的"强势反弹",这意味着成都经济运行中的新周期将呈现出不同以往以高速增长为表征的经济周期,从而具有新的内涵。

表1 改革开放以来成都经济运行状况

周期起止年份	周期时长	最高增长率(%)	最低增长率(%)	平均增长率(%)	波幅(%)	波动系数	变异系数
1981—1986	6年	18.40	4.10	10.10	14.30	0.0469	0.4641
1987—1989	3年	12.70	2.70	9.13	10.00	0.0456	0.4991
1990—1998	9年	18.40	4.00	12.28	14.40	0.0385	0.3140
1999—2008	10年	15.70	10.10	12.96	5.60	0.0156	0.1200
2009—2016	8年	15.20	7.70	11.79	7.50	0.0300	0.2546

注:数据来源于《成都市统计年鉴(1979—2017)》及作者计算。其中,波幅为样本年中最高增长率与最低增长率之差;波动系数为样本年中经济增长率的标准差;变异系数为样本年中经济增长率与平均增长率之比。

(二) 高质量发展在新周期中开始蓄势筑基

经济进入"新常态",成都经济也呈现出一些不同于以往的趋势性变化:一是经济增长速度由高速增长转为中高速增长。如图1所示,目前成都经济已经进入逐步筑底阶段,并从2016年开始进入"L"形增长的后半阶段。二是支撑成都经济增长的动力结构正在发生改变,由以往投资和要素投入拉动为主正在向以消费和全要素生产率提高为主转变。三是从产业结构看,传统产业格局正在打破,三产融合、高端高质、区域协调的发展正在成为常态。四是从发展方式看,粗放型、外延式的经济增长模式已经走到尽头,集约型、内涵式发展将成为经济发展新常态。五是从城市竞争看,"单打独斗"的城市发展格局已经开始受到限制,在未来城市竞争中,依托城市群和经济圈抱团发展将成为常态。六是从管控风险看,各类隐性风险已经逐渐开始显现,防范和化解风险将成为常态。

成都经济以上六个趋势性变化,印证了我国经济发展"新常态"在成都的具体表现,也是成都经济正在迈向形态更高级、分工更复杂、结构更合理新阶段的客观反映。经济"新常态"条件下,政府、企业等经济运行的微观主体将会有更加宽松的环境条件,将更多的精力投放在改善和提高经济运行质量上来,致力于提高经济效益,实现稳健增长与更高质量、更强竞争力的有机结合。

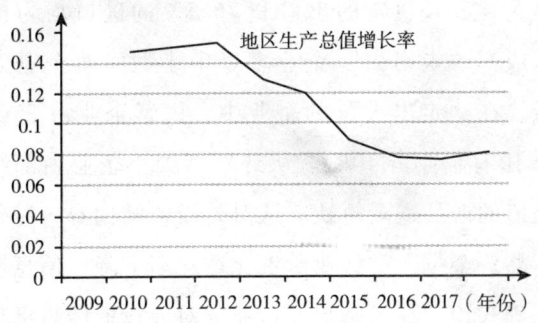

图1 金融危机后成都地区生产总值增长率折线图

(三) 高质量供需结构开始形成

从现状看,投资拉动仍然是当前成都经济增长的主导,但消费和净出口已经逐渐开始成为经济发展的主要动力。

成都的投资规模在不断扩大的同时,也出现了投资边际效用递减的现象。2017年,成都资本形成率为57.7%,超过最终消费率14.5个百分点,明显高于北京(39.2%)、深圳(32.4%)等先进城市。2011—2017年,成都投资效果系数逐年下降至16.6%,低于深圳(57.2%)、北京(26.1%)、武汉(19.0%),投资边际效应递减。同时,投资规模总量不断扩大,近10年,成都固定资产投资占GDP平均比重达 70.6%。

消费成为成都经济发展主引擎的潜力巨大。按照"三城三都"的定位,消费应成为拉动经济发展的主要力量,从目前来看,消费对成都下一时期经济贡献的增长潜能巨大。作为美食之都,餐饮消费越来越活跃;作为旅游名城,入境游客逐年增多,旅游消费成都带动经济发展动力充足;音乐、美食、文化和体育等相关消费逐渐形成规模;作为商贸之都,成都也逐渐形成"买全球卖全球"的贸易格局。近10年,成都最终消费率一直在42%—45%波动,高于大多数东部发达地区的核心城市(深圳、南京等)。

净出口推动成都外向型经济发展。从产品分类看,成都进出口商品仍以机电产品为主,73.1%的出口和76.5%的进口均为机电产品。从贸易主体看,成都"走出去"企业多以中小型民营企业为主,外向型经济发展活跃,在"走出去"的企业中,民营企业占75%,在蓉央企占15%,市属国有企业占10%。从外贸型中小企业内部结构看,高技术含量高附加值的产品逐渐短缺。从对外投资结构看,对外投资行业中资源能源类、高资金投入类行业所占比重逐渐下降,信息服务、科技服务、文化娱乐等知识、技术密集型行业的对外投资增长迅猛。

拉动成都经济增长的"三驾马车"在近年来的变化很大程度上来自于需求,尤其是内需的影响,消费升级等需求层面的变化,要求成都提升供给产品和服务的质量,在更高层次上实现供需匹配,这也为成都经济的高质量发展提供了基础力量。

(四) 高质量发展轨道中的产业升级

受发展基础和发展路径影响,当前成都产业整体上仍处于全球产业链中低端,转型升级的任务十分繁重。经过多年持续转型,成都产业结构不断优化。截至2017年,成都三次产业比例为3.6∶43.2∶53.2。其中,第三产业增加值7390.3亿元,比上年增长了8.9%,为2011年以来连续第七年第三产业增加值占地区生产总值过半,第三产业已经成为成都经济增长的第一动力。同时，第三产业内部结构也在不断优化，网络经济、新零售等新兴服务业发展迅速；成商集团、红旗连锁等传统服务业企业，也在不断向外延伸拓展，并形成规模效应；物流服务、机器设备维护维修、工程配套服务以及电子商务等普通辅助性业务供应环节等生产性服务业继续做强做优；研发、设计、中试、供应链管理、金融创新服务也不断实现突破。

制造业结构持续优化。成都是全球装备制造业重镇，实体经济是成都经济的基础所在。2017年，占全市工业总量66%的五大支柱产业持续保持较快增长，成为拉动全市工业发展的主要动力。其中，电子信息产业增加值增速为20.8%，是增长最快、规模最大、拉动最强的支柱产业，制造业主营业务收入突破3000亿元。汽车产业增加值增速为10.6%，主营业务收入突破2000亿元，成都市整车产量达133万辆。生物医药、食品、装备制造等支柱产业都保持了较好发展态势。此外，在制造业结构持续优化的同时，成都市工业效益也明显提升。2017年，成都市工业增速总体运行平稳，全年呈现稳步提升走势。全市规模以上工业增加值增速年初以8.3%开局后，逐步走高，全年增速为9.0%，比全国（6.6%）、全省（8.5%）分别高2.4个、0.5个百分点。成都市规模以上工业企业达到3640户，创下近几年新高；工业产销顺畅，产销率达到96.7%；全市规模以上工业企业实现主营业务收入12228.9亿元、增长13.4%；实现利润815.0亿元，增长9.5%。成都坚持绿色发展理念，压减高能耗高排放产业产能，工业用电质效明显提升。

增长动力加速向创新转换，创新正成为成都经济高质量发展的动能。创新驱动主要依靠技术进步和科技创新，由此驱动的经济发展也将更加注重知识积累、制度规范、品牌建设、智力资源、有效信息等高级要素的投入。2017年，成都市科技研发投入持续增加，全社会R&D经费支出达320亿元，同比增长10.7%，并顺利通过国家创新型城市试点工作验收。创新创业主体更趋活跃，新登记市场主体46.4万家，同比增长42%，新增科技型企业数量2万家，同比增长55%，准"独角兽"

企业31家。技术创新实力不断增强,国家高新技术企业增至2473家、同比增长17.9%,高新技术产业产值9374.77亿元、同比增长11.8%。科技成果转化获得实质性突破,技术交易额再创新高,达到523.89亿元、增长12.9%。知识产权量质全面提升,专利申请量113985件,发明专利申请量47036件,分别增长16%和19.1%,万人有效发明专利19.2件、增长20%。科技创新成果更加丰硕,27个项目荣获2017年度国家科学技术奖励,1人荣获中华人民共和国国际科学技术合作奖,获奖数量占全省总获奖数的90%。未来成都将进一步强化区域创新能力,提高经济增长质量,努力率先转入创新驱动型高质量发展轨道。

二、加快建设现代化经济体系推动高质量发展的路径

成都加快建设现代化经济体系,应按照"科技含量高、资源消耗少、环境影响小、质量效益好、发展可持续"的总体要求,推动经济高质量发展。

(一)坚持实体经济为本,优化高质量发展的产业结构基础

1. 推动三次产业体系升级。深入推进"中国制造2025"试点示范城市建设,聚焦集成电路、新型显示、航空装备三大制造业主导产业进行产业集群体系建设,形成可推广的成熟模式,带动全域制造业建成现代产业体系,推进成都制造全面迈向中高端,争创"中国制造2025"国家级示范区。有力促进成都现代服务业态转型升级。大力实施服务质量提升行动计划,深入实施"商圈提升"行动,争取区域性、功能性总部落户,积极发展体验服务、共享服务、绿色服务、定制服务、高雅服务等新兴服务业态,加强多层次高质量服务供给,加快建成"三城三都"。大力推进全市农村产业融合发展。以农业供给侧结构性改革为主线,发展主体多元、方式创新、利益联结的农村现代产业体系,以特色农产品为基础建设一批规模大、标准化、产品优的农产品生产基地,依

托农产品生产基地发展农产品加工和乡村旅游，鼓励发展文创农业、农田艺术景观、会展农业等新型业态，进一步发挥和增强农业生态功能。

2. 推动现代信息技术改造传统产业。围绕食品、轻工、石油化工等传统优势产业，加快新装备、新材料、新技术、新工艺和新模式推广应用，加快发展机电一体化设备和计算机辅助设计、辅助制造系统，加快推进"互联网+传统产业"行动计划，用智能化、柔性化设备改造传统产业，推进传统工业现代化。鼓励传统产业企业进行技术创新。坚持自主开发与高起点引进技术相结合，鼓励传统行业企业加大研发经费投入、建立技术开发中心、完善研发转化机制，形成与产业规模相适应的创新能力，不断提高技术装备水平，同时鼓励传统工业企业进入高新技术领域，加快产业升级和产品更新换代。加强传统行业产学研合作。围绕传统产业结构升级急需解决的共性技术、关键技术及配套技术，充分利用在蓉高校院所力量和相关成果，进行资源整合、技术整合、成果整合，加速传统工业产品技术升级和科技成果转化。

3. 围绕城市空间优化投资产业结构。"东进"区域保持对先进制造业和生产性服务业的投资力度，同时加大交通基础设施和产业新城投资。"南拓"区域对高新技术产业和新经济等轻资产高能级项目的产业投资要保持适度规模，同时加大对天府新区成都直管区的基建投入。"西控"区域要加大现代农业、绿色产业等投资比重，同时限制低端、低值、低效投资。"北改"区域要依托国际铁路港，投资适欧、适铁先进制造业和物流商贸等外向型经济，加大对工业转型升级和城市更新改造的投入。"中优"区域重点加大高端服务业投资力度，打造商业、总部、文创中心。围绕发展新技术、新业态、新模式，优化产业内部投资结构。一产投资聚焦现代农业主体功能区建设，强化科技创新，聚力提升农业产业经济性和融合发展，培育壮大新产业新业态。二产投资聚焦汽车制造、航空航天等先进制造业集群打造，同时加大新兴领域投资，积极培育新一代信息技术、高端装备等战略新兴产业。三产投资聚焦生产性服务业集群和生活性服务业提质，同时顺应服务业发展新趋势，加快发展服务业新经济。围绕人民群众日益增长的高层次公共服务和产品需求,强化民生"短板"领域和薄弱环节的投资。在补齐全域范围内公共交通、教育、医疗、居住等基础型公共服务投资"短板"的同时,加强对健康养老、智慧出行、文化创意、人居环境、城市管理等方面的投资力度。

(二) 突出创新驱动,强化高质量发展的核心牵引力

1. 深化科技创新体制改革,构建科技创新激励制度体系。加强科技创新决策部署、规划编制、项目实施的统筹协调,构建普惠性科技创新激励政策体系,落实研发费用税前加计扣除等技术创新激励政策,建立创新产品与服务远期约定购买制度,健全法制化、便利化、国际化的创新创业环境,激发各类创新主体创新活力。完善科技投入绩效导向机制。坚持战略导向、绩效导向,创新财政科技投入方式,持续支持基础研究和公益研究,重点支持产业关键技术和战略高技术研究。创新科技计划管理,优化科技项目形成机制,建立绩效评估和项目动态调整机制,加强科技项目全程监管。完善科技成果转移转化机制。深化科技成果"三权"改革,推广职务科技成果权属混合所有制改革,探索赋予科研人员科技成果长期使用权,提高成果转化率。创新军民融合发展体制、机制。加强军民融合发展顶层设计,健全军民融合创新组织管理体系,推动军民科技资源统筹配置与管理,支持发展军民融合新型科研机构,推动建设战略性、综合性的军民科技协同创新平台,完善军民科技成果转化体系,争创国家军民融合创新示范区。

2. 加快实施产业自主技术创新,增强产业技术创新源头供给。积极争取国家重大科技基础设施和国家科技创新基地在成都建设布局,会聚全球顶尖科研机构和科学家,聚焦主导产业,聚集城市资源,强化基础研究,打造创新生态链,增强创新发展原动力。着力开展关键核心技术攻关。深化实施成都科技聚变计划,牢牢把握全球科技发展方向和产业变革趋势,重点聚焦网络安全、核科学、航空发动机、电子对抗、精准医疗、石墨烯等前沿产业领域,畅通科学研究、实验开发、推广应用的科技创新全链条，突破关键核心技术、前沿引领技术、现代工程技术、颠覆性技术，开发市场领先产品。推动自主创新成果向现实生产力转化。着眼"互联网+"、人工智能、数字电视、数字内容、生物技术、卫星应用、智能制造、电子商务等新兴产业领域，组织推动拥有自主知识产权创新成果的企业实施一批高技术及战略性新兴产业发展项目，促进重大关键技术的突破和创新成果产业化转化。

3. 加快培育高新技术企业集群，发展"成都创造"领军企业。支持本土龙头企业和行业骨干企业承担国家重大科技项目，建设国家级重点实验室、工程研究中心、技术中心，利用全球创新要素资源，建立产业技术研究院和境外研发平台，开发前沿新技术新产品，参与国际科研分工，打造一支根在成都、面向全球发展的高新技术"成都天团"。壮大高新技术企业集群。实施科技型企业梯度培育计划，建立科技型高成长性企业培育库，对入库企业开展创业辅导、创新战略、创投孵化等专题服务，优先支持入库企业联合高校院所共建研发平台、承担重点研发项目。

4. 加快壮大新经济产业集群，争取前沿行业领域布局成都。重点发展数字经济等六大新经济形态，培育智慧城市建设等七大应用场景，促进物联网、大数据、人工智能、区块链、虚拟现实等新兴技术发展应用。实施新经济企业梯度培育计划。市场化运营"天使投资资金池"，解决新经济种子企业资金困境；加快建设开放式的公共技术服务平台，支持企业建设共享实验室、小试和中试车间，为种子企业提供技术研发、检验检测等服务，降低研发成本。做大做强新经济企业"朋友圈"。依托新经济研究院开展新经济政策研究、决策咨询、交流合作，为新经济发展提供服务支撑，打造新经济"智囊团"。

（三）提升双向开放水平，塑造高质量发展的对外开放优势

1. 加快拓展联结世界的"大通道"，积极推动国家南向通道建设。启动"面朝南海"计划，依托成都航空港、铁路港和公路港"三港"，构建航空、铁路、公路、水路"四大战略通道",联动广西钦州、凭祥和云南河口、磨憨、瑞丽等沿海沿边"五大口岸",形成南向"三港口四通道五口岸"的"多通道跨境、多口岸过境"现代综合立体交通、物流和口岸体系。突出蓉桂陆海通道建设,加快拓展成都经南宁至钦州的国际铁路海运通道,主攻从广西出海。大力复兴"南方丝绸之路",推动孟中印缅经济走廊建设,探索拓展从云南经缅甸直达孟加拉湾的出海通道。持续提升西向通达水平。主动融入中俄蒙经济走廊,优化网络体系及站点布局,扩大蓉欧班列覆盖范围,接入更多境内城市,提升运营质量和服务水平。加快川藏铁路建设,大力推动成库铁路成都至格尔木段项目建设,更好融入中国—中亚—西亚经济走廊,更好服务国家"一带一路"建设。不断提升东向通江达海水平。主动通过泸州港、宜宾港、重庆港连通长江黄金水道,加快构建通往东南沿海、京津冀、泛太平洋地区的开放通道。加快架设"空中丝绸之路"。提前谋划利用天府国际机场建成后的双国际机场优势,在东南西北四个方向积极培育国际航线,拓展点对点、远距离的空中开放通道,同时加快补齐铁路"短板",实现航空铁路无缝对接。

2. 加快搭建双向开放的"大平台",实施自贸区腾飞行动。统筹自贸区基础设施成网配套和高端产业集聚发展,积极推进贸易便利化、投资自由化、金融国际化等先行先试改革,争取跨国公司及央企结算中心落地,争取在自由贸易试验区的基础上建设内陆自由贸易港。加快国别合作园区建设。推进中德、中法、中意、中韩、新川等国别合作园区高水平建设,配备专业的管理、投资、运营等团队,构建科学高效的园区管理平台,切实推进一批外资项目尽快落地。

3. 加快发展互利互惠的"大经贸",深度融入"一带一路"建设。加强与"一带一路"沿线国家和地区的经贸往来及交流,进一步优化投资贸易便利化、高效通关渠道等外贸环境,不断提高贸易进出口总额。创新发展模式和商业运作模式。与国外企业在商贸活动、货物通关、货源组织等方面开展全方位合作,推动外贸转型升级,推动优势产业、技术、标准、服务"一体化"走出去。加大招商引资力度。统筹运用全市行政、信息、要素、队伍资源开展招商引资，加强市级和区（市）县联动、联合、协同招商，加快引进一批大项目、好项目，切实提高成都引进外资整体效益。探索形成与我国开放战略和国际投资贸易通行规则相衔接的制度体系。以制度创新为核心，进一步解放思想、先行先试，深度融入国际市场、全方位参与国际竞争，促进产业升级、经济转型和营商环境现代化，努力在新一轮对外开放中走在前列。扩大金融开放。支持境内外金融机构到成都设立区域总部，搭建基础设施、国际产能和装备制造合作金融服务平台，探索打造跨境人民币结算中心，提高金融对开放型经济的服务保障能力，更好发挥金融对扩大开放的"助推器"作用。

4. 全面合作的"大交流"加快深化，推动产品、企业"走出去"。主要是推动企业标准"走出去"、质量"走出去"，鼓励企业按照国际标准组织生产和质量检验，加强重要产品追溯体系建设，完善产品质量安全风险预警与快速反应机制，建立完善出口产品质量检测公共平台，开展质量管理体系认证。加快引进更多国际组织、交流活动落户成都。充分发挥中国—欧洲中心对欧合作的综合服务平台作用，争取更多国际组织、机构和企业入驻，积极策划在成都举办"'一带一路'进口商品博览会"，探索牵头成立一些区域性的国际组织。深化国内区域交流合作。推动成渝经济区、成渝城市群加快发展，推动成都重庆西安"西三角"建设，合力打造中国经济"第四极"，以南向通道建设为契机，深化与南宁、昆明、贵阳等城市合作，同时不断加强与长三角、泛珠三角、粤港澳大湾区等城市交流合作。

（四）提高资源利用率，提升高质量发展的经济效益

1. 放大资金投资效益，做好资金投向引导工作。持续做好"东进""南拓"等重点投资区域、全市 66 个重点园区资金保障。扩大民间投资获利空间。通过减少政府分红、创新项目商业模式等多种方式提高

PPP 项目中社会资本的回报率，搭建为社会资本的进入、退出、流转提供系统服务的 PPP 资产交易平台。

2. 开展质量品牌提升行动，全面提升产品供给质量。支持企业围绕重点产品开展国内外先进标准和标杆企业对标提升行动，进行技术、制造工艺改造提升，加强质量技术创新开发应用，不断增品种、提品质。加快质量标准体系建设。加强标准化国际交流合作，支持鼓励龙头企业参与制定修订国际标准，提高应对全球技术标准竞争能力。健全和完善计量技术保障体系，研制一批新计量技术规范，加快建立更多更新的高准确度、高稳定性计量标准。加快质量基础设施建设。加快认证体系建设，建立统一权威的绿色产品认证、标准和标识管理体系，完善合格评定制度和监管体系。探索"互联网+质量""大数据+检测"的智慧监管模式，开展质量问题产品专项整治，倒逼产品质量提升。加快成都品牌建设。整合多媒体资源，策划开展"成都品牌·产业中坚"系列品牌宣传，引导成都高端品牌融入"一带一路"和"蓉欧+"发展战略，加强国际市场成都品牌的战略布局。

3. 构建绿色低碳产业体系，推进制造业绿色改造升级。积极应用物联网、云计算等信息技术，建设绿色创新中心和绿色制造产业联盟，建立行业、企业绿色发展激励约束机制。打造绿色示范园区。鼓励园区企业按照厂房集约化、生产洁净化、废物资源化、能源低碳化原则，优化制造流程，应用绿色低碳技术建设改造厂房，集约利用厂区。

（五）聚焦土地、资金、人才和技术，强化高质量发展的要素保障

1. 科学配置土地资源，盘活存量低效工业用地。建立存量低效工业用地盘活利用指标与新增工业用地年度计划指标相挂钩的"指标双下"奖惩机制。精准规划全市用地指标分配。优化土地利用规划，综合研究人口空间布局、产业商业集聚等因素，结合城市经济发展、央行货币政策、土地市场形势分析等，精准分配各区域用地指标，科学统筹不同区域、不同用途土地上市的数量、时序和价格。加强土地全生命周期管理。落实工业用地弹性供应政策，科学评估拟用地工业项目的生命周期，合理确定宗地出让年期上限，积极采取以租赁、短期出让和使用标准厂房为主的差别化供地方式。

2. 提升金融发展活力，营造良好的金融发展环境。加大产业新城、轨道交通、天府国际空港等重大战略项目保障力度，加强对区域发展总体战略的金融支持，鼓励支持金融服务企业围绕产业链布局资金链，积极开展投贷联动、供应链金融、并购贷款等服务模式创新。强化资本市场服务功能。实施上市企业倍增行动计划、上市公司强基计划和债券优先发展计划，完善上市企业后备资源库，加大筛选、辅导、培育力度，深化与全国性证券交易所以及中国香港特区、伦敦、新加坡等先进资本市场对接联系，推动企业境内外上市挂牌，在多层次资本市场打造"成都梯队"、构建"成都板块"。加快金融供给侧改革。完善金融综合服务平台功能，建设广覆盖、可持续、互助共享、线上线下协同发展的金融服务体系。清理规范企业融资中间环节，严防变相抬高实体企业融资成本，对产能过剩行业中的不同企业不搞"一刀切"，帮助其中优质企业渡过难关。促进保险发挥经济"减震器"和社会"稳定器"功能，推广一批"银税互动""银税保互动"等新服务模式，研发一批信用保险等创新险种，发挥"险资兴蓉"及社会民生保障功能。

3. 加快建设人才强市，以新人才观深入引才用才。围绕"蓉漂"人才引进、新经济产业企业等的岗位需求，继续做好"蓉漂人才荟"等主题专场招聘活动，提供针对性的人才配置服务平台。结合区域内高校资源，成立校企人力资源合作联盟，促进交流互动、资源共享。完善人才培养机制。撬动在蓉高校与成都的共建与合作，支持在蓉高校对接城市发展和地方产业人才需求，优化学科（课程）设置、增设服务成都主导产业发展的学科专业和科研平台等。加大产业技能人才供给。依托现代学徒制国家和省级试点，构建职业教育全面对接成都市职业岗位需求的机制，形成行业标准与职业资格、专业标准与人才培养、岗位准入与参考薪酬、学生身份与员工身份联动的现代学徒制模式。

4. 加大知识产权保护力度，强化知识产权创造和运用。建立专利导航创新发展决策机制，实施高价值专利培育计划，加快建设成都知识产权交易中心、国家知识产权运营公共服务平台成都运营中心，引领产业创新发展。建设知识产权交易市场，探索建立专业化、市场化、国际化的知识产权交易机构，逐步开展知识产权证券化交易试点。加强知识产权保护和服务。推动设立知识产权法院，强化行政保护与司法保护的有效衔接、优势互补。构建知识产权大保护格局，加强重点领域知识产权行政执法，严厉打击知识产权侵权行为。

参考文献

［1］金碚：":关于'高质量发展'的经济学研究"，《中国工业经济》2018年第4期。

［2］刘志彪：":建设现代化经济体系：新时代经济建设的总纲领"，《山东大学学报》2018年第1期。

［3］林兆木：":关于我国经济高质量发展的几点认识"，《人民日报》2018年1月17日。

［4］张军扩：":加快形成推动高质量发展的制度环境"，《中国发展观察》2018年第1期。

［5］冯俏彬：":我国经济高质量发展的五大特征与五大途径"，《中国党政干部论坛》2018年第1期。

［6］杨伟民：":贯彻中央经济工作会议精神推动高质量发展"，《宏观经济管理》2018年第2期。

［7］任保平：":创新中国特色社会主义发展经济学阐释新时代中国高质量的发展"，《天津社会科学》2018年第3期。

［8］刘世锦：":推动高质量发展需要面对三大问题"，《中国经济时报》2017年12月26日。

［9］任保平、李禹墨：":新时代我国高质量发展评判体系的构建及其转型路径"，《陕西师范大学学报》2018年第5期。